全国高等教育自学考试指定教材

法律专业(本科段)

知识产权法

(含:知识产权法自学考试大纲)

(2018年版)

全国高等教育自学考试指导委员会 组编

主　编　吴汉东
撰稿人　吴汉东　胡开忠　曹新明
　　　　董炳和　肖志远
审稿人　李明德　张　今　易继明

北京大学出版社
PEKING UNIVERSITY PRESS

图书在版编目(CIP)数据

知识产权法：2018 年版/吴汉东主编. —北京：北京大学出版社，2018.4
（全国高等教育自学考试指定教材）
ISBN 978-7-301-29313-3

Ⅰ.①知… Ⅱ.①吴… Ⅲ.①知识产权法—中国—高等教育—自学考试—教材 Ⅳ.①D923.4

中国版本图书馆 CIP 数据核字(2018)第 037778 号

书　　　名	知识产权法（2018 年版）（含：知识产权法自学考试大纲） ZHISHICHANQUANFA
著作责任者	吴汉东　主编
责 任 编 辑	孙战营
标 准 书 号	ISBN 978-7-301-29313-3
出 版 发 行	北京大学出版社
地　　　址	北京市海淀区成府路 205 号　100871
网　　　址	http://www.pup.cn
电 子 信 箱	编辑部 law@pup.cn　总编室 zpup@pup.cn
新 浪 微 博	@北京大学出版社　@北大出版社法律图书
电　　　话	邮购部 62752015　发行部 62750672　编辑部 62752027
印 刷 者	河北滦县鑫华书刊印刷厂
经 销 者	新华书店
	787 毫米×1020 毫米　16 开本　21.5 印张　486 千字 2018 年 4 月第 1 版　2025 年 1 月第11次印刷
定　　　价	45.00 元

未经许可，不得以任何方式复制或抄袭本书之部分或全部内容。
版权所有，侵权必究
举报电话：010-62752024　电子信箱：fd@pup.cn
图书如有印装质量问题，请与出版部联系，电话：010-62756370

组 编 前 言

21世纪是一个变幻难测的世纪,是一个催人奋进的时代。科学技术飞速发展,知识更替日新月异。希望、困惑、机遇、挑战,随时随地都有可能出现在每一个社会成员的生活之中。抓住机遇,寻求发展,迎接挑战,适应变化的制胜法宝就是学习——依靠自己学习、终生学习。

作为我国高等教育组成部分的自学考试,其职责就是在高等教育这个水平上倡导自学、鼓励自学、帮助自学、推动自学,为每一个自学者铺就成才之路。组织编写供读者学习的教材就是履行这个职责的重要环节。毫无疑问,这种教材应当适合自学,应当有利于学习者掌握和了解新知识、新信息,有利于学习者增强创新意识,培养实践能力,形成自学能力,也有利于学习者学以致用,解决实际工作中所遇到的问题。具有如此特点的书,我们虽然沿用了"教材"这个概念,但它与那种仅供教师讲、学生听,教师不讲、学生不懂,以"教"为中心的教科书相比,已经在内容安排、编写体例、行文风格等方面都大不相同了。希望读者对此有所了解,以便从一开始就树立起依靠自己学习的坚定信念,不断探索适合自己的学习方法,充分利用自己已有的知识基础和实际工作经验,最大限度地发挥自己的潜能,达到学习的目标。

欢迎读者提出意见和建议。

祝每一位读者自学成功。

全国高等教育自学考试指导委员会
2017年1月

再 版 前 言

为了适应经济社会发展的新变化与新形势,我国于2013年修正了《商标法》,2014年修订了《商标法实施条例》;2017年修订了《反不正当竞争法》,辅之以一系列行政法规的修改和相关司法解释的出台,极大地提升了我国的知识产权法制建设水平。为了及时反映这些规则层面的新变化与相关理论的新成果,新版对相关内容进行了修订与补充。

本书2003年版撰稿人为吴汉东、刘剑文、曹新明、董炳和,2018年版撰稿人为吴汉东、胡开忠、曹新明、董炳和、肖志远。全书由主编吴汉东统稿,肖志远协助统稿。

作　者
2018年2月

目 录

知识产权法自学考试大纲
（含考核目标）

前言 …………………………………………………………………………（5）
Ⅰ 课程性质与课程目标 ……………………………………………………（6）
Ⅱ 考核目标 …………………………………………………………………（7）
Ⅲ 课程内容与考核要求 ……………………………………………………（8）
Ⅳ 关于大纲的说明与考核实施要求 ………………………………………（62）
附录　参考样卷 ……………………………………………………………（64）
大纲后记 ……………………………………………………………………（69）

知识产权法

第一编　总论 ……………………………………………………………（73）

第一章　知识产权概述 ……………………………………………（73）
　第一节　知识产权的概念与范围 …………………………………（73）
　第二节　知识产权的性质与特征 …………………………………（75）
　第三节　知识产权法的概念与体系 ………………………………（79）

第二编　著作权 …………………………………………………………（82）

第二章　著作权概述 ………………………………………………（82）
　第一节　著作权概念及其特征 ……………………………………（82）
　第二节　著作权与相关权利的区别 ………………………………（83）
　第三节　著作权法及其演进 ………………………………………（84）

第三章　著作权的主体 ……………………………………………（87）
　第一节　著作权主体的概念及分类 ………………………………（87）
　第二节　著作权的原始主体——作者 ……………………………（88）
　第三节　著作权的继受主体——其他著作权人 …………………（90）
　第四节　特殊作品的著作权主体 …………………………………（91）

第四章　著作权的客体 ………………………………………………… (96)
第一节　著作权法保护的作品范围 ………………………………… (96)
第二节　民间文学艺术作品的法律保护 …………………………… (100)
第三节　计算机软件的法律保护 …………………………………… (102)

第五章　著作权的内容 ………………………………………………… (106)
第一节　著作人身权 ………………………………………………… (106)
第二节　著作财产权 ………………………………………………… (109)
第三节　著作权的取得和期限 ……………………………………… (114)

第六章　邻接权 ………………………………………………………… (119)
第一节　邻接权概述 ………………………………………………… (119)
第二节　出版者的权利 ……………………………………………… (121)
第三节　表演者的权利 ……………………………………………… (123)
第四节　音像制作者的权利 ………………………………………… (125)
第五节　广播组织的权利 …………………………………………… (127)

第七章　著作权的限制 ………………………………………………… (129)
第一节　合理使用 …………………………………………………… (129)
第二节　法定许可使用 ……………………………………………… (131)
第三节　强制许可使用 ……………………………………………… (133)

第八章　著作权的利用 ………………………………………………… (135)
第一节　著作权的转让 ……………………………………………… (135)
第二节　著作权许可使用 …………………………………………… (136)
第三节　著作权合同 ………………………………………………… (136)
第四节　著作权的质押 ……………………………………………… (139)

第九章　著作权的管理 ………………………………………………… (141)
第一节　著作权行政管理 …………………………………………… (141)
第二节　著作权集体管理 …………………………………………… (142)

第十章　著作权的保护 ………………………………………………… (145)
第一节　著作权侵权行为的认定 …………………………………… (145)
第二节　著作权侵权行为的法律责任 ……………………………… (148)
第三节　著作权纠纷的处理 ………………………………………… (151)

第三编　专利权 ………………………………………………………… (153)

第十一章　专利权概述 ………………………………………………… (153)
第一节　专利与专利权 ……………………………………………… (153)

第二节　专利法与专利制度 …………………………………………… (154)

第十二章　专利权的客体 ………………………………………………… (157)
　　第一节　发明 …………………………………………………………… (157)
　　第二节　实用新型 ……………………………………………………… (158)
　　第三节　外观设计 ……………………………………………………… (159)
　　第四节　不授予专利权的对象 ………………………………………… (160)

第十三章　专利授权条件 ………………………………………………… (164)
　　第一节　概述 …………………………………………………………… (164)
　　第二节　发明、实用新型的专利授权实质条件 ……………………… (164)
　　第三节　外观设计的专利授权实质条件 ……………………………… (170)

第十四章　专利权的取得 ………………………………………………… (171)
　　第一节　专利申请权 …………………………………………………… (171)
　　第二节　专利申请人 …………………………………………………… (173)
　　第三节　专利申请原则 ………………………………………………… (174)
　　第四节　专利申请日 …………………………………………………… (176)
　　第五节　专利申请文件 ………………………………………………… (177)
　　第六节　中国单位、个人向国外申请专利 …………………………… (185)
　　第七节　专利申请的审批 ……………………………………………… (187)

第十五章　专利权的期限、终止和无效宣告 …………………………… (193)
　　第一节　专利权的期限 ………………………………………………… (193)
　　第二节　专利权的终止 ………………………………………………… (194)
　　第三节　专利权的无效宣告 …………………………………………… (195)

第十六章　专利权的内容与限制 ………………………………………… (199)
　　第一节　专利权的内容 ………………………………………………… (199)
　　第二节　专利权的限制 ………………………………………………… (203)

第十七章　专利权的保护 ………………………………………………… (210)
　　第一节　专利权的保护范围 …………………………………………… (210)
　　第二节　专利侵权行为 ………………………………………………… (211)
　　第三节　对专利侵权行为的处理 ……………………………………… (214)
　　第四节　专利侵权行为的法律责任 …………………………………… (218)

第四编　商标权 …………………………………………………………… (220)

第十八章　商标制度概述 ………………………………………………… (220)
　　第一节　商标概述 ……………………………………………………… (220)

第二节　商标制度的产生与发展 ………………………………………………(226)
  第三节　商标权的概念与内容 ……………………………………………………(227)
  第四节　商标权的取得、归属及终止 ……………………………………………(229)

第十九章　商标注册 ……………………………………………………………………(233)
  第一节　商标注册的概念和原则 …………………………………………………(233)
  第二节　商标注册的条件 …………………………………………………………(233)
  第三节　商标注册的申请 …………………………………………………………(239)
  第四节　商标注册的审查与核准 …………………………………………………(243)

第二十章　商标注册无效的补正 ……………………………………………………(247)

第二十一章　注册商标的续展、转让和使用许可 ………………………………(249)
  第一节　注册商标的续展 …………………………………………………………(249)
  第二节　注册商标的转让 …………………………………………………………(251)
  第三节　注册商标的使用许可 ……………………………………………………(254)

第二十二章　商标管理 ………………………………………………………………(257)
  第一节　商标管理概述 ……………………………………………………………(257)
  第二节　商标使用的管理 …………………………………………………………(258)
  第三节　商标印制的管理 …………………………………………………………(260)

第二十三章　商标权的保护 …………………………………………………………(263)
  第一节　商标权保护概述 …………………………………………………………(263)
  第二节　商标侵权行为的概念和种类 ……………………………………………(264)
  第三节　商标侵权行为的法律责任 ………………………………………………(266)

第二十四章　驰名商标的特别保护 …………………………………………………(270)
  第一节　驰名商标概述 ……………………………………………………………(270)
  第二节　驰名商标的特别保护 ……………………………………………………(271)
  第三节　我国驰名商标保护制度 …………………………………………………(273)

第五编　其他知识产权 …………………………………………………………………(277)

第二十五章　商业秘密权 ……………………………………………………………(277)
  第一节　商业秘密权概述 …………………………………………………………(277)
  第二节　商业秘密权的法律保护 …………………………………………………(279)

第二十六章　地理标志权 ……………………………………………………………(281)
  第一节　地理标志权概述 …………………………………………………………(281)
  第二节　地理标志权的法律保护 …………………………………………………(282)

第二十七章 与知识产权有关的不正当竞争 ……………………………… (284)
  第一节 不正当竞争行为概述 ………………………………………… (284)
  第二节 与知识产权有关的不正当竞争 ……………………………… (286)

第六编 知识产权国际公约 …………………………………………… (289)

第二十八章 世界知识产权组织及其管理的国际公约 ……………… (289)
  第一节 知识产权国际保护制度概述 ………………………………… (289)
  第二节 世界知识产权组织 …………………………………………… (290)
  第三节 《保护工业产权巴黎公约》 …………………………………… (291)
  第四节 《商标国际注册马德里协定》 ………………………………… (295)
  第五节 《保护文学艺术作品伯尔尼公约》 …………………………… (298)
  第六节 《保护表演者、录音制品制作者与广播组织罗马公约》 …… (302)
  第七节 《视听表演北京条约》 ………………………………………… (305)
  第八节 世界知识产权组织的"因特网条约" ………………………… (309)

第二十九章 世界贸易组织框架下的《知识产权协定》 ……………… (317)

后记 …………………………………………………………………………… (332)

全国高等教育自学考试
法律专业(本科段)

知识产权法自学考试大纲

全国高等教育自学考试指导委员会　制定

大 纲 目 录

Ⅰ 课程性质与课程目标	6
Ⅱ 考核目标	7
Ⅲ 课程内容与考核要求	8
第一编　总论	8
第一章　知识产权概述	8
第二编　著作权	10
第二章　著作权概述	10
第三章　著作权的主体	12
第四章　著作权的客体	14
第五章　著作权的内容	16
第六章　邻接权	18
第七章　著作权的限制	20
第八章　著作权的利用	22
第九章　著作权的管理	24
第十章　著作权的保护	25
第三编　专利权	27
第十一章　专利权概述	27
第十二章　专利权的客体	29
第十三章　专利授权条件	31
第十四章　专利权的取得	33
第十五章　专利权的期限、终止和无效宣告	36
第十六章　专利权的内容与限制	38
第十七章　专利权的保护	40
第四编　商标权	42
第十八章　商标制度概述	42
第十九章　商标注册	45
第二十章　商标注册无效的补正	47
第二十一章　注册商标的续展、转让和使用许可	48
第二十二章　商标管理	50

第二十三章　商标权的保护 ………………………………………… 51
　　第二十四章　驰名商标的特别保护 …………………………………… 53
第五编　其他知识产权 ……………………………………………………… 54
　　第二十五章　商业秘密权 ……………………………………………… 54
　　第二十六章　地理标志权 ……………………………………………… 56
　　第二十七章　与知识产权有关的不正当竞争 ………………………… 57
第六编　知识产权国际公约 ………………………………………………… 59
　　第二十八章　世界知识产权组织及其管理的国际公约 ……………… 59
　　第二十九章　世界贸易组织框架下的《知识产权协定》…………… 61
Ⅳ　关于大纲的说明与考核实施要求 ……………………………………… 62
附录　参考样卷 ……………………………………………………………… 64
大纲后记 ……………………………………………………………………… 69

前　言

　　为了适应社会主义现代化建设事业的需要，鼓励自学成才，我国在 20 世纪 80 年代初建立了高等教育自学考试制度。高等教育自学考试是个人自学、社会助学和国家考试相结合的一种高等教育形式。应考者通过规定的专业课程考试并经思想品德鉴定达到毕业要求的，可获得毕业证书；国家承认学历并按照规定享有与普通高等学校毕业生同等的有关待遇。经过 30 多年的发展，高等教育自学考试为国家培养造就了大批专门人才。

　　课程自学考试大纲是国家规范自学者学习范围、要求和考试标准的文件。它是按照专业考试计划的要求，具体指导个人自学、社会助学、国家考试、编写教材及自学辅导书的依据。

　　为更新教育观念，深化教学内容方式、考试制度、质量评价制度改革，更好地提高自学考试人才培养的质量，全国考委各专业委员会按照专业考试计划的要求，对原课程《自学考试大纲》组织了修订。

　　修订后的大纲，在层次上，参照一般普通高校本科水平；在内容上，力图反映学科的发展变化以及近年来研究的成果。

　　全国考委法学类专业委员会参照普通高等学校知识产权法课程的教学基本要求，结合自学考试法学专业的实际情况，组织编写的《知识产权法自学考试大纲》，经教育部批准，现颁发施行。各地教育部门、考试机构应认真贯彻执行。

全国高等教育自学考试指导委员会
2018 年 2 月

Ⅰ 课程性质与课程目标

一、课程性质和特点

知识产权法是全国高等教育自学考试法律专业的必考课。

知识产权法在我国是一个全新的法律领域,它涉及智力创造领域的各项民事权利,包括著作权、专利权、商标权以及其他知识产权。本课程是研究知识产权法律制度的专业课,其任务是研究知识产权的概念、性质、特征与法律体系,研究我国各项知识产权制度,研究有关知识产权国际条约,是高等教育法学专业自学考试课程体系中独立设置的重要课程。

二、课程目标

设置本课程的具体目的和要求是:

1. 学习和掌握知识产权法的基本概念、基本知识、基本理论,提高无形财产权利意识,增强知识产权法制观念;

2. 熟悉各种知识产权法律规范,训练和提高解决司法实践问题、处理法律纠纷的能力;

3. 了解知识产权法在民法中的地位,注意知识产权法律制度与其他民事法律制度的联系与区别;

4. 通过知识产权法课程的考试,取得规定的学分和单科合格证书。

三、与相关课程的联系与区别

在实体法方面,熟悉民法学基本原理和知识,尤其是有关物权法和债权法相关理论和制度,是学习本课程应具备的知识基础。与围绕有体物展开制度设计的上述法律不同的是,知识产权的客体属于无体物,这是学习中需要注意之处。

权利救济制度非常重要,因此,在程序法方面,熟悉民事诉讼法基本原理和制度,对于更好地运用程序规定实现知识产权的法律保护来说,也非常重要。

Ⅱ 考核目标

本大纲在考核目标中,按照识记、领会和应用三个层次规定其应达到的能力层次要求。三个能力层次是递进关系,各能力层次的含义是:

识记(Ⅰ):要求考生能够识别和记忆本课程中有关知识产权的概念及知识产权法律原理的主要内容,并能够根据考核的不同要求,做正确的表述、选择和判断。

领会(Ⅱ):要求考生能够领悟和理解本课程中有关知识产权法律概念及原理的内涵及外延,理解相关知识产权法律知识的区别和联系,并能根据考核的不同要求对知识产权法律问题进行逻辑推理和论证,做出正确的判断、解释和说明。

应用(Ⅲ):要求考生能够根据已知的知识产权法律事实,对知识产权法律问题进行一个或多个知识产权领域的法律分析和论证,得出正确的结论或做出正确的判断,给出解决问题的综合方案。

Ⅲ 课程内容与考核要求

第一编 总 论

第一章 知识产权概述

学习目的与要求

了解知识产权的概念、范围、性质及特征,理解知识产权法的含义、基本制度的类别与体系,为学习本课程打下初步的基础。

课程内容

一、知识产权的概念与范围

知识产权是人们基于自己的智力活动创造的成果和经营管理活动中的经验、知识而依法享有的权利。

广义的知识产权包括著作权、邻接权、商标权、商号权、商业秘密权、地理标志权、专利权、集成电路布图设计权等各种权利。

狭义的知识产权分为两个类别:一类是文学产权,包括著作权与邻接权;另一类是工业产权,主要有专利权和商标权。

二、知识产权的性质与特征

知识产权作为一种无形财产权,是一种特殊的民事权利,其权利本体具有私权特征。客体的非物质性是知识产权的本质属性,其具体表现为:不发生有形控制的占有;不发生有形损耗的使用;不发生消灭智力成果的事实处分与有形交付的法律处分。

知识产权基于其无形财产权的属性,具有以下基本特征:知识产权是一种专有性的民事权利(专有性);知识产权的效力受到地域的限制(地域性);知识产权在法律规定的期间内受到保护(时间性)。

三、知识产权法的概念与体系

知识产权法是调整因创造、使用智力成果而产生的各种社会关系的法律规范的总和，是确认、保护和利用著作权、工业产权以及其他智力成果专有权利的一种法律制度。

知识产权法一般包括以下几种法律制度：著作权法律制度、专利权法律制度、工业版权法律制度、商标权法律制度、商号权法律制度、地理标志权法律制度、商业秘密权法律制度以及反不正当竞争法律制度等。

考核知识点与考核要求

识记：(1)了解知识产权的基本含义及广狭义范围；(2)了解工业产权、文学产权的概念及构成；(3)了解知识产权法的概念及基本制度体系。

领会：(1)认识和理解知识产权作为无形财产权的本质属性；(2)理解知识产权区别于有形财产权的基本特征。

第二编 著作权

第二章 著作权概述

学习目的与要求

了解著作权的概念及其基本含义的演变,领会著作权与相关权利的区别,熟悉中国著作权制度的历史概况。

课程内容

一、著作权概念及其特征

二、著作权与相关权利的区别

著作权与所有权的区别;著作权与专利权的区别;著作权与商标权的区别。

三、著作权法及其演进

原始版权即"翻印权",是保护印刷出版商的封建特许权。

1709年《安娜法》是世界上第一部著作权法,其"版权"体系以保护作者利益为主,并以经济权利内容为限。

在当代著作权立法现代化、国际化潮流的推动下,"版权"体系的英美法系国家与"作者权"体系的大陆法系国家在基本制度方面出现整合与趋同。我国《民法通则》及《著作权法》将"版权"与"著作权"用语并列对待。

1910年清政府颁布的《大清著作权律》是我国历史上第一部著作权法。

1986年,《中华人民共和国民法通则》明确规定保护公民与法人的著作权。

1990年,《中华人民共和国著作权法》颁布。这是新中国成立以来第一部系统规定著作权事宜的基本法律。

考核知识点与考核要求

识记:(1)了解著作权的概念;(2)了解著作权制度发展的主要历史事件。
领会:认识和理解著作权概念在历史上的演变与发展。
应用:分析和判断著作权与所有权、专利权、商标权之间的区别。

第三章 著作权的主体

学习目的与要求

了解著作权主体的概念及其基本分类,领会作者(原始主体)及其他著作权人(继受主体)的相关规定,明确几种特殊作品著作权归属的认定方法。

课程内容

一、著作权主体的概念及分类

著作权主体,亦称著作权人,即依法对文学、艺术和科学作品享有著作权的人,包括公民、法人和其他组织。

原始主体与继受主体的分类。

完整的著作权主体与部分的著作权主体的分类。

内国著作权主体与外国著作权主体的分类。

二、著作权的原始主体——作者

作者首先是自然人。作者须具备的条件是:(1)作者是直接参与创作的人;(2)如无相反证明,在作品上署名的人即为作者;(3)通过创作活动产生了著作权法规定的作品。作者的权利是第一位的,即享有完整的和原始的著作权。

法人、非法人单位在特定条件下也视为作者。凡由法人或非法人单位主持,代表法人或非法人单位意志创作,由法人或非法人单位承担责任的作品,法人或非法人单位视为作者。

三、著作权的继受主体——其他著作权人

其他著作权人,是指除作者以外,其他依法享有著作权的公民、法人、其他组织或国家。继受主体的著作权取得主要原因是:因继承、遗赠、遗赠抚养协议而取得著作权;因合同而取得著作权;国家因法律规定而成为特殊权利主体。

四、特殊作品的著作权主体

职务作品的权利主体。职务作品是公民为完成法人或其他组织工作任务所创作的作品。凡主要是利用法人或其他组织的物质条件创作并由其承担责任的工程设计、产品设计图纸及其说明、计算机软件、地图等职务作品,以及法律规定或合同约定著作权由法人或其他组织单独享有的职务作品,作者享有署名权,其他权利由法人或其他组织享有。除上述情形外,其他职务作品著作权由作者享有,法人或其他组织在其业务范围内优先使用。

委托作品的权利归属。委托作品是他人向作者支付约定的报酬,由作者按照其意志和具体要求而创作的作品。委托作品的著作权归属由当事人约定。合同未明确约定或没有订立合同的,著作权归受托人。

合作作品的权利主体。合作作品是两人以上共同创作的作品。其特征是:(1)合作作者有共同的创作愿望;(2)合作作者参加了共同的创作活动。合作作品的著作权归全体合作作者共同享有。对可以分割的合作作品,作者对各自创作的部分可以单独享有著作权。

演绎作品的权利主体。演绎作品是指改编、翻译、注释、整理已有作品而产生的作品。演绎作品的作者享有独立的著作权,但其著作权的行使不得侵犯原作品的著作权。第三人在使用演绎作品时,应征求原作者和演绎作者的同意。

汇编作品的权利主体。汇编作品是对若干作品、作品的片段或者不构成作品的数据或者其他材料,在内容的选择或者编排上体现独创性的作品。汇编作品区别于合作作品的特征是:(1)各作者之间不必具备创作合意;(2)创作的成果是可分的。汇编人行使著作权时,不得侵犯原作品的著作权。汇编作品中可以单独使用的作品的作者可以单独行使其著作权。

电影作品的权利主体。电影作品是摄制在一定物体上,由一系列有伴音或无伴音的画面组成,并且借助适当装置放映、播放的作品。电影作品由导演、编剧、作词、作曲、摄影等作者享有署名权,并有权按照与制片者签订的合同获得报酬,其他权利由制片人享有。其中可以单独使用的作品的作者有权单独行使著作权。

美术作品的权利归属。美术作品的著作权属于作者。美术作品原件所有权的转移,不视为作品著作权的转移,但美术作品原件的展览权由原件所有人享有。

匿名作品的权利归属。匿名作品指作者隐去姓名,其中包括不具名或不写明其真实姓名的作品。该类作品由作品原件的合法持有人行使除署名权以外的著作权。作者身份确定后,由作者或其继承人行使著作权。

考核知识点与考核要求

识记:(1)了解著作权主体的概念;(2)了解演绎作品的概念、合作作品的概念、汇编作品的概念、电影作品的概念、职务作品的概念、委托作品的概念、匿名作品的概念。

领会:(1)理解作者应具备的条件;(2)明确外国人主体资格认定的规定;(3)认识合作作品与汇编作品的区别,汇编作品与原作品的关系。

应用:正确分析与判断各种作品的权利归属。

第四章 著作权的客体

学习目的与要求

了解著作权作品的概念、特点、类别,熟悉著作权客体的排除领域,领会民间文学艺术作品和计算机软件保护的基本规定。

课程内容

一、著作权法保护的作品范围

著作权法所称的作品,是指文学、艺术和科学领域内,具有独创性并能以某种有形形式复制的智力创造成果。

著作权作品须具备以下条件:(1)独创性;(2)可复制性。作品的独创性作品取得著作权的最主要条件。

著作权作品是作者的思想表现形式。单纯的思想或情感本身而不具有文学、艺术等客观表现形式的,不能成为著作权客体。

作品的类别有:文字作品,口述作品,音乐、戏剧、曲艺、舞蹈、杂技艺术作品,美术、建筑作品,摄影作品,电影作品、以类似摄制电影的方法创作的作品,工程设计图、产品设计图、地图、示意图等图形作品和模型作品。此外,民间文学艺术作品、计算机软件以及法律、行政法规规定的其他作品也是著作权的客体。

著作权客体的排除领域包括超过著作权保护期限的作品;法律、法规及其他国家机关的规范性文件及其官方正式译文;时事新闻;历法、通用数表、通用表格和公式。

二、民间文学艺术作品的法律保护

民间文学艺术作品,是指在一国国土上,由该国的民族或种族集体创作,经世代相传,不断发展而构成的作品。一般认为,它包括语言形式、音乐形式、动作形式以及用物质材料体现的形式。

民间文学艺术作品具有以下特点:集体性,长期性,变异性,继承性。

三、计算机软件的法律保护

计算机软件是指计算机程序及有关文档。计算机程序,是指为了得到某种结果而可以由计算机等具有信息处理能力的装置执行的代码化指令序列,或者可以被自动转换成代码化指令序列的符号化指令序列或者符号化语句序列。文档是指用来描述程序的内容、组成、设计、功能规格、开发情况、测试结果及使用方法的文字资料和图表等。

计算机软件作为一种知识产品,必须具备原创性和固定性才能获得法律保护。

计算机软件的著作权归属与保护期限。

考核知识点与考核要求

识记:了解作品、民间文学艺术作品和计算机软件的概念。

领会:(1)认识著作权客体的构成要件;(2)理解著作权客体的排除领域;(3)了解计算机软件受保护的条件。

第五章 著作权的内容

学习目的与要求

了解著作权的内容构成,掌握著作人身权与著作财产权的各个权项,明确著作权的取得途径与保护期限。

课程内容

一、著作人身权

著作人身权又称精神权利,是指作者对其作品所享有的各种与人身相联系而无直接财产内容的权利。

发表权,是决定作品是否公之于众的权利。发表权是著作权的首要权利。它包括发表作品的权利和不发表作品的权利。

署名权,是表明作者身份,在作品上署名的权利。它包括作者在自己的作品上署名和不署名的权利。

修改权,是修改或者授权他人修改其作品的权利。他人只能在法定范围内对作品进行文字性修改、删节,而不能改变作品的基本内容和形式。

保护作品完整权,是保护作品不受歪曲、篡改的权利。

著作权法关于各项人身权行使的规定。

二、著作财产权

著作财产权又称经济权利,是指作者及其他著作权人通过某种形式使用作品,从而依法获得经济报酬的权利。

复制权,是指以印刷、复印、拓印、录音、录像、翻录、翻拍等方式将作品制成一份或多份的权利。它是著作财产权中最基本的权能。

发行权,是指以出售或赠与方式向公众提供作品的原件或者其复制件的权利。

出租权,即有偿许可他人临时使用电影作品和以类似摄制电影的方法创作的作品、计算机软件的权利,计算机软件不是出租的主要标的的除外。

展览权,是公开陈列美术作品、摄影作品的原件或复制件的权利。

表演权,是指公开表演作品,以及用各种手段公开播送作品的表演的权利。

放映权,即通过放映机、幻灯机等技术设备公开再现美术、摄影、电影和以类似摄制电影的方法创作的作品等的权利。

广播权,即以无线方式公开广播或者传播作品,以有线传播或者转播的方式向公众传播广播的作品,以及通过扩音器或者其他传送符号、声音、图像的类似工具向公众传播广播的作品的权利。

信息网络传播权,即以有线或者无线方式向公众提供作品,使公众可以在其个人选定的时间和地点获得作品的权利。

摄制权,即以摄制电影或者以类似摄制电影的方法将作品固定在载体上的权利。

改编权,是指改变作品,创作出具有独创性的新作品的权利。

翻译权,是指将作品从一种语言文字转换成另一种语言文字的权利。

汇编权,即将作品或者作品的片段通过选择或者编排,汇集成新作品的权利。

应当由著作权人享有的其他权利。

三、著作权的取得和期限

著作权的取得方式,主要有:(1)注册取得,即以登记注册作为取得著作权的条件;(2)自动取得,即著作权因作品创作完成、形成作品这一法律事实的存在而自然取得。大多数国家及我国著作权法均采取自动取得原则。

著作权的保护期限,是指著作权受法律保护的时间界限。

我国《著作权法》关于著作权保护的期限的规定。

考核知识点与考核要求

识记:(1)了解发表权的概念、署名权的概念、修改权的概念、保护作品完整权的概念、复制权的概念、发行权的概念、改编权的概念;翻译权的概念;汇编权的概念;(2)了解著作权自动取得原则的含义。

领会:明确著作人身权与著作财产权保护期的有关规定。

应用:综合分析著作权人的权利。

第六章 邻 接 权

学习目的与要求

了解邻接权的概念及其与著作权的关系,理解出版者权、表演者权、录音录像制作者权以及广播组织播放权的有关规定。

课程内容

一、邻接权概述

邻接权,是指作品的传播者所享有的专有权利,其本义指与著作权相关、相近或相邻的权利。它包括出版者权、表演者权、录音录像制作者权以及广播组织播放权。

邻接权与著作权的区别。

二、出版者的权利

出版者权是指出版者对其出版的作品所享有的一系列权利的统称。

出版者权包括:专有出版权是指图书出版者根据合同的约定,对著作权人交付的作品享有在合同有效期限内和在合同约定的地域范围内以同种文字的原版、修订版出版图书的专有权利。版式设计的专有使用权,即出版者对其出版的图书、杂志、报纸的版式设计享有的专有使用权。

三、表演者的权利

表演者权,是指表演者依法对其表演所享有的权利。

表演者权的内容:表明表演者身份的权利;保护表演形象不受歪曲的权利;许可他人从现场直播和公开传送其现场表演,并获得报酬的权利;许可他人为营利目的录音录像的权利;许可他人复制、发行录有其表演的录音、录像制品,并获得报酬的权利;许可他人通过信息网络向公众传播其表演,并获得报酬的权利。

四、音像制作者的权利

音像制作者权,是指录音录像制作者享有许可他人复制、发行、出租、通过信息网络向公众传播其录音录像制品并获得报酬的权利。

录音制作者使用他人作品,应视具体情况,或取得著作权人许可并支付报酬,或不经著作权人许可但支付报酬。

录像制作者使用他人作品,都应当取得著作权人许可并支付报酬。还应尊重表演者的权利,与其订立合同并支付报酬。

录音录像制作者对其制作的录音录像制品,享有许可他人复制、发行、出租、通过信息网络向公众传播并获得报酬的权利;权利保护期为50年,截止于该制品首次制作完成后第50年的12月31日。

五、广播组织的权利

广播组织播放权的含义、内容及其行使规则。

考核知识点与考核要求

识记:(1)邻接权的概念;(2)出版者权、表演者权、录音录像制作者权、广播组织播放权的含义。

领会:邻接权与著作权的区别。

应用:著作权人与出版者、表演者、录音录像制作者、广播组织之间的关系。

第七章 著作权的限制

学习目的与要求

了解著作权权能限制的各种具体情形,领会合理使用、法定许可使用、强制许可使用的适用情形及其相互区别,掌握合理使用的认定方法。

课程内容

一、合理使用

合理使用是指在特定的条件下,法律允许他人自由使用享有著作权的作品,而不必征得著作权人的同意,也不必向著作权人支付报酬的合法行为。

我国《著作权法》具体规定了合理使用的12种情形:(1) 个人使用;(2) 引用;(3) 新闻报道使用;(4) 对政论性文章的转载、转播;(5) 对公开演讲的转载、转播;(6) 教学使用;(7) 公务使用;(8) 图书馆陈列或保存版本;(9) 免费表演;(10) 室外陈列艺术作品的使用;(11) 对汉语言文字作品的翻译;(12) 盲文出版。

二、法定许可使用

法定许可使用,是指使用者在利用他人已经发表的作品时,可以不经著作权人的许可,但应向其支付报酬,并尊重著作权人其他权利的制度。

我国《著作权法》规定了法定许可使用的情形:(1) 报刊转载或作为文摘、资料刊登而使用在报纸、杂志上已发表的作品;(2) 录音制作者使用他人已发表的作品制作录音制品;(3) 广播电台、电视台播放他人已经发表的作品或已经出版的录音制品;(4) 为九年制义务教育和国家教育规划而编写的教科书中汇编已发表的作品片段或短小的文字作品、音乐作品或单幅的美术作品、摄影作品。

法定许可使用与合理使用的相同处在于:(1) 以促进社会公共利益为目的;(2) 使用的作品限于已发表作品;(3) 无须征得著作权人的同意。其区别在于:(1) 法定许可的使用者限于录音制作者、广播组织、报刊社,而合理使用无主体范围的限制;(2) 法定许可使用须支付报酬,而合理使用不必支付报酬;(3) 法定许可使用允许著作权人以声明加以排斥,而合理使用无此附加条件。

三、强制许可使用

强制许可使用,是指在特定的条件下,由著作权主管机关根据情况,将对已发表作品进行特殊使用的权利授予申请获得此项权利的使用人的制度。

强制许可使用不同于合理使用：强制许可使用人以合理条件和理由请求许可，但未取得著作权人同意，在此前提下向有关部门申请授权而取得强制许可证，并且须支付报酬。

强制许可使用不同于法定许可使用：其取得强制许可证，须有一定条件，且经过规定的程序。

我国《著作权法》没有规定强制许可制度，但是由于我国已经加入《伯尔尼公约》和《世界版权公约》，故公约中有关强制许可的规定也可引用。

考核知识点与考核要求

识记：了解合理使用的概念、法定许可使用的概念、强制许可使用的概念。

领会：(1) 理解法定许可使用与合理使用的异同；(2) 理解强制许可使用与法定许可使用的区别。

应用：正确认定各种合理使用的情形。

第八章 著作权的利用

学习目的与要求

了解著作权转让、著作权许可使用的概念与特征及著作权质押的概念,理解《著作权法》关于著作物利用制度的规定。

课程内容

一、著作权的转让

著作权转让,是指著作权人将其作品财产权的一部或全部转移给他人所有的法律行为。

著作权转让的特点是:(1)转让的对象仅限于著作财产权;(2)转让导致著作权主体的变更;(3)著作权转让与作品载体所有权无关。

二、著作权许可使用

著作权许可使用,是指著作权人将自己的作品许可他人以一定的方式,在一定的地域和期限内使用的法律行为。

著作权许可使用的特征是:(1)不改变著作权的归属;(2)被许可人的权利受制于合同的约定;(3)除专有许可外,被许可人不能以自己的名义提起侵权之诉。

三、著作权合同

著作权合同可分为著作权许可使用合同和著作权转让合同。

著作权许可使用合同是著作权许可使用的一般形式,其主要条款包括:许可使用的权利种类;许可使用的权利性质;许可使用的范围、期间;付酬标准和办法;违约责任;其他事项。

著作权转让合同是指著作权人与受让人,就权利人对作品享有的财产权部分或全部的转让而达成的协议。转让著作权合同转让的只能是著作财产权,而不能是著作人身权,且这种合同是诺成合同、有偿合同、双务合同。

著作财产权能予以转让,且转让应当订立书面合同,其主要条款包括:作品的名称;转让的权利种类、地域范围和期间;转让价金;交付转让价金的日期和方式;违约责任;双方认为需要约定的其他内容。

四、著作权的质押

著作权质押,是指为担保债的履行,著作权人将其财产权的一项、多项或全部作为质物,在债务人不按约偿还时,债权人有权将其变卖并优先受偿的行为。以著作权出质的,由出质人和质权人向国务院著作权行政管理部门办理出质登记。

考核知识点与考核要求

识记:(1)了解著作权转让的概念;(2)了解著作权使用许可的概念;(3)了解著作权质押的概念。

领会:理解著作权转让、著作权许可使用的特点。

第九章 著作权的管理

学习目的与要求

了解著作权行政管理的概念及内容,著作权集体管理的概念、意义及内容。

课程内容

一、著作权行政管理

著作权行政管理,是指国家著作权行政管理机关,代表国家对著作权工作进行管理的行为。我国《著作权法》将行政管理分为中央管理和地方管理。国家版权局作为国务院著作权行政管理部门,主管全国的著作权管理工作;地方著作权行政管理部门主管本行政区域的著作权管理工作。

二、著作权集体管理

著作权集体管理,是指著作权人授权有关组织,代为集中管理著作权、邻接权的制度。

从性质上讲,著作权集体管理是一种民事权利管理制度,是信托的一种具体形式。有关著作权集体管理组织根据著作权人的授权,以自己的名义来行使所管理的权利,并在扣除必要的管理费用后将所获得的收益返还给著作权人。

考核知识点与考核要求

识记:(1)了解著作权行政管理的概念;(2)了解著作权集体管理的特征。

领会:(1)理解著作权集体管理的性质。(2)理解著作权集体管理的意义。

第十章 著作权的保护

学习目的与要求

了解侵犯著作权行为的概念、构成、种类,明确侵犯著作权的法律责任,领会著作权纠纷的调处方式和著作权管理的有关规定。

课程内容

一、著作权侵权行为的认定

侵犯著作权行为,是指未经作者或其他著作权人同意,又无法律上的根据,擅自对著作权作品进行利用或以其他非法手段行使著作权人专有权利的行为。

我国《著作权法》采取列举方法,规定了侵权行为的表现形式。

二、著作权侵权行为的法律责任

侵犯著作权的法律责任,是指侵权行为人违反《著作权法》的规定,对他人著作权造成侵害时,依法应承担的法律后果。

侵犯著作权的法律责任类型有:(1)民事责任,主要有停止侵害、消除影响、公开赔礼道歉、赔偿损失等形式;(2)行政责任,主要有没收违法所得,没收、销毁侵权复制品,处以罚款及没收主要用于制作侵权复制品的材料、工具、设备等;(3)刑事责任,主要有有期徒刑、拘役、罚金等形式。

著作权人或者与著作权有关的权利人有证据证明他人正在实施或者即将实施侵犯其权利的行为、如不及时制止将会使其合法权益受到难以弥补的损害的,可以采取相应的诉前权利保全措施。

为制止侵权行为,在证据可能灭失或者以后难以取得的情况下,著作权人或者与著作权有关的权利人可以在起诉前向人民法院申请证据保全。

人民法院审理案件,对于侵犯著作权或者与著作权有关的权利的,可以没收非法所得、侵权复制品以及进行违法活动的财物。

三、著作权纠纷的处理

著作权纠纷,是指著作权人与作品使用人或其他任何第三人,就著作权的行使而发生的争执。

我国《著作权法》规定了调处著作权纠纷的三种途径:(1)调解,即当事人在调解组织主持下达成的和解;(2)仲裁,即著作权仲裁机构按照一定的仲裁程序和法律,对著作权纠纷进行裁决;(3)诉讼,即通过诉讼程序解决著作权纠纷。

考核知识点与考核要求

识记:(1)了解侵犯著作权行为的概念与种类;(2)了解著作权纠纷的概念。
领会:理解侵犯著作权行为的法律责任。
应用:侵犯著作权行为的认定与判断。

第三编 专 利 权

第十一章 专利权概述

学习目的与要求

掌握专利、专利权和专利制度的概念和基本特征,了解我国专利制度的发展概况,弄清专利制度与知识经济的关系,运用专利制度为我国的知识经济建设服务。

课程内容

一、专利与专利权

专利的基本含义归纳为:(1)"专利"是专利权的简称,即与"专利权"具有相同含义;(2)专利是记载发明创造内容的文献,即"专利文献"的简称;(3)专利是指经国务院专利行政部门依照专利法进行审查,认为符合专利条件(即具有专利性)的发明创造。一般认为,专利是指经国务院专利行政部门依照法定程序审查,认定为符合专利条件的发明创造。

专利具有以下几个特征:(1)专利是特殊的发明创造,是产生专利权的基础。(2)专利是符合专利条件或者具有专利性的发明创造。(3)作为专利的发明创造必须经国务院专利行政部门依照法定程序审查确定。

我国《专利法》规定了三种专利:发明专利、实用新型专利和外观设计专利。

专利权是公民、法人或者其他组织对其发明创造在一定期限内依法享有的垄断权。

二、专利法与专利制度

专利法是调整因发明创造的开发、实施及其保护等发生的各种社会关系之法律规范的总和。

我国现行专利法是1984年通过的《中华人民共和国专利法》,全国人民代表大会常务委员会于1992年、2000年、2008年三次修改《专利法》。

专利法调整因发明创造的开发、实施及其保护等发生的各种社会关系。具体来讲,专利法调整：(1) 因确认发明创造的归属而发生的社会关系；(2) 因授予发明创造专利权而发生的各种社会关系；(3) 因发明创造专利的实施、转让或者许可实施而发生的各种社会关系；(4) 因发明创造专利权的保护而发生的各种社会关系。

专利制度的核心是授予专利权人对其发明创造依法享有的垄断权。一般而言，专利制度具有以下基本特征：(1) 法律保护；(2) 科学审查；(3) 公开通报；(4) 国际交流。

知识经济的核心就是知识的创造、传播和应用。专利制度对知识经济的形成和运作具有至关重要的作用；反过来，知识经济又为专利制度的升华和递进，创造了良好的契机。专利制度与知识经济相辅相成，相伴相生。

考核知识点与考核要求

识记：(1) 了解专利的基本含义、专利权的概念；(2) 了解专利法及其调整对象。

领会：(1) 理解专利制度的特征；(2) 理解专利制度对知识经济的作用。

第十二章 专利权的客体

学习目的与要求

了解专利权客体即发明、实用新型和外观设计的概念、特征、种类等,理解不授予专利权的对象的基本类型。

课程内容

一、发明

发明是专利法的主要保护对象。它是指对产品、方法或者其改进所提出的新的技术方案。

专利法意义上的发明包括产品发明和方法发明两种:产品发明(包括物质发明)是人们通过研究开发出来的关于各种新产品、新材料、新物质等的技术方案;方法发明是人们为制造产品或者解决某个技术课题而研究开发出来的操作方法、制造方法以及工艺流程等技术方案。

将发明进行分类的法律意义在于:(1)在专利申请过程中,不同的发明所提交的专利申请文件有所不同,其撰写内容也有所不同。(2)在取得专利权后,因发明种类不同,专利权人行使权利的方式不同,专利权的效力范围也不同。(3)在专利侵权诉讼中,因发明的种类不同而导致其举证责任不同。

二、实用新型

实用新型是指对产品的形状、构造或者其组合所提出的新的技术方案。

实用新型的特点是:(1)实用新型是针对产品而言的,任何方法都不属于实用新型的范围;(2)作为实用新型对象的产品只能是具有立体形状、构造的产品,而不能是气态、液态产品,也不能是粉末状、糊状、颗粒状的固态产品;(3)作为实用新型对象的新设计必须具有实用性,能够在工业上应用;(4)作为实用新型对象的产品必须是可自由移动的物品。

三、外观设计

外观设计是指对产品的形状、图案、色彩或者它们的结合所作出的富有美感的并适于工业应用的新设计。

外观设计具有以下特征:(1)附载外观设计的产品必须有相对的独立性;(2)外观设

计必须是与独立的具体的产品合为一体的新设计;(3)附载外观设计的产品必须能够在工业上应用;(4)外观设计必须能够使人产生美感。

四、不授予专利权的对象

考核知识点与考核要求

识记:了解发明的概念、实用新型的概念、外观设计的概念。

领会:(1)理解发明的种类及分类的法律意义;(2)理解实用新型的特点;(3)理解外观设计的特点。

应用:判断与分析不受专利法保护的对象。

第十三章 专利授权条件

学习目的与要求

掌握发明和实用新型获得专利权的实质条件,外观设计获得专利权的条件;理解新颖性、创造性和实用性的含义,运用所学的知识正确判断发明创造是否具备专利条件。

课程内容

一、概述

可专利性是指一项发明创造获得专利权应当具备的实质性条件,即发明创造本身所具有的本质特征。

广义的可专利性包括:(1)申请专利的发明创造是《专利法》所指的发明、实用新型和外观设计;(2)申请专利的发明创造不是《专利法》排除的对象;(3)申请专利的发明或者实用新型符合《专利法》规定的新颖性、创造性和实用性;申请专利的外观设计符合《专利法》所规定的条件。

狭义的可专利性主要是指广义实质条件中的第(3)项标准。

二、发明、实用新型的专利授权实质条件

发明或实用新型的可专利性为新颖性、创造性和实用性。

新颖性是指申请专利的发明或者实用新型不属于现有技术。即在申请日以前没有同样的发明或实用新型在国内外出版物公开发表过、在国内外公开使用过或以其他方式为公众所知,也没有同样的发明由他人向国务院专利行政部门提出过申请并且记载在申请日以后公布的专利申请文件中。

专利法对"丧失新颖性的例外"情况作了具体规定,即申请专利的发明创造在申请日以前6个月内,有下列情况之一的,不丧失新颖性:(1)在中国政府主办或者承认的国际展览会上首次展出的;(2)在规定的学术会议或者技术会议上首次发表的;(3)他人未经申请人同意而泄露其内容的。

创造性是指同申请日以前已有的技术相比,该发明有突出的实质性特点和显著的进步,该实用新型有实质性特点和进步。一般认为,以下发明具有创造性:(1)申请专利的发明解决了人们渴望解决但一直没有解决的技术难题;(2)申请专利的发明克服了技术偏见;(3)申请专利的发明取得了意想不到的技术效果;(4)申请专利的发明在商业上获得成功。

实用性是指该发明或实用新型能够制造或使用,并且能够产生积极的效果。不具有实用性的几种情况:(1)申请专利的发明或实用新型不具有再现性;(2)申请专利的发明或实用新型缺乏技术手段;(3)申请专利的技术方案违背自然规律;(4)利用独一无二的自然条件所完成的技术方案;(5)申请专利的技术方案不能产生积极效果。

三、外观设计的专利授权实质条件

外观设计的可专利性为新颖性、美观性和合法性。新颖性是指申请专利的外观设计与其申请日以前已经在国内外出版物上公开发表的外观设计不相同和不相近似;与其申请日前已在国内外公开使用过的外观设计不相同和不相近似,与现有设计或者现有设计特征的组合相比具有明显区别,且不与他人在申请日以前已经取得的合法权利相冲突。美观性是指外观设计被使用在产品上时能使人产生一种美感,增加产品对消费者的吸引力。合法性是指申请专利的外观设计"不得与他人在先取得的合法权利相冲突",而且不得违反法律、社会公德,也不得损害公共利益。

"他人在先取得的合法权利"的类型为商标权、著作权、企业名称权、肖像权、知名商品特有包装或者装潢使用权等。

考核知识点与考核要求

识记:(1)新颖性、创造性和实用性的概念;(2)丧失新颖性的例外情况。
领会:(1)发明和实用新型专利的实质条件;(2)外观设计专利的条件。
应用:正确判断发明创造是否具备专利条件。

第十四章 专利权的取得

学习目的与要求

了解专利申请权的概念、特征及归属,明确专利申请人的条件、种类及权利,掌握专利申请原则和申请日、优先权的有关规定,能够运用所学的知识解决专利申请权的纠纷,熟悉专利申请的审批程序。

课程内容

一、专利申请权

专利申请权是指公民、法人或者其他组织依据法律规定或者合同约定享有的就发明创造向国务院专利行政部门提出专利申请的权利。其基本特征是:(1)相对性;(2)暂时性;(3)相关性。

专利申请权归谁所有主要有两种情形:一是由法律直接规定,二是依合同约定。

专利申请权可以转让,并可以被继承或赠与。

二、专利申请人

专利申请人,是指对某项发明创造依法律规定或合同约定享有专利申请权的公民、法人或者其他组织。

专利申请人应当具备以下条件:(1)具有相应的国籍;(2)有符合《专利法》规定的发明创造,并且拥有合法的专利申请权。

专利申请人的种类:(1)职务发明创造的单位;(2)非职务发明创造的发明人或设计人;(3)合作发明创造的合作发明人或设计人,或其所属单位;(4)委托发明创造的专利申请人为合同约定的人;(5)受让人。

专利申请人的权利:(1)取得了在先申请人的地位;(2)依据其申请要求优先权;(3)申请专利的发明将得到临时保护;(4)转让其专利申请权;(5)在专利申请的审查过程中,享有撤回权、修改权、修改请求权、陈述意见权、实审请求权以及放弃权等。

三、专利申请原则

书面原则;先申请原则;单一性原则。

四、专利申请日

专利申请日,也称关键日,是国务院专利行政部门或者国务院专利行政部门指定的专利申请受理代办处收到完整专利申请文件的日期。确定专利申请日应当注意以下问题：(1) 专利申请文件是通过邮局邮寄的，以寄出的邮戳日为申请日；(2) 专利申请人享有优先权的，以优先权日为申请日。

优先权，即专利申请人就其发明创造自第一次提出专利申请后，在一个法定期限内，又就相同主题的发明创造提出专利申请的，有权将其在后申请以第一次申请的日期作为其申请日。

国际优先权，是指申请人就其发明创造第一次在某国提出专利申请后，在优先权期内，就相同主题的发明创造向另一国提出专利申请的，依照有关国家法律的规定而享有的优先权。

本国优先权，是指申请人就其发明创造在某国第一次提出专利申请后的一定期限内，就相同主题的发明创造又向该国提出后一申请的，依法所享有的优先权。

五、专利申请文件

申请发明或实用新型专利的，应当提交的申请文件有：(1) 请求书，即专利申请人向国务院专利行政部门提交的请求授予其发明或者实用新型以专利权的一种书面文件；(2) 说明书，即专利申请人提交的对发明或实用新型的技术内容进行具体说明的陈述性书面文件；(3) 说明书摘要，即说明书公开内容的概述，它仅是一种技术情报，不具有法律效力；(4) 权利要求书，即专利申请人提交的，用以确定专利保护范围的书面文件。它是判定他人是否侵犯专利权的根据，直接具有法律效力。权利要求书中的权利要求可以分为"独立权利要求"和"从属权利要求"。

申请外观设计专利的，应该提交的申请文件有：(1) 请求书；(2) 图片或照片；(3) 外观设计的简要说明等文件。

六、中国单位、个人向国外申请专利

中国单位或个人可以通过合法方式向有关国家或地区提出专利申请，也可以向PCT国际局提交国际申请。中国单位或个人向国外申请专利，必须注意：(1) 首先向中国国务院专利行政部门提出专利申请；(2) 经国务院有关主管部门进行保密审查；(3) 凡涉及微生物的，须办理出口许可证后才能发往外国。

七、专利申请的审批

发明专利申请的审批：(1) 初步审查，也称形式审查，是国务院专利行政部门受理发明专利申请后公布申请以前的一个必要程序。(2) 公布申请。国务院专利行政部门收到发明专利申请后，经初步审查认为符合本法要求的，自申请日起满18个月，即行公布。国务院专利行政部门可根据申请人的请求，早日公布其申请。(3) 实质审查，即国务院专利行政部门对申请专利的发明的新颖性、创造性和实用性等依法进行审查的法定程序。经实质审查没有发现驳回理由的，国务院专利行政部门应作出授予专利权的决定。

实用新型或外观设计专利申请的审批：国务院专利行政部门对实用新型和外观设计专利申请只进行初步审查，不进行实质审查。经初步审查没有发现驳回理由的，国务院专利行政部门应作出授予专利权的决定。

权利的丧失与恢复。（1）权利的丧失。如果申请人在法定期间或国务院专利行政部门指定的期限内未办理相应的手续或没有提交有关文件,其申请就被视为撤回或丧失提出某项请求的权利,或导致有关权利终止的后果。（2）权利的恢复。当事人因耽误期限而丧失权利之后,可以在自障碍消除后2个月后,最迟自法定期限或者指定期限届满后2年内或者自收到国务院专利行政部门通知之日起2个月内,请求恢复其权利。

考核知识点与考核要求

识记:(1)了解专利申请权的概念和特征;(2)了解专利申请人的概念和种类;(3)了解专利申请日、优先权的概念;(4)了解权利要求书的概念与法律效力;(5)了解形式审查、实质审查的概念。

领会:(1)认识和明确专利申请的原则;(2)理解国际优先权与本国优先权的规定;(3)理解专利申请的审批程序。

第十五章 专利权的期限、终止和无效宣告

学习目的与要求

了解专利权的期限、终止和无效的概念,弄清专利权无效宣告的法律效力,理解导致专利权终止的法律事实。

课程内容

一、专利权的期限

中国于 2001 年 12 月 11 日成为世界贸易组织成员,按《知识产权协定》的规定,发明专利权的保护期不少于自申请日起 20 年。根据我国《专利法》的规定,发明专利权保护期限为自申请日起 20 年;实用新型、外观设计专利权保护期限为自申请日起 10 年。

二、专利权的终止

专利权终止的概念及其法律效果。

导致专利权终止的法律事实有:(1)保护期限届满。(2)专利权人以书面形式向国务院专利行政部门声明放弃专利权。(3)专利权人没有按照法律规定交纳专利年费。

三、专利权的无效宣告

专利权无效宣告,是指自国务院专利行政部门公告授予专利权之日起,任何单位或个人认为该专利权的授予不符合《专利法》规定的,可以向专利复审委员会提出宣告该专利权无效的请求;

专利复审委员会应对这种请求进行审查,作出宣告专利权无效或维持专利权的决定。

专利复审委员会作出的决定有三种:宣告专利权无效、维持专利权有效、宣告专利权部分无效。无效宣告的法律后果:(1)一事不再理的效力;(2)追溯力;(3)对任何第三人和一般公众的约束力。

考核知识点与考核要求

识记:(1)了解专利权无效宣告的概念;(2)了解专利权保护期限的规定;(3)了解专利权终止的概念。

领会:(1)理解专利权无效宣告的法律后果;(2)理解导致专利权终止的法律事实。

应用:正确运用专利权无效宣告的程序。

第十六章　专利权的内容与限制

学习目的与要求

掌握专利权所包含的各具体权项的内容,了解专利权人的义务,以及不视为侵犯专利权的几种行为;理解专利实施的强制许可的价值和作用;正确行使专利权。

课程内容

一、专利权的内容

专利权是一种具有财产权属性的独占权以及由其衍生出来的相应处分权。

专利权人的权利包括:(1) 独占实施权,即专利权人对其专利产品或者专利方法依法享有的进行制造、销售、许诺销售、使用或者进口的专有权利;(2) 转让权,即专利权人将其获得的专利所有权转让给他人的权利;(3) 实施许可权,即专利权人通过专利实施许可合同的方式,许可他人实施其专利并收取专利使用费的权利;(4) 放弃权,即专利权人在专利权保护期限届满前的任何时候,以书面声明形式或不交年费的方式放弃其专利权的权利;(5) 标记权,即专利权人享有在专利产品或者该产品的包装上、容器上、说明书上、产品广告中标注专利标记和专利号的权利。"专利标记",包括"中国专利""专利"等字样或者"Ⓟ"符号。

除《专利法》规定专利权人享有的上述权利外,《中华人民共和国担保法》还规定专利权人依法享有将其专利权进行出质的权利。

专利权人的基本义务是缴纳专利年费(也称专利维持费)。

二、专利权的限制

专利权的限制,是指专利法允许第三人在某些特殊情况下,可以不经专利权人许可而实施其专利,且其实施行为并不构成侵权的一种法律制度。

除专利权的时间限制和地域限制外,《专利法》对专利权还作了其他的限制性规定,主要有:

强制许可;

不视为侵犯专利权的行为;

国家计划许可。

考核知识点与考核要求

识记:(1)了解进口权的概念、标记权的概念,专利权人的义务;(2)了解不视为侵犯专利权行为的种类,先用权的概念、专利权穷竭的概念。

领会:(1)理解专利权各项具体权利的内容;(2)理解专利权强制许可制度的内容。

应用:正确行使独占实施权、转让权、实施许可权。运用强制许可和先用权等权利限制制度。

第十七章 专利权的保护

学习目的与要求

了解专利侵权行为、假冒他人专利的概念及其特征;理解专利侵权行为与一般民事侵权行为的关系,专利侵权行为的表现形式以及侵权行为人应当承担的法律责任;准确地认定专利侵权行为。

课程内容

一、专利权的保护范围

专利权的保护范围,是指发明创造专利权的法律效力所及的范围。

发明或者实用新型专利权的保护范围以其权利要求的内容为准,说明书及附图可以用于解释权利要求。产品发明专利的保护范围,及于一切具有相同特征、相同结构和相同性能的产品。方法发明专利的保护范围,及于一切具有相同特征、相同参数和相同效果的方法。

外观设计专利权的保护范围,以表示在图片或者照片中的该产品的外观设计为准。

二、专利侵权行为

专利侵权行为,是指在未经专利权人许可,也没有其他法定事由的情况下,第三人擅自实施其专利的行为。

专利侵权行为的判定原则为:(1)专利权有效原则;(2)以权利要求的内容为准的原则;(3)技术特征完整对待原则;(4)全面覆盖原则;(5)等同原则;(6)禁止反悔原则;(7)多余指定原则。

假冒他人专利,具体表现为:(1)未经专利权人许可,在其制造或者销售的产品、产品的包装上标注他人的专利号;(2)未经专利权人许可,在广告或者其他宣传材料中使用他人的专利号,使人将所涉及的技术误认为是他人的专利技术;(3)未经专利权人许可,在合同中使用他人的专利号,使人将合同涉及的技术误认为是他人的专利技术;(4)伪造或者变造他人的专利证书、专利文件或者专利申请文件。

间接侵权行为是指行为人故意诱导、怂恿、教唆别人实施他人专利,发生直接的侵权行为。

三、对专利侵权行为的处理

管理专利工作的部门对专利侵权的处理;人民法院对专利侵权纠纷的处理。

四、专利侵权行为的法律责任

1. 民事责任。侵权行为人承担的民事责任有:(1)停止侵权;(2)赔偿损失;(3)消除影响。

2. 行政责任。

3. 刑事责任。

考核知识点与考核要求

识记:(1)专利侵权行为的概念和基本特征。

领会:(1)专利权的保护范围;(2)直接侵权行为与间接侵权行为的种类。

应用:专利侵权行为及其法律责任。

第四编 商标权

第十八章 商标制度概述

> **学习目的与要求**

了解商标的基本含义、商标权的概念、内容,明确相关权能的不同法律效力,领会商标与相邻标记的区别、商标权取得的基本方法及商标权终止的基本原因,明确商标的基本分类和商标的作用,熟悉商标制度史的一般知识,掌握我国《商标法》的修改过程。

> **课程内容**

一、商标概述

商标是生产经营者在其商品或服务上所使用的,由文字、图形、字母、数字、三维标志、颜色组合和声音等,以及上述要素的组合构成的,具有显著特征,便于识别商品或服务来源的标志。商标的含义主要有:(1)商标是用于商品或服务上的标记;(2)商标是区别商品或服务来源的标记;(3)商标是由文字、图形、字母、数字、三维标志、颜色组合和声音等,以及上述要素的组合构成,具有显著特征的人为标记。

商标与相邻标记的区别:

商标与商品名称。商品通用名称不能作为商标使用;商品特有名称符合法定条件的,可以注册为商标使用。商品名称一般不受保护,知名商品的名称受反不正当竞争法保护。

商标与商品装潢。商品装潢无需经过注册,不属于特定主体专用;装潢设计的内容无法律限制,且与商品内容相联系。商品装潢可以作为美术作品受《著作权法》保护,知名商品的装潢还可以受《反不正当竞争法》保护。

商标与商务标语。商务标语不具有区别商品来源的功能,不能为特定人独占使用;但有的商务标语如具有独创性和文学艺术价值,可以受《著作权法》保护。

商标与特殊标志。特殊标志是指在经国务院批准举办的全国性和国际性的文化、体育、科学研究及其他社会公益活动中所使用的,由文字、图形组成的名称及缩写、会徽、吉祥物等标志。特殊标志经国务院工商行政管理部门核准登记后，其所有人享有专有权。

商品的分类：

商品商标与服务商标。商品商标是生产经营者在生产、制造、加工、拣选或经销的商品上所使用的商标。服务商标是提供服务的人在其向社会公众提供的服务项目上所使用的标志。

文字商标、图形商标、字母商标、数字商标、三维标志商标、颜色组合商标以及组合商标。文字商标是以文字构成的商标。图形商标是指由平面图形构成的商标。组合商标是由文字、图形、字母、数字、三维标志、颜色等要素组合组成的商标。声音商标是由声音标志构成的商标。

制造商标、销售商标与集体商标。制造商标是商品制造者使用的商标。销售商标是商品经营者使用的商标。集体商标是由某一集体组织所有，其成员共同使用的商标。

联合商标、防御商标与证明商标。联合商标是指同一个商标所有人在相同或类似商品上使用的若干个近似商标。防御商标是指同一商标所有人在不同类别的商品上注册使用同一个著名商标。证明商标是用以证明商品或者服务的原产地、原料、制造方法、质量或其他特定品质的标志。

商标的作用。从商标使用者、商标管理者以及商品消费者的角度来看，商标的作用可以概括为：(1)商品来源的标示作用；(2)商品质量的监督作用；(3)商品选购的指导作用；(4)商品销售的广告作用。

二、商标制度的产生与发展

三、商标权的概念与内容

商标权是商标所有人依法对其商标所享有的专有使用权。在我国，商标权是指注册商标专用权。

注册商标是指经国家主管机关核准注册而使用的商标，注册人享有专用权。未注册商标是指未经核准注册而自行使用的商标，使用人不享有法律赋予的专用权。

商标权包括使用权和禁止权两个方面。前者是指商标权人对其注册商标充分支配和完全使用的权利。后者是指商标权利人禁止他人未经其许可擅自使用注册商标的权利。两者在法律上有着不同的效力范围，使用权涉及注册人使用注册商标的问题，即以核准的注册商标和核定使用的商品为限；禁止权涉及的是对抗他人非法使用注册商标的问题，即对在同一种商品或类似商品上使用与其注册商标相同或近似的商标，均享有禁止权。

四、商标权的取得、归属及终止

商标权的取得，是指根据什么原则和采取什么办法获得商标权。

原始取得的方法有：(1)注册原则，即按申请注册的先后来确定商标权的归属。我国《商标法》实行注册原则。(2)使用原则，即按使用商标的先后来确定商标权的归属。(3)混合原则，是上述两个原则的折衷适用，即不注册使用与注册使用两种途径都可以获得商标权。

继受取得主要有两种方式，一是根据转让合同取得，二是根据继承程序取得。

商标权的终止,是指由于法定事由的发生,注册商标所有人丧失其商标权,法律不再对该注册商标给予保护。注册商标因注销和撤销而导致专用权终止。

注销是指注册商标所有人自动放弃注册商标或商标局依法取消注册商标的程序。其事由有:(1)自动申请注销;(2)过期注销;(3)无人继承注销。

撤销是指商标主管机关或商标仲裁机关对违反商标法及有关规定的行为予以处罚,使原注册商标专用权归于消灭的程序。其事由有:(1)违法撤销;(2)不当注册撤销。

注销与撤销的区别是:(1)商标权终止的原因不同;(2)商标权终止的时间不同。

考核知识点与考核要求

识记:(1)了解商标的基本含义;(2)了解服务商标的概念、联合商标的概念、防御商标的概念、证明商标的概念、集体商标的概念。(3)了解1857年法国商标法、1904年清朝《商标注册试办章程》的基本知识。(4)了解商标权的概念;(5)了解注册原则、使用原则、混合原则的概念;(6)了解注册商标注销和撤销的主要事由。

领会:(1)理解商标的作用;(2)理解特殊标志保护的有关规定;(3)理解注册商标与未注册商标的不同法律地位;(4)理解注册商标注销与撤销的区别。

应用:正确判断商标、商品名称、商品装潢在应用过程中的联系与区别;正确分析与判断使用权与禁止权的不同效力范围。

第十九章 商标注册

学习目的与要求

了解商标注册的概念、商标注册申请人的资格条件与商标注册的申请文件,领会商标注册申请的基本原则,掌握商标获准注册的条件及商标注册申请的审批程序。

课程内容

一、商标注册的概念和原则

商标注册是指商标所有人为了取得商标的专用权,将其使用的商标依照法律规定的注册条件、原则和程序,向商标局提出注册申请,商标局经过审核,准予注册的法律制度。

按我国《商标法》的规定,商标注册是按照自愿原则与强制注册相结合的原则进行的。

二、商标注册的条件

我国《商标法》关于商标注册的条件,是从主体和客体两方面来规定的:

商标注册申请人,是自然人、法人或者其他组织。我国国内商标注册实行商标代理与当事人直接办理的双轨制;外国人在中国申请商标注册或办理其他事宜的,可委托依法设立的商标代理机构办理。

获准注册的商标必须具备以下条件:(1)商标的构成要素必须具有显著性,便于识别。(2)申请注册的商标不得使用法律所禁止使用的文字、图形。所谓商标禁用条款是指商标法关于某类文字、图形不得作为商标使用或注册的禁止性规范。(3)含有地理标志的商标。(4)不得复制、摹仿或者翻译他人的驰名商标。(5)在同种或类似商品上申请注册的商标,不得使用与他人注册商标或初步审定的商标相同或近似的文字、图形或其组合。

三、商标注册的申请

商标注册申请的原则:先申请原则;一申请一商标原则。

商标注册的程序:(1)申请前的准备:办理商标查询、收集实际使用的证据;(2)申请文件:按照规定格式填写申请书、报送商标图样、提交其他书件;(3)申请的提出:按照商品分类表提出申请、交纳费用;(4)申请日与优先权:申请日的确定、优先权的主张及证明;(5)几种特殊的申请手续:另行申请、重新申请、变更申请;(6)对申请材料的真实性的保证。

四、商标注册的审查与核准

审查的内容。

对申请的复审。

商标注册的初步审定和公告。

商标注册的异议。

对异议的复审。

商标的核准注册。

考核知识点与考核要求

识记：(1)了解商标注册的概念；(2)了解商标注册申请的条件；(3)了解商标禁用条款的概念；(4)了解异议的概念。

领会：(1)理解先申请原则的基本内容；(2)理解申请注册的商标应具备的条件。

应用：正确运用和掌握商标注册的申请与审批。

第二十章 商标注册无效的补正

学习目的与要求

了解商标注册无效的事由及补正制度的意义,领会注册不当商标撤销程序的有关规定。

课程内容

商标注册无效的补正,是指商标不具备注册条件但取得注册时,商标局可以依职权撤销该注册商标,或由商标评审委员会根据第三人的请求撤销该注册商标的制度。

商标注册无效的补正程序有助于提高注册商标的质量,减少注册商标权利的冲突,确保注册商标专用权的效力,保护消费者的利益,维护商标专用权受让人的利益。这一规定与国际惯例相符。

由于商标注册无效而导致撤销的事由有:(1)构成商标的文字、图形、字母、数字、三维标志、颜色组合和声音等、及上述要素的组合违反了商标法的禁用条款和不得注册的规定;(2)注册申请人采用了欺骗手段或其他不正当手段取得商标注册。

对第一种情形,商标局可依职权撤销,第三人也可请求商标评审委员会撤销;对第二种情况,只能由商标所有人或者利害关系人请求商标评审委员会裁定撤销,但是经异议裁定或异议复审裁定的,不得再以同一事实和理由申请撤销。

考核知识点与考核要求

识记:了解商标注册无效的补正的概念、商标注册无效的事由。
领会:理解补正程序及异议程序之间的差别。
应用:正确运用商标注册不当的补正程序。

第二十一章 注册商标的续展、转让和使用许可

学习目的与要求

了解注册商标的保护期限及其续展制度,明确和掌握注册商标转让与使用许可的有关规定。

课程内容

一、注册商标的续展

注册商标的保护期限,是指注册商标所有人享有的商标专用权的有效期限。我国《商标法》规定,注册商标的有效期为10年,自核准注册之日起算。

注册商标的续展,是指注册商标所有人在商标注册有效期届满前后的一定时间内,依法办理一定的手续,延长其注册商标有效期的制度。注册商标有效期满,需要继续使用的,应当在期满前6个月内申请续展注册;在此期间未能提出申请的,可以给予6个月的宽展期。宽展期满仍未提出申请的,注销其注册商标。

二、注册商标的转让

注册商标的转让,是指商标注册人将其所有的注册商标专用权,依照法定程序移转给他人的法律行为。

注册商标转让的原则,有连同转让与自由转让两种立法例。我国《商标法》允许注册商标与企业分开转让,但受让人应当保证使用该注册商标的商品质量。

注册商标转让的限制:(1)类似商品使用同一注册商标的,不得分割转让;(2)已经许可他人使用的商标不得随意转让;(3)集体商标不得转让;(4)联合商标不得分开转让;(5)共同所有的商标不得私自转让。

转让注册商标的,应由转让人和受让人达成协议,并共同向商标局提出申请。

三、注册商标的使用许可

注册商标的使用许可,是指注册商标所有人通过订立许可使用合同,许可他人使用其注册商标的法律行为。

注册商标使用许可的形式主要有独占使用许可和普通使用许可。

注册商标使用许可合同一般应采用书面形式,明确双方当事人的权利义务。许可人的义务包括:(1)保持注册商标的有效性;(2)维护被许可人的合法使用权;(3)监督被许

可人使用该商标的商品质量。被许可人的义务包括:(1)未经授权,不得移转其商标使用权;(2)保证使用该商标的商品质量,并在其商品或包装上注明产地和被许可人名称;(3)协助许可人查明侵权事实;(4)交纳商标许可使用费。

商标使用许可合同应当报商标局备案。

考核知识点与考核要求

识记:(1)了解注册商标保护期的概念、注册商标续展的概念;(2)了解注册商标转让的概念;(3)了解注册商标使用许可的概念。

领会:(1)理解注册商标转让的限制;(2)理解注册商标使用许可合同当事人的义务。

第二十二章 商标管理

学习目的与要求

了解商标管理的概念及其机关,明确商标使用管理、商标印制管理的主要内容。

课程内容

一、商标管理概述
商标管理的概念。
商标管理的机关。
二、商标使用的管理
对注册商标使用的管理。
对未注册商标使用的管理。
三、商标印制的管理
商标印制管理的概念。
违反商标印制管理规定的行为及其法律责任。

考核知识点与考核要求

识记:了解商标管理的概念。
领会:(1)理解对注册商标违法使用的处理;(2)理解对非注册商标违法使用的处理;(3)理解违反商标印制管理规定的行为及其法律责任。

第二十三章 商标权的保护

学习目的与要求

了解保护商标权的意义,明确商标侵权行为的概念及种类,领会商标侵权行为的法律责任以及对驰名商标的特别保护。

课程内容

一、商标权保护概述

保护商标权是健全商标法制的中心环节。

保护商标权的意义:(1)制止不正当竞争,维护社会主义竞争秩序;(2)制裁侵权行为,维护注册商标所有人的合法权益;(3)促进我国对外贸易的发展。

二、商标侵权行为的概念和种类

商标侵权行为是指侵犯他人注册商标专用权的行为。

商标侵权行为的类型有:(1)未经注册商标所有人的许可,在同一种商品或者类似商品上使用与其注册商标相同或近似的商标;(2)销售侵犯注册专用权的商品;(3)伪造、擅自制造他人注册商标标识或销售伪造、擅自制造的注册商标标识;(4)未经商标注册人同意,更换其注册商标并将该更换商标的商品又投入市场;(5)给他人的注册商标专用权造成其他损害的行为。

三、商标侵权行为的法律责任

商标侵权行为的法律责任包括民事责任、行政责任与刑事责任。

商标权人可以在起诉前向人民法院申请采取责令侵权人停止有关行为和财产保全的措施。此外,商标侵权的民事责任还包括赔偿损失、即发侵权的制止与证据保全的规定。

对于商标侵权行为,工商行政管理机关可以采取制止侵权行为,没收、销毁侵权商品和专门用于制造侵权商品、伪造注册商标标识的工具、罚款等措施。被侵权人也可以直接向人民法院起诉。

对于假冒注册商标构成犯罪的,行为人应承担有期徒刑、拘役或管制,并处或单处罚金的刑事责任。

考核知识点与考核要求

识记:(1)了解商标侵权行为的概念;(2)了解假冒注册商标犯罪的刑事责任。
领会:理解商标侵权行为的类型。

第二十四章 驰名商标的特别保护

学习目的与要求

了解我国商标法律制度关于驰名商标的规定,熟悉驰名商标的概念、认定标准,理解驰名商标的特别保护制度。

课程内容

一、驰名商标概述

驰名商标是在广大公众中享有较高声誉,有较高知名度的商标。

以相关公众的认知程度为核心要素,部分国家与国际组织推荐的驰名商标的认定标准主要有:

(1) 商标的知名度;(2) 商标的信誉;(3) 使用该商标的商品质量;(4) 使用该商标的商品的销售量;(5) 商标使用和宣传的时间与地理范围;(6) 其他驰名因素。

二、驰名商标的特别保护

三、我国驰名商标保护制度

《驰名商标认定和保护规定》《商标法》关于驰名商标认定与保护的规定。

考核知识点与考核要求

识记:了解驰名商标的概念、认定标准与法律效力。

领会:理解驰名商标的保护措施。

第五编 其他知识产权

第二十五章 商业秘密权

学习目的与要求

了解商业秘密的概念与构成条件,认识商业秘密权的性质和内容,掌握商业秘密的侵权表现形式与救济方法。

课程内容

一、商业秘密权概述

商业秘密,是指不为公众所知悉,能为权利人带来经济利益,具有实用性并经权利人采取保密措施的技术信息和经营信息。

商业秘密的构成条件是:(1)信息性;(2)未公开性;(3)实用性;(4)保密性。

商业秘密权是一种财产权,即商业秘密的合法控制人采取保密措施,依法对其经营信息和技术信息享有的专有使用权。

商业秘密的权利人有权对商业秘密进行控制与管理;有权依法使用自己的商业秘密;有权通过自己使用或许可使用以至转让商业秘密而取得利益;有权处分自己的商业秘密。

商业秘密主要是一种智力创造成果,其权利形态与著作权、专利权、商标权一样都具有无形产权的本质属性,但不具备传统类型知识产权的主要特征。

二、商业秘密权的法律保护

侵犯商业秘密,是指行为人未经权利人(商业秘密的合法控制人)的许可,以非法手段获取商业秘密并加以公开或使用的行为。

侵犯商业秘密的具体表现形式有:(1)以盗窃、利诱、胁迫或其他不正当手段获取权利人的商业秘密;(2)披露、使用或允许他人使用以不正当手段获取的商业秘密;(3)违反约定或违反权利人有关保守商业秘密的要求,披露、使用或允许他人使用其所掌握的商业秘密;(4)第三人在明知或应知前述违法行为的情况下,仍然从侵权人那里获取、使用或披露他人的商业秘密。

对商业秘密的侵权行为,主要采取行政制裁、民事制裁以及刑事制裁的手段。

通过自行开发研制或者反向工程等方式获得的商业秘密,不认定为反不正当竞争法规定的侵犯商业秘密行为。

考核知识点与考核要求

识记:(1)了解商业秘密的概念和构成条件;(2)了解商业秘密权、反向工程的概念。

领会:理解商业秘密权与著作权、专利权、商标权的异同。

应用:正确识别和判断侵犯商业秘密的行为。

第二十六章 地理标志权

学习目的与要求

了解地理标志的概念以及与商标的区别,认识地理标志权的性质与特征,明确对地理标志权的保护途径。

课程内容

一、地理标志权概述

地理标志是指标示某商品来源于某地区,该商品的特定质量、信誉或其他特征主要由该地区的自然因素或人文因素所决定的标志。

地理标志与商标都是表示商品来源的专用标记,但就区别功能来说,商标表明商品出自于何"人",与特定的个体生产经营者相联系;而地理标志表明商品出自于何"地",与特定的某类生产经营者相联系。

地理标志权是一种无形财产权,但并不完全具备工业产权的基本特征:(1)它是特定范围的共有权,不具有个体专有的独占性;(2)它是永久性的财产权利,不具有时间性;(3)其客体具有本源性特征,其权利不得转让或许可使用。

二、地理标志权的法律保护

关于地理标志权的保护,国内法适用反不正当竞争法和商标法,国际间适用《保护工业产权巴黎公约》《关于制止产品虚假或欺骗性产地名称马德里协定》《知识产权协定》等国际条约。

考核知识点与考核要求

识记:了解地理标志的概念。

领会:(1)理解地理标志与商标的区别;(2)理解地理标志权的性质和特征。

应用:掌握地理标志权的法律保护途径。

第二十七章　与知识产权有关的不正当竞争

学习目的与要求

了解不正当竞争行为的概念与特征，明确反不正当竞争法与知识产权法的关系，理解与知识产权有关的不正当竞争行为及其法律规制。

课程内容

一、不正当竞争行为概述

不正当竞争行为是一种违反平等公正、诚实信用的竞争规则的非法行为。我国《反不正当竞争法》所称不正当竞争是指经营者违反该法规定，损害其他经营者的合法权益，扰乱社会经济秩序的行为。不正当竞争行为的特点：(1) 发生在竞争活动之中；(2) 违反诚信、公平的原则；(3) 造成扰乱社会经济秩序的后果。

反不正当竞争法是调整市场交易活动中经营者之间竞争关系的法律规范的总称。

各国在立法例上，或采分立式，分别制定反垄断、防止限制竞争法和反不正当竞争法；或采合并式，将反垄断、禁止限制竞争和反不正当竞争合并立法。我国制定《反垄断法》和《反不正当竞争法》，规制了不正当竞争行为、滥用知识产权限制和排除竞争行为等对象。

反不正当竞争法归属于知识产权法律体系：(1) 以知识产权法的调整对象作为自己的保护对象；(2) 弥补单一知识产权法律产生的"真空地带"；(3) 对各类知识产权客体的交叉部分给予"兜底保护"。

二、与知识产权有关的不正当竞争及其法律规制

与知识产权有关、适用《反不正当竞争法》的不正当竞争行为：(1) 商品假冒行为。包括商品主体混同行为与商品虚假标示行为。前者是指不正当地利用他人的商业信誉或商品声誉，致使其商品与他人的商品发生混淆的行为。后者是指在表示商品的质量及荣誉、产地或来源以及商品的其他成分上作不真实的标注，致使其他经营者或消费者发生误认的行为。(2) 虚假宣传行为。即经营者利用广告或其他方法对商品作与实际情况不符的虚假宣传，导致用户和消费者误认的行为。(3) 侵犯商业秘密。(4) 商业诽谤行为。即经营者采取捏造、散布虚伪事实等不正当手段，对竞争对手的商业信誉、商品声誉进行诋毁、贬低，以削弱其竞争实力的行为。

经营者滥用知识产权，排除、限制竞争的行为，适用《反垄断法》。

考核知识点与考核要求

识记：(1) 了解不正当竞争行为的概念与特征；(2) 了解商品假冒行为的概念、虚假宣传行为的概念、商业诽谤行为的概念。

领会：理解反不正当竞争法与知识产权法的关系。

第六编 知识产权国际公约

第二十八章 世界知识产权组织及其管理的国际公约

学习目的与要求

了解知识产权国际保护与相关国际公约、国际组织的关系,熟悉我国参加的主要知识产权国际公约的基本内容。

课程内容

一、知识产权国际保护制度概述

国际条约是知识产权国际保护的主要法律依据。工业产权国际公约首推《保护工业产权巴黎公约》,著作权国际公约则以《保护文学艺术作品伯尔尼公约》与《世界版权公约》为要。

国际组织是知识产权国际保护制度组织化的重要标志。《成立世界知识产权组织公约》的签订,导致统一保护知识产权国际组织的成立。国际组织在知识产权领域组织制定国际公约、进行国际合作方面发挥着积极作用。

二、世界知识产权组织

世界知识产权组织的宗旨。

世界知识产权组织管理的联盟、公约及协定。

三、《保护工业产权巴黎公约》

《保护工业产权巴黎公约》的主要内容。

四、《商标国际注册马德里协定》

《商标国际注册马德里协定》的主要内容。

五、《保护文学艺术作品伯尔尼公约》

《保护文学艺术作品伯尔尼公约》的主要内容。

六、《保护表演者、录音制品制作者与广播组织罗马公约》
《保护表演者、录音制品制作者与广播组织罗马公约》的主要内容。

七、《视听表演北京条约》
《视听表演北京条约》的主要内容。

八、世界知识产权组织的"因特网条约"
《世界知识产权组织版权条约》；
《世界知识产权组织表演与录音制品条约》。

考核知识点与考核要求

识记：了解《成立世界知识产权组织公约》《保护工业产权巴黎公约》《商标国际注册马德里协定》《保护文学艺术作品伯尔尼公约》《保护表演者、录音制品制作者与广播组织罗马公约》《视听表演北京条约》、世界知识产权组织的"因特网条约"等国际公约的基本知识。

第二十九章　世界贸易组织框架下的《知识产权协定》

学习目的与要求

了解《知识产权协定》的基本原则,熟悉关于知识产权保护与争端解决的规定。

课程内容

《知识产权协定》的基本原则。
《知识产权协定》的基本内容。

考核知识点与考核要求

识记:了解《知识产权协定》的基本原则与基本内容。

Ⅳ 关于大纲的说明与考核实施要求

为了使本大纲的内容在个人自学、社会助学和考试命题中得以贯彻和落实,特作如下说明:

一、自学考试大纲的目的和作用

《知识产权法自学考试大纲》是根据专业自学考试计划的要求,结合自学考试的特点而确定。其目的是对个人自学、社会助学和课程考试命题进行指导和规定。

该课程自学考试大纲明确了课程学习的内容以及深广度,规定了课程自学考试的范围和标准。因此,它是编写自学考试教材和辅导书的依据,是社会助学组织进行自学辅导的依据,是自学者学习教材、掌握课程内容知识范围和程度的依据,也是进行自学考试命题的依据。

二、课程自学考试大纲与教材的关系

《知识产权法自学考试大纲》是进行学习和考核的依据,教材是学习掌握课程知识的基本内容与范围,教材的内容是大纲所规定的课程知识和内容的扩展与发挥。

三、关于自学教材

《知识产权法》,全国高等教育自学考试指导委员会组编,吴汉东主编,北京大学出版社 2018 年版。

四、关于自学要求

本大纲的课程考核要求是依据专业考试计划和专业培养目标而确定的,明确了课程的基本内容以及对基本内容掌握的程度。考核要求中的知识点构成了课程内容的主体部分。本课程共 4 学分。

五、应考指导

1. 如何学习

很好地计划和组织是你学习成功的法宝。考试前一两天可以看着教材目录,尤其是重点章节,回忆各该章的主要内容及思路,对于识记部分记住了没有,理解的地方有没有自己的理解,是否能够综合运用相关知识来回答案例分析题。如果脑子里没有特别清晰的印象,立即打开教材和大纲,有针对性地补充和完善。

2. 如何考试

卷面整洁非常重要。书写工整,段落与间距合理,卷面赏心悦目有助于教师评分,教师只能为他能看懂的内容打分。要回答所问的问题,而不是回答你自己愿意回答的问题!避免超过问题的范围。

3. 如何处理紧张情绪

正确处理对失败的惧怕,要正面思考。如果可能,请教已经通过该科目考试的人,问他们一些问题。做深呼吸放松,这有助于使头脑清醒,缓解紧张情绪。考试前合理膳食,保持旺盛精力,保持冷静。

六、对考核内容的说明

1. 本课程要求考生学习和掌握的知识点内容都作为考核的内容。课程中各章的内容均由若干知识点组成,在自学考试中成为考核知识点。因此,课程自学考试大纲中所规定的考试内容是以分解为考核知识点的方式给出的。由于各知识点在课程中的地位、作用以及知识自身的特点不同,自学考试将对各知识点分别按四个认知(或叫能力)层次确定其考核要求。

2. 在考试之日起 6 个月前,由全国人民代表大会和国务院颁布或修订的法律、法规都将列入相应课程的考试范围。凡大纲、教材内容与现行法律、法规不符的,应以现行法律法规为准。命题时也会对我国经济建设和科技文化发展的重大方针政策的变化予以体现。

七、关于考试命题的若干规定

1. 本课程为闭卷笔试,考试时间为 150 分钟,满分 100 分。

2. 本大纲各章所规定的基本要求、知识点及知识点下的知识细目,都属于考核的内容。考试命题既要覆盖到章,又要避免面面俱到。要注意突出课程的重点、章节重点,加大重点内容的覆盖度。

3. 命题不应有超出大纲中考核知识点范围的试题,考核目标不得高于大纲中所规定的相应的最高能力层次要求。命题应着重考核自学者对基本概念、基本知识和基本理论是否了解或掌握,对基本方法是否会用或熟练。不应出与基本要求不符的偏题或怪题。

4. 本课程在试卷中对不同能力层次要求的分数比例大致为:识记占 20%,领会占 30%,应用占 50%。

5. 要合理安排试题的难易程度,试题的难度可分为:易、较易、较难和难四个等级。每份试卷中不同难度试题的分数比例一般为:2:3:3:2。必须注意试题的难易程度与能力层次有一定的联系,但二者不是等同的概念。在各个能力层次中对于不同的考生都存在着不同的难度。在大纲中要特别强调这个问题,应告诫考生切勿混淆。

6. 该课程考试命题的题型一般有单项选择题、多项选择题、简答题与案例分析题等题型。请参见参考样卷。

附录 参考样卷

一、单项选择题：在每小题列出的备选项中只有一项是最符合题目要求的,请将其选出。

1. 下列涉及知识产权的国际公约中,最早签订的是(　　)
   A.《保护工业产权巴黎公约》　　　B.《商标国际注册马德里协定》
   C.《建立世界知识产权组织公约》　　D.《保护文学和艺术作品伯尔尼公约》

2. 中国历史上第一部专门保护著作权的法律是(　　)
   A.《大清著作权律》
   B.《关于书籍稿酬的暂行规定》
   C.《关于图书、期刊著作权保护试行条例》
   D.《关于录音、录像出版物著作权保护暂行条例》

3. 甲拍摄了一张突发事件照片,将其放在自己的博客上,某报社认为照片具有新闻价值,从甲的博客上直接下载该照片使用在该报社报纸的头版,对此,下列说法正确的是(　　)
   A. 甲对照片不享有著作权
   B. 报社使用该照片属于合理使用
   C. 报社使用该照片必须经过甲的授权
   D. 甲在博客公开该照片的行为视为放弃著作权

4. 大北大学的孙教授组织同行汇编了一本空间技术论文集,由华清出版社出版,孙教授在该论文集封面上署名为主编,该论文集的著作权人是(　　)
   A. 孙教授　　　　　　B. 大北大学
   C. 华清出版社　　　　D. 全体论文作者

5. 黄某购买了张教授创作的油画《塞北沙湖》,黄某对该画享有的权利是(　　)
   A. 署名权　　　　　　B. 展览权
   C. 汇编权　　　　　　D. 保护作品完整权

6. 青苹公司制作的影片《那些人,那些事儿》于1977年上映,编剧王某于1993年去世,2016年桃园公司欲将该影片制作成VCD并发行,桃园公司依法(　　)
   A. 须经青苹公司许可并付酬
   B. 须经编剧王某的继承人许可并付酬
   C. 须经青苹公司与编剧王某的继承人共同许可并付酬
   D. 可不经任何人许可,无偿使用

7. 甲、乙二人于2015年共同创作了一部知识产权法教材,甲撰写总论,乙撰写分论。2016年出版社欲将甲撰写的总论单独出版,对此,下列说法正确的是( )
   A. 出版社须经甲许可
   B. 出版社须经乙许可
   C. 出版社须经甲、乙共同许可
   D. 出版社无须经过甲、乙许可,但应当支付报酬

8. 出版者对其出版的图书或期刊版式设计享有权利的保护期是( )
   A. 10年　　　B. 20年　　　C. 30年　　　D. 50年

9. 依据我国《著作权法》,可以不经著作权人许可,不向其支付报酬,但应当指明作者姓名、作品名称,且不得侵犯著作权人依法享有的其他权利的行为,这属于( )
   A. 法定许可　　　　　　B. 合理使用
   C. 计划许可　　　　　　D. 强制许可

10. 在著作权侵权案件中,如果权利人的实际损失或者侵权人的违法所得均不能确定,法院可判定的最高赔偿数额是( )
    A. 500万元　　B. 250万元　　C. 100万元　　D. 50万元

11. 下列属于我国《专利法》保护客体的是( )
    A. 科学发现　　　　　　B. 比赛规则
    C. 疾病诊断和治疗方法　D. 动植物的生产和培育方法

12. 依据我国《专利法》,确定发明专利保护范围的法律文件是( )
    A. 说明书　　　　　　　B. 说明书摘要
    C. 说明书附图　　　　　D. 权利要求书

13. 我国对发明专利申请采取的审查制度是( )
    A. 形式审查制　　　　　B. 初步审查制
    C. 早期公布＋实质审查制　D. 不予审查制

14. 依据我国《专利法》,专利权保护期限的起算点是( )
    A. 创造完成日　　　　　B. 专利申请日
    C. 初审公告日　　　　　D. 授权公告日

15. 在我国《专利法》中,外国优先权与本国优先权的不同之处在于( )
    A. 前者适用于外国人,后者只用于中国人
    B. 前者须申请人主动提出,后者自动产生
    C. 前者的期限为12个月,后者的期限为6个月
    D. 前者适用于所有发明创造,后者仅适用于发明和实用新型专利申请

16. 两个以上的申请人分别就相同主题的发明创造申请专利的,专利权归属于( )
    A. 最先发明者　　　　　B. 最先实施者
    C. 最先申请者　　　　　D. 最先设计者

17. 甲和乙共同研发了一项技术并取得专利权,但对该专利权的行使未作约定,则甲有权在未取得乙同意的情况下与他人签订(　　)
   A. 普通许可协议　　　　　　　B. 独占许可协议
   C. 排他许可协议　　　　　　　D. 专利权转让协议

18. 在专利侵权案件中,如果权利人的实际损失、侵权人所获得的利益以及专利使用许可费均难以确定的,法院可判定的最高赔偿数额是(　　)
   A. 500万元　　B. 250万元　　C. 100万元　　D. 50万元

19. 我国现行《商标法》的首次实施时间是(　　)
   A. 1983年3月1日　　　　　　B. 1985年4月1日
   C. 1987年1月1日　　　　　　D. 1991年6月1日

20. 下列商品的商标,我国实行强制注册的是(　　)
   A. 化妆品　　B. 饮料　　C. 婴儿用品　　D. 烟草制品

二、多项选择题:在每小题列出的备选项中至少有两项是符合题目要求的,请将其选出,错选、多选或少选均无分。

21. 2015年11月1日,甲向专利局提出一项产品专利申请,下列情形中会导致该申请丧失新颖性的有(　　)
   A. 2015年3月1日他人在国外提出了相同的专利申请
   B. 2015年4月1日该产品在中国政府承认的国际展会展出
   C. 2015年8月1日甲的同事未经甲许可向他人泄露该申请
   D. 2015年9月1日甲在国家规定的学术会议上将申请内容发表
   E. 2015年12月1日甲以论文形式将申请内容发表在学术刊物上

22. 发明专利申请公布后至专利权授予前(　　)
   A. 该发明不受法律保护
   B. 该申请人有权禁止其他企业实施其发明
   C. 该申请人可以要求实施其发明的企业支付适当费用
   D. 若实施者不支付费用,申请人可提起侵犯专利权之诉
   E. 若实施者不支付费用,该申请获得专利权后,权利人可以追偿使用费

23. 在我国,可以申请商标注册的主体有(　　)
   A. 自然人　　B. 法人　　C. 社团组织　　D. 政府机构
   E. 外国企业

24. 认定驰名商标应当遵循的规则有(　　)
   A. 主动认定　　B. 被动认定　　C. 事实认定　　D. 自动认定
   E. 个案认定

25. 依据我国《商标法》,申请注册的商标不得与他人在先取得的合法权利相冲突,下列属于在先权利的有(　　)

A. 姓名权　　B. 肖像权　　C. 商号权　　D. 著作权
E. 外观设计专利权

三、简答题

26. 简述地理标志权的特征。
27. 简述表演者权的内容。
28. 简述我国专利法中外观设计的定义。
29. 简述证明商标的概念。

四、案例分析题

30. 居住在美国的中国公民甲用英文创作了一部小说,在美国引起了广泛好评。甲在国内的好朋友乙知晓此事后,想帮助甲扩大该小说的影响力,经甲同意,乙将该小说翻译成中文,丙根据乙的译稿将该小说改编成电影文学剧本,在丙改编的过程中,乙给丙提供了很多修改建议。

请问:(1) 甲在美国用英文创作的小说是否受我国《著作权法》保护?为什么?

(2) 乙根据甲的小说翻译的中文译本属于何种类型的作品?该作品的著作权人是谁?为什么?

(3) 乙对电影文学剧本是否享有著作权?为什么?

31. A 公司在其生产的食品系列上申请注册了"自然之食"商标,但在使用商标时没有标明注册标记。B 公司误认为"自然之食"是未注册商标,故在其生产的食品上也使用了这一商标。后来,A 公司将该商标转让给 C 公司,双方履行商标转让合同后,C 公司起诉 B 公司商标侵权。法院认定侵权成立,判决生效并执行后不久,该商标因缺乏显著特征被宣告无效。

请问:(1) B 公司的行为是否侵犯了 A 公司的商标权?为什么?

(2) 该商标被宣告无效的裁定对 A 公司转让商标的行为以及法院的侵权判决是否具有追溯效力?

参考样卷答案

一、单项选择题

1. A　2. A　3. C　4. A　5. B　6. A　7. A　8. A
9. B　10. D　11. D　12. D　13. C　14. B　15. D　16. C
17. A　18. C　19. A　20. D

二、多项选择题

21. AB   22. CE   23. ABCE   24. BCE   25. ABCDE

三、简答题

26. 是特定地理范围内对某个标志享有的共有权,不具有个体专有的独占性;是永久性的财产权利,不具有时间性;权利不得转让,不得许可使用。

27. 表明表演者身份的权利;保护表演形象不受歪曲的权利;许可他人从现场直播和公开传送其现场表演并获得报酬的权利;许可他人录音录像并获得报酬的权利;许可他人复制、发行录有其表演的录音、录像制品,并获得报酬的权利;许可他人通过信息网络向公众传播其表演并获得报酬的权利。

28. 外观设计是指对产品的形状、图案或者其结合以及色彩与形状、图案的结合,所作出的富有美感并适于工业应用的新设计。

29. 证明商标,是指由对某种商品或者服务具有监督能力的组织所控制,而由该组织以外的单位或者个人使用于其商品或者服务,用以证明该商品或者服务的原产地、原料、制造方法、质量或者其他特定品质的标志。

四、案例分析题

30.(1)是。根据我国《著作权法》,中国公民、法人或者其他组织的作品,不论是否发表,依法享有著作权。

(2)属于翻译作品(演绎作品)。乙是著作权人,因为乙是该中文译本的翻译者。

(3)不享有著作权。因为乙仅给丙提供了修改建议,不属于创作活动。

31.(1)是。"自然之食"是注册商标,A公司没有标注注册标识不意味着该商标是未注册商标,B公司未经A公司许可使用该商标构成侵权。

(2)不具有追溯力。对于在无效裁定作出之前已履行的转让合同以及法院已经生效并被执行的判决不具有溯及力。

大纲后记

经全国高等教育自学考试指导委员会同意,由法学类专业委员会负责高等教育自学考试法律专业大纲的审定工作。

法律专业《知识产权法自学考试大纲》由中南财经政法大学吴汉东教授组织编写,参加编写的人员有中南财经政法大学胡开忠教授、中南财经政法大学曹新明教授、苏州大学董炳和教授、中南财经政法大学肖志远副教授。

参加本大纲审定工作的有:中国社会科学院法学研究所李明德教授、中国政法大学张今教授以及北京大学易继明教授。

对于编审人员付出的辛勤劳动,在此表示一并感谢!

全国高等教育自学考试指导委员会
法学类专业委员会
2018 年 2 月

全国高等教育自学考试指定教材
法律专业(本科段)

知识产权法

全国高等教育自学考试指导委员会　组编

第一编 总 论

第一章 知识产权概述

第一节 知识产权的概念与范围

一、知识产权的概念

知识产权(intellectual property)是人们对于自己的智力活动创造的成果和经营管理活动中的标记、信誉依法享有的权利。将一切来自知识活动领域的权利概括为"知识产权",最早见之于17世纪中叶的法国学者卡普佐夫的观点,后为比利时著名法学家皮卡第所发展。皮卡第认为,知识产权是一种特殊的权利范畴,它根本不同于对物的所有权。"所有权原则上是永恒的,随着物的产生与毁灭而发生与终止;但知识产权却有时间限制。一定对象的产权在每一瞬息时间内只能属于一个人(或一定范围的人——共有财产),使用知识产品的权利则不限人数,因为它可以无限地再生。"[①]知识产权学说后来在国际上广泛传播,得到世界上多数国家和众多国际组织的承认。在我国,法学界曾长期采用"智力成果权"的说法,1986年《民法通则》颁布后,开始正式通行"知识产权"的称谓。我国台湾地区则把知识产权称为"智慧财产权"。

二、知识产权的范围

知识产权有广义和狭义之分。

广义的知识产权包括著作权、邻接权、商标权、商号权、商业秘密权、地理标志权、专利权、集成电路布图设计权等各种权利。广义的知识产权范围,目前已为两个主要的知识产权国际公约所认可,1967年签订的《成立世界知识产权组织公约》将知识产权的范围界定为以下类别:关于文学、艺术和作品的权利(即著作权),关于人类的一切领域的发明的权利(即发明专利权及科技奖励意义上的发明权),关于科学发现的权利(即发现权),关于工业品外观设计的权利(即外观设计专利权或外观设计权),关于商标、服务标志、商号和标记的权利(即商标权、商号权),关于制止不正当竞争的权利(即反不正当竞争权),以及一

---

① 〔苏〕E.A.鲍加特赫等:《资本主义国家和发展中国家的专利法》,载《国外专利法介绍》,知识出版社1980年版,第2页。

切在工业、科学、文学或艺术领域由于智力活动产生的其他权利。1994年关贸总协定缔约方签订的《知识产权协定》(亦称TRIPS协定),划定的知识产权范围包括:著作权及其相关权利(即邻接权),商标权,地理标记权,工业品外观设计权,专利权,集成电路布图设计权,未公开信息专有权(即商业秘密权)。

1986年通过的《中华人民共和国民法通则》(以下简称"《民法通则》")第五章"民事权利",分列"所有权""债权""知识产权""人身权"四节,其中第三节"知识产权"第94条至第97条明文规定了著作权、专利权、商标权、发现权、发明权以及其他科技成果权。2017年通过的《中华人民共和国民法总则》(以下简称"《民法总则》")第五章"民事权利"中第123条规定的知识产权客体包括:作品;发明、实用新型、外观设计;商标;地理标志;商业秘密;集成电路布图设计;植物新品种以及法律规定的其他客体。

从上述规定可以看出,《知识产权协定》规定的知识产权的范围大抵与1886年《保护文学艺术作品伯尔尼公约》及1883年《保护工业产权巴黎公约》总括的类别相当,而《成立世界知识产权组织公约》所规定的知识产权范围较为宽泛,特别是包括了科技奖励制度中的发明权、发现权。我国《民法通则》所规定的知识产权基本类型同于《成立世界知识产权组织公约》。对此,我国学者存有异议。一种观点认为,上述发明权、发现权已为国际公约所承认,且我国民事立法专门对上述权利给予保护,因此将一切智力创造活动所产生的权利列入知识产权并无不当。[①] 另一种观点认为,科学发现不宜作为知识产权的保护对象,世界上绝大多数国家的法律及国际公约都没有对科学发现授予私权性质的财产权利。[②]还有一种观点认为,该类发明权、发现权以及其他科技成果权并非是对其智力成果的专有使用权,而是一种取得荣誉及获取奖励的权利,该项制度应归类科技法。[③] 我们认为,我国《民法通则》在"知识产权"一节中所确认的发现权、发明权以及合理化建议、技术改进和科技成果推广的权利,都不具有"知识所有权"的专有财产权利性质。因此,在将来的民事立法中,有关知识产权的保护范围以不包括上述科技成果权为宜。《民法总则》有关知识产权的客体范围和《知识产权协定》非常接近。

狭义的知识产权,即传统意义上的知识产权,应包括著作权(含邻接权)、专利权、商标权三个主要组成部分,也是本门课程学习的重要内容。一般来说,狭义的知识产权可以分为两个类别:一类是文学产权(literature property),包括著作权及与著作权有关的邻接权。另一类是工业产权(industrial property),主要是专利权和商标权。文学产权是关于文学、艺术、科学作品的创作者和传播者所享有的权利,它将具有原创性的作品及传播这种作品的媒介纳入其保护范围,从而在创造者"思想表达形式"的领域内构造了知识产权保护的独特领域。工业产权则是指工业、商业、农业、林业和其他产业中具有实用经济意义的一种无形财产权,确切地说,工业产权应称为"产业产权"。

---

① 参见刘春茂主编:《中国民法学·知识产权》,中国人民公安大学出版社1997年版,第2—4页。
② 参见刘春田主编:《知识产权法教程》,中国人民大学出版社1995年版,第3页。
③ 参见吴汉东主编:《知识产权法》,中国政法大学出版社1999年版,第2页;张玉敏主编:《知识产权法教程》,西南政法大学2001年版,第14页。

文学产权（或称著作权）与工业产权的区分是知识产权传统的基本分类。自20世纪60年代起，由于工业产权与著作权（版权）长期渗透和交叉，又出现了给予工业产品以类似著作权保护的新型知识产权，即工业版权。① 工业版权的立法动因，始于纠正工业产品外观设计享有专利法和著作权法重叠保护的弊端。以后，一些国家为了填补某些工业产品无法保护的空白和弥补单一著作权保护的不足，遂将集成电路布图设计等纳入工业版权客体的范畴。工业版权突破了以往关于著作权与工业产权的传统分类，吸收了两者的部分内容，形成了亦此亦彼的"交叉权利"。这种权利的主要特点是：受保护对象必须具有新颖性（专利法要求）和独创性（著作权法要求）；实行工业产权法中的注册保护制和较短保护期；专有权人主要享有复制权和发行权，但没有著作权主体享有的那种广泛权利。

第二节　知识产权的性质与特征

一、知识产权的性质

知识产权是一种新型的民事权利，是一种法定权利，其类型、内容均由法律设定，不同于约定权利，是一种有别于财产所有权的无形财产权。

（一）权利本体的私权性

权利本体的私权性是知识产权归类于民事权利范畴的基本依据。私权是与公权相对应的一个概念，指的是私人（包括自然人和法人）享有的各种民事权利。知识产权的产生、行使和保护，适用民法的基本原则和基本制度。离开了民事权利体系，知识产权制度就会面目全非、无法存在，私的主体就会失去获取知识财产的民事途径。就知识产权立法例而言，少数国家将知识产权归入了民法典（如1942年《意大利民法典》、1995年《越南民法典》），个别国家对知识产权单独编纂法典（如1992年《法国知识产权法典》），大多数国家则对知识产权采取单行立法的方法。尽管有上述立法差异，现代各国并不讳言知识产权的民事权利或私人财产权利的基本属性。正因如此，《知识产权协定》在其序言中强调有效保护知识产权的必要性时，要求各缔约方确认知识产权是一项"私权"。

（二）权利客体的非物质性

权利客体的非物质性是知识产权区别于财产所有权的本质特性。知识产权的客体即知识产品（或称为智力成果），是一种没有形体的精神财富，客体的非物质性是知识产权的本质属性所在。有的学者认为，知识产权与其他财产权利的根本区别在于其本身的无形性，而其他法律特征即独占性、时间性、地域性等皆由此派生而成。② 严格地讲，权利作为主体凭借法律实现某种利益所可以实施行为的界限和范围，概为无外在实体之主观拟制。正是在这个意义上，从罗马法学家到现代民法学家都将具有一定财产内容的权利（除所有

---

① 郑成思著：《版权法》，中国人民大学出版社1997年第2版，第63页。
② 郑成思主编：《知识产权法教程》，法律出版社1993年版，第45页。

权以外)称为无体物。因此,知识产权与相关权利的本质区别,不是所谓该项权利的无形性,而在于其权利客体即知识产品的非物质性特征。对此,台湾学者曾世雄先生有相同看法:财产权之有形或无形,并非指权利而言,而系权利控有之生活资源,即客体究竟有无外形。例如,房屋所有权,其权利本身并无有形无形之说,问题在于房屋系有体物;作为著作权,亦不产生有形无形问题,关键在于作品系智能产物,为非物质形态。[①] 知识产品之无形是相对于动产、不动产之有形而言的,它具有不同的存在、利用、处分形态:第一,不发生有形控制的占有。由于知识产品不具有物质形态,不占有一定的空间,人们对它的占有不是一种实在而具体的占据,而是表现为对某种知识、经验的认识与感受。知识产品虽具有非物质性特征,但它总要通过一定的客观形式表现出来,作为其表现形式的物化载体所对应的是有形财产权而不是知识产权。第二,不发生有形损耗的使用。知识产品的公开性是知识产权产生的前提条件。由于知识产品必须向社会公示、公布,人们从中得到有关知识即可使用,而且在一定时空条件下,可以被若干主体共同使用。上述使用不会像有形物使用那样发生损耗,如果无权使用人擅自利用了他人的知识产品,亦无法适用恢复原状的民事责任形式。第三,不发生消灭知识产品的事实处分与有形交付的法律处分。知识产品不可能有实物形态消费而导致其本身消灭之情形,它的存在仅会因期间(即法定保护期)届满产生专有财产与社会公共财富的区别。同时,有形交付与法律处分并无联系,换言之,非权利人有可能不通过法律途径去"处分"属于他人而自己并未实际"占有"的知识产品。基于上述特征,国家有必要赋予知识产品的创造者以知识产权,并对这种权利实行有别于传统财产权制度的法律保护。

二、知识产权的特征

关于知识产权的基本特征,学者们多有阐述,这些特征的概括在各种著述中虽多少不等,但其基本特征概为"专有性""地域性"和"时间性"。其实,这些特征的描述,是与其他财产权特别是所有权相对而言的,并非都是知识产权所独有的。

(一)知识产权的专有性

知识产权是一种专有性的民事权利,它同所有权一样,具有排他性和绝对性的特点。正是在这个意义上,法国一些学者认为知识产权就是"知识所有权";而多数法国学者怀疑知识产权是否为真正的所有权,他们根据该项权利标的及内容的特点,将知识产权称为一种垄断权或独占权。[②] 日本学者亦认为,知识产权是一种"全新的特殊权利",它分为独占权(如著作权、专利权等)和禁止权(如商品形象权、商誉权等)。[③] 我们认为,专有性即排他性和绝对性,虽是知识产权与所有权的共同特征,但其效力内容及表现形式是各不相同的。由于知识产品是精神领域的成果,知识产权的专有性有着其独特的法律表现:第一,知识产权为权利人所独占,权利人垄断这种专有权利并受到严格保护,没有法律规定或未

---

① 曾世雄著:《民法总则之现在与未来》,台湾三民书局1983年版,第151页。
② 参见尹田著:《法国物权法》,法律出版社1998年版,第86页。
③ 参见〔日〕小岛庸和著:《无形财产权》,日本创成社1998年版,第5—9页。

经权利人许可,任何人不得使用权利人的知识产品;第二,对同一项知识产品,不允许有两个或两个以上同一属性的知识产权并存。例如,两个相同的发明物,根据法律程序只能将专利权授予其中的一个,而以后的发明与已有的技术相比,如无突出的实质性特点和显著的进步,就不能取得相应的权利。知识产权与所有权在专有性效力方面也是有区别的。首先,所有权的排他性表现为所有人排斥非所有人对其所有物进行不法侵占、妨害或毁损,而知识产权的排他性则主要是排斥非专有人对知识产品进行不法仿制、假冒或剽窃。其次,所有权的独占性是绝对的,即所有人行使对物的权利,既不允许他人干涉,也不需要他人积极协助,在所有物为所有人控制的情况下,且无地域和时间的限制。而知识产权的独占性则是相对的,这种垄断性往往要受到权能方面的限制(如著作权中的合理使用、专利权中的临时过境使用、商标权中的先用权人使用等),同时,该项权利的独占性只在一定空间地域和有效期限内发生效力。

(二) 知识产权的地域性

知识产权作为一种专有权在空间上的效力并不是无限的,而要受到地域的限制,即具有严格的领土性,其效力只限于本国境内。知识产权的这一特点有别于有形财产权。一般来说,对所有权的保护原则上没有地域性的限制,无论是公民从一国移居另一国的财产,还是法人因投资、贸易从一国转入另一国的财产,都照样归权利人所有,不会发生财产所有权失去法律效力的问题。而知识产权则不同,按照一国法律获得承认和保护的知识产权,只能在该国发生法律效力。除签有国际公约或双边互惠协定的以外,知识产权没有域外效力,其他国家对这种权利没有保护的义务,任何人均可在自己的国家内自由使用该知识产品,既无须取得权利人的同意,也不必向权利人支付报酬。

早在知识产权法律制度的雏形时期,地域性的特点就同知识产权紧密地联系在一起。在欧洲封建国家末期,原始著作权与专利权都是君主恩赐并作为特许权出现的,因此这种权利只可能在君主管辖地域内行使。随着近代资产阶级法律的发展,知识产权才最终脱离了封建特许权形式,成为法定的精神产权。但是,资本主义国家依照其主权原则,只对依本国法取得的知识产权加以保护,因此地域性作为知识产权的特点继续保留下来。在一国获得知识产权的权利人,如果要在他国受到法律保护,就必须按照该国法律规定登记注册或审查批准。

从19世纪末起,随着科学技术的发展以及国际贸易的扩大,知识产权交易的国际市场也开始形成和发展起来。这样,知识产品的国际性需求与知识产权的地域性限制之间出现了巨大的矛盾,为了解决这一矛盾,各国先后签订了一些保护知识产权的国际公约,成立了一些全球性或区域性的国际组织,在世界范围内形成了一套国际知识产权保护制度。在国际知识产权保护中,国民待遇原则的规定是对知识产权地域性特点的重要补充。国民待遇原则,使得一国承认或授予的知识产权,根据国际公约在缔约国发生域外效力成为可能。但是,知识产权的地域性并没有动摇,是否授予权利、如何保护权利,仍须由各缔约国按照其国内法来决定。至20世纪下半叶,由于地区经济一体化与现代科学技术的发展,知识产权立法呈现出现代化、一体化的趋势,由此使得知识产权的严格地域性特征受到挑战:第一,跨国知识产权的出现。为了实现经济一体化的目标,某些国家和地区正努力建立一个共同的知识产权制度(如欧盟),这就使得知识产权跨出一国地域的限制,从而在多个国家同时发生效力。第二,涉外知识产权管辖权与法律适用的发展。由于现代传播技术的发展,涉及知识产权的侵权行为可能在几个甚至十几个国家发生。为了便利诉讼和有效保护权利人利益,一些国家正在酝酿跨地域管辖和新准据法原则。[①] 涉外知识产权纠纷的非专属管辖与知识产权法律适用的多元化,都会对这一权利的地域性特点带来重大影响。

总之,在当今社会,知识产权在全球范围内依然保留有地域性特征,但已受到挑战,这一自封建法到现代法固有的法律特征是否会被完全打破,尚有待继续观察和研究。

(三) 知识产权的时间性

知识产权不是没有时间限制的永恒权利,其时间性的特点表明:知识产权仅在法律规定的期限内受到保护,一旦超过法律规定的有效期限,这一权利就自行消灭,相关知识产品即成为整个社会的共同财富,为全人类所共同使用。这一特点是知识产权与有形财产权的主要区别之一。众所周知,所有权不受时间限制,只要其客体物没有灭失,权利即受到法律保护。依消灭时效或取得时效所产生的后果也只涉及财产权利主体的变更,而财产本身作为权利客体并不会发生变化。关于所有权的这一特征,罗马法学家将其概括为"永续性",即所有权之命运与其标的物之命运相终始。"永续性"与绝对性、排他性共同构成所有权的三大特征。[②] 其实,所有权的永续性在许多情况下存在着"事实不能",这是因为所有权的永续状态是以其标的物的存在为前提的,倘若该物发生灭失、毁损,原所有人就可能无所有了。相反,知识产权的标的,是一种非物质形态的智力产物,不可能发生灭失、毁损。其权利本体之所以不具有永续性,概因为国家规定了保护期限,是为"法律不能"。

知识产权在时间上的有限性,是世界各国为了促进科学文化发展、鼓励智力成果公开所普遍采用的原则。建立知识产权的目的在于采取特别的法律手段调整因知识产品创造或使用而产生的社会关系,这一制度既要促进文化知识的广泛传播,又要注重保护知识产品创造者的合法利益,协调知识产权专有性与知识产品社会性之间的矛盾。知识产权时间限制的规定,反映了建立知识产权法律制度的社会需要。根据各类知识产权的性质、特征及本国实际情况,各国法律对著作权、专利权、商标权都规定了长短不一的保护期。著作权的保护期限,主要是对作者的财产权而言的,即作者只能在一定期限内享有对作品的专有使用权和获得报酬权。而对作者的人身权,有的国家规定为无限期永远存在(如法国),有的国家则规定其人身权与财产权保护期相同(如德国)。关于专利权的保护期限,各国专利法都作了长短不一的具体规定,其规定依据主要有二:一是社会利益与权利人利益的协调;二是发明技术价值的寿命。关于商标权的保护期限,各国也规定有不同的有效

---

① 参见刘家瑞等:《知识产权地域性冲突法评述》,载《中央政法管理干部学院学报》1998 年第 6 期。
② 参见周枏著:《罗马法原论》(上册),商务印书馆 1994 年版,第 324 页。

期间。其中,采取"注册原则"的国家,商标权有效期自注册之日起算;采取"使用原则"的国家,只有在商标使用后才能产生权利,因此其有效期自使用之日起算。在知识产权的时间性特点中,商标权与著作权、专利权有所不同,它在有效期届满后可以续展,通过不断的续展,商标权可以延长实际有效期。法律之所以这样规定,就在于文学艺术作品和发明创造对于社会科学文化事业的发展有着更重要的意义,因此必须规定一定的期限,使智力成果从个人的专有财产适时地变为人类公有的精神财富。

知识产权的上述特征,是与其他民事权利特别是所有权相比较而言的,是具有相对意义的概括和描述。这并不意味着各类知识产权都具备以上全部特征,例如,商业秘密权不受时间性限制,地理标志权不具有严格的独占性意义。从本质上说,只有客体的非物质性才是知识产权所属权利的共同法律特征。

第三节 知识产权法的概念与体系

一、知识产权法的概念

知识产权法是调整因知识产品而产生的各种社会关系的法律规范的总和,它是国际上通行的确认、保护和利用著作权、工业产权以及其他智力成果专有权利的一种专门法律制度。

知识产权法是近代商品经济和科学技术发展的产物。自17、18世纪以来,资产阶级在生产领域中开始广泛采用科学技术成果,从而在资本主义市场中产生了一个保障知识产品私有的法律问题,资产阶级要求法律确认对知识产品的私人占有权,使知识产品同一般客体物一样成为自由交换的标的。他们寻求不同于以往财产法的新的法律制度,以作为获取财产权利的新方式:在文学艺术作品以商品形式进入市场的过程中出现了著作权,在与商品生产直接有关的科学技术发明领域出现了专利权,在商品交换活动中起着重要作用的商品标记范畴出现了商标权,这些法律范畴最后又被扩大为知识产权。

二、知识产权法的体系

知识产权法是私法领域中财产"非物质化革命"的结果,在罗马私法体系中,所设定的财产权制度概以有体物为核心展开。罗马人以"物"为客体范畴(包括有形的物质客体——有体物,也包括无形的制度产物,即除所有权以外的财产权利——无体物),并在此基础上设计出以所有权形式为核心的"物权"制度,建立了以物权、债权为主要内容的"物法"体系。可以说,传统的财产权制度是基于一种物质化的财产结构。随着近代商品经济的发展,在社会财产构成中,出现了所谓抽象化、非物质化的财产类型。以知识、技术、信息为主要内容的"知识财产",有别于以往物质形态的动产、不动产,是区别于传统意义的物的另类客体。质言之,以知识产品作为保护对象的知识产权是与有形财产所有权相区别的一种崭新的私法制度。

几百年来,根据智力劳动成果和社会关系性质的不同,各国立法者先后建立了专利法、著作权法、商标法等一系列法律制度。这些法律规范相互配合,构成了调整有关知识产品的财产关系和人身关系的法律规范体系——知识产权法。

一般认为,知识产权法在立法框架上应包括以下基本制度:(1)知识产权的主体制度。知识产权的主体,是知识形态商品生产者和交换者在法律上的资格反映。什么人可以参加知识产权法律关系,享有何种权利或承担何种义务,是由国家法律直接规定的。(2)知识产权的客体制度。知识产权的保护对象即知识产品是一种有别于动产、不动产的精神财富或无形财产,什么样的知识产品能够成为权利客体而受到保护,通常需要有法律上直接而具体的规定。(3)知识产权的权项制度。知识产权是知识财产法律化、权利化的表观。由于知识产品的类型不同,其权利的内容范围也有所区别。除少数知识产权类型具有人身与财产的双重权能内容外,大多数知识产权即是知识财产权。(4)知识产权的利用制度。知识形态商品关系的横向联系,即知识产品的交换和流通在法律上表现为知识产权的转让及使用许可等。法律承认文化交流、图书贸易、技术转让等各种流转形式,保护知识产品的创造者、受让者、使用者等各方的合法权益。(5)知识产权的保护制度。知识产权的侵权与救济是知识产权保护制度的核心内容。知识产权法明文规定权利的效力范围,制裁各类直接侵权行为和间接侵权行为,并提供民事、行政及刑事的多种法律救济手段。(6)知识产权的管理制度。知识产权的取得、转让及消灭,必须遵照法律的规定,并接受主管机关的管理。法律一般规定有相关管理机关的职责,并赋予其对有关知识产权问题进行行政调解、管理和处罚的权力。

知识产权法律制度产生的时间不长,自英国于1624年制定世界第一部专利法(《垄断法规》)、1709年制定世界第一部著作权法——《为鼓励知识创作而授予作者及购买者就其已印刷成册的图书在一定时期内之权利法》(即《安娜法令》)、法国于1857年制定第一部商标法(《关于以使用原则和不审查原则为内容的制造标记和商标的法律》)算起,知识产权法的兴起至今只有二三百年的时间,但它对于推动现代科学技术进步和国民经济发展的作用却是不可忽视的。在当今世界,一个国家知识产品的生产数量和占有容量,往往成为衡量这个国家经济、文化、科技水平高低的标志。因此,凡是科学技术和文化教育事业发达的国家,都较早地建立和健全了他们的知识产权法律制度,通过法律的形式授予智力成果的创造者及所有者以专有权,确认智力成果为知识形态的无形商品,促使其进入交换和流通领域。知识产权法已经成为各国法律体系中的重要组成部分。

我国知识产权的立法始于清朝末年,北洋政府与国民政府也颁布过有关知识产权的法律,但这些法律在当时的社会条件下并未起到应有的作用。中华人民共和国成立后,由于种种原因,知识产权法制建设被长期搁置。近二十年来,随着国家工作重心的转移,我国先后颁布了一系列知识产权法律、法规,迅速建立了知识产权的法律体系,在知识产权保护方面取得了举世瞩目的成就。1982年8月23日,全国人大常委会审议通过了《商标法》(1993年修订、2001年修订、2013年修订);1984年3月12日,全国人大常委会审议通过了《专利法》(1992年修订、2000年修订、2008年修订);1986年4月12日,全国人大审议通过的《民法通则》还专节规定了知识产权;1990年4月7日,全国人大常委会审议通过了《著作权法》(2001年修订、2010年修订);1993年9月2日,全国人大常委会审议通过了《反不正当竞争法》;2007年8月30日,全国人大常委会审议通过了《反垄断法》;2017年3月15日,全国人大通过《民法总则》,明确了知识产权的客体范围。此外,我国还加入了《世界知识产权组织公约》(1980年)、《保护工业产权巴黎公约》(1985年)、《商标国际注册马德里协定》(1989年)、《关于集成电路知识产权条约》(1990年)、《保护文学艺术作品伯尔尼公约》(1992年)、《世界版权公约》(1992年)、《保护唱片制作者防止唱片被擅自复制日内瓦公约》(1993年)、《专利合作条约》(1994年)、《与贸易有关的知识产权协定》(2001)、《世界知识产权组织版权条约》(2007年)、《世界知识产权组织表演和录音制品条约》(2007年)、《视听表演北京条约》(2014)等。中国知识产权制度的建设虽然起步较晚,但是,从20世纪70年代末至今的短短几十年间,中国做了大量卓有成效的工作,走过了一些发达国家通常需要几十年上百年时间才能完成的立法路程,建立起了比较完整的知识产权法律体系。

根据我国现行立法,参照国外有益经验和国际通行做法,我们认为,知识产权法律体系一般包括以下几种法律制度:(1)著作权法律制度。以保护文学、艺术、科学作品的创作者和传播者的专有权利为宗旨,其客体范围除一般意义上的作品外,还应包括民间文学艺术和计算机软件。(2)专利权法律制度。以工业技术领域的发明创造成果为保护对象,其专有权利包括发明专利权、实用新型专利权、外观设计专利权。(3)工业版权法律制度。兼有著作权、专利权双重因素的新型知识产权,表现为集成电路布图设计专有权等。一般采取独立于著作权法和专利法之外的单行法规形式。(4)商标权法律制度。一种主要的工业产权法律制度,其保护对象包括商品商标和服务商标。(5)商号权法律制度。对工商企业名称或字号的专用权进行保护的法律制度,其立法形式可采取单行法规形式,也可采取与商标权合并立法形式。(6)地理标志权法律制度。以地理标志权为保护对象,禁止使用虚假地理标志的法律制度,其立法形式一般规定在反不正当竞争法中,也可制定单行法规。(7)商业秘密权法律制度。以未公开的信息包括经营秘密和技术秘密为保护对象的法律制度,可以制定单行法规,亦可列入反不正当竞争法中。(8)反不正当竞争法律制度。制止生产经营活动中不正当损害他人知识产权行为的专门法规,适用于各项知识产权制度无特别规定或不完备时需要给予法律制裁的侵害事实。

第二编 著 作 权

第二章 著作权概述

第一节 著作权概念及其特征

一、著作权的概念

著作权,亦称版权,是指作者或其他著作权人依法对文学、艺术或科学作品所享有的各项专有权利的总称。

在历史上,英美法系国家最早使用"版权"的概念来描述著作权人所享有的基本权利,其本意是禁止他人未经授权而复制或使用作品,版权的内容主要是著作权人的经济权利。所以,其版权的主体既可以是自然人,也可以是法人等组织。大陆法系国家著作权法所采用的"作者权"概念起源于法国,理论界认为,作品是作者人格的一部分,与作者人身相连,只能为作者享有;作者只能是自然人,不能是法人或非法人单位。大陆法系国家所建立的"作者权"制度是名副其实的保护作者利益的制度,不仅作者的财产权利在上述国家可得到保护,而且作者的精神权利也是备受关怀的对象之一。

"著作权"是日本学者在翻译西文"版权"一词时引入该国,并于20世纪初传入我国的。我国在1910年颁布的《大清著作权律》中采用了"著作权"的说法。在我国,著作权与版权含义基本相同。"版权""作者权"与"著作权"的词语演进及其发展,反映了著作权法在保护重点、保护对象、保护内容和保护形式上的不同选择。在著作权现代化、国际化潮流的推动下,"版权"体系的英美法系国家与"作者权"体系的大陆法系国家在基本原则与基本制度方面已出现某种程度的融合。

二、著作权的特征

除具有知识产权的共有特征外,与专利权、商标权等其他种类的知识产权相比,著作权还有自己的独特品质:(一)内容的双重性。著作权内容的双重性,是指由文学、艺术或者科学作品能依法同时产生财产权和人身权两个方面的权利。著作权的这一特性,是专利权、商标权等不具有的。(二)具体化的专有性。众所周知,物权的专有性是针对具体对象的,知识产权的专有性是针对抽象对象的,但是,著作权的专有性与物权的专有性类似,也只能针对具体对象,不能针对抽象对象。如甲、乙、丙三人分别先后独立地创作出相同的作品,那么,根据《著作权法》的规定,甲、乙、丙三人各自对自己的作品享有著作权,任何人不得以作品完成的先后次序而否定他人的著作权。具而言之,著作权的专有性就是禁止他人对其作品进行复制、抄袭、剽窃、翻译等,或者进行其他的利用,而不能阻止他人独立地创作出相同或者相似的作品,并因此而获得著作权。而其他种类知识产权(商业秘密权除外)的专有性,所针对的都是抽象对象。(三)著作人身权保护期的无限性。著作人身权保护期的无限性,是指法律规定著作人身权的保护期不受限制。这一特征也不是绝对的:第一,在我国,著作人身权中的发表权与财产权的保护期相同,具有时间限制;第二,英美法系国家版权法规定的人身权也具有时间限制,有的权利保护期与财产权保护期相同,有的甚至比财产权的保护期短;第三,《伯尔尼公约》规定著作人身权的最短保护期与财产权利相同。

与相关民事权利相比较,著作权表现出其独特性。

第二节 著作权与相关权利的区别

一、著作权与所有权

同为民事权利,著作权与所有权都具有绝对性、排他性等共同属性,但它们之间仍存在以下区别:

1. 著作权客体具有无形性。所有权是对有形物的概括支配权,无法同时为多数人所使用,因此所有权的客体是有形物体。而著作权的客体具有无形性,它的标的不是有形物,而是被客观化了的人类的精神思想,因而可以同时为多数人所使用。

2. 著作权利用上的特殊性。所有权只能对有形物体进行物质上的利用,而作品则具有表演、广播、发行等特殊利用方式。

3. 著作权权能的可分性。所有权的各项权能只能处分一次,而著作权的同一权能却可以处分多次。

4. 著作权存续的有限性。所有权存续是永久的,只要原物不灭失,所有权就将永远存在,而且其存在不能预定存续期间,并具有强烈的排他性。而著作权则有一定的保护期,保护期届满即丧失著作财产权。法律还规定了合理使用、强制许可等限制,因此著作权的排他性是有限的。

5. 著作权具有人身性。著作权具有人身权和财产权的双重性质,这不仅表现为著作权人可以通过创作作品享有使用权和报酬权,同时在作品上享有名誉、声誉及其他无形人身权利;而所有权则表现为单独的财产权性质,它并不强调与有形物体的生产者具有直接的人身依附关系。

二、著作权与专利权

著作权与专利权存在以下区别:

1. 保护对象不同。专利权保护创造人的思想内容,著作权保护思想内容的表达形式。

2. 保护条件不同。专利权要求发明创造具有首创性,著作权要求作品具有独创性。任何作品只要是独立创作的,不论其是否与已发表的作品相似,均可获得独立的著作权。而对于同一内容的发明,专利权只授予先申请人,这是"首创性"与"独创性"的区别。

3. 权利产生程序不同。专利权采取国家行政授权的方式产生,著作权在大多数国家依创作完成而自动产生。

4. 适用领域不同。著作权主要涉及文学艺术领域,专利权主要发生在工业生产领域。

不过,外观设计权与著作权在实用美术作品保护上可能会发生交叉。对于实用美术,德国、法国、瑞士的著作权法和外观设计法进行重复保护。而日本则规定,仅能制作一件的手工美术工艺品,可以作为美术作品取得著作权;而用于实用产品的形状、图案,可以取得外观设计权。二者区分的关键在于美术作品是否成为用于批量生产的产品。

三、著作权与商标权

著作权和商标权在权利属性、保护条件与权利取得方式等方面存在不同。商标权仅为财产权,而著作权则包含人身权与财产权;在保护条件方面,商标权要求标识具有显著性与可识别性,而著作权则要求作品具有独创性与可复制性;在权利取得方式上,作品只要是各自独立完成,不论它们之间是否相同、类似,都受著作权法的保护。而商标权则不同,凡与已注册的同类商品或类似商品的商标相同或近似的商品标识,依照各国的商标法往往不能取得专用权。但是,著作权和商标权在一定情况下还可能发生交叉关系,即商标设计图案可以作为商标受商标法的保护,也可以构成一件艺术作品受著作权法的保护。如日本著作权法专家认为,广告上使用的具有创造性的口号、漫画中的人物作为商标时,同时受著作权法和商标法保护。此外,著作权和商标权也可能发生抵触,即未经他人同意以其作品作为商标标志时,则可能侵犯他人的著作权。

第三节 著作权法及其演进

一、著作权制度的起源

著作权制度的产生晚于一般财产所有权制度。在人类进入阶级社会之初,统治者制定法律侧重于维护私有的土地、房屋等有形财产,对于人们创作的精神成果则排斥在法律的保护范围之外。可以说,在印刷术被发明以前,作品只能靠作者自己保护,剽窃者也只会受到道义的谴责而不受法律的制裁。随着造纸术和印刷术的发明及广泛运用,一部作品能够被大量地复制出售。这样一方面使得作者的思想得以传播,另一方面也使作品逐渐具有了商品属性,从而出现了各种盗版行为,保护著作权便成为当务之急。

著作权的保护制度最早起源于我国宋朝的令状制度,禁止随意翻印他人图书,学界称之为"禁擅镌令"。但各封建朝代始终未能制定一个专门保护著作权的法律,直到1910年才颁布《大清著作权律》,但该法并未实际施行。

随着造纸术和印刷术的西传,欧洲印刷业得以迅速发展,从而也产生了保护印刷商翻印专有权的法律需要。如同我国的"禁擅镌令"一样,欧洲早期的著作权制度的实质也仅仅是保护印刷出版的专有权。在15世纪末,威尼斯共和国授予印刷商冯·施贝叶为期5年的印刷出版专有权,这被认为是西方第一个保护翻印之权的特许令。在此之后,意大利、法国、英国等国的国王都曾颁布过禁止他人随便翻印其书籍的特许令。在这一时期,出版商的印刷特许权在当权者的保护下盛极一时,而作者的权利却处于被漠视的地位。

二、西方诸国著作权法律制度的沿革

在16世纪,欧洲一些启蒙思想家在其著作中对于印刷商无偿占有他人作品的现象提出了强烈的抗议。德国宗教改革的领袖马丁·路德在1525年出版了一本《对印刷商的警告》的小册子,揭露了一些印刷商盗用其手稿的行为,并指责这些印刷商与拦路抢劫的强盗毫无二致。在英国,保护作者权利的呼声也日益高涨。1690年,英国哲学家洛克在《论国民政府的两个条约》一文中指出,作者创作花费的时间和劳动与其他劳动成果的创作人的花费没有什么不同,因此作品也应当像其他劳动成果那样获得法律的保护。与此同时,一些英国出版商也深感皇家特许权授予存在弊端,希望国家能通过一部长期有效的成文法来保障其利益。在此背景下,1709年,英国议会通过了世界上首部著作权法《为鼓励知识创作而授予作者及购买者就其已印刷成册的图书在一定时期内之权利的法》,简称为《安娜法令》。著作权由最初的"印刷翻印权"演变成具有现代意义的"版权"。

法国大革命之后,资产阶级则更进一步把著作权提高到"人权"的高度。著作权法以"人格价值观"为其理论基础,在保护著作财产权的同时,强调对作者精神权利的全面保护。

三、现代著作权制度的发展变化

随着科学文化交流的扩大和现代传播技术的进步,著作权法有了很大的发展和变化,具体表现在以下几个方面:

一是国际著作权保护体系逐渐形成。从1886年国际上缔结《伯尔尼公约》以来,发展中国家和发达国家又缔结了一系列国际著作权公约,如1952年的《世界版权公约》、1961年的《保护表演者、唱片录制者和广播组织公约》、1971年的《保护唱片录制者防止其唱片被擅自复制的公约》及1974年的《人造卫星播送载有节目信号公约》等。上述公约的缔结与施行,表现了国际著作权保护体系不断走向完善与深化,也反映了不同国家、不同地区因著作权利益而进行的斗争和妥协。

二是新的著作权权项和与著作权相关的权利制度陆续出现。随着新技术的发展,现代著作权法陆续规定了"出租权""信息网络传播权"等新的权利,邻接权人的利益也逐步在著作权法中得到了确认。

三是著作权的保护范围不断扩大。现代著作权法的保护对象涵盖印刷作品与新技术带来的电子作品,以及民间文学表现形式。反映了新技术革命给著作权法所带来的挑战,也反映了发展中国家与发达国家的斗争与妥协。

四是两大法系著作权立法的差异逐渐缩小。随着国际经济新秩序的形成,两大法系国家的著作权法均将其立法宗旨设定为以保护作者权利为中心,兼顾作品使用者和传播者的利益,与国际公约特别是《伯尔尼公约》所规定的最低限度保护标准保持一致。

四、我国著作权法律制度的演进

1840 年的鸦片战争以后,伴随帝国主义的经济掠夺和文化侵略,西方国家也将著作权制度带入了中国。1903 年清政府和美国签订的《中美续议通商行船条约》是我国历史上第一部涉及著作权的条约,也是近代著作权法律制度引入我国的开端。为了履行 1903 年中美条约的义务,1910 年清政府颁布了我国第一部著作权法——《大清著作权律》。1915 年,该法为国民政府颁布的《著作权法》所替代。此后,国民政府于 1928 年颁布著作权法,历经多次修订,现施行于我国台湾地区。

中华人民共和国成立后,由于各种条件的限制,在相当长的一段时间内没有颁布一部全面的、完整的保护作者及其他著作权人的单行著作权法律,有关保护著作权的规定多散见于一些单行的法规之中。1986 年 4 月 12 日,由全国人民代表大会第四次会议通过的《中华人民共和国民法通则》第一次在法律中明确规定了"公民、法人享有著作权(版权),依法有署名、发表、出版、获得报酬等权利"(第 94 条);"公民、法人的著作权(版权)……受到剽窃、篡改、假冒等侵害的,有权要求停止侵害,消除影响,赔偿损失"(第 118 条)。

1990 年 9 月 7 日,《中华人民共和国著作权法》经第七届全国人大常委会第十五次会议审议通过,并于 1991 年 6 月 1 日正式实施,同年 6 月 3 日又颁布了《中华人民共和国著作权法实施条例》。《著作权法》共 6 章 56 条,从各个方面规定了作者、其他著作权人及作品传播者的合法权益,是《宪法》及《民法通则》有关原则的具体化。为了适应加入世界贸易组织和国内形势变化的需要,全国人大常委会于 2001 年和 2010 年两次修订著作权法,以与国际公约和国际著作权法发展潮流保持一致。我国 2017 年制定的在民事立法中居最核心地位的《民法总则》进一步规定了对著作权的法律保护。

第三章 著作权的主体

第一节 著作权主体的概念及分类

著作权主体,也称著作权人,是指依法对文学、艺术和科学作品享有著作权的人。根据我国《著作权法》的规定,著作权主体可以是公民、法人或其他组织。在一定情况下,国家也可能成为著作权主体。根据不同的标准,著作权主体可分为如下几类:

一、原始主体与继受主体

所谓原始主体,是指在作品创作完成后,直接根据法律的规定或者合同的约定对文学、艺术和科学作品享有著作权的人。一般情况下,原始主体为作者。至于其他人能否成为原始主体,各国规定不一。有的国家规定,职务作品中的雇主、委托作品中的出资人可成为原始主体,我国即作了这样规定(参见《著作权法》第16条、第17条);英美法系的一些国家,如英国、爱尔兰、加拿大等国的著作权法也有类似规定。但也有一些国家如法国,规定只有创作作品的人才能成为原始主体,作者与他人签订的雇佣合同、服务合同的存在并不影响作者对其作品所享有的著作权。

所谓继受主体,是指通过受让、继承、受赠或法律规定的其他方式取得全部或一部分著作权的人。继受主体享有的著作权是从原始著作权主体那里取得的。

原始主体与继受主体之间的区别在于:

(1)原始主体的资格基于创作行为或法律规定直接产生。一个人只要创作了符合著作权法规定的作品,除法律另有规定或合同另有约定外,便可成为原始主体。另外,职务作品的法人或者其他组织、委托作品的委托人也可以依法律规定或合同的约定成为原始主体。而继受主体之所以能成为著作权的主体,是以他人原有著作权的合法存在为条件的,是通过受让、继承、受赠或法律的其他规定取得著作权而成为主体的。

(2)原始主体可能享有完整的著作权,即原始主体对其创作的作品可能享有全部的著作财产权和全部的著作人身权。当然,在某些情况下,原始主体并不一定都享有全部的著作财产权和著作人身权,例如,我国《著作权法》第16条第2款规定的两种职务作品的作者只享有署名权,著作权中的其他权利都归法人或非法人单位所有。著作权的继受主体则绝对不可能享有完整著作权,只能取得著作财产权的部分或全部,不能取得著作人身权。

二、完整的著作权主体与部分的著作权主体

完整的著作权主体,是指拥有作品中的全部财产权及全部人身权利的主体,如作者。

部分的著作权主体,是指仅拥有作品中的部分财产权利的主体,它不能享有全部的著作权。例如,著作权的继受人等。在某些情况下,如果作者将自己享有的著作财产权的一部分或全部转让给他人,则自己只剩下部分著作权,此时作者也就成了部分的著作权主体。

三、内国著作权主体与外国著作权主体

内国主体与外国主体的划分是以著作权人所具有的国籍为标准而划分的。内国主体包括中国公民、法人或其他组织,外国主体包括外国人和无国籍人。由于著作权的地域性,内国主体与外国主体在著作权待遇上的差异相当明显。内国主体与外国主体的区别在于:中国作者和其他著作权人在作品创作完成后依据《著作权法》即可取得保护;外国主体的作品若首先在中国境内出版,依照我国《著作权法》享有著作权,其著作权自首次出版之日起受保护。外国主体在中国境外出版的作品,则根据其所属国或者经常居住国与中国签订的协议或者共同参加的国际条约享有著作权,受我国法律保护。如果外国人、无国籍人的作品在中国境外首先出版后,30天内在中国境内出版的,视为该作品同时在中国境内出版。未与中国签订协议或者共同参加国际条约的国家的作者以及无国籍人的作品首次在中国参加的国际条约的成员国出版的,或者在成员国和非成员国同时出版的,也受我国《著作权法》保护。

第二节 著作权的原始主体——作者

一、作者的概念

我国《著作权法》第11条第2款规定:"创作作品的公民是作者。"可见,作者就是作品的创作主体。

各国著作权法通常认为,作者需具备以下要件:(1)作者是直接参与创作的自然人,即通过自己掌握的技巧、方法直接创作反映自己的创作个性及特点的人。为他人创作进行组织、提供咨询意见、物质条件或其他服务的人不能认为是作者。(2)确认作者的方法是,如无相反证明,在作品上署名的人为作者。(3)作者通过创作产生了符合著作权法规定的作品。

在此有必要解释一下创作的概念。所谓创作就是直接产生文学、艺术和科学作品的智力活动。作者实施了创作活动,并且通过一定的表现形式实现了自己的创作构思,不论其是否发表,该作品即可视为被创作。如果一部作品的总体思想或某一构思已经完整地以某一形式表达出来,不论其是全部构思还是其中的一部分,所创作的这部分作品即视为已完成。为他人创作进行组织工作,提供咨询意见、物质条件,或者进行其他辅助工作,均不视为创作。在著作权法中,创作是作品产生的唯一源泉,也是作品受著作权法保护的依据。凡抄袭、剽窃他人作品的行为不能算是创作行为。创作形式有书面形式、口头形式及其他方式。

我国《著作权法》确认公民可以成为作者,并在著作权的取得问题上采取创作主义的保护方法。作品在创作完成后,不论是否发表,作者均享有著作权。所以作者是最直接、最基本的著作权主体,应当享有原始的著作权和完整的著作权。作者以外的其他公民、法人或非法人组织可通过继承、转让或赠与等方式成为著作权的继受主体。

二、视为作者的法人或其他组织

法人是指依法成立,有必要的财产或经费,有自己的名称、组织机构和经营场所并能独立承担民事责任的组织。其他组织指不具备《民法通则》第37条规定的条件,但是经国家主管部门核准登记的社会团体、经济组织或组成法人的各个相对独立的部门,如科学院下属的研究所、学校下属的教研室等。

理论界对于法人及其他组织能否成为作者的问题,一直存在争论。大陆法系国家认为,创作行为是自然人所特有的能力,法律上拟制的人(法人、其他组织)不具备自然人的这一能力,因而法人不能成为作者,但它们可凭借某种法律事实成为著作权人。法国、俄罗斯、瑞士等国的著作权法持上述观点。英美法系国家则普遍认为,除自然人外,著作权也可先属于一个有别于自然人的法律实体,它们被看做是在工作中创造出作品的作者。英国、美国等国的著作权法持这种观点。

其他组织能否成为作者,更是一个有争议的问题。有学者认为,这些组织没有独立的经费,无责任能力,无法承担责任。因此,"其他组织可以署名,但承担责任或者由它的上级主管部门,或者由组成该单位的个人"[①]。实际上,由其他组织所创作的著作比比皆是,这些单位不仅享有署名权等人身权,而且享有一定的财产权利,可获得一定的经济收入,具有一定的承担民事责任能力。从实际情况来看,法人或其他组织具有独立于其成员的意志,尽管它不直接创作,需借助其成员或其他人的智力,但这些自然人所创作的作品仅反映了单位的意志,与创作者的主观思想感情无关。另外,随着现代科学技术的发展和进步,类似软件之类的高科技作品越来越需要单位出面组织、管理和协作,并由单位承担风险责任,因此,在某些情况下,将法人或其他组织视为作者是适宜的。[②]

我国《著作权法》考虑了上述意见,作了变通规定。根据《著作权法》第11条第3款的规定,由法人或者其他组织主持,代表法人或者其他组织意志创作,并由法人或者其他组织承担责任的作品,法人或其他组织视为作者。该条第4款规定,如无相反证明,在作品上署名的公民、法人或者其他组织为作者。该条并未明确承认法人或其他组织就是作者,但是在享受权利、承担义务方面却把它们当做作者来对待。这就是说,如果某一作品虽是由公民创作,但是在法人主持下,代表法人意志,并由法人来承担责任,那么就应把法人或其他组织视为作者,它同公民一样享有作者所应享有的著作财产权及人身权。

---

① 刘春田:《著作权的主体和归属》,载《版权法讲座》,法律出版社1991年版。
② 吴汉东主编:《知识产权法》,北京大学出版社1998年版,第30页。

第三节 著作权的继受主体——其他著作权人

其他著作权人是指作者以外的其他依法享有著作权的公民、法人或其他组织、国家。他们主要为继受著作权人。根据《著作权法》的规定,继受主体著作权的取得方式主要有以下几种:

一、因继承、遗赠、遗赠扶养协议或法律规定取得著作权的人

作者去世后,继承人或第三人可根据作者的遗嘱、遗赠扶养协议或法定继承的规定取得著作权,成为著作权主体。一般而言,著作权中的财产权利可以继承,人身权利不能继承。但是,对于死者生前未发表的作品,继承人能否行使发表权以及能否享有遗作的著作权的问题,各国规定不一。大多数国家著作权法均规定,凡作者生前未发表也未在遗嘱中明确是否发表的,遗作的发表权可由作者的继承人行使。对于遗作的著作权,多数英美法系国家规定可由继承人行使,遗作的有效期为作品发表之日起若干年,如英国《著作权法》第95条的规定。大陆法系国家一般认为在这种情况下,遗嘱执行人、继承人或受遗赠人可以行使遗作的发表权,但只能享有作品的用益权。如法国《著作权法》第19条、第21条的规定。

我国《继承法》第3条规定,遗产包括"公民的著作权(版权)、专利权中的财产权利"。一般而言,继承人对著作权的继承,主要是继承作者死亡后剩余的有效期间的著作财产权。在作者死亡至著作权有效期届满这段时间内,继承人可以享有原作者的著作财产权。因此,我国《著作权法》第19条第1款规定:"著作权属于公民的,公民死亡后,其本法第10条第1款第(5)项至第(17)项规定的权利在本法规定的保护期内,依照继承法的规定转移。"据此,因继承而取得著作财产权的人,能成为著作权法律关系的主体。

关于著作权的继承,还有以下问题值得注意:第一,合作作者之一死亡后,其对合作作品享有的著作财产权无人继承又无人受遗赠的,由其他合作作者享有。根据《继承法》第32条的规定,无人继承又无人受遗赠的遗产,归国家所有。《著作权法实施条例》在此作了特殊规定,显然是为了维护其他合作作者的利益。其他合作作者所取得的这部分财产权利,属于其共同财产。第二,继承人一般不能继承作者的著作人身权,但有责任对其进行保护。《著作权法实施条例》规定,作者死亡后,其著作权中的署名权、修改权和保护作品完整权由作者的继承人或受遗赠人保护。著作权无人继承又无人受遗赠的,其署名权、修改权和保护作品完整权由著作权行政管理部门保护。第三,作者生前未发表的作品,如果作者未明确表示不发表,作者死亡后50年内,其发表权可由继承人或受遗赠人行使;没有继承人又无人受遗赠的,由作品原件的合法所有人行使。如果作者生前明确表示不得发表,则在该作品的保护期内不得发表。作者死亡后,他人不得删除或更改其在作品上的署名。未经作者授权,他人亦不得行使作品的修改权、保护作品完整权。

遗赠是指公民通过遗嘱,将个人财产(包括著作财产权)赠给国家、集体或者法定继承

人之外的公民的法律行为。当国家、集体或法定继承人以外的其他公民接受作者遗赠取得著作权中的使用权和获酬权时，即成为著作权的主体。

公民或集体所有制组织根据遗赠扶养协议而成为死者著作财产权的受赠人时，也取得著作权人资格。

根据《著作权法》第19条第2款的规定，著作权属于法人或者其他组织的，法人或者其他组织变更、终止后，其作品的使用权和获得报酬权在本法规定的保护期内，由承受其权利义务的法人或者其他组织享有。这里未提到作品的署名权、修改权及保护作品完整权问题，我们认为上述权利也应由承受其权利义务的法人或其他组织来保护，这是权利义务相一致的要求。

另外，根据我国《继承法》第32条规定的精神，如果公民死亡后无人继承又无人受遗赠，或法人、其他组织变更、终止后无其他单位承受其权利义务的，如果死亡的公民生前是集体所有制组织成员，则归所在集体所有制组织享有。

二、因合同取得著作权的人

这里包括两种情况：著作权人可以将其享有的著作权中的财产权利的全部或部分转让给他人，著作财产权的受让人也是著作权主体。著作权转让的标的是著作财产权的所有权，转让的结果使得受让人在法律上成为著作财产权的所有人，受让人可以以自己的名义行使权利，在侵权行为发生时单独提起诉讼。它与著作权使用许可不同，后者移转的标的是著作财产权中的使用权，被许可人在法律上不能成为著作权所有人。

三、国家

在一定情况下，国家也可以成为著作权主体。根据《著作权法》第19条规定，著作权属于法人或者其他组织的，法人或者其他组织变更、终止后，其本法第10条第1款第(5)项至第(17)项规定的权利在本法规定的保护期内，由承受其权利义务的法人或者其他组织享有；没有承受其权利义务的法人或者其他组织的，由国家享有。此外，根据《继承法》第32条规定，无人继承又无人受遗赠的遗产，归国家所有。

第四节 特殊作品的著作权主体

在一般情况下，作者是著作权的直接主体。但在某些特殊情况下，其他人也可成为作品的著作权主体。为了确认特殊作品的著作权归属，我国《著作权法》第二章作了详细规定。

一、雇佣作品（职务作品）的权利主体

雇佣作品（职务作品）通常是指员工在受雇佣期间和受雇范围内所创作的作品。对于该类作品的归属，大致可分为三类情形。

第一类情形是,大陆法系国家从保护作者利益的立场出发,一般规定:雇佣作品的原始著作权归作者享有。如法国《著作权法》规定,雇佣合同、服务合同的存在或者智力作品的作者签订上述合同的行为丝毫不影响作者享有的对其作品的专有的、对一切人都有抗辩力的著作权。但是,依劳动法及合同法的要求,雇员在劳动合同中应准许其雇主在约定范围内独占使用有关作品的著作权。近来,这一规定已有所突破,法国1985年《著作权法》规定:"除有相反规定,由一个或几个雇员在履行职责时完成的软件属于雇主,所有赋予作者的权利归属后者。"这样,软件作品的原始著作权就转归雇主所有。

第二类情形是,英美法系大多数国家及大陆法系个别国家规定:雇佣作品的原始著作权归雇主所有。例如,英国《著作权法》第11条第(2)项规定:"除非雇佣合同有相反规定,由雇员在受雇期间创作之文学、戏剧、音乐或艺术作品,其雇主为首位著作权所有人。"美国《著作权法》第20条(b)项也作了类似规定。

第三类情形是,原东欧国家著作权法规定,职务作品的著作权原则上归作者所有,但作者所在单位根据法律规定在一定条件下可行使作者的某些权利。

我国《著作权法》第16条第1款规定:公民为完成法人或者其他组织工作任务所创作的作品是职务作品。所谓工作任务,是指公民在该法人或者该组织中应当履行的职责。所谓"物质技术条件",是指该法人或者该组织为公民完成创作专门提供的资金、设备或者资料。为了既调动作者的创作积极性,又维护作者所在单位之利益,我国《著作权法》对职务作品之归属作了明确规定:

1. 一般职务作品的著作权归作者享有,但法人或者其他组织有权在其业务范围内优先使用。作品完成两年内,未经单位同意,作者不得许可第三人以与单位使用的相同方式使用该作品。单位在业务范围内使用该职务作品是否向作者付酬,由双方签订合同解决。如果在作品完成后的两年内,单位在其业务范围内不使用,那么作者可以要求单位同意由第三人以与单位使用的相同方式使用,单位无正当理由不得拒绝。其许可使用作品所获报酬,由作者与单位按约定的比例分配。作品完成两年后,单位可以在其业务范围内继续使用。作品完成的两年期限,自作者向单位交付作品之日起计算。

2. 由法律规定的某些特殊的职务作品,作者只享有署名权,著作权的其他权利由法人或者其他组织享有,法人或者其他组织可以给予作者奖励。这些特殊的职务作品主要有:第一,主要是利用法人或者其他组织的物质技术条件创作,并由法人或者其他组织承担责任的工程设计图、产品设计图、计算机软件、地图等职务作品;第二,法律、行政法规规定或者合同约定著作权由法人或者其他组织享有的职务作品。

二、委托作品的权利主体

委托作品,是指委托人向作者支付约定的创作报酬,由作者按照他人的意志和具体要求而创作的特定作品。如单位悬赏征集的厂标、厂徽、厂歌以及为他人撰写的回忆录等。委托作品与职务作品的不同在于:委托作品之创作是作者根据委托合同而履行其义务;职务作品之创作则是作者履行法律或劳动合同所规定的义务,这种义务往往与作者的本职工作有关。各国著作权法对委托作品的主体的规定迥异。有的国家注重维护委托人之利益,规定在一般情况下著作权人应是出资创作该作品的人(如英国、印度);有的国家则重视作者权益之保护,规定委托作品的著作权首先应属于作者(如突尼斯);还有的国家采用二者兼顾的方法,规定由作者与委托人共享委托作品的著作权(如菲律宾)。

我国《著作权法》第17条规定:"受委托创作的作品,著作权的归属由委托人和受托人通过合同约定。合同未作明确约定或者没有订立合同的,著作权属于受托人。"可见,我国《著作权法》侧重于维护作者的利益。当事人合意以特定人物经历为题材完成的自传体作品,当事人对著作权权属有约定的,依其约定;没有约定的,著作权归该特定人物享有,执笔人或整理人对作品完成付出劳动的,著作权人可以向其支付适当的报酬。

由于著作权是一种专有权,为了防止出现委托人支付相关费用却因未约定著作权归属而无法使用委托作品的情形,根据《最高人民法院关于审理著作权民事纠纷案件适用法律若干问题的解释》,委托人在约定的使用范围内享有使用作品的权利。双方没有约定使用作品范围的,委托人可以在委托创作的特定目的范围内免费使用该作品,这一解释较为公平地处理了委托作品双方间的利益关系。

三、合作作品的权利主体

合作作品,是指两人以上共同创作的作品。由于合作者的共同劳动,使合作作品形成了一个整体。根据各国著作权法的一般规定,要成为合作作者,必须具备以下几个条件:

1. 合作作者必须有共同的创作愿望。他们对创作行为及后果有明确认识,目标一致。若他们缺少共同的创作愿望,则不能成为合作作者。例如,未经许可而将他人创作的乐曲填上歌词而创作的歌曲就不是合作作者。

2. 合作作者必须都参加了共同的创作劳动。如果没有参加创作,仅为创作提供咨询意见、物质条件、素材或其他辅助劳动的人不能称为合作作者。

至于合作作品是否可分割的问题,各国规定不一。有的国家认为合作作品不可分割,因而不能单独使用,如美国、德国著作权法;有的国家则认为合作作品可分为可以分割的合作作品与不可分割的合作作品,如法国、原苏联的著作权法。各国一般均规定:合作作品的著作权归全体合作人共有,行使著作权时要征得全体合作人的同意。在承认存在可分割的合作作品的国家中,其著作权法规定,作者对于自己所创作的具有独立意义的那部分作品可单独享有著作权。

我国《著作权法》第13条第1款规定:"两人以上合作创作的作品,著作权由合作作者共同享有。"对于可以分割的合作作品,作者对各自创作的部分可以单独享有著作权,但行使著作权时不得侵犯合作作品整体的著作权。不可分割使用的合作作品,是指各部分构成一个有机的整体,各部分都不可缺少,不能单独使用的作品。对于这种合作作品,其著作权由各合作作者共同享有,通过协商一致行使;不能协商一致,又无正当理由的,任何一方不得阻止他方行使除转让以外的其他权利,但是所得收益应当合理分配给所有合作作者。

四、演绎作品的权利主体

演绎作品,是指改编、翻译、注释、整理已有作品而产生的作品。演绎作品的独创性在于它一方面对原作品进行了改编、翻译、注释、整理,另一方面又在原作品的基础上有所创新,对原作品作了形式上的变动。因此演绎作品与原作品一样,都是独立的受保护的作品。演绎作品的作者可以凭借他在演绎原作品的过程中所付出的大量的创造性劳动而对演绎作品享有独立的著作权。各国著作权法在承认演绎作品的作者享有著作权的同时,又规定对演绎作品的保护不得损害原作者的权利。第三人在使用演绎作品时,应征求原作者与演绎作品作者的同意。

根据我国《著作权法》的规定,演绎作品的著作权由演绎作品的作者享有,但演绎作品的作者在行使著作权时不能侵犯原作者的著作权。演绎作品的作者仅对演绎部分享有著作权,对被演绎的作品不享有著作权,并且无权阻止他人对同一原作进行演绎。如果第三人使用演绎作品,必须征得原作者和演绎作品作者的双重同意。

五、汇编作品的权利主体

汇编作品,是指汇编若干作品、作品的片段或者不构成作品的数据或者其他材料,对其内容的选择或者编排体现独创性的作品。

汇编作品应包含两类:其一,是对于已发表的或已完成的作品进行选择、编排而形成的作品,如选集、期刊、百科全书等;其二,是对不构成作品的材料的内容进行选择或编排而形成的独创性作品。

根据我国《著作权法》的规定,汇编作品的著作权由汇编人享有,但是汇编人在行使著作权时,不得侵犯原作品的著作权。

六、电影作品和以类似摄制电影的方法创作的作品的权利主体

电影作品,是指摄制在一定物体上,由一系列有伴音或无伴音的画面组成,并且借助适当装置放映、播放的作品。以类似摄制电影的方法创作的作品包括:影视作品、录像作品、载有音像节目的半导体芯片、激光视盘等作品。这类作品从某种意义上讲,具有演绎作品与合作作品的特点。但是,它有其自身的特殊性,其创作作者都具有特定的身份,由于其共同劳动,从而产生了这门综合性的艺术作品。

对于这类作品的著作权主体,各国规定不一。在美国、加拿大、澳大利亚等国,电影作品的著作权归属于制片人。在英国,则允许电影作品的作者与制片人通过合同来确定其经济权利归属。在法国,电影作品的原始著作权只能属于参加电影创作的每个自然人(导演、编剧、对白作者、歌曲作者等)。在德国,虽然理论上承认电影作品的著作权属于参加创作的创作者,但这些权利被视为自始已交给制片人行使。

我国《著作权法》第15条规定:电影作品和以类似摄制电影的方法创作的作品的著作

权由制片者享有,但编剧、导演、摄影、作词、作曲等作者享有署名权,并有权按照与制片者签订的合同获得报酬。电影作品和以类似摄制电影的方法创作的作品中剧本、音乐等可以单独使用的作品的作者有权单独行使其著作权。法律之所以这样规定,是因为这类作品在制作过程中需要耗费大量的人力、财力,制片人在投入巨资后要收回成本,而且这类作品的权利不可能单由某一个作者来行使,必须通过制片人来统一行使。同时,为了尊重创作人的精神权利,应允许其在这类作品上署名,至于其他权利,由制片人行使才能协调一致,有利于保护各个创作者的利益。

七、美术作品的权利主体

就美术作品而言,它涉及两类权利,一类是美术作品原件所有人对美术作品原件的所有权,即占有、使用、收益、处分美术作品原件的权利;另一类是美术作品的创作人对于美术作品的著作权。这是两类不同的权利,美术作品原件所有权的转移,不视为作品著作权的转移。画家将画出售给甲,甲只享有该画的所有权,但不享有该画的著作权。值得考虑的是,购画人如欲实现其经济权利,希望展览此画,就会与创作人的著作权发生冲突。同时,创作人要展览作品原件,也不得不求助于原件持有人。为了解决这一矛盾,我国《著作权法》第18条规定,美术作品原件的展览权由原件所有人享有。这说明,即使创作人想要展览美术作品原件,也应取得原件所有人的许可。

八、匿名作品的权利主体

匿名作品,是指作者不具名或不写明其真实姓名的作品,亦称作者身份不明的作品。我国《著作权法》对匿名作品与其他作品一样实行保护。《著作权法》第10条第2项规定了作者在作品上署名而表明身份的权利。《著作权法实施条例》第13条规定:作者身份不明的作品,由作品原件的合法持有人行使除署名权以外的著作权。作者身份确定后,由作者或其继承人行使著作权。如果匿名作品是公民所作,作者死亡后,其继承人或者受遗赠人有义务保护其著作人身权。

第四章 著作权的客体

第一节 著作权法保护的作品范围

一、作品的概念

我国《著作权法》所称的作品,是指文学、艺术和科学领域内,具有独创性并能以某种有形形式复制的智力创造成果。

作品反映作者的思想感情及对客观世界的认识,是一种以语言文字、符号等形式所反映出的智力创造成果。作品在借助一定的形式表现出来时,往往要附于某一物品上,该物品即为作品的载体,如载有诗歌的报纸,载有小说的图书等。作品与载体存在显著差别。载体是附载作品的物质实体,是财产所有权的保护对象。作品属智力成果的范畴,具有无形性、永久性的特点。一件作品可以以不同的载体来记载,例如,一件口述作品可以以书稿为载体,也可以以录音形式保存。因此,载体的转移、灭失并不必然导致作品的灭失。

一件作品往往需借助一定的文字、符号,采取一定的组织形式来表现,这一作品的表达方式属著作权保护的范围。国际著作权公约及多数国家的著作权法均承认,著作权保护不得延伸到作品的思想、程序、操作方法、原理或数学概念等因素,它们一般不受著作权法保护。需指出的是,只要作者的思想观点等内容通过一定方式独创性地表达出来,不论是何种形式,均受著作权法的保护。

二、作品的类别

综观整个著作权制度发展的历史,我们不难发现,作品表现形式与科学技术的发展存在着不可分割的联系。在活字版印刷术发明之前,不可能有作品的大量复制和多种方式的传播。只有当科学技术发展到一定水平以后,文学、艺术、科学等作品才随之日益发展起来。正是新的传播技术的出现,促进了新的作品表现形式的诞生。

1709年《安娜女王法令》颁布时,作品的表现形式仅限于印刷和手写方式,因此该法所保护的作品仅指文字作品及以书面形式出现的美术、音乐作品。

19世纪末的工业革命,推动了整个世界工业的发展,也带来信息传播技术的革命。摄影、电子技术的发展促成了电影、电视的产生,使得摄影作品、电影作品、电视作品、录音录像作品成为著作权法保护的新领域。进入20世纪50年代后,以微电子技术、生物工程、新型材料等新技术为代表的新技术革命引起了工业部门的改革,当前社会从工业社会进入到了以创造与分配信息为基础的信息社会。在新技术的推动下,世界各国纷纷通过立法形式将计算机软件和数据库予以保护,有关计算机创作的作品保护问题目前也正在研究之中。

我国现行《著作权法》正视了著作权客体范围不断扩大的这一趋势。该法第3条将文学、艺术和科学领域内的作品分为9类：

(1) 文字作品。文字作品，是指小说、诗词、散文、论文等以文字形式表现的作品。其范围极为广泛，包括：以文学表现的小说、诗歌、散文、译著、工具书等作品；以数字表现的某一时期的经济发展指标等统计报表；以符号表示的盲文读物以及综合运用数字、文字和符号表现的作品。文字作品最为普遍、数量最多，运用最为广泛，故世界各国一般将其列入第一类作品进行保护。值得说明的是，不是任何以文字形式表达的作品都是文字作品，如书法，就其形式也是文字，但由于不是以文字的组合来表达特定的思想内容，因此不属于文字作品范围之列。

(2) 口述作品。口述作品亦称口头作品，是指即兴的演说、授课、法庭辩论、即赋诗词等以口头语言创作，未以任何物质载体固定的作品。这类作品与文字作品的不同之处在于，作者的思想感情不是通过文字来表达，而是通过口头形式来叙述。对口述作品的法律保护问题，世界各国著作权立法上存在着两种不同的立法例：一种立法例主张，作品必须固定在一定的物质载体上，否则不能称其为受著作权法保护的客体。英美法系国家即持此主张。另一种立法例则主张，只要用创作表现了一定的思想、感情并属于文学、艺术、科学领域内的创作，即受著作权法的保护，而不以固定在物质载体作为保护的前提条件。持这种观点的多为大陆法系国家。我国《著作权法》也持此见解。《保护文学艺术作品的伯尔尼公约》也于1967年确认：不以物质形式固定的口述作品和音乐、戏剧、舞蹈作品均受保护。

(3) 音乐、戏剧、曲艺、舞蹈、杂技艺术作品。音乐作品是指歌曲、交响乐等能够演唱或者演奏的带词或者不带词的作品，如交响乐、歌曲、乐典等。戏剧作品是指将人的连续动作同人的说唱表演和表白有机的编排在一起，并通过表演来反映某一事物变化过程的作品，如话剧、歌剧、地方戏剧、广播剧等。应当指出的是作为著作权客体的戏剧作品指的是属于文字作品的戏剧剧本，而不是戏剧演员的戏台表演，也不是剧本加表演二者的综合。

曲艺作品，是指以相声、快书、大鼓、评书等说唱为主要形式表演的作品。它们是我国独有的一类作品。

舞蹈作品，是指通过人体连续的动作、姿势、表情等表现思想情感的作品。舞蹈是通过提炼、组织和艺术加工的人身动作为主要表现手段，表达思想感情，反映社会生活的作品。舞蹈作品可以以舞谱形式、录像形式固定，也可以是未固定下来的动作。

杂技艺术作品，指以蹬技、手技、顶技、踩技、口技、车技、武术、爬杆等方式表现出来的一种艺术作品。它是以健美有力的形体动作和灵巧迅速的手法表演各种难度的技术，无论在编排还是在表演过程中，这些表演者的动作都有一定独创性，因而杂技作品应受保护。

(4) 美术、建筑作品。美术作品，是指绘画、书法、雕塑等以线条、色彩或者其他方式构成的有审美意义的平面或者立体的造型艺术作品。美术作品通常可分为纯美术作品和实用美术作品。纯美术作品是指为表现个性与美感而创作的美术作品。如书法、绘画、雕塑等;而实用美术作品是指在表现个性与美感的基础上,以满足生活实用或生产需要为目的美术作品,如陶瓷、雕花的家具、染织图案等。

建筑作品,是指以建筑物或者构筑物形式表现的有审美意义的作品。建筑物作为作品受著作权法保护始于1908年的《伯尔尼公约》柏林文本。由于建筑物作为美术作品的主要原因在于建筑物的外观给人一种美的感受,而与建筑物建造所采用的材料、技术等因素无关,因此,不是所有的建筑物都是作品,那些纯粹是为实用目的建造的房屋自然不能成为建筑作品。

(5)摄影作品。摄影作品是指借助器械在感光材料或者其他介质上记录客观物体形象的艺术作品,如人物照片、风景照片等。著作权法并非保护所有摄影物,纯复制性的摄影作品,如翻拍文件、书刊等,因不具备独创性而不受著作权法保护。

(6)电影作品及以类似摄制电影的方法创作的作品。电影作品和以类似摄制电影的方法创作的作品,是指摄制在一定介质上,由一系列有伴音或者无伴音的画面组成,并且借助适当装置放映或者以其他方式传播的作品,包括:影视作品、录像作品、载有音像节目的半导体芯片、激光视盘等作品。

(7)工程设计图、产品设计图、地图、示意图等图形作品和模型作品。工程设计图、产品设计图是指为施工和生产绘制的图样。具体而言,工程设计图,是指利用各种线条绘制的,用以说明将要制作的工程实物基本结构和造型的平面图案。产品设计图是指以各种线条绘制的,用以说明生产的产品的造型及结构的平面图案,如服装设计图、家具设计图等。而地图、示意图等图形作品,是指地图、线路图、解剖图等反映地理现象,说明事物原理或结构的图形。地图是指运用制图原理来表示地面自然现象和社会现象的图形,如地理图、地形图、政区图等。线路图是用线条来反映一定自然和社会现象的图形,如电路图、航线图、铁路图等。解剖图主要是指全面或局部反映人和动物身体内部结构的图形,如人体解剖图等。模型作品,是指为展示、试验或者观测等用途,根据物体的形状和结构,按照一定比例制成的立体作品。

(8)计算机软件。计算机软件,是指为使电子计算机发挥功能并可运算出结果而由指令构成的集合体,即计算机程序及有关文档。

(9)法律、行政法规规定的其他作品。该款旨在对于未规定在上述类别的作品予以补充,如民间文学形式等。

三、作品取得著作权法保护的条件

一件作品是否受到著作权法的保护,关键在于是否满足著作权法所要求达到的条件。多数国家的著作权法均将独创性作为作品受保护的实质条件。

作品的独创性,是法律保护作品表达方式的客观依据,是此作品区别于彼作品的重要标志,也是作品取得著作权的最主要条件。所谓独创性,指作品是独立构思而成的属性,作品不是或基本不是与他人已发表的作品相同,即作品不是抄袭、剽窃或篡改他人的作品。对此,世界知识产权组织也曾作出解释:独创性是指作品属于作者自己的创作,完全不是或基本不是从另一作品抄袭来的。由此可见,独创性是作品取得法律保护的前提条件。鉴于此,只要作品是由作者创作而产生的,体现了作者的思想感情,非单纯摹仿或抄袭他人的作品,即使与他人的作品有某种雷同之处,也不影响其所享有的著作权。根据《最高人民法院关于审理著作权民事纠纷案件适用法律若干问题的解释》,由不同作者就同一题材创作的作品,作品的表达系独立完成并且有创作性的,应当认定作者各自享有独立著作权。例如,1997年3月24日,一家"掌中宝"制造商向社会征集广告语,并要求应征广告语"短小、新颖、贴切、生动",而且承诺被选定为广告宣传用语的应征作品,其作者将获得5万元人民币的奖励。在发送给该制造商的应征广告语中有4条是完全相同的:"××掌中宝,新潮又轻巧"。在此,这四位应征者对自己独立创作的广告语,各自享有自己的著作权,而且每一位作者可以依其意志行使自己的著作权,不受其他三位作者的干涉。

在独创性高低的问题上,各国所持态度不一。大陆法系国家对独创性的要求往往高于英美法系国家。但一般而言,只要作品是作者独立创作的,即可视为独创性。至于其价值、用途和社会评价则无关紧要。此举在于鼓励作者创作,促进科学文化事业的发展。反之,抄袭、剽窃他人作品的行为,不仅不能受到法律的保护,反而应承担相应的法律责任。

英美法系国家的著作权法除强调独创性这一要件外,还将固定性作为作品受保护的要件。例如,美国《著作权法》第10条规定:"作品必须以现在已知或以后发展的方法固定于其中的物体,通过该物体可直接或借助机器或装置感知、复制或用其他方式传播该作品。"英国《著作权法》第49条及澳大利亚《著作权法》第22条也作了类似的规定。所以,口述作品、冰雕作品等短暂存在的作品,如果不能固定下来,则不受著作权法的保护。至于大陆法系国家,将作品看作是作者人格的延伸,作品一旦产生则自然产生著作权,因而作品无论是否固定,均受著作权法的保护。《伯尔尼公约》第3条第2款对此采取了折衷态度:"同盟国得以国内法规定普遍或特定之著作物,除非固定于具体形态,否则不受保护。"

我国《著作权法》在规定独创性的同时,还要求作品能以有形形式复制,即作品能通过印刷、绘画、录制等手段予以复制。由于符合著作权保护条件的作品,通常都可以复制,因此"可复制性"仅是作品的一个属性而非作品受保护的形式要件。

四、著作权客体的排除领域

我国《著作权法》第5条明确规定了不适用《著作权法》保护的情形,是指虽具有合法性,但欠缺独创性或进入公有领域而不能享受著作权保护的材料。它们包括:

(1)法律、法规及官方文件。法律、法规、国家机关的决议、决定、命令和其他具有立法、行政、司法性质的文件及其官方正式译文,体现的是国家和政府的意志,不属于任何个人智力创作成果,故不能被个人独自利用。

(2) 时事新闻。时事新闻,是指通过报纸、期刊、广播电台、电视台等媒体报道的单纯事实消息。其目的在于使新闻迅速真实地让公众知道,因而没有必要给予著作权保护;时事新闻只是单纯反映一定客观事实的存在,无需多少创造性劳动,因而不属于受著作权法保护的作品范围。

(3) 历法、通用数表、通用表格和公式。这些之所以不受著作权法保护,主要是因为它们是人类的公共财产,其本身就是为了让人们加以运用推进社会发展的,因而不受著作权法的保护。

(4) 超过著作权保护期限的作品。此类作品的财产权利已经进入公有领域,不受著作权法保护。

著作权的享有和行使是两个不同层面的问题,著作权人行使著作权,不得违反宪法和法律,不得损害公共利益。国家对作品的出版、传播依法进行监督管理。因内容违法而被禁止出版传播的作品,其著作权的行使受到法律限制。

第二节 民间文学艺术作品的法律保护

一、民间文学艺术作品的概念和特征

民间文学艺术作品,是指在一国国土上,由该国的民族或种族集体创作,经世代相传,不断发展而构成的作品。一般认为,它包括语言形式(民间故事、民间诗歌等)、音乐形式(民歌、民间器乐等)、动作形式(民间舞蹈及戏剧等)以及用物质材料体现的形式(绘画、雕塑、工艺品、编织品等)。

民间文学艺术作品具有以下几个特点:

(1) 集体性。民间文学艺术作品是由一个特定群体经过不间断的模仿而实现的,它基本上是集体创作、集体流传的特殊的文学艺术形式。

(2) 长期性。民间文学艺术作品是由集体经过长期的、不间断模仿而完成的,其本身经历了较长的创作期。

(3) 变异性。由于民间文学艺术作品是由群体不断模仿而实现的,因此其本身处于不断变化的状态之中。

(4) 继承性。虽然民间文学艺术有不断变化的特征,但同时又有一系列相对稳定的因素,世世代代继承流传下来。

从民间文学艺术作品的集体性上看,它与一般作品的"作者"概念显著不同;从继承性上看,它又缺乏著作权法所规定的"独创性";从长期性上看,它又有进入公有领域之嫌。所以,国际上一般将民间文学艺术作品称为"民间文学表现形式",以区别于普通作品。

二、国际保护民间文学形式的法律制度

民间文学艺术作品受著作权保护的法律制度,是在20世纪60年代以后逐步形成发

展起来的,其起始原因在于发展中国家保护自己的传统民族文化,从而提出扩展著作权客体的要求。此前,在发展中国家与发达国家的文化交往中,发展中国家使用发达国家的文化科技成果都是有偿的,而发达国家却可以大量无偿地使用发展中国家丰富的民间文学艺术资源。为防止篡改、歪曲、擅自使用民间艺术作品的现象发生,实现发展中国家与发达国家在著作权贸易方面的平衡,一些国家和地区先后将民间文学表现形式列为著作权客体加以保护。为了适应这一发展趋势,《伯尔尼公约》1971 年修订本将民间文学艺术作品作为"不知作者的作品"的一种特例来处理,其目的在于反映发展中国家的法律要求,同时又使大多数成员国特别是发达国家能够接受。该公约第 15 条第 4 款规定,各成员国在书面通知《伯尔尼公约》总干事的前提下,可以给不知作者的、未出版的,而又确信属于本公约成员国之作者的那一部分作品提供法律保护。

1976 年联合国教科文组织和世界知识产权组织为发展中国家制定了《突尼斯样板版权法》,其中专门规定了关于"本国民间创作的作品"的保护条款。1982 年,又正式通过了《保护民间文学表现形式,防止不正当利用及其他行为的国内法示范条例》。迄今为止,采用著作权法保护民间文学艺术作品的主要是发展中国家,如突尼斯、玻利维亚、智利、摩洛哥、阿尔及利尼亚等国家。值得注意的是,1989 年生效的英国《著作权法》按《伯尔尼公约》规定的标准与范围,在第 169 条中对民间文学艺术作品给予了保护。

三、我国对民间文学艺术作品的保护

我国是一个文明古国,民间文学艺术作品产量丰富,数量众多,为世所罕见。对民间文学艺术作品予以保护,有助于挖掘我国的民族文化遗产,弘扬民族文化,发展民间经济,增强民族团结,并有助于实现我国与发达国家之间著作权贸易的平衡。鉴于民间文学艺术作品的特殊性,我国《著作权法》明确规定其保护办法由国务院另行规定。

我们认为,在规定对民间文学艺术作品的保护办法时,应考虑以下几方面因素:

(1) 将民间文学艺术作品的保护对象从著作权法上的"作品"扩大到不具备作品条件的"表达形式"。对于完全具备作品形式的诗歌、传说等作品,可适用著作权法的规定直接予以保护;对于尚不完全具备作品必要条件的素材,如民间宗教仪式、民间建筑风格、民间游戏、民间舞蹈等形式,也应予以保护,以防止他人随意利用、歪曲、篡改。

(2) 将民间文学艺术作品的权利主体界定为国家。国家对内负责保护民间文学艺术作品不受歪曲、篡改和丑化,要求经过整理后出版的民间文学艺术作品注明来源出处,并负责向商业性利用民间文学艺术的人或组织收取费用;国家对外以权利主体身份与外国从事民间文学艺术作品的著作权贸易,并在国际范围内保障民间文学艺术作品不受侵犯。

(3) 保护民间文学艺术作品及表达形式的收集者、整理者和传播者的权利,尊重他们在传播、收集和整理过程中所付出的创造性劳动。民间文学艺术作品的收集者和整理者将流传于民间的不完整的甚至是零碎的民间故事、诗歌等形式进行了收集、整理,付出了创造性劳动,因而整理后的作品较之原作品在形式和内容上有一定的创造性。因此,民间

文学作品的收集者和整理者的合法权益应得到尊重。对于作品的传播者而言,其行为对于作品的传播利用也发挥了重要作用,因而可给予其传播者权利来保护其利益。

第三节 计算机软件的法律保护

一、计算机软件的保护方式

自 1964 年世界上第一部 IBM360 型晶体管计算机问世以来,计算机逐步走入千家万户,成为人们工作、生活必不可少的工具之一。20 世纪 60 年代后期,计算机软件的单独销售使人们迅速认识到其重要的商业价值,然而,自从计算机诞生以来,以什么方式来保护计算机软件,一直成为困扰理论界和司法界的重要课题之一。

由于计算机软件具有实用性,包括美国在内的不少国家都曾尝试用专利法保护计算机软件。但是,以专利法保护计算机软件存在着难以克服的障碍:软件的新颖性、实用性、创造性标准难以确定;软件数量之多、发展之快与手续复杂、耗时长的专利审查程序格格不入;以数字、符号组成的软件的性质较之一般的方法发明专利也有很多差别。因此,以专利法保护计算机软件困难重重,一些发达国家逐步放弃了该措施。

与此同时,人们将目光逐步投向了著作权法。1972 年,菲律宾在世界上第一次适用著作权法对软件实行专门保护。美国于 1976 年、1980 年两次修订著作权法,确认了对软件的著作权保护。迄今为止,世界上已有四十多个国家和地区对计算机软件采取著作权保护,1993 年通过的《知识产权协定》也明确要求缔约方将计算机程序作为文字作品予以保护。

以著作权法保护计算机程序具有以下优点:第一,该保护在国际上已达成共识,有助于在世界范围内获得有效保护;第二,在保护方式上,由于著作权的取得比较方便、简捷,所以计算机程序能迅速及时地获得保护;第三,在诉讼中,权利人可根据著作权法迅速有效地采取控制盗版的措施。因此,将计算机程序作为文字作品保护,应为著作权法发展的一个方向。

我国《著作权法》第 3 条第 8 项将计算机软件作为著作权法所保护的一类作品,但鉴于其特殊性,该法附则第 59 条又注明其保护办法由国务院另行规定。据此,国务院 1991 年 6 月 4 日发布了《计算机软件保护条例》。1992 年 4 月 6 日,原机械电子工业部作为计算机软件的登记主管机关又发布了《计算机软件著作权登记办法》。2001 年 12 月 20 日,国务院公布了新的《计算机软件保护条例》。该条例于 2002 年 1 月 1 日起实行。1991 年 6 月 4 日国务院发布的《计算机软件保护条例》同时废止。

二、计算机软件的概念和保护条件

计算机软件是指计算机程序及有关文档。计算机程序,是指为了得到某种结果而可以由计算机等具有信息处理能力的装置执行的代码化指令序列,或者可以被自动转换成代码化指令序列的符号化指令序列或者符号化语句序列。计算机程序包括源程序和目标程序。同一程序的源文本和目标文本应当视为同一作品。源程序是指用高级语言或汇编语言编写的程序,目标程序是指源程序经编译或解释加工以后,可以由计算机直接执行的程序。

所谓文档,是指用来描述程序的内容、组成、设计、功能规格、开发情况、测试结果及使用方法的文字资料和图表等,如程序设计说明书、流程图、用户手册等。

在计算机软件中,不论是计算机程序或是文档;在计算机程序中,也不论是源程序还是目标程序,都是计算机软件著作权的保护对象。计算机软件作为一种知识产品,必须具备以下条件,才能获得法律保护:

(1) 原创性。受保护的软件必须由开发者独立开发,即软件应该是开发者独立设计、独立编制的编码组合。凡是抄袭、复制他人的软件均不能受法律保护,构成侵权时,行为人还必须承担相应的法律责任。这里所言的软件开发者,是指实际组织开发、直接进行开发,并对开发完成的软件承担责任的法人或者其他组织;或者依靠自己具有的条件独立完成软件开发,并对软件承担责任的自然人。

(2) 固定性。受保护的软件须固定在某种有形物体上。这里所说的有形物体是指一定的存储介质,如纸带、卡片、磁盘、磁带、图表、手册等。存在于软件开发者头脑中的软件设计思想并不受法律保护,只有当这种程序设计通过客观手段表达出来并为人所知悉时才能受法律保护。

三、计算机软件著作权的归属

确定计算机软件著作权归属的一般原则是"谁开发谁享有著作权",即计算机软件著作权归属软件开发者。我国法律除规定了上述一般原则外,还规定了软件著作权归属的几种特殊情况:

(1) 合作开发。所谓合作开发,是指两个以上的自然人、法人或者其他组织提供物质、技术条件进行的开发。合作开发的软件,其著作权的享有和行使以事前的书面协议为根据,如无书面协议或协议未作明确约定,其著作权由各合作开发者共同享有。合作开发的软件可以分割使用的,开发者对各自开发的部分可以单独享有著作权,但行使著作权时不得扩展到合作开发的软件整体的著作权。

(2) 委托开发。接受他人委托开发的软件,其著作权的归属由委托者与受委托者签订书面协议约定,如无书面协议或者在协议中未明确约定的,其著作权属于受托人享有。

(3) 指定开发。为完成上级单位或者政府部门下达的任务而开发的软件,著作权的归属由项目任务书或者合同规定;如项目任务书或者合同中未作明确规定,软件著作权属于接受任务的单位享有。

(4) 职务开发。自然人在单位任职期间所开发的软件有下列情形之一的:针对本职工作中明确指定的开发目标所开发的软件;开发的软件是从事本职工作活动所预见的结果或者自然的结果;主要使用了单位的资金、专用设备、未公开的专门信息等物质技术条件所开发并由单位承担责任的软件,则该软件的著作权属于该单位。该单位可以对开发软件的自然人进行奖励。

(5) 非职务开发。自然人开发的软件如不是执行本职工作的结果,并与开发者在单位中从事的工作内容无直接联系,且又未使用单位的物质技术条件,则该软件的著作权属于开发者本人。

四、计算机软件著作权的内容和期限

(一) 计算机软件著作权的内容

依《计算机软件保护条例》第 8 条的规定,软件著作权人享有以下权利:

(1) 发表权。即决定软件是否公之于众的权利。换言之,著作权人有权决定何时、何地以何种方式将其未发表的软件作品向一定数量的人公开。

(2) 署名权。即表明开发者身份,在软件上署名的权利。

(3) 修改权。即对软件进行增补、删节,或者改变指令、语句顺序的权利。

(4) 复制权。即对软件制作一份或者多份的权利。

(5) 发行权。即以出售或者赠与方式向公众提供原件或者复制件的权利。

(6) 出租权。即有偿许可他人临时使用软件的权利,但是软件不是出租的主要标的的除外。

(7) 信息网络传播权。即以有线或者无线方式向公众提供软件,使公众可以在其个人选定的时间和地点获得软件的权利。

(8) 翻译权。即将原软件从一种自然语言文字转换成另一种自然语言文字的权利。

(9) 应当由软件著作权人享有的其他权利。

(二) 计算机软件著作权的期限

依《计算机软件保护条例》第 14 条的规定,软件著作权自软件开发完成之日起产生。自然人对软件享有著作权的,保护期为自然人的终生及其死亡后 50 年,截止于自然人死亡后第 50 年的 12 月 31 日;软件是合作开发的,截止于最后死亡的自然人死亡后第 50 年的 12 月 31 日。单位对软件享有著作权的,保护期为 50 年,截止于软件首次发表后第 50 年的 12 月 31 日,但软件自开发完成之日起 50 年内未发表的,条例不再保护。

五、计算机软件的登记管理

根据《计算机软件保护条例》第 7 条的规定,软件著作权人可以向国务院著作权行政管理部门认定的软件登记机构办理登记。

关于计算机软件登记的效力,该条例在修改前曾规定,软件著作权的登记是依法提起软件权利纠纷行政处理或者诉讼的前提。未经登记的软件著作权,发生纠纷时不得请求行政处理或提起诉讼。但是,该规定与我国《著作权法》所确认的"作品自创作完成之日起受保护"的原则不符,因此最高人民法院发布司法解释指出,凡当事人以计算机软件著作权纠纷提起诉讼的,经审查符合《民事诉讼法》第 108 条规定的,无论其软件是否经过有关部门登记,人民法院均应予以受理。该《条例》第7条明确规定"软件登记机构发放的登记证明文件是登记事项的初步证明"。据此,无论计算机软件是否登记,其著作权人在权利受侵害时均有权请求行政处理或提起诉讼。

六、侵犯计算机软件著作权的行为及其法律责任

《计算机软件保护条例》第23条和第24条分别规定下列行为属于侵权行为。第23条规定:(1)未经软件著作权人许可,发表或者登记其软件的;(2)将他人软件作为自己的软件发表或者登记的;(3)未经合作者许可,将与他人合作开发的软件作为自己单独完成的软件发表或者登记的;(4)在他人软件上署名或者更改他人软件上的署名的;(5)未经软件著作权人许可,修改、翻译其软件的;(6)其他侵犯软件著作权的行为。第24条规定:(1)复制或者部分复制著作权人的软件的;(2)向公众发行、出租、通过信息网络传播著作权人的软件的;(3)故意避开或者破坏著作权人为保护其软件著作权而采取的技术措施的;(4)故意删除或者改变软件权利管理电子信息的;(5)转让或者许可他人行使著作权人的软件著作权的。

行为人违反《计算机软件保护条例》规定,应承担下列法律责任:

(1)民事责任。行为人有《计算机软件保护条例》第23条和第24条规定的侵权行为的,应承担停止侵害、消除影响、赔礼道歉、赔偿损失等民事责任。赔偿损失数额的确定,可依照《著作权法》第49条的规定。

(2)行政责任。行为人有《计算机软件保护条例》第24条规定的侵权行为,且损害社会公共利益的,著作权行政管理部门可责令行为人停止侵权行为,没收违法所得,没收、销毁侵权复制品,可以并处罚款;情节严重的,著作权行政管理部门并可以没收主要用于制作侵权复制品的材料、工具、设备等。行为人有《计算机软件保护条例》第24条第(1)项或者第(2)项行为的,可以并处每件100元或者货值金额1倍以上5倍以下的罚款;有第24条第(3)项、第(4)项或者第(5)项行为的,可以并处20万元以下的罚款。

(3)刑事责任。行为人有《计算机软件保护条例》第24条规定的行为的,情节严重,触犯刑律的,依照《刑法》关于侵犯著作权罪、销售侵权复制品罪的规定,依法追究刑事责任。

未经著作权人许可,复制发行其计算机软件及其他作品的,违法所得数额较大或者有其他严重情节的,处3年以下有期徒刑或者拘役,并处或者单处罚金;违法所得数额巨大或者有其他特别严重情节的,处3年以上7年以下有期徒刑,并处罚金。单位犯销售侵权复制品罪,对单位判处罚金,并对其直接负责的主管人员和其他直接责任人员,依照个人犯该罪的规定处罚。按《关于办理侵犯知识产权刑事案件具体应用法律若干问题的解释》第15条规定,单位犯本罪的按相应个人犯罪的定罪量刑标准的3倍定罪量刑。

第五章 著作权的内容

第一节 著作人身权

一、著作人身权的概念和性质

著作人身权(moral rights),在大陆法系国家通常称为作者人格权,在英美法系国家则称为精神权利,我国《著作权法》称为作者享有的人身权。尽管称谓有别,其含义却基本一致,均指作者基于作品创作所享有的各种与人身相联系而无直接财产内容的权利。

大陆法系国家的著作权理论认为,著作权来源于"天赋人权",作品不是一种普通的商品,而是作者人格的延伸。因此,著作权不仅要保护作者的财产权利,而且应保护作者的人身权利。所以,大陆法系国家的著作权法很早就规定了作者的人身权,内容相当详尽。例如,法国早在1791年颁布的《表演权法》及1793年颁布的《作者权法》中都规定了作者的人身权。这一主张亦为1928年及1948年修订的《伯尔尼公约》所确认。相反,英美法系国家的版权概念来源于"复制权",其立法深受经济垄断观念和财产权神圣观念的影响,因而在立法上未能顾及作者的人身权。近年来,随着国际经济新秩序的建立和国际版权合作的加强,著作人身权逐渐在上述国家得到了确认。例如,英国在1956年颁布的《著作权法》、美国在1990年颁布的《可观赏艺术家法》中均肯定了作者的身份权和保护作品不受歪曲权。

我国《著作权法》明确规定了作者所享有的发表权、署名权、修改权和保护作品完整权,其内容之广泛,保护期限之长,均在世界上处于领先地位。

一般而言,著作人身权具有永久性、不可分割性和不可剥夺性的特点。所谓永久性,是指著作人身权的保护在一般情况下不受时间限制。例如,我国《著作权法》第20条规定:"作者的署名权、修改权、保护作品完整权的保护期不受限制。"作者死亡后,其著作权中的署名权、修改权和保护作品完整权由作者的继承人或者受遗赠人保护。著作权无人继承又无人受遗赠的,其署名权、修改权和保护作品完整权由著作权行政管理部门保护。法国《著作权法》第6条的规定则更为明确:"人身权利是永久的。"所谓不可分割性,是指著作人身权与作者本身不可分离,专属于作者,换言之,即著作人身权不可转让。作者生前,该项权利只能由作者享有;作者死后,作者的继承人有义务保护此权利不受第三人的侵犯。在无继承人的情况下,由国家著作权行政管理机关保护作者的人身权不受侵犯。所谓不可剥夺性,是指任何单位或者个人不得以任何理由剥夺作者的上述人身权,除非依法律规定给予适当的限制。

二、著作人身权的内容

(一)发表权

根据我国《著作权法》第10条第1款第(1)项的规定,发表权是指决定作品是否公之于众的权利,根据《最高人民法院关于审理著作权民事纠纷案件适用法律若干问题的解释》,"公之于众"是指著作权人自行或者经著作权人许可将作品向不特定的人公开,但不以公众知晓为构成条件。作者有权决定作品是否公之于众,何时、何地以及以何种方式公之于众。

发表权是著作权的首要权利,是作者所享有的一项重要的人身权利,它既是宪法所规定的公民言论、出版权在著作权制度上的表现,也是公民所享有的一项基本人权。发表权还是作者享有著作财产权的前提,即使作品创作已经完成,如果作者不行使发表权,其作品无法为人感知,作者也不能享有其他著作权。

著作权法所规定的"将作品公之于众",通常是指将作品向作者以外的不特定多数人公开,即公开的对象应不限于作者的亲属、亲友或同事等特定的人;作者应采取口述、表演、出版等方式使公众感知到作品的内容,不论作品是否已固定下来。在司法实践中,通常认为尽管作者未将作品公之于众,但有下列情形之一的,推定作者同意发表其作品:一是作者许可他人使用其未发表的作品;二是作者将其未发表的美术作品原件所有权转让给他人。

发表权区别于其他著作人身权的特点在于,发表权只能行使一次,作品一旦以合法方式公之于众,即构成已发表作品,产生相应的法律后果。

由于作品体现了作者的思想、情感或观点,因此发表权的主体通常为作者,他有权决定是否发表作品。所以,诸如书信之类的特殊作品,其发表权应为写信人而不是收信人。在特殊情况下,发表权的行为主体会发生变化。对于作者生前未发表的作品,我国《著作权法》规定,作者生前未发表的作品,如果作者未明确表示不发表,作者死亡后50年内,其发表权可由继承人或者受遗赠人行使;没有继承人又无受遗赠的,则由作品原件的所有人行使。法国、意大利等国的著作权法也有类似规定。

应注意的是,在某些情况下,发表权与隐私权存在联系。如果未经作者许可,擅自发表作者尚未发表的作品,则不仅会侵犯作者的著作人身权,而且会侵犯作者的隐私权。此外,某些以人体画像和肖像为内容的作品与人的隐私权和肖像权相联系,因此在发表作品时应征求被画人的同意,以体现对人格权的尊重。

(二)署名权

我国《著作权法》第10条第1款第(2)项将署名权解释为"表明作者身份,在作品上署名的权利"。

署名权是作者所享有的一项重要的权利,它可保障作者的身份受到尊重。我国《著作权法》第11条第4款规定:"如无相反证明,在作品上署名的公民、法人或者其他组织为作者。"换言之,作者以署名的方式表明了自己的作者身份。使用他人作品的,应当指明作者姓名、作品名称;但是,当事人另有约定或者由于作品使用方式的特性无法指明的除外。

署名权的内容包括:作者有权决定是否在作品上署名,是署真名还是署假名,以及署名的顺序等。任何人未经作者同意,不得擅自改变作品的署名方式,作者也有权禁止未参加创作的人在自己的作品上署名。如果作品以署名方式发表,其他人以改编、翻译、广播、表演等方式使用该作品时,均应说明作品的身份。署名权因与作者人身相联系,因此署名权不得转让、继承,也不得放弃;同时,署名权的保护期不受限制,作者死后署名权依然受到保护。署名权保护的永久性,有利于防止他人在作者死后隐匿、改变作者的姓名。

(三) 修改权

修改权,即修改或者授权他人修改作品的权利(参见我国《著作权法》第10条第1款第(3)项)。从积极方面讲,作者有权修改自己的作品;从消极方面讲,作者有权禁止他人对作品进行歪曲或删改。由于作品是作者思想的集中体现,作者要对作品发表后的后果承担责任。因此,作品发表后,如果作者认为该作品已不能反映其发生变化的学术观点或文艺思想,他们有权根据自己的意志对作品进行修改,如删节、充实或改写。

所谓修改,通常是指作者增删作品的内容,对错、漏部分进行必要的更正和补充。修改权是作者所享有的一项权利,只有作者才有权修改其作品,他人未经许可不得擅自修改作品。其他人如要对作品内容予以修改,应征求作者的同意。但是,报刊、杂志社对作品作文字性修改、删节,无须征得作者的同意;对内容的修改,则应当经作者许可。

(四) 保护作品完整权

保护作品完整权,即保护作品不受歪曲、篡改的权利。作品是作者思想情感的反映,作者有权保护其作品不被他人丑化;未经作者同意,他人不得擅自删除、变更作品的内容,或者对作品进行破坏内容、表现形式或艺术效果的变动,以防止作者的名誉、声望受到损害,维护作品的纯洁性。

保护作品完整权的内容在于保护作品不受歪曲、篡改。所谓歪曲,是指曲解作品原意,损坏作者观点的行为;所谓篡改,指擅自增补、删节、变更作品的行为。这些行为将会损害作者的名誉及声望。为此,我国《著作权法》第10条第1款第(4)项明确禁止他人对作品作上述破坏。保护作品完整权是修改权的延伸,但在内容上比修改权更进了一步。它不仅禁止对原作品进行修改,而且禁止他人在以表演、翻译等其他方式使用作品时对作品作歪曲性的改动。不过,为了便于作品的利用,出版人、编辑人对作品事实和语法错误予以更正,对文字进行润色和其他技术性处理,不视为侵犯修改权和保护作品完整权。著作权人许可他人将其作品摄制成电影作品和以类似摄制电影的方法创作的作品的,视为已同意对其作品进行必要的改动,但是这种改动不得歪曲篡改原作品。保护作品完整权的保护期不受限制。作者死后,由作者的继承人或受遗赠人保护;无人继承又无人受遗赠的,由著作权行政管理部门保护。

第二节 著作财产权

一、著作财产权的概念和性质

著作财产权,又称经济权利,是指著作权人自己使用或者授权他人以一定方式使用作品而获取物质利益的权利。著作财产权主要包括复制权、发行权、展览权、广播权等权利。著作财产权的性质明显不同于著作人身权,它可以转让、继承或放弃。著作财产权也明显不同于一般的财产权,它受地域、时间等因素的限制。

著作财产权在著作权制度中占有举足轻重的地位。无论是英美法系国家或大陆法系国家均在著作权法中详尽地规定了著作财产权。著作财产权的发展,与技术进步存在密切的联系。在19世纪末20世纪初,印刷出版是作品使用的主要方式,作者的财产权利很大程度上局限于出版复制权的范围。进入20世纪后,随着录音、录像、卫星转播、广播、电视等新的复制、传播手段的发展,权利的内容发生了质的飞跃,广播权、有线电视转播权、录音录像权等新的权项相继出现并为许多国家的著作权法所承认。至20世纪50年代,计算机技术、数字化技术的发明与推广又为著作权制度拓展了新的领域,诸如增加出租作品权、进口权、公共借阅权等权利的呼声一浪高过一浪,各国立法者不得不重新审视本国的著作权法,逐步增加新的著作财产权项。

二、著作财产权的内容

(一) 复制权

复制权是指以印刷、复印、拓印、录音、录像、翻录、翻拍等方式将作品制成一份或者多份的权利,它是著作财产权中最基本的权能。从积极方面讲,著作权人有权复制其享有著作权的作品;从消极方面讲,著作权人可以禁止他人复制其作品。任何人未经许可而复制他人作品的行为,均构成侵权行为。

复制就是原作的再现。根据我国《著作权法》第10条第1款第(5)项的规定,复制可以解释为:以印刷、复印、拓印、录音、录像、翻录、翻拍等方式将作品制成一份或者多份的行为。由上可知,复制的关键在于作品的再现,同时伴随着载体的"增多"。

传统意义上的复制通常可以分为两种情形:一种是以手抄、拓印、雕刻等方式完成的手工复制;另一种是以印刷、录制、照相、复印等方式完成的机械复制。随着新技术的发展,一些发达国家提出了扩大复制。[①] 因为,当信息在计算机中"暂存"时,信息仍然显示在屏幕上,作品的内容出现了"再现",因而该行为与传统意义上的"复制"具有共性,所以一些国家主张将其纳入"复制"之列,1993年俄罗斯《著作权法》即持此观点。不过,传统意义上的"复制"伴随的是载体的"再现",而信息在计算机中暂存并不会产生载体的"再

[①] 〔澳大利亚〕马克·戴维生:《计算机网络通讯与美国版权法的新动向》,王源扩译,载《外国法译评》1996年第5期。

生",关机后该信息不会"再现"。并且,如果将该行为解释为"复制",虽然有利于加大对计算机程序著作权人的保护力度,但对于普通使用者而言未免过于严苛。解决该问题的关键,在于寻找某种公平合理的方式平衡著作权人的利益及使用者的利益。

(二) 发行权

发行权是著作权人所享有的一项重要传播权。只复制而不发行,作者的权益就难以实现,复制也就失去了意义。因此,多数国家的著作权法都规定了发行权。我国《著作权法》将发行权解释为:"以出售或者赠与方式向公众提供作品的原件或者复制件的权利。"

随着科技的进步,发行的含义亦有所变化。目前,某些发达国家如美国已建议将信息传输——将作品从计算机某一终端通过网络以数字信号形式发往另一终端的行为也视为发行,由著作权人专有。这种限制实际上更改了发行的概念。因为传统意义上的发行是向公众提供作品复制件的行为,发生了作品载体的转移,而在信息传输中,仅有信息的传递,并无载体的实际转移,该信息仍在于输出计算机的内存或相联的存储设备之中,"因此很难把传输归入发行的概念之中"。[①] 所以,该种解释对作品使用者而言不免过于苛刻。但从另一角度而言,如不对这种传输行为给予一定的限制,则作者无力控制其作品被传输者和接收者大量无偿使用的情形。因此,关键的问题在于寻找适当的方式给予公平的限制。1993年新修订的德国《著作权法》对此作了灵活的处理,该法第690条规定,只有当使用者为了复制而传输作品才需取得著作权人的授权,这样就将传输限制在一定范围之内,从某种程度上平衡了著作权人和使用者的利益,法国著作权法也作了类似修订。

与发行权密切相关的一条原则是"发行权穷竭"原则,也称为"首次销售"原则。德国《著作权法》第17条第2款对此作了解释:"如果著作原件或复制物经在本法适用范围内传播的权利人的同意,以让与的方式进入流通领域,则允许对该著作的再次传播。"也就是说,如果作品原件或复制件以出租、出售等方式发行后,他人可以自由传播作品而不受著作权人的限制,即发行权只能行使一次。奥地利《著作权法》第16条第3款及美国《著作权法》第109条第2款也作了类似规定。

(三) 出租权

出租权,是指著作权人有偿许可他人临时使用电影作品和以类似摄制电影的方法创作的作品、计算机软件的权利。

值得指出的是,目前在许多国家,作品的出租已有取代销售之势,作品出租业之繁荣使出租人收入颇丰,也节省了消费者的支出,但另一方面却导致了作品发行业的萧条,使依靠版税而谋生的作者深受其害。若承认出租权在作品"首次销售"后穷竭,则著作权人就无法控制作品的再次出租,其经济利益必然受到损害。为了避免这一消极影响,保护作者的创造性劳动,各国著作权法陆续规定了出租权。例如,俄罗斯《著作权法》于1993年修订时规定:"作者享有以出租的方式发行作品复制件的权利而不受这些复制件的所有权

[①] 〔澳大利亚〕马克·戴维生:《计算机网络通讯与美国版权法的新动向》,王源扩译,载《外国法译评》1996年第5期。

制约。"日本《著作权法》第26条之2也以借贷权的形式承认了作者的出租权,但仅适用于唱片、计算机程序、乐谱和除书籍、杂志、电影作品以外的其他作品。德国《著作权法》也有类似的规定。

由于各国在出租权的对象上存在分歧,《知识产权协定》第11条作了如下规定:"至少对计算机程序及电影作品,成员应授权其作者或作者之合法继承人许可或禁止将其享有版权的作品原件或复制件向公众出租。对于电影作品,成员可不承担授予出租权之义务,除非有关的出租已导致对作品的广泛复制,其复制程度又严重损害了成员授予作者或作者之合法继承人的复制专有权。对于计算机程序,如果有关程序本身并非出租的主要标的,则不适用本条义务。"可见,对计算机程序的作者或其合法继承人授予出租权是该协议成员国应尽的义务,但对于电影作品出租的控制,应符合一定的条件。

我国《著作权法》参照《知识产权协定》的规定,将出租权确定为著作权人的一项独立的财产权利,但行使的范围目前限定为电影作品和以类似摄制电视的方法创作的作品及计算机软件,计算机软件不是出租的主要标的的除外。

(四)展览权

展览,是指公开陈列美术作品、摄影作品的原件或复制件。展览权,也称为"公开展出权",是指公开陈列美术作品、摄影作品的原件或复制件的权利。

关于展览权的对象,多数国家的著作权法规定限于美术作品、摄影作品、工艺品以及作为艺术作品或文物展出的手稿、乐谱、书法等作品。我国《著作权法》中展览权的对象仅限于美术作品与摄影作品。

展览权的内容,主要指作者或其他著作权人许可或禁止他人公开陈列、展览或在公共场所放置其享有著作权的作品。展览的目的是为了让不特定的多数人欣赏,如果仅是供家庭或本单位内部少数人欣赏,就不构成展览。应注意的是,根据我国《著作权法》第18条的规定,展览美术作品原件,必须经原件所有人同意,即美术作品原件的展览权由该原件所有人享有。但是,其他作品原件的展览权仍由著作权人享有。也就是说,其他作品原件的所有人若要展览作品原件,仍需取得著作权人的许可。

在行使展览权时,往往还涉及肖像权问题。一方面,摄影人、画家对自己的作品享有著作权;另一方面,被摄影人、被画人对于自己的相貌拥有肖像权。这两种权利常发生冲突。为解决这一难题,多米尼加《著作权法》第51条规定,画像、塑像及摄像的被画、被塑、被摄之人,有权禁止展出其肖像或以其他商业性方式展出其肖像;肖像作者或其他人若未经许可展出或展示,将依法承担民事赔偿责任。我们认为,肖像作品的作者或其他人在行使展览权时,应取得被画人、被摄人的许可,以体现对其人格权的尊重。

(五)表演权

表演权,亦称公演、上演权,是指著作权人公开表演自己创作的作品或者许可他人表演其创作的作品的权利。

戏剧、音乐作品的表演早于印刷出版活动,但表演权的产生则晚于出版权、复制权。从19世纪中叶的法国开始,随后在20世纪初的德国、英国、美国等国,出现了"表演权协会",代表作者(特别是音乐作品的作者)来行使这一权利。在某些国家中,还专门设立了"表演权法庭",处理因行使或侵犯表演权所引起的纠纷。后来,《伯尔尼公约》第11条明确规定了作品作者所享有的表演权,这些权利具体表现为演出权、演奏权和公开上映权。

表演权的内容包括两项,一是作者有权自己表演或授权他人表演其作品;二是作者可以禁止他人未经许可而表演其作品,若他人未经许可而表演其作品即构成侵权。根据各国法律规定,构成侵犯表演权的行为须具备以下条件:(1)须以营利为目的;(2)须在公共场所表演,如在剧场、影院、舞厅、饭店等地方表演;(3)所表演的作品受著作权法的保护,但他人在表演时未经著作权人授权。

我国《著作权法》将"表演权"明确解释为公开表演作品以及用各种手段公开播送作品的表演的权利,此处的表演形式包括口头表演,借助放映机、录像机、录音机等机械设备公开播送作品的表演,等等。

(六)放映权

放映权指通过放映机、幻灯机等技术设备公开再现美术、摄影、电影和以类似摄制电影的方法创作的作品等的权利。它与《伯尔尼公约》第11条所确认的作者对作品的公开上映权的含义类似。

(七)广播权

广播权,是指以无线方式公开广播或者传播作品,以有线传播或者转播的方式向公众传播广播的作品,以及通过扩音器或者其他传送符号、声音或者图像的类似工具向公众传播广播的作品的权利。

关于广播权,《伯尔尼公约》授予了作者三项权利:其一,无线广播权,即通过空间传播电磁波所进行广播的权利;其二,有线广播权,即通过电缆等设备以有线方式公开广播作品的权利;其三,使用扬声器等技术设备广播作品的权利(参见《伯尔尼公约》第11条之2)。

(八)信息网络传播权

信息网络传播权,是指以有线或者无线方式向公众提供作品,使公众可在其个人选定的时间和地点获得作品的权利。例如,1998年4月,世纪互联通讯技术有限公司在其网站上建立了"小说一族"栏目,在该栏目中刊载了王蒙等六作家的作品,1999年5月31日,王蒙等六作家以世纪互联公司侵犯著作权为由,分别向北京市海淀区人民法院起诉。北京市海淀区人民法院经审理认为:世纪互联公司作为网络内容提供服务商,其在国际互联网上将原告的作品进行传播,是一种侵权行为。

为了适应信息技术发展的需要,解决司法实践中遇到的问题,2006年5月10日,国务院常务会议审议并原则通过《信息网络传播权保护条例》并于2006年7月1日开始施行。它的通过,标志着我国有关信息网络传播权的法律规制体系化的实现。其内容主要包括以下几个方面:一是明确规定信息网络传播权受法律的保护,即权利人享有的信息网络传播权受《著作权法》和本条例保护。除法律、行政法规另有规定的外,任何组织或者个人将他人的作品、表演、录音录像制品通过信息网络向公众提供,应当取得权利人许可,并支付报酬。二是明确规定技术措施和权利管理电子信息受法律保护。任何组织或者个人不得故意避开或者破坏技术措施,不得故意制造、进口或者向公众提供主要用于避开或者破坏技术措施的装置或者部件,不得故意为他人避开或者破坏技术措施提供技术服务。故意删除或者改变通过信息网络向公众提供的作品、表演、录音录像制品的权利管理电子信息,或者通过信息网络向公众提供明知或者应知未经权利人许可被删除或者改变权利管理电子信息的作品、表演、录音录像制品,均构成侵权。三是规定了合理使用例外。这些例外包括:为介绍、评论某一作品或者说明某一问题,在向公众提供的作品中适当引用已经发表的作品;为报道时事新闻,在向公众提供的作品中不可避免地再现或者引用已经发表的作品;为学校课堂教学或者科学研究,向少数教学、科研人员提供少量已经发表的作品;国家机关为执行公务,在合理范围内向公众提供已经发表的作品;将中国公民、法人或者其他组织已经发表的、以汉语言文字创作的作品翻译成的少数民族语言文字作品,向中国境内少数民族提供;不以营利为目的,以盲人能够感知的独特方式向盲人提供已经发表的文字作品;向公众提供在信息网络上已经发表的关于政治、经济问题的时事性文章;向公众提供在公众集会上发表的讲话。图书馆、档案馆、纪念馆、博物馆、美术馆等可以不经著作权人许可,通过信息网络向本馆馆舍内服务对象提供本馆收藏的合法出版的数字作品和依法为陈列或者保存版本的需要以数字化形式复制的作品,不向其支付报酬,但不得直接或者间接获得经济利益。当事人另有约定的除外。四是规定了法定许可使用制度。通过信息网络实施九年制义务教育或者国家教育规划,可以不经著作权人许可,使用其已经发表作品的片断或者短小的文字作品、音乐作品或者单幅的美术作品、摄影作品制作课件,由制作课件或者依法取得课件的远程教育机构通过信息网络向注册学生提供,但应当向著作权人支付报酬。为扶助贫困,通过信息网络向农村地区的公众免费提供中国公民、法人或者其他组织已经发表的种植养殖、防病治病、防灾减灾等与扶助贫困有关的作品和适应基本文化需求的作品,网络服务提供者应当在提供前公告拟提供的作品及其作者、拟支付报酬的标准。五是规定了侵犯信息网络传播权应当承担的法律责任,主要有承担停止侵害、消除影响、赔礼道歉、赔偿损失等民事责任。对于损害公共利益的,可以由著作权行政管理部门责令停止侵权行为,没收违法所得,并可处以罚款;情节严重的,著作权行政管理部门可以没收主要用于提供网络服务的计算机等设备;构成犯罪的,依法追究刑事责任。上述规定可操作性强,立法的细化有助于保护权利人的信息网络传播权,推动网络服务行业走上法治化轨道。

(九)摄制权

摄制权,就是指以摄制电影或者以类似摄制电影的方法将作品固定在载体上的权利。将表演或景物机械地录制下来,不视为摄制电影、电视、录像作品,因为该行为没有产生有独创性的作品。

摄制电影、电视、录像是作品传播的一种重要方式,也是著作权人实现其作品的社会价值的一种重要手段。一部并不流行的作品可能会因摄制成电影、电视或录像作品而得到广泛的传播。因此著作权人必须控制好自己的这一权利。该权利的内容,即著作权人有权自行摄制或许可他人将其作品摄制成电影、电视或录像作品,若他人未经许可而将其作品摄制成了电影、电视或录像作品,则侵犯了著作权人的权利。对于电影、电视、录像作品,作者只享有署名权,其他权利则由制片人享有。

(十)改编权

改编权,是指改变作品,创作出具有独创性的新作品的权利。原作与改编作品的区别仅在于表现形式的差异,但二者的内容基本一致,同时原著的某些独创性特点同样会反映在改编作品中。

(十一)翻译权

翻译权,是指将作品从一种语言文字转换成另一种语言文字的权利。授予作者翻译权,有利于保护其对作品传播地区的控制权。翻译权一般只涉及口述作品、文学作品、电影作品等作品,美术作品、乐曲等一般不涉及翻译权。

(十二)汇编权

汇编权,是指将作品或者作品的片段进行选择或者编排,汇集成新作品的权利。

(十三)应当由著作权人享有的其他权利

随着社会的发展,可能会出现一些新的作品利用方式,《著作权法》规定了这一弹性条款,如果今后出现的新的作品利用方式与著作权人的权利相关,则这些权利也应当由著作权人享有。

第三节 著作权的取得和期限

一、著作权的取得方式

从历史上看,各国著作权法因其立法思想的差异,在著作权的取得方式上的规定迥然不同。概括起来,主要可分为注册取得和自动取得两类。

(一)注册取得制度

注册取得,是指以登记注册作为取得著作权的条件,作品只有登记注册后方能产生著作权,著作权注册取得的原则,又称为"有手续主义"。

据英国学者考察,在《安娜法令》问世之前的英国,作品创作完成后的著作权由普通法来保护。《安娜法令》颁布后,人们认为该法仅对已出版作品授予著作权,出版之前的作品仍由普通法保护。因此,无论大陆法系国家还是英美法系国家,著作权保护都发端于自动保护。[①] 对于已出版作品,《安娜法令》明文提出了"登记"要求,即作品取得保护的条件是在书籍业行会的登记簿上进行登记。著作权登记制度的出现,曾有效地防止了他人对作品的擅自复制,因此在历史上起过积极的作用。为此许多英美法系国家和少数大陆法系国家纷纷予以效仿。

---

① 参见《大英百科全书》,"版权法(copyright law)"词条,以及〔英〕柯尼什(Cornish)《知识产权》一书第 295 页。转引自郑成思:《版权法》,中国人民大学出版社 1990 年版,第 160 页。

在以往著作权立法例，采用著作权登记手续的国家大致有以下几种模式：

（1）将著作权登记手续作为著作权取得的必要条件。例如，在实施1987年新著作权法之前的西班牙，以及受其影响较大的拉丁美洲国家和少数非洲国家，都要求作品（不论是否发表）必须在著作权管理部门登记，否则不受保护。

（2）将登记作为受保护作品著作权合法转让的必要条件。例如，阿根廷、巴西、智利等国著作权法的规定。

（3）将登记作为行使起诉权和请求法律制裁侵权行为的程序之一。例如，黎巴嫩《著作权法》规定，在侵权诉讼中，法院将根据有关作品是否登记的事实作为确定有关人是否享有著作权的首要证据或唯一证据。如果声称自己享有著作权之人未登记，则法院不承认他有权起诉他人"侵权"。

美国在加入《伯尔尼公约》之前，曾实行过较为典型的著作权登记制度。1976年的美国《著作权法》规定，登记是非强制性的，但却是提起侵权诉讼和对某些侵权行为取得补救方法的前提条件，对于唱片或音像作品可以在起诉后随即登记。

实行著作权登记制度，一方面，可以明确有效地证明著作权人的身份，有利于及时处理著作权纠纷，保护著作权人的合法权益。但另一方面，著作权登记制度不能充分保护那些未及时登记的作品，也不能保护那些来源于未实行著作权登记制度国家的作品。这显然与《伯尔尼公约》精神相违背，因此世界大多数国家不采用这一做法。

（二）自动取得制度

著作权自动取得，是指当作品创作完成时，作者因进行了创作而自动取得作品的著作权，不再需要履行其他任何手续。这种获得著作权的方法被称为"无手续主义""自动保护主义"。

"无手续主义"主要为大陆法系国家所采取。他们将天赋人权思想引入著作权理论范畴，该理论认为，作者对作品所享有的权益应基于创作而产生，因此著作权的取得不需要履行任何手续。采取"无手续主义"的优点在于，作品一经创作完成即可及时获得保护，可以有效地制止侵犯著作权的行为，其保护水平较高；但在发生著作权纠纷时，未经登记的作品取证困难，所以有些国家如日本的著作权法通过设立自愿登记制度作为补充。"无手续主义"也为《伯尔尼公约》所确认。该《公约》第3条规定，具有本联盟成员国国民身份的作者，无论其作品是否已经出版，都应得到本公约的保护。

著作权的自动取得，以作品创作完成的时间作为著作权取得的时间界限。如何认定"创作完成"的界限则是理论界和司法界经常遇到的难题。从理论上讲，只要作者的某一思想或某一构思已经以某种形式完整的表达出来，即使还只是其全部构思的一个组成部分，甚至是非主要组成部分，亦属于该部分作品的完成，可视为整体作品在一定阶段的创作完成。未经过许可而复制或抄袭该部分内容，也属侵权行为。

《伯尔尼公约》第5条第2款明确规定，享有著作权的前提不以办理任何手续为条件。因此，坚持"有手续原则"的国家与《伯尔尼公约》成员国之间存在明显的差异。第二次世界大战后，在联合国教科文组织的促进下缔结了《世界版权公约》。该《公约》第3条第1

款规定,如果作者或其著作权所有者授权出版的所有作品自首次出版之日起,标有©符号,并注明著作权所有者姓名、首次出版年份等便算符合著作权手续。可以说,《世界版权公约》的这一规定,在采取"有手续原则"的国家与《伯尔尼公约》成员国之间搭起了一座桥梁,因而为美国等国所采用。尽管著作权标记制度较之登记制度前进了一大步,但较之"无手续主义"仍有一定的差距。随着国际合作的加强及著作权保护水平的提高,许多国家纷纷修订自己的著作权法,为加入《伯尔尼公约》积极准备。对于采取"有手续主义"的国家而言,加入公约的一大障碍就是作品的登记制度。为了达到《伯尔尼公约》的要求,日本于1899年,英国于1956年,西班牙于1987年彻底废除了著作权登记制度,采取了"无手续主义"。美国于1989年3月1日加入了《伯尔尼公约》,同日颁布的《1988年伯尔尼公约实施法令》取消了作为著作权保护必备手续的著作权标记,但仍鼓励作者自愿使用标记。

综上所述,著作权获得条件由"有手续主义"到"无手续主义"的转变,是国际著作权保护发展的必然趋势。

我国《著作权法》在著作权取得问题上采取了自动取得制度,第2条第1款规定:"中国公民、法人或者其他组织的作品,不论是否发表,依照本法享有著作权。"也就是说,著作权自作品完成创作之日起产生,并受《著作权法》的保护。对于外国人的作品,如果首先在中国境内发表,依照本法享有著作权。外国人在中国境外发表的作品,根据其所属国同中国签订的协议或者共同参加的国际条约享有的著作权,受我国《著作权法》的保护。

二、著作权的保护期限

著作权的保护期限,是指著作权受法律保护的时间界限。在著作权的保护期限内,作品的著作权受法律的保护;著作权期限届满,该作品便进入了公共领域,不再受法律的保护。因此,对著作权保护期的规定,既要考虑保护著作权人的利益,又要考虑有利于作品的传播,有利于发展科学、文化事业。

关于著作权保护期的计算,在立法体例上有两种计算方法。多数国家采取"死亡起算主义",即作者终生享有著作权加死亡后若干年限。死亡起算不是从作者死亡的确切日期开始,而是从其死亡之年年末或翌年年初开始计算;少数国家采取"发表起算主义",即不问作者自下而上与否,自作品出版、登记、发行、公开表演之年年末起保护其著作权若干年限。

关于作者死后的著作财产保护期限,各国立法规定的时间长短不一。《伯尔尼公约》规定著作财产权的最低期限应为作者有生之年加死后50年。大部分西欧国家以及英国、美国等国的著作权法采取这一规定。该类期限规定的理由,是考虑到作者终生和作者子女平均寿命的相加时间。《世界版权公约》对著作财产权保护期限,则规定为作者终生加死后25年,一些发展中国家及少数东欧国家采用这一规定。

在中国,关于著作权的保护期兼采两种计算方法。对于一般作品,适用"死亡起算主义";对于特殊作品,则适用"发表起算主义"。关于保护期限,我国《著作权法》作了详细的规定,下面予以分述。

(一) 著作人身权的保护期限

我国《著作权法》第 20 条对著作人身权保护期作了规定,即作者的署名权、修改权、保护作品完整权的保护期不受限制。

作者的署名权、修改权、保护作品完整权与作者的人身联系最为紧密,即使是在作者死亡后,他人也不得侵犯。法人或非法人组织作品的著作人身权,由法人或非法人组织享有。享有著作人身权的法人或其他组织变更、终止时,其著作人身权由承受其权利义务的法人或其他组织进行保护;没有承受其权利义务的法人或其他组织的,著作人身权则应由国家主管部门保护其不受侵犯。

由于各国著作权观念和著作权立法传统的差异,对人身权利的保护期的规定很不一致。一些大陆法系国家著作权法明文规定人身权利的保护是无限期的,如法国、土耳其等;另一些国家的立法未作明文规定,只是规定它在作者死后仍旧存在,如日本。概言之,大多数大陆法系国家著作权法对人身权利的保护是无期限的,但采取著作权"一元论"的德国《著作权法》规定,著作人身权与著作财产权一样,于作者死后 70 年终止。

在英美法系国家,对作者的著作人身权多在民法、反不正当竞争法、保护名誉和隐私等法律中予以确认和保护,而在著作权法中很少规定。这些国家的法律通常对人身权利也规定保护期限,或规定人身权利随作者死亡而终止,或规定人身权保护期延长到作者死亡后一段时间。

值得注意的是,发表权是著作人身权的重要内容之一,我国《著作权法》规定其保护期与著作财产权保护期相同,为作者终生加死后 50 年。这是由于发表权是著作财产权产生的前提,它往往同复制权、录制权、展览权等相联系,作品的发表也往往会给予作者或其继承人带来经济利益。如果规定发表权永久受到保护,就不利于作品的利用。此外,从促使作品及早发表、满足社会公众的精神文化需求看,对发表权予以时间限制也是必要的。

(二) 著作财产权的保护期限

各国著作权法和《伯尔尼公约》《世界版权公约》都就著作财产权的保护期作了明文规定。

1. 一般作品的著作财产权保护期

(1) 公民的作品著作财产权保护期。绝大多数国家著作权法均规定,公民的作品的著作财产权保护期为作者有生之年加死后若干年。《伯尔尼公约》规定最低保护期限为作者有生之年加死后 50 年;《世界版权公约》规定最低保护期限为作者有生之年加死后 25 年。随着两个公约成员国的进一步增多,以公约为基准,各国对著作权保护期的规定越来越趋向一致,期限越来越长。我国在制定著作权法时,参照《伯尔尼公约》要求的最低标准,规定了作者有生之年加死后 50 年的著作财产权保护期。

各国法律一般规定,合作作品著作财产权的保护期,以作品产生或首次发表起算,至最后一位作者死后若干年。合作作者以最后死亡的合作作者为基准确定合作作品的保护期,能够较充分保护最后死亡的作者的权利,这也是国际通例。我国《著作权法》第 21 条第 1 款也作了类似规定,即合作作品的著作财产权人的保护期,截止于最后死亡作者死亡后第 50 年的 12 月 31 日。合作作者之一死亡后,其对合作作品享有的著作财产权无人继承又无人受遗赠的,由其他合作作者享有。

(2) 法人作品和职务作品的著作财产权保护期。对于法人或其他组织作品的保护,大多数国家规定作品保护期为 50 年,但也有一些国家规定的保护期少于 50 年,甚至只有 10 年。我国《著作权法》规定,法人或者其他组织的作品,著作权(署名权除外)由法人或者其他组织享有的职务作品,其发表权、《著作权法》第 10 条第 1 款第(5)项至第(17)项规定的权利的保护期为 50 年,截止于作品首次发表后第 50 年的 12 月 31 日,但作品自创作完成后 50 年内未发表的,《著作权法》则不再保护。

2. 特殊作品的著作财产权保护期

(1) 计算机软件的著作财产权保护期。目前世界上有四十多个国家和地区对计算机软件提供著作权保护,由于各国技术政策不同,这些国家对计算机软件提供的著作权保护范围和保护期限也很不一致。一些国家如日、英、美、德等国的著作权法,对软件保护期的规定与一般作品的保护期相同。我国《计算机软件保护条例》第 14 条规定,软件著作权,自软件开发完成之日起产生。自然人对软件享有著作权的,保护期为自然人的终生及其死亡后 50 年,截止于自然人死亡后第 50 年的 12 月 31 日;软件是合作开发的,截止于最后死亡的自然人死亡后第 50 年的 12 月 31 日。单位对软件享有著作权的,保护期为 50 年,截止于软件首次发表后第 50 年的 12 月 31 日,但软件自开发完成之日起 50 年未发表的,《条例》不再保护。《知识产权协定》明确要求缔约方将计算机程序作为文字作品予以保护,所以我国《著作权法》采取按照文字作品的保护标准规定软件的保护期限。

(2) 匿名作品和假名作品的保护期。各国一般规定,匿名作品的保护期为自发表之日起 50 年。在此期间,该匿名作品著作财产权由出版者或作品原件所有者行使,一旦作者或其继承人身份确定,则适用一般的保护期限,因此,匿名作品著作权的特殊保护期在一定条件下可以回归到一般保护期。我国《著作权法》规定,作者身份不明的作品,其著作财产权的保护期为 50 年,截止于作品首次发表后第 50 年的 12 月 31 日。作者身份一旦确定,适用著作权法一般保护期的规定。

第六章 邻 接 权

第一节 邻接权概述

一、邻接权的概念

邻接权,是指与著作权有关的权利,即作品传播者所享有的专有权利。根据我国《著作权法》规定,邻接权包括出版者权、表演者权、录音录像制作者权、广播组织权。这种权利是以他人之创作为基础而衍生的一种传播权,虽不同于著作权,但与之相关,故称邻接权。

诸如表演等作品传播活动,古已有之,但保护表演者权利的制度,直到 19 世纪末 20 世纪初才发端于西方诸国。现代传播技术的发展是邻接权制度产生的催化剂。早期,人们欣赏表演必须亲临剧场,但随着录音、录像及无线电技术的发展,唱片、电影片得以大量复制和发行,人们足不出户即可通过传播媒体欣赏节目,表演者的收入因此锐减。与此同时,图书出版者制作的图书遭遇肆意盗版,录音录像制作者的录制品经常被他人任意翻录,广播组织制作的节目也常常被他人无偿播放。在上述情况下,要求保护传播者利益的呼声日益高涨,邻接权制度应运而生。

1910 年,德国在其《文学与音乐作品产权法》中,率先把音乐作品及音乐戏剧作品的表演者当做原作的"改编创作者"予以保护。次年,英国在其著作权法中列入了保护音乐唱片的条款,1925 年又颁布了保护戏剧音乐表演者的法律。1936 年之后,奥地利、意大利的著作权法加入了对录音制品作者予以保护的条款。为了保护广播组织的权利,1946 年成立了国际无线电组织(后改名为"国际无线电与电视组织")。自 20 世纪 60 年代起,对邻接权的保护已成为世界各国立法的共同趋势。

各国在保护邻接权时采用的方式不一。有的国家用劳动法、行政法、反不正当竞争法或合同法来解决,有的用民事赔偿的方法来解决,但大多数国家则通过知识产权法加以保护。采取知识产权保护制度的国家在立法上又采取两种模式:一是将著作权与邻接权严格区分,但同置于一个法律文件中加以规定。如俄罗斯 1993 年《著作权与邻接权法》、法国 1992 年《著作权法》;二是以著作权方式保护邻接权意义上的客体,在著作权法中没有单设邻接权制度,而将著作权的保护对象扩及于非传统意义上的作品(唱片、广播节目等)。如美国 1976 年《著作权法》、英国 1988 年《著作权法》。我国《著作权法》采取了前一做法。

国际上关于邻接权保护的第一部公约是 1961 年在意大利罗马缔结的《保护表演者、音像制作者和广播组织的公约》(简称《罗马公约》)。该公约的缔结对各国邻接权的保护产生了深刻的影响:第一,该公约的缔结标志着邻接权的保护已得到了国际社会的普遍承认。在此以前很多国家的立法者及法律专家都认为,作品传播者的行为仅仅是一种机械制作行为,只具有技术性而无创作性,所产生的后果与著作权保护没有联系。该公约的颁布表明,缔约国应对传播作品的人给予著作权或邻接权或其他权利的保护。第二,为世界各国以专门的法律形式保护邻接权提供了示范模式。该公约制定以前,尽管有少数国家已开始规定邻接权制度,但所采取的形式各不相同,甚至直到现在仍存在差别。《罗马公约》要求各成员国至少应对表演者、音像制作者和广播组织的权利予以保护,并规定了应给予的最低保护标准。此外,国际上已缔结的保护邻接权的公约还有《保护音像制作者防止其唱片被擅自复制公约》《关于播送由人造卫星传播有节目信号的公约》。这些国际公约的缔结,为邻接权的保护开辟了广阔的天地。

我国《著作权法》确立了完整的邻接权保护制度。同时国务院及其主管部门针对国内图书、音像制品盗版猖獗的现象,积极加强立法规制,加大执法力度。例如,国务院于1994年8月25日发布了《音像制品管理条例》,国家版权局于1991年7月2日发布了《关于加强音像版权管理的通知》,国家新闻出版署于1996年2月1日发布了《音像制品出版管理办法》和《音像制品复制管理办法》,1997年9月1日发布了《广播电视管理条例》,2001年12月25日发布了《出版管理条例》,2008年2月21日发布了《图书出版管理规定》,又于2008年3月17日发布了《电子出版物出版管理规定》。上述这些法律文件构成了我国邻接权保护的基本框架,是加强邻接权执法保护的法律依据。

二、邻接权与著作权的关系

邻接权与著作权关系密切,其共同点在于:

(1) 它们都与作品相联系。著作权与作品存在直接联系,作品创作是著作权产生的前提。邻接权则与作品存在间接联系。表演者表演的对象是作品,而录制者是对作品表演的录制,广播组织者是对作品表演的广播。脱离了作品,这些邻接权就会荡然无存。

(2) 它们都是法律规定的权利。著作权及邻接权的主体、客体及内容均来自于法律的直接规定。

(3) 它们都具有严格的地域性。著作权与邻接权都只有在法律承认这些权利的国家内才能受到保护。

邻接权与著作权的区别在于:

(1) 它们的主体不同。著作权保护的主体是作品的创作者或依法取得著作权的人。邻接权保护的主体是以出版、表演、录音录像或广播方式帮助作者传播作品的人。后者在传播作品中,加入了自己的创造性劳动,改变了原作的表现形式,因而有必要予以保护。

(2) 它们的客体不同。著作权的客体是作品。出版者权的客体是其出版的图书、报刊及其版式设计。表演者权的客体是表演活动;录音录像制作者的权利的客体是其制作的录音录像制品;广播组织者的权利的客体是其制作的广播、电视节目。

(3) 它们的权利内容不同。著作权人享有发表权、署名权、修改权、保护作品完整权、使用权和获得报酬权等。表演者享有表明其身份的权利、其表演形象不受歪曲的权利、许可他人从现场直播的权利及许可他人为营利目的的录音录像并取得报酬的权利。录音录像制作者对其制作的录音录像制品享有许可他人复制发行并获得报酬的权利。广播组织享有播放权、许可他人播放并获得报酬的权利、许可他人复制发行其制作的广播、电视节目并获得报酬的权利。

(4) 它们的保护期限不同。作者的署名权、修改权、保护作品完整权的保护期不受限制。公民的作品,其发表权、使用权和获得报酬权等权利的保护期为作者终生及其死后50年。法人或者非法人单位的作品、著作权(署名权除外)由法人或其他组织享有的职务作品,其发表权、使用权和获得报酬权等权利的保护期为50年。影视作品等作品的发表权、使用权和获得报酬权的保护期为50年。邻接权的保护期从表演发生后、录音录像制品首次制作完成时起计算,享受50年的保护,图书期刊版式设计权的保护期为10年。

尽管邻接权人享有法律所规定的权利,但邻接权人在行使权利时,不得损害被使用作品和原作品著作权人的权利。

第二节 出版者的权利

一、出版者权的概念

出版者权是指出版者对其出版的作品所享有的一系列权利的统称。

根据1971年修订的《世界版权公约》第6条,"出版"一词,系指以有形形式复制,并向公众发行的能够阅读或可看到的作品复制品。出版权作为一项民事权利,是指生产、制作作品的复制品并将其提供给公众的权利,这是作者所享有的著作权的基本内容。由于作品的出版成本高、市场风险大并且需要出版专业知识,仅靠作者个人很难完成作品的出版活动。实践中,作者更多地通过出版合同,借助出版社来出版发行作品。即使在信息传播技术高度发达的今天,出版仍然是著作权人实现自己权益的重要方式。

出版者权的主体一般包括出版社、报社和期刊社等出版单位,出版的作品主要是文字作品,并且大多以印刷形式进行复制。随着出版技术的发展,音像制品、电子作品都涉及出版问题,且有的还脱离传统的印刷形式,出版方式的日益多样化对著作权法提出了挑战。出版者权的客体包括出版者所出版的图书、报纸、期刊及其版式设计等。

二、出版者权的内容

(一) 图书出版者的专有出版权

专有出版权是指图书出版者根据合同的约定,对著作权人交付的作品享有在合同有效期限内和在合同约定的地域范围内以同种文字的原版、修订版出版图书的专有权利。

图书出版者对某部作品享有专有出版权,意味着其取得了以印刷的方式复制该作品,并将该作品的复制品向公众发行的权利;且此项权利为该图书出版者所独占,其他图书出版者在一定时期和地区内,不得出版该作品的同一文字版的原版或修订版,否则即构成对专有出版权的侵犯。

图书出版者的专有出版权产生于合同的约定,来源于著作权人的授权。在我国,只有经国家授予出版资格、依法设立且有权经营标有统一书号的图书出版业务的出版社,才能从事图书出版活动。根据《著作权法》第31条的规定,图书出版者可以与著作权人通过约定而取得对作品的专有出版权。这主要是考虑到图书出版投资巨大,市场较难把握,通过赋予出版者以专有出版权可以相对降低出版风险,维护出版社合法权利,保障图书出版业的正常发展。

在图书出版合同有效期内,如果发生了法律规定的导致专有出版权终止的事由,或者发生了严重违反出版合同、损害著作权人权益的事由,则专有出版权终止。著作权人寄给图书出版者的两份订单在6个月内未能得到履行,视为图书脱销。图书脱销后如果图书出版者拒绝重印、再版,则著作权人有权终止出版合同,将作品交付给其他出版社出版。

(二)版式设计权

版式是指出版者出版图书、刊登文章所使用的开本、字体、字型、篇章结构安排等,装帧设计则是指图书出版者对其出版的图书封面、封底、护封所作的装潢设计和报刊出版者对其出版的报纸、杂志的刊头、版面、封面、封底等所作的装潢设计。由于各具特色的版式和装帧设计能够使得同一作品或同一类作品的出版者相互区别,不至于被读者混淆,因此,保护出版者的版式、装帧设计在图书出版实践中具有重要意义。

版式设计的专有使用权,即出版者对其出版的图书、杂志、报纸的版式设计享有的专有使用权。关于出版者的装帧设计权,理论界存在争议。一种观点认为装帧设计属于美术作品,是美术作品著作权的权利,不应该是出版社的权利,而另一种观点认为装帧设计是美术作品用于出版物,如同文字、图案用于商标,外观图案用于工业品外观设计一样,设计人应当将美术作品的著作权转让于出版者。我国现行《著作权法》只规定了出版者的版式设计权,没有规定装帧设计权。

依据《著作权法》第36条:"出版者有权许可或者禁止他人使用其出版的图书、期刊的版式设计。前款规定的权利保护期为10年,截止于使用该版式设计的图书、期刊首次出版后第10年的12月31日。"

三、出版者的义务

(一)与著作权人订约的义务

《著作权法》第30条规定:"图书出版者出版图书应当和著作权人订立出版合同,并支付报酬。"但著作权人向报社、杂志社投稿的,自稿件发出之日起15日内未收到报社决定刊登的通知的,或者自稿件发出之日起30日内未收到杂志社决定刊登的通知的,可以将同一作品向其他报社、杂志社投稿,但双方另有约定的除外。

(二)按期、按质出版作品的义务

著作权人应当按合同约定的期限交付作品。图书出版者应当按照合同约定的出版质量、期限出版图书。图书出版者不按照合同约定期限出版的,应承担违约责任。

(三) 重印、再版作品的通知义务

图书出版者重印、再版作品时,应当通知著作权人,并支付报酬。图书脱销后,图书出版者拒绝重印、再版的,著作权人有权终止合同。

(四) 向著作权人支付报酬的义务

作品出版后,出版者应当按照法律规定或者合同约定的标准,向著作权人支付报酬。作品在报纸、杂志上刊登后,除著作权人声明不得转载、摘编的外,其他报刊可以转载或者作为文摘、资料刊登,但应当按照规定向著作权人支付报酬。出版改编、翻译、汇编已有作品产生的作品,应当向改编、翻译、汇编作品的著作权人和原作品的著作权人支付报酬。

第三节 表演者的权利

一、表演者的定义

关于表演者的含义,多数承认邻接权的国家认为,表演者是指表演文学艺术作品的一切演员、歌唱家、演奏者、舞蹈家等,如瑞典 1986 年《著作权法》、日本《著作权法》及德国《著作权法》的规定。另一些国家则扩大了"表演者"的范围,如法国 1985 年《著作权法》规定,除表演文学、艺术作品以外,一切杂技演员、马戏演员、木偶戏的表演者等均可视为邻接权范围内的"表演者"。1961 年缔结的《罗马公约》对表演者的范围作了折衷性规定。该《公约》第 3 条将"表演者"解释为:"演员、歌唱家、音乐家、舞蹈家和表演、歌唱、演说、朗诵、演奏或以别的方式表演文学艺术作品的其他人员",但在第 9 条又允许缔约国"根据国内法律和规章将本公约提供的保护扩大到不是表演文学或艺术作品的艺人"。《知识产权协定》对表演者范围的规定与《罗马公约》一致。

所谓的表演者是指"演员、演出单位或者其他表演文学、艺术作品的人"。可见,表演者是指表演作品的人,而不包括运动员、马戏演员、魔术师等人。但是,《著作权法》第 37 条所规定的表演者包括演员和演出单位。尽管演出单位不能登台演出,但它在培训演员、组织演出方面投入大量的人力物力,如果只赋予演员而不赋予演出单位以权利,显然有失公平。一台表演的权利不可能由单个演员来行使,而必须通过演出单位来行使。《著作权法》作出上述规定是适宜的,这样,自然人、法人或其他组织都可成为表演者权的主体。至于演员与单位之间的关系,可通过合同或章程来解决。

二、表演者的义务

根据《著作权法》第 29 条和第 37 条的规定,表演者在使用他人作品时,应履行一定的义务,具体包括以下情形:

(1) 表演者使用他人作品演出的,应当取得著作权人许可,并支付报酬。演出组织者组织演出的,应当由该组织者取得著作权人许可,并支付报酬。

（2）表演者使用改编、翻译、注释、整理已有作品而产生的作品进行演出的,应当取得改编、翻译、注释、整理作品的著作权人和原作品的著作权人许可,并支付报酬。

（3）表演者依照著作权法使用他人作品的,不得侵犯著作作者的署名权、修改权、保护作品完整权和获得报酬的权利。

为表演者规定了录音制品的复制权、发行权、信息网络传播权,从而使表演者对其权利可以进行更为有效的控制。同时在义务方面,将部分义务交给中介机构和经纪人等演出组织者,使得演出者不必再亲自去获得作品的表演许可权。

三、表演者的权利

表演者权利,是指表演者依法对其表演所拥有的权利。各国著作权法对于表演者权利内容的规定不尽相同。例如,日本《著作权法》规定表演者享有录音权、录像权、播放权、二次使用唱片权及借贷权等权利。法国《著作权法》规定表演者享有要求尊重其姓名、资格和表演的权利和固定、复制权及向公众传播其表演的权利。1961年通过的《罗马公约》第7条第1款规定,表演者对其表演享有如下权利:(1)防止未经其同意广播和向公众传播其表演的权利,但若该表演本身就是广播演出或出版录音、录像者例外;(2)防止未经其同意录制其未曾录制过的表演的权利;(3)防止未经其同意复制其表演的录音或录像的权利。《知识产权协定》对表演者权利的规定同于《罗马公约》,该协定第14条第1款授予表演者如下权利:(1)制止未经其同意而对其尚未录制的表演进行录制的权利;(2)制止未经其同意而复制已录制的内容的权利;(3)制止未经其同意而通过无线手段播放及向公众传送其表演实况的权利。关于表演者权的期限,《知识产权协定》规定的保护水平远远高于《罗马公约》,但这两个公约都未对表演者的精神权利作出保护。

我国《著作权法》从人身权利及财产权利两方面对表演者的权利作了规定。根据该法第38条的规定,表演者对其表演享有下列权利:

（1）表明表演者身份的权利。无论是在现场表演,还是在制作录音录像制品时或播放广播、电视节目时,表演者都有权要求公开其身份。现场表演的,应由报幕员或节目主持人向观众表明每个节目的主要表演者的身份,也可在节目单、海报上印出主要表演者的名单。在电影、电视、广播、音像制品中的表演,应当在节目播映时同时播出主要演员的名单和演出单位名单。一场演出,如果是由某家演出单位组织并由该单位的人员演出的,如戏剧团表演的戏剧等,则不仅主要演员的身份要表明,演出单位作为法律意义上的表演者同样有权表明身份。如果几家演出单位共同举办演出,则每个单位都有权表明身份。

（2）保护表演形象不受歪曲的权利。歪曲表演者的表演形象,会直接损害表演者的名誉、声望,还会给表演者的演出生涯造成难以弥补的危害,影响其经济收入。表演形象是表演者通过其表演所创造出来的一个新形象,对表演形象仅能进行真实的、恰当的利用,不能歪曲、虚假或丑化的利用。表演者有权禁止他人丑化其表演形象,禁止他人未经许可而把其表演形象挪作他用。

（3）许可他人从现场直播和公开传送其现场表演,并获得报酬的权利。这是表演者对其表演传播到现场之外的控制权。所谓现场直播,指表演者在进行现场表演时,通过广播电台、电视台将其表演实况同时播出。由于现场直播表演会影响到演出的上座率,减少表演者的收入,因而《著作权法》通过授予表演者许可他人现场直播的权利来保护其经济利益。未经表演者许可而现场直播其表演的,应承担侵权责任。公开传送其现场表演,是指利用一定的技术,通过一定的方式传送表演者的现场表演。

(4)许可他人录音录像,并获得报酬的权利。这是表演者对制作音像制品的控制权。非经表演者许可,任何人不得制作其表演的音像制品。

(5)许可他人复制、发行录有其表演的录音、录像制品,并获得报酬的权利。由于录音录像制品的复制发行,表演者的表演机会大大减少,特别是将录音录像制品进行商业性使用的现象对表演者的利益构成极大威胁,因此二次使用费请求权制度的建立实属必要。按照这个制度,用合法制作的录音录像制品进行商业性广播或传送的广播电台、电视台,以提供录音录像节目为主要业务的有线广播电视机构,以及饭店、酒吧、餐馆、茶馆、卡拉OK厅等经常使用录音录像制品的行业,均应当向表演者支付表演者权的二次使用费。

(6)许可他人通过信息网络向公众传播其表演,并获得报酬的权利。互联网络是一种新的作品传播方式,法律为了适应新科技发展而及时提出网络环境下的著作权及有关权利的保护措施。随着新技术的发展,互联网络已走进千家万户,网络传播速度快,传播方式快捷,成本较低,内容可载量大,因此已被普遍运用。但随之而来的就是网络侵权的大量发生,正因为网络已成为信息传播的主要途径之一,才使得网络侵权现象日趋严重。《著作权法》通过扩张表演者权利内容,加强了对表演者权的保护。

上述第3—6项权利的保护期为50年,截止于该表演发生后第50年的12月31日。

外国人、无国籍人在中国境内的表演,受著作权法保护。外国人、无国籍人根据中国参加的国际条约对其表演享有的权利,受《著作权法》保护。

第四节　音像制作者的权利

一、音像制作者的定义

音像制作者,是指将声音、形象或两者的结合首次固定于物质载体上的人。前者是指将声音首次固定在物质载体上的人,后者是指将声音和形象首次固定在物质载体上的人。大多数国家都承认自然人与法人均可成为音像制作者,并对录音制作者与录像制作者作了区分。日本、德国的著作权法只规定了录音制作者的权利,而未规定录像制作者的权利;法国及我国的著作权法,则对这两者的权利都作了规定。

二、音像制作者的义务

音像制作者使用他人作品制作音像制品时,应履行如下义务:

(1)录音录像制作者使用他人作品制作录音录像制品,应当取得著作权人的许可,并支付报酬。这意味着录音录像制作者制作录音录像制品时,无论他人作品是否发表,都应取得著作权人的许可。就录音录像作品而言,由于其比较真实完整地固定表演的实况,因此它一旦制成,就会影响演出的场次及演员的收入,所以法律规定无论作品是否公开发表,录制者都应征求著作权人的许可。

(2) 录音录像制作者使用改编、翻译、注释、整理已有作品而产生的作品,应取得改编、翻译、注释、整理作品著作权人和原作品的著作权人许可并支付报酬。由于原作及演绎作品均存在著作权,所以录音录像制作者在使用演绎作品时应向原作品及演绎作品的著作权人支付报酬。

(3) 录音制作者使用他人已经合法录制为录音制品的音乐作品制作录音制品,可以不经著作权人许可,但应当按照规定支付报酬,著作权人声明不许使用的不得使用。

(4) 被许可人复制、发行、通过信息网络传播录音录像制品,应当取得著作权人、表演者许可,并支付报酬。

(5) 音像制作者在制作发行作品时,除应尊重作者的权利外,还应尊重表演者的权利,即应当同表演者订立合同,并支付报酬。

三、音像制作者的权利

关于音像制作者的权利内容,日本《著作权法》规定,音像制作者享有复制权、二次使用唱片权、借贷权等权利。德国《著作权法》规定,音像载体制作者享有复制和传播权、参与分享的权利。《罗马公约》第10条规定,录音制品制作者有权许可或禁止他人对其录音制品的直接或间接复制。

我国《著作权法》第42条规定:"录音录像制作者对其制作的录音录像制品,享有许可他人复制、发行、出租、通过信息网络向公众传播并获得报酬的权利……"复制是指对录音录像制品的母带进行的复制业务。发行是指将复制品向公众公开出售或放映。出租是指利用复制品向公众出租并取得租金。通过互联网络向公众传播是指通过互联网络上的网站向不特定的公众传播。出租、通过信息网络向公众传播两项权利内容具有非常重要的意义。因为按以前的法律规定,录音录像制作者享有复制、发行两项权利,如果录音录像制作者不是有权经营录音录像制品出版业务的出版社,则录音录像制作者虽可以自己大量复制,却不能向社会公开发行,因此他只能许可出版社行使复制发行权,并同时要求相应的报酬。而出租权和通过信息网络向公众传播权的确立,无疑增大了录音录像制作者权利行使的范围和方式。

关于音像制作者的权利的保护期限,各国规定不一。日本《著作权法》规定唱片的保护期限从首次固定起经过20年届满。德国《著作权法》规定音像载体的保护期限从首次出版起经过25年消灭。如未出版,则从音像载体制作时起经过25年消灭。《罗马公约》规定录音制品的保护期限从其被录制的年底起计算,不少于20年。我国《著作权法》规定的录音录像制作者的权利的保护期为50年,截止于首次制作完成后第50年的12月31日。

外国人、无国籍人在中国境内制作、发行的录音制品,受著作权法保护。外国人、无国籍人根据中国参加的国际条约对其制作、发行的录音制品享有的权利,受著作权法保护。

第五节 广播组织的权利

一、广播组织的定义

广播组织,是指通过无线电波传播由声音或图像或由二者构成的实况或录音制品的人。在我国《著作权法》中,其特指广播电台、电视台。这里的广播电台、电视台仅指那些依法核准,专门从事广播电视节目的制作并面向其覆盖范围内不特定的公众播发图文、声像信息的单位。企事业单位内部和乡镇地方组织为了宣传需要而设立的广播站、电视台不包括在内。

二、广播组织的权利

广播组织的权利,即广播组织依法对其制作的广播节目所享有的专有权利。日本《著作权法》规定,广播组织享有复制权、再广播权和有线广播权及电视广播的传播权。德国《著作权法》规定,广播企业享有重播权、复制权、有偿使用广播节目的权利。广播组织权,也是《罗马公约》所规定的第三种邻接权,包括:(1)有权授权或禁止转播他们的广播节目;(2)有权授权或禁止录制他们的广播节目;(3)有权授权或禁止复制未经其同意而制作的他们的广播节目的录音或录像;有权授权或禁止复制根据第15条合理使用的规定而制作的广播节目的录音和录像,但复制的目的不符合该条规定的目的;(4)有权授权或禁止向公众传播电视节目,如果此类传播是在收门票的公共场所进行的。行使这种权利的条件由被要求保护的缔约国的国内法律确定。《知识产权协定》第14条第3款规定了与《罗马公约》类似的权利:"广播组织应有权禁止未经同意而进行的下列行为:录制、对录制品的复制、通过无线广播手段重新播放以及通过电视播放将这样的内容传达给公众。"

根据我国《著作权法》第45条的规定,广播电台、电视台享有如下权利:

(1)许可他人播放权利。广播电台、电视台在制作节目的过程中要经过大量的程序,耗费大量的创造性劳动。为确保其合法权益,应授予广播组织对其制作的节目拥有排他的控制权。其他广播组织要播放这些节目,必须经过制作节目的广播电台、电视台的许可。

(2)许可他人将其制作的广播、电视录制在音像载体上以及复制音像载体的权利。

关于广播组织权利的保护期限,日本规定为20年,法国规定为25年。《罗马公约》规定对广播节目的保护期限至少应当为20年,《知识产权协定》的规定与其一致。我国《著作权法》规定,广播电台、电视台的权利的保护期为50年,截止于该节目首次播放后的第50年的12月31日。

外国的广播电台、电视台根据中国参加的国际条约对其播放的广播、电视节目享有的权利,受我国《著作权法》保护。

三、广播组织的义务

根据我国《著作权法》第 43 条、第 44 条、第 46 条的规定,广播组织在使用他人作品时应履行如下义务:

(1)广播电台、电视台播放他人未发表的作品,应当取得著作权人许可,并支付报酬。这是因为,著作权人对于自己未发表的作品享有发表权、播放权、取得报酬权等权利。著作权人有权以口头或书面的形式决定是否允许广播组织播放其作品以及是否支付报酬,未经许可,广播组织不得擅自使用著作权人未发表的作品。

(2)广播电台、电视台播放他人已发表的作品,可以不经著作权人许可,除本法规定可以不支付报酬的以外,应当支付报酬。该法这样规定的理由是:首先,考虑到著作权人的作品是制作广播电视节目的源泉,如不向其支付报酬,则打击了其创作的积极性,为此广播组织应支付报酬;其次,广播组织的节目制作时间性较强,若规定广播组织在使用已公开发表的作品时也需征求著作权人的许可,则不利于广播组织制作节目进行宣传。所以法律规定通常情况下广播组织可不经著作权人的许可而使用作品。

(3)广播电台、电视台播放已经出版的录音制品,可以不经著作权人许可,但应当支付报酬。当事人另有约定的除外。

(4)电视台播放他人的电影作品和以类似摄制电影的方法创作的作品、录像制品,应当取得制片者或者录像制作者许可,并支付报酬;播放他人的录像制品,还应当取得著作权人许可,并支付报酬。

鉴于目前广播电台、电视台的营业性播放和非营业性播放音像制品已经无法截然分开,任何提高收视率的公益或非公益性播放都会增加其广告业务收入,《著作权法》规定:"广播电台、电视台播放已经出版的录音制品,可以不经著作权人许可,但应当支付报酬。当事人另有约定的除外。具体办法由国务院规定。"可见著作权法充分考虑到了广播电台、电视台的公众性质,所以对于已经出版的录音制品,可以不再经过著作权人许可即可使用,但无论是营业性或非营业性的播放都应当向著作权人支付报酬。同时法律还允许当事人就是否支付报酬另行约定,并考虑到具体情况具体对待的需要,在立法时留有余地,规定具体办法由国务院另行制定。2009 年 5 月 6 日,国务院通过《广播电台电视台播放录音制品支付报酬暂行办法》,为广播组织播放已经发表的音乐作品确定了付酬方式与标准。

第七章 著作权的限制

第一节 合理使用

合理使用,是指在特定的条件下,法律允许他人自由使用享有著作权的作品,而不必征得权利人的许可,不向其支付报酬的合法行为。

合理使用制度经历了由判例法到成文法的演变过程。它肇始于英国判例法。从1740年到1839年,英国法官在其审判活动中创制了一系列规则,即允许后来作者未经前任作者同意而使用其作品,草创了有关合理使用的范围、功用及法理基础;尔后,这一制度成就于美国判例法。1841年美国法官Joseph Story在审理Folsom诉Marsh一案中,集以往相关判例法规则之大成,系统阐述了合理使用制度的基本思想,以至于后来成为美国版权立法的基础,并对各国著作权立法产生了深远的影响。后来,《美国著作权法》第107条规定了判断某一行为是否构成合理使用的四条标准:(1)使用的目的和性质,包括这种使用是具有商业性质或者是为了非营利的教育目的;(2)有著作权作品的性质;(3)同整个有著作权作品相比所使用的部分的数量和内容的实质性;(4)这种使用对有著作权作品的潜在市场或价值所产生的影响。这一标准对其他国家的合理使用立法产生了相当大的影响。

合理使用在我国《著作权法》中也有明文规定。《著作权法》第22条规定,下列情况下使用作品,可以不经著作权人许可,不向其支付报酬,但应当指明作者姓名、作品名称,并且不得侵犯著作权人依照本法享有的其他权利。

(1)为个人学习、研究或者欣赏,使用他人已经发表的作品。在这里作为合理使用主体的"个人",有的学者认为是指使用者自己,而不能扩展至第三人或者家庭、单位。作出严格的界定对于保护作者的权利固然有利,但是在家庭联系如此紧密的中国,如果将家庭范围内的学习、研究和欣赏也列为非合理使用,在实践中难以施行,就连举证也存在很大的难度,所以我们主张这里的"个人"可以扩充解释为"家庭",超出家庭范围的使用即属于侵犯他人著作权的行为。为个人学习、研究和欣赏而使用他人已经发表的作品是否要受到数量上的限制,我国《著作权法》对此未作规定,有些国家却规定得更为具体。就复制来讲,捷克、巴西、埃及、墨西哥等国的著作权法均规定以1份为合理,不允许复制多份。也有的国家如冰岛著作权法认为个人复制3份也是合理。为个人学习、研究和欣赏而使用他人作品的方式主要是复制,但又不限于复制,朗诵、改编、翻译、表演他人的作品都属于使用作品的形式。

(2)为介绍、评论某一作品或者说明某一问题,在作品中适当引用他人已经发表的作品。符合这一情况必须具备的条件,其一,是引用的作品必须是他人已经发表的作品;其二,是引用的目的仅限于介绍、评论某一作品或者说明某一问题;其三,是不得损害被引用作品著作权人的利益;其四,是所引用的部分不能构成引用人作品的主要部分或实质部分。

(3) 为报道时事新闻,在报纸、期刊、广播电台、电视台等媒体中不可避免地再现或者引用已经发表的作品。此种情况的引用范围,必须符合报道时事新闻的目的,不允许为制作广播电视节目而大量使用他人的作品,更不允许将他人作品无休止地在新闻节目中播放等规避法律的行为。新闻媒体为报道时事新闻,引用他人已经发表的作品,应基于不可避免的情况下,我国《著作权法》之所以这样规定,是为了遵循《伯尔尼公约》关于"合理使用"的范围的规定。

(4) 报纸、期刊、广播电台、电视台等媒体刊登或者播放其他报纸、期刊、广播电台、电视台等媒体已经发表的关于政治、经济、宗教问题的时事性文章,但是作者声明不许刊登、播放的除外。

(5) 报纸、期刊、广播电台、电视台等媒体刊登或者播放在公众集会上发表的讲话,但作者声明不许刊登、播放的除外。此种情况的公众集会,指的是群众性的政治集会、庆祝活动或纪念性的集会。作者在公众集会上发表的讲话具有公开宣传的性质,刊登或播放这些讲话的目的正是为了迅速传播,借此扩大宣传范围和影响。但是如果作者认为自己的讲话有可能不完善或有缺陷,需要修改才能传播,则应尊重作者的意思表示。

(6) 为学校课堂教学或者科学研究,翻译或者少量复制已发表的作品,供教学或者科研人员使用,但不得出版发行。这种合理使用的目的在于为了学校课堂或者科学研究,而并非以营利为目的。因此,带有营利性质的培训班不在此范围之内。此类合理使用的主体为教学科研人员,他们对于使用的资料不得出版发行,使用方法为翻译或少量复制。关于少量复制,《著作权法》没有明确的数额规定,一般理解为应以课堂教学或科研的需要为准。

(7) 国家机关为执行公务在合理范围内使用已经发表的作品。这里的国家机关,指的是国家立法机关、司法机关、行政机关等。它们只有在执行公务需要的情况下,法律才允许它们自由使用他人已发表的作品,且必须在合理范围内使用,如立法机关为了立法可复制他人已发表的论文,供参与起草或讨论的人学习或参考;司法机关为案件的审理,可复制他人的作品作为书证或供办案人员使用。在程度方面进行的限制有利于保护著作权人的合法权益。

(8) 图书馆、档案馆、纪念馆、博物馆、美术馆等为陈列或者保存版本的需要,复制本馆收藏的作品。由于上述单位是为广大公众提供免费服务的文化事业单位,不仅为广大公众参加社会文化活动、学习知识、欣赏艺术提供方便,也为作者创作提供参考资料,因此各国著作权法均将此纳入合理使用的范围。这里所指的复制,一是为了保存版本或为陈列的需要;二是以本馆收藏的作品为限,二者缺一不可。同时这种复制的对象既包括他人已发表的作品,又包括他人未发表的作品。但作者已明确表示不发表和不准复制的,则应尊重作者的意思表示,不得进行复制。

(9) 免费表演已经发表的作品,该表演未向公众收取费用,也未向表演者支付报酬。免费表演必须同时具备两个条件,一是表演者不得有任何报酬;二是观众及所在单位不支付任何报酬。尽管免费表演不须征得作品权利人同意,也不用向其支付报酬,但必须在表演的过程中注明表演作品的名称、作者的姓名,并保护作品的完整权,以此表示对作者著作人身权的尊重。

(10) 对设置或者陈列在室外公共场所的艺术作品进行临摹、绘画、摄影、录像。这一规定与世界上其他国家著作权法的规定大体一致,也符合《伯尔尼公约》的要求。室外公共场所的艺术作品,是指设置或者陈列在室外社会公众活动处所的雕塑、绘画、书法等艺术作品。可以被合理使用的艺术作品只能是设置或陈列在室外公共场所的,室内公共场所、室外私人场所中的艺术作品不在此列。此外,对艺术作品的合理使用方式也仅限于《著作权法》所允许的临摹、绘画、摄影、录像等非接触性的复制,直接接触的方式如拓印须经著作权人的许可。至于被以上合理使用方式复制后形成的新作品或录像作品能否公开发表或用于其他的商业用途,根据《最高人民法院关于审理著作权民事纠纷案件适用法律若干问题的解释》,对室外公共场所的艺术作品的临摹、绘画、摄影、录像人,可以对其成果以合理的方式和范围再行使用,不构成侵权。

(11) 将中国公民、法人或其他组织已经发表的以汉语言文字创作的作品翻译成少数民族语言文字作品在国内出版发行。我国是个多民族的国家,汉族人口占绝大多数。汉族与少数民族之间在经济、文化上发展不平衡,面对此种现实,法律上允许将已发表的汉语言文字作品翻译成少数民族文字作品在国内出版发行作为合理使用,这有利于在少数民族地区推广先进的文化和科学技术知识,促进少数民族地区经济发展和繁荣。根据我国《著作权法》的规定,这种合理使用措施有如下特征:一是使用的对象只能是中国作者已经发表的汉语言文字作品;二是只能是汉语言文字作品而不能涉及电影、电视等文字以外作品;三是翻译成少数民族语言文字的作品只能在国内出版发行。

(12) 将已经发表的作品改成盲文出版。将任何一种文字改成盲文,都是一种翻译行为。出于关怀与扶持残疾人的公益性目的,《著作权法》允许将已发表的作品变换为盲文读物出版。

必须说明的是,上述 12 种限制措施,同样适用于对出版者、表演者、录音录像者、广播电台、电视台的权利限制。尽管存在以上限制,但是,根据《著作权法》有关规定,使用可以不经著作权人许可的已经发表的作品的,不得影响该作品的正常使用,也不得不合理地损害著作权人的合法利益。

第二节 法定许可使用

法定许可使用,是指根据法律的直接规定,以特定的方式使用已发表的作品,可以不经著作权人的许可,但应向著作权人支付使用费,并尊重著作权人的其他权利的制度。世界知识产权组织编写的《版权和邻接权法律术语词汇》将其称为"法定许可证"(Statutory

License),以别于一般"许可证"(License)即许可使用。

法定许可作为对著作权的一种限制措施,在大多数国家的著作权法中都作了明文的规定,但其适用范围有所不同。一般来说,大陆法系国家的法定许可的适用的范围要宽于英美法系国家法定许可的适用范围。例如,德国《著作权法》所规定的法定许可的适用范围,涉及对汇编作品、广播评论、报纸文章的复制和传播。而在英美法系国家,法定许可仅适用于将录音制品再行录音和将已发表的美术作品应用于工业生产部门,很少涉及报刊刊载、表演、制作广播、电视节目等领域。

我国《著作权法》第23条、第33条、第40条、第44条对法定许可作了明文规定。与其他国家著作权法关于法定许可的规定相比较,我国《著作权法》规定了一个前提条件——作者声明保留权利者除外,这与国际上通行的法定许可有较大的区别。有学者视此为"准法定许可"[①],有其一定的道理。我国《著作权法》规定的法定许可使用主要表现在下列方面:

(1) 作品刊登后,除著作权人声明不得转载、摘编的以外,其他报刊可以转载,或者作为文摘、资料刊登,但应当按照规定向著作权人支付报酬。值得注意的是,有权发表不得转载、摘编的声明的主体只能是著作权人,而不是刊登其作品的报纸和杂志,因为报纸和杂志没有专有出版权;如果著作权人未加声明,而报纸、杂志提出声明的,应视为无效。此外,著作权人的声明应当在报纸、杂志刊登其作品时附带刊出,以便于其他报纸、杂志了解著作权人的权利要求。

(2) 录音制作者使用他人已经合法录制为录音制品的音乐作品制作录音制品,可以不必征得权利人许可,但应当按照规定向其支付报酬;著作权人声明不许使用的不得使用。

(3) 广播电台、电视台播放他人已经发表的作品或已经出版的录音制品,可以不经著作权人许可,但应当支付报酬。当事人另有约定的除外。具体办法由国务院规定。

(4) 为实施九年制义务教育和国家教育规划而编写出版教科书,除作者事先声明不许使用的外,可以不经著作权人许可,在教科书中汇编已经发表的作品片段或者短小的文字作品、音乐作品或者单幅的美术作品、摄影作品,但应按照规定支付报酬,指明作者姓名、作品名称,并不得侵犯著作权人依照本法所享有的其他权利。

法定许可使用与许可使用的主要区别来自于作品使用的权源。许可使用是一种意定授权,即是由著作权人或其代理人授权他人使用作品;而法定许可使用是一种法定"授权",即是法律推定著作权人可能同意并应该同意将作品交由他人使用,因而由法律直接规定许可。此外,许可使用的作品多为未发表作品,而法定许可使用一般限于已发表作品。这说明,作品是否发表,何时发表,怎么发表,悉由著作权人"意定",而对已发表作品的再次使用则可在一定范围内"法定"。这一规定体现了《著作权法》对发表权的尊重与保护。

---

① 江平、沈仁干等主讲:《中华人民共和国著作权法讲析》,中国国际广播出版社1991年版,第201页。

合理使用和法定许可作为对著作权的限制措施,有其共同之处,也有区别所在。其相同点表现为:其一,使用者的目的均侧重于社会公共利益;其二,使用作品均是他人已发表的作品;其三,使用他人作品均无须征得权利人的许可。两者的区别表现为:首先,法定许可的使用者只能是录音制作者、广播电视台和报刊等,而合理使用无主体范围的限制;其次,法定许可使用须向权利人支付报酬,而合理使用无须支付报酬;再次,适用法定许可使用时,若权利人声明不许使用的则不得使用,而合理使用无此条件的限制。

第三节 强制许可使用

强制许可使用,是指在特定的条件下,由著作权主管机关根据情况,将对已发表作品进行特殊使用的权利授予申请获得此项权利的使用人的制度。在国际著作权公约中,又被称为"强制许可证"(compulsory license),属于"非自愿许可"的情形。

强制许可使用制度采用之初,仅适用于对音乐作品录制唱片之情形,即唱片制作人经主管部门的批准,以支付使用费为对价,得以录制他人的音乐作品而该著作权人不得拒绝,以后才渐次延及其他领域。[①] 在立法例上,美国1909年《著作权法》率先以成文法的形式规定这一制度,1976年修订《著作权法》时又对此作了系统性规定。随着世界各国经济往来的日益频繁,著作权强制许可制度也逐渐从英美国家扩展至大陆法系国家,如德国、日本、法国、意大利等国,从原来仅限于音乐作品扩展到其他作品,同时它还为两个主要著作权国际公约即《伯尔尼公约》和《世界版权公约》所认可。不过这两个公约的强制许可条款,仅仅承认发展中国家著作权主管机关享有向申请人颁发翻译或复制外国作品的强制许可证的权力。由于程序过于复杂,条件过于严格,因此向这两个公约的主管机构——世界知识产权组织和联合国教科文组织递交通知书,宣布要求享有此种优惠的国家并不多见。自1971年两大公约规定对发展中国家给予强制许可翻译或复制外国作品的优惠条款以来,仅有墨西哥、几内亚、突尼斯等少数几个国家要求享有此种优惠制度。

强制许可使用的功能在于借助强制许可证的方式限制著作权人的专有权利,确保公众接触作品、使用作品的可能性,以促进整个社会政治、经济、科学与文化的进步。在西方国家的著作权法中,合理使用对作品的使用人规定有严格的限制条件,使用人能够利用作品的数量极为有限,且著作权人无法从这种传播中收取任何利益。而强制许可使用虽与合理使用同为非自愿许可,但有自己特殊的功用,它在维系著作权人的获酬权的条件下,保证了使用人对作品利用的数量与方式需要。同时,在一些国家,作者的专有使用权与公众利用作品的需求之间的矛盾往往是通过法定许可制来缓解的。但对于未实行法定许可制的国家(如美国、日本等),解决这一问题则是借助于强制许可使用方式。换言之,强制许可使用具有法定许可使用的替代功能,它均衡了著作权人与使用人两者的利益,实现了保护作者权利与促进科学文化事业发展的立法目的。

---

① 参见张静著:《著作权法评析》,台湾水牛出版社1983年版,第230页。

强制许可使用与合理使用同属对著作权的限制，其区别在于合理使用不需征得著作权人同意，也不用向其支付报酬，而强制许可使用必须先由使用人以合理条件和理由请求著作权人许可，如著作权人无理拒绝或不作答复，还须向国家有关主管部门申请，由该机关授权许可使用作品，并且须支付报酬。

强制许可使用与法定许可使用的区别在于，法定许可适用于愿意使用法律所规定的作品的特定人，不需经过著作权人同意，但要向其支付报酬，如果著作权人声明不准使用的则不得使用。而强制许可的程序较为繁琐，在向著作权人申请许可未成功时还要向主管部门申请授权，通过强制许可证的形式获得作品使用权，并且同样要向著作权人支付报酬。

我国《著作权法》没有规定强制许可制度，但是由于我国已经加入《伯尔尼公约》和《世界版权公约》，故公约中有关强制许可的规定也可引用。

第八章 著作权的利用

第一节 著作权的转让

著作权的转让,是指著作权人将其作品财产权部分或全部转移给他人所有的法律行为。关于著作权转让法律制度,世界各国的著作权法所作出的规定有所不同。英、美等国视著作权为著作财产权,主张著作权可以全部转让,法国、日本等国也主张著作权可以全部或部分转让。法国、日本等国理论上采取的是二元论学说,它们将著作权分为著作人身权和著作财产权,能够转让的是财产权,而著作人身权由于其不可剥夺性永远保留在著作权人手中。突尼斯等国则主张著作权可以转让,但转让的只能是著作财产权,而且著作财产权的转让只能是部分转让而不能全部转让。德国是主张著作权一元说理论的国家,认为著作人身权和著作财产权是不可分割的有机组成体,由于著作人身权不可转让,则著作财产权亦不能转让,该国著作权的利用采取使用许可方式。

我国《著作权法》把著作权的内容分为著作人身权和著作财产权两大部分。既然著作权中存在财产权的内容,应该允许其转让,特别是我国已加入了《伯尔尼公约》《世界版权公约》以及《录音制品公约》等,因此法律上允许著作权转让就成为顺理成章的事情。《著作权法》第10条和第25条明确规定了著作权转让法律制度。

著作权的转让具有以下特征:

(1) 著作权转让的对象是财产权。我国《著作权法》规定著作权的内容为著作人身权和著作财产权。著作人身权是指作者因创作作品而依法享有的与作品相关的人身权利,这种人身权与作者的人格利益紧密相关,具有永久性、不可剥夺性,自然不能转让。因此,我国《著作权法》规定,著作权转让的对象只能是《著作权法》第10条规定的第5项至第17项权利。

(2) 著作权的转让导致著作权主体的变更。作品的著作财产权自权利人转让给受让人,受让人即成为该作品的著作权人,从而导致著作权主体的变更。但是,这种权利主体的变更不同于财产法中的权利主体变更。在财产法中,财产所有权的原始主体和继受主体不可能对同一标的物享有独立的权利,所有权人转让了其财产即丧失了权利主体资格,而受让人成为财产的所有人。在著作权法中,著作权的原始主体和继受主体可能对同一作品各自分享利益。当然,如果权利人转让作品财产权的全部,受让人则是全部著作权主体;如果权利人转让的是作品部分财产权,受让人则是部分著作权的主体。

(3) 著作权的转让与作品载体所有权无关。一般来说,作品应附着一定的载体,载体既是所有权领域的客体物,又包含着著作权领域的作品。但著作权的转让所涉及的是作品的著作权,与作品载体所有权无关。

第二节 著作权许可使用

著作权许可使用,是指著作权人将其作品许可使用人以一定的方式,在一定的地域和期限内使用的法律行为。著作权许可在各国著作权法中都有相应的规定,但是所使用的概念略有不同。

著作权的许可使用和著作权的转让尽管都是著作权使用的方式,但是它们是两种不同性质的行为。将两者相互比较,我们即可了解著作权许可使用的特征:

(1) 著作权许可使用不改变著作权的归属,被许可人取得的只是使用权,并不能成为著作权的主体。而著作权的转让,受让人取得的是著作权。

(2) 在著作权许可使用中,被许可人只能是自己按照约定方式、地域范围和期限使用作品,不能将所获得的使用权再让渡给第三人,当然著作权人同意的除外。而著作权转让以后,受让人不仅自己可以使用作品,也可以将获得的权利再转让或许可他人使用,受让人有处分权。

(3) 在著作权许可使用中,非专有使用权的许可人不可能因权利被侵害而以自己的名义提起诉讼,只有专有使用权的被许可人才能因专有使用权被侵害提起诉讼。而著作权转让中,任何受让人对侵害其财产权利的行为均可提起侵权之诉。

第三节 著作权合同

著作权合同可分为著作权许可使用合同和著作权转让合同。

一、著作权许可使用合同

(一) 著作权许可使用合同的概念和特征

著作权许可使用合同,是指当事人之间就著作权的某一权能或多项权能的使用而达成的协议。有权许可他人使用的一方当事人称之为许可人,获得授权而使用的一方当事人称之为被许可人。著作权许可使用合同具有下列法律特征:

(1) 著作权许可使用合同是诺成合同。诺成合同是相对实践合同而言的,只需双方当事人意思表示一致合同即可成立。著作权使用合同的成立,不需要许可人将作品交付对方,只要双方当事人意思表示一致合同即告成立。所以,这种合同一般应采取书面形式。

(2) 著作权许可使用合同是双务合同。双务合同的特点在于当事人具有履行义务的责任和要求他方履行义务的权利,双方关系具有相互依赖性。著作权许可使用合同是双方当事人都负有义务的合同,合同中应明确双方当事人的权利和义务,这也是著作权许可使用合同的主要条款,一方当事人承担的义务即是对方当事人享受的权利。这种权利义务通过合同确立以后具有法律的约束力,任何一方不得违反自己的义务,否则要承担相应的法律责任。

(3) 著作权许可使用合同是有偿合同。有偿合同的特征是当事人取得一定权利须偿付一定的代价。在著作权许可使用合同中,许可人的作品是其智力创造的成果,被许可人进行使用,必须向许可人支付一定的报酬。

(二) 著作权许可合同的主要条款

为了让当事人双方能够在合同中更好地明确相互之间的权利义务,使当事人的缔约愿望与实际情况相符,我国《著作权法》第 24 条规定了著作权许可使用合同应当具备的 6 项主要条款,这也是著作权许可使用合同的基本内容。

(1) 许可使用的权利种类。我国《著作权法》第 10 条规定,复制权、发行权、出租权、展览权、表演权、放映权、广播权、信息网络传播权、摄制权、改编权、翻译权、汇编权等,可由著作权人许可他人使用,因此,上述权利中的哪些权利许可他人使用,权利人和相对人应在合同中有明确的约定。

(2) 许可使用的权利是专有使用权或者非专有使用权。专有使用权是指被许可人取得使用权后,许可人在合同的有效期内,不得将同种使用权许可给第三人,且许可人自己也不能享有此种使用权。非专有使用权是指被许可人取得作品的使用权后,许可人可以在合同有效期间将同种使用权许可给第三人,同时自己也可以享有。由于专有使用权和非专有使用权有着质的区别,因此当事人双方应在合同中明确地约定。没有约定或约定不明确的,根据《著作权法》规定,视为被许可人取得非专有权,法律另有规定的除外。对此,《著作权法实施条例》第 24 条进一步规定,专有使用权的内容由合同约定,合同没有约定或者约定不明的,视为被许可人有权排除包括著作权人在内的任何人以同样的方式使用作品;除合同另有约定外,被许可人许可第三人行使同一权利,必须取得著作权人的许可。

(3) 许可使用的范围、期间。许可使用的范围是一个地域概念,是指作品在哪些国家、地区使用。作品被使用的范围与权利人的权益有着密切的关系,因此合同中应有约定。期间是一个时间概念,是指作品许可使用的时间,关于作品使用时间长短,可取决于当事人的约定。

(4) 付酬标准和办法。使用作品的付酬标准虽有国家规定,但它有一个幅度,具体多少可由当事人视作品质量等因素加以约定。当然,当事人可以另行约定。关于付酬办法,被许可人可采取向许可人预付部分使用费的办法,也可采用版税或一次付清的付酬办法。

(5) 违约责任。著作权许可使用合同依法成立后即具备法律效力,当事人应认真、严格地履行合同的义务。在履行过程中也可能出现违约情况,这就需要当事人在合同中约定,一方当事人违约后,该承担什么样的责任。在著作权许可使用合同履行中,对于许可人而言,可能出现的违约情况有:对许可使用的作品在权利上有瑕疵和未按合同约定的期限交付作品等。对于被许可人而言,可能出现的违约情况有:未按合同支付报酬和不适当地使用作品等。

(6) 双方认为需要约定的其他内容。当事人订立著作权许可使用合同,可按国家版权局提供标准样式逐项填写。当事人还可根据实际情况约定其他内容,如推迟使用或不能使用的办法、修改稿件的授权范围、丢失作品的赔偿、向作者赠送样书和优惠购书的折扣等。另外,根据《著作权法实施条例》第 23 条的规定,使用他人作品应当同著作权人订立许可使用合同,许可使用的权利是专有使用权的,应当采取书面形式,但是报社、期刊社刊登作品除外。

(三) 几种具体的著作权许可使用合同

(1) 图书出版合同。图书出版合同是指图书出版者就出版作品并支付报酬等事宜与作者或其他著作权人达成的协议。图书出版合同是著作权许可使用合同中最常见的一种合同形式,其概念有广义和狭义之分。广义的图书出版合同还包括合作出版合同、报刊刊登作品合同、约稿合同等。在此所指的是狭义的图书出版合同。图书出版合同中,一方当事人是作者或其他著作权人,而另一方当事人是出版者,合同的标的是图书出版权的许可使用,当事人之间签订图书出版合同应采用书面形式。合同的主要条款应包括以下几个方面:第一,合同的当事人。第二,作品的名称、出版形式。第三,期限、范围。第四,主要义务。一般来说,作者或其他著作权人的主要义务有:保证自己是出版作品的著作权人;按照约定的期限交付全部书稿。而出版者的主要义务有:按照合同的约定出版作品;按照合同的约定或法律的规定支付稿酬;对书稿进行编辑出版,不得损害著作权人的著作权;保存好原稿并在作品出版后退还给作者或其他著作权人;作品出版后,应向作者或其他著作权人交付样书若干本;重印、再版作品应通知作者或其他著作权人并支付稿酬。第五,违约责任及其处理办法。此外,根据《著作权法实施条例》第 28 条的规定,图书出版合同中约定图书出版者享有专有出版权但没有明确其具体内容的,视为图书出版者享有在合同有效期限内和在合同约定的地域范围内以同种文字的原版、修订版出版图书的专有权利。

(2) 合作出版合同。合作出版合同是指协作者与出版社就分工合作,共同出版某部作品而达成的协议。合作出版合同的主体一方是出版社,另一方不一定是著作权人而往往是负责组稿、供稿的协作人,出版的作品一般是专业图书。

(3) 报刊刊登作品合同。报刊刊登作品合同是指著作权人许可报刊出版者刊登其作品,报刊出版者向其支付报酬而达成的协议。报刊刊登作品合同一般不采用书面形式,但承诺期限严格。

我国《著作权法》规定,作者向报纸、期刊社投稿,报社应在稿件发出之日起 15 日内通知著作权人决定刊登,期刊社应在稿件发出之日起 30 日内通知决定刊登。超过此期限,除双方另有约定,著作权人有权将同一作品向其他报社、期刊社投稿。

(4) 作品改编合同。作品改编合同是指作者或其他著作权人与改编者就改编权利人的作品和支付报酬等事项而达成的协议。在作品改编合同中,如改编的作品是职务作品,那么作者所在单位也应成为合同的当事人,如改编的作品是合作作品,所有合作人均应成为合同的当事人。

(5) 作品翻译许可合同。作品翻译许可合同是著作权人与翻译者就翻译权利人的作品和支付报酬等事项而达成的协议。合同中将翻译的作品译成何种文字应有明确的约定。将汉族文字作品翻译成少数民族文字作品在国内出版发行,属合理使用范畴,无须与著作权人签订作品翻译许可合同。

(6) 表演合同。表演合同是指著作权人与表演者就表演者以表演的方式表演权利人的作品并支付报酬而达成的协议。表演合同可采用书面形式,也可不采用书面形式。在表演的过程中应表明作品的名称、作者的姓名。

(7) 音像制作者权许可使用合同。音像制作者权许可使用合同是指音像制作者与使用者就许可使用其音像制品和支付报酬而达成的协议。

二、著作权转让合同

著作权转让合同是指著作权人与受让人,就权利人对作品享有的财产权部分或全部的转让而达成的协议。转让著作权合同转让的只能是著作财产权,而不能是著作人身权,且这种合同是诺成合同、有偿合同、双务合同。

著作权转让合同一般应采用书面形式,合同应包含下列主要条款。

(1) 作品的名称。无论是小说原稿、电影剧作或是音乐作品原始作品,著作权转让所涉及的作品名称都必须明确;如果是全部作品,则需要确定用作者创作的原作品名称还是另选名称;是部分作品的,还要标明开始和结尾及其名称。标明作品名称的目的是为了确定著作权转让的具体标的。

(2) 转让的权利种类、地域范围和期间。著作权中的财产权包括复制权、发行权、出租权、展览权、表演权、放映权、广播权、信息网络传播权、摄制权、改编权、翻译权、汇编权等。转让其部分还是全部权利,当事人应在合同中明确约定。转让后使用的地域范围、使用的时间都应有一个明确的界定,以避免发生纠纷。

(3) 转让价金。转让价金是转让人因转让权利而应获得的报酬,也是受让人应承担的主要义务。当事人之间约定转让价金,可考虑转让权利种类的多少、使用的地域范围和期间、作品的质量、作品在社会上影响的程度等因素确定。现实生活中,一些权利人通过拍卖这种方式来选择合同的相对人,也可作为约定价金的一种方法。

(4) 交付转让价金的日期和方式。交付转让价金是受让人应承担的主要义务。交付转让价金在什么时间交付、分期交付还是一次性交付,当事人都应在合同中约定。

(5) 违约责任。违约责任是指一方当事人不履行合同约定的义务,依照合同约定或法律规定而应承担的法律责任。在合同中约定违约责任条款,可避免或减少纠纷,同时也可为发生纠纷后的处理提供依据。

(6) 双方认为需要约定的其他内容。

第四节 著作权的质押

著作财产权除转让及许可使用外,还可以用来作为质押、信托、破产财产的对象等。

一、质押

质押是指为担保债权的实现,债权人根据合同占有债务人或者第三人提供的财产,当债务人到期不履行债务时,能够以该财产折价或者以拍卖、变卖该财产的价款优先受偿的担保形式。债权人对出质财产或者权利所享有的优先受偿权,称为质权;出质的财产或权利称为质物。

质权有两种:一是动产质权,一是权利质权。权利质权,是指以所有权之外的可转让的财产权利为出质财产的质权。权利质权是属于担保物权。我国《担保法》第79条规定,以依法可以转让的商标专用权、专利权、著作权中的财产权出质的,出质人与质权人应当订立书面合同,并向其主管部门办理登记。质押合同自登记之日起生效。《著作权法》第26条规定,以著作权出质的,由出质人和质权人向国务院著作权行政管理部门办理出质登记。因此,著作权中的财产权可以出质,著作权中的人身权不能作为质押标的。

二、著作权质押

著作权质押,是指为担保债的履行,著作权人将其财产权的一项、多项或全部作为质物,在债务人不按约偿还时,债权人有权将其变卖并优先受偿的行为。

我国著作权质权的设定应由双方当事人签订质押合同并向有关著作权行政管理机关办理出质登记。

(1) 著作权质押合同。著作权质押合同,是指著作权人作为出质人,以其享有的著作财产权之全部或部分作为质物,与主合同债权人订立的担保合同。著作权人与主合同债权人之间的质押关系,因质押合同的生效而生效。质押合同签订后,应当向其管理部门办理出质登记。质押合同自登记之日起生效。

(2) 质权对著作权的限制。著作财产权出质后,非经质权人同意,作为质物的著作财产权人不得许可他人以与出质之权利相同方式使用该作品,更不得转让该权利。经质权人同意,著作财产权人转让出质之权利或者许可他人使用其作品的,出质人所获得的转让费、许可费应当向质权人提前清偿所担保的债权,或者向与质权人约定的第三人提存。

(3) 质权的实现。著作权人所担保的债权到期未得到清偿的,质权人就可以将作为质物的著作财产权折价或者拍卖、变卖后,将其所得的价款优先受偿。其价款超过债权数额的部分归出质人所有,不足部分由债务人清偿。此前,若出质人经质权人同意许可他人使用其作品,将其所得的许可费向质权人作为清偿或部分清偿的,在折价或者拍卖、变卖质物清偿债权时,应扣除该先付的款项。

(4) 质押关系的终止。第一,被担保的债权,在债权清偿期届满时已得到清偿的,质押关系终止。第二,经质权人同意,出质人许可他人利用其作品,将该许可费用于提交清偿被担保债权,且能够全部清偿的,质押关系终止。第三,经质权人同意,出质人或者第三人以其他质物替代的,或者以其他担保形式替代的,原质押关系终止。第四,其他形式的终止。

除了上述利用形式外,著作权还有其他的利用形式,如作价投资入股,用于经营等。

第九章 著作权的管理

第一节 著作权行政管理

一、著作权行政管理的概念和特征

著作权行政管理,是指国家著作权行政管理机关,代表国家对著作权工作进行管理的行为。我国《著作权法》规定,国务院著作权行政管理部门主管全国的著作权管理工作;各省、自治区、直辖市人民政府的著作权行政管理部门主管本行政区域的著作权管理工作。

在《著作权法》颁布以前,我国著作权的管理主要表现为行政管理,行政管理在当时的历史条件下发挥了极大的作用。尽管《著作权法》现已颁布施行,但著作权的行政管理仍是著作权管理不可缺少的一部分。著作权行政管理的特征主要表现在以下两个方面:

(1)著作权行政管理的性质是行政行为。行政行为是指国家行政机关依照法律实施行政权而产生法律效果的行为。著作权行政管理,就是国家著作权行政管理机关依据《著作权法》及相关法规,实施行政权的行为。

(2)行政管理工作是以著作权管理为内容,即运用行政手段协调规范版权市场中的各种行政法律关系。

二、著作权行政管理部门的职能

我国《著作权法》将行政管理分为中央管理和地方管理。国家版权局作为国务院著作权行政管理部门,主管全国的著作权管理工作;地方著作权行政管理部门主管本行政区域的著作权管理工作。

(一)国务院著作权行政管理部门的职能

(1)贯彻著作权法律、法规,制定与著作权行政管理有关的办法。此项职能主要指监督和检查《著作权法》实施的情况,向立法部门反映《著作权法》实施过程中存在的问题并提出补充、修改、废止等意见,起草、制定以国务院著作权行政管理部门名义颁布的行政条例、规定管理办法等文件。

(2)查处在全国有重大影响的著作权侵权案件。国务院著作权行政管理部门查处的侵权行为主要有:在全国有重大影响的侵权行为;涉外侵权行为;认为应当由其查处的侵权行为。上述侵权行为必须是《著作权法》第48条所规定的侵权行为,且这些侵权行为必须是损害了公共利益。

(3)批准设立著作权集体管理机构、涉外代理机构和合同纠纷仲裁机构,并监督、指导其工作。如国家版权局批准成立的"中国音乐著作权协会",由其从事音乐著作权的集体管理工作。

(4) 负责著作权涉外管理工作。如与外国著作权主管部门商谈互相保护著作权问题,参加著作权保护的国际活动,管理涉外版权贸易等。

(5) 负责国家享有的著作权管理工作。如负责民间文学作品和丧失著作权作品的使用管理工作等。

(6) 指导地方著作权行政管理部门的工作。此项职能主要是:制定要求地方著作权行政管理机关监督实施的有关规定,听取地方著作权行政管理部门的工作汇报,批复地方著作权行政管理部门的请示报告,帮助地方著作权行政管理部门开展工作等。

(7) 颁发强制许可证。我国《著作权法》虽还没有明确这一问题,但强制许可制度在《伯尔尼公约》和《世界版权公约》中均有规定,而我国已加入这两个公约,因此国家著作权行政管理部门应具备这一职能。

(8) 承担国务院交办的其他著作权管理工作。

(二) 地方著作权行政管理部门的职能

地方著作权行政管理部门是指各省、自治区、直辖市人民政府的版权局,它们属于地方政府的行政职能部门,受地方政府领导,与国家版权局无行政隶属关系,但在业务上受国家版权局指导。地方著作权行政管理部门职能主要有:

(1) 检查本地区内《著作权法》的实施情况,了解本地区《著作权法》实施过程中存在的问题,提出解决问题的建议,并及时向国家版权局反映。

(2) 对于发生在本地区的侵权行为,行使行政处罚权。

(3) 接待来信、来访,并为著作权人及有关部门提供法律咨询、服务。

(4) 宣传、普及著作权法律知识,组织本地区内的各种宣传工作,为各行业部门举办讲座、培训,编写出版有关著作权保护的资料、刊物。

(5) 在人民法院需要时,为其处理著作权纠纷案件提供帮助。

第二节 著作权集体管理

一、著作权集体管理的概念和作用

著作权集体管理,是指著作权人授权有关组织,代为集中管理著作权、邻接权的制度。

从性质上讲,著作权集体管理是一种民事权利管理制度,是著作权人行使著作权的一种方式,是信托的一种具体形式。有关著作权集体管理组织根据著作权人的授权,以自己的名义来行使所管理的权利,并在扣除必要的管理费用后将所获得的收益返还给著作权人。

著作权集体管理制度是随着复制、传播技术的发展,作品使用形式日趋多样化,使用范围日趋扩大的情势下产生的。著作权人由于时间和精力的限制,无法确切了解自己的作品被何人、何时、何地使用,更谈不上收取报酬,在此情况下,著作权人需要一种组织机构,代表自己解决这些问题,维护自己的合法权益,在此背景下就产生了著作权集体管理制度。该制度起源于法国。1847年,两位法国作曲家和一位作家在巴黎一家音乐咖啡厅发现后者正在演奏他们的作品,于是拒绝为饮料单方面付款,由此引起一场诉讼,结果他们胜诉,并成立世界上第一个管理音乐演奏权的组织,这就是现在的"音乐作者作曲出版者协会"(SACEM)。1926年,18个国家的音乐演奏者协会联合组成了"国际作者作曲者协会联合会"(CISAC)。集体管理作为对著作权管理的一种制度,逐渐被世界各国所肯定,在一些国家已相继成立了各种集体管理组织,而且这种管理模式得到了世界知识产权组织领导机构的重视。1989年,世界知识产权组织领导机构指示该组织国际局准备一份研究报告,就在著作权中某些权利的集体管理问题向各国政府提出适当建议。世界知识产权组织著作权和邻接权集体管理顾问小组曾讨论过研究报告的草案,目前该研究报告已由世界知识产权组织国际局用英、法、德、日文出版。从世界各国的集体管理组织情况看,其重点问题表现在以下两个方面:其一,是集体管理组织的法律地位问题。世界各国集体管理组织有两种类型,即民间性的私人团体和官方或半官方的机构。第二次世界大战前只有民间机构,官方或半官方机构于第二次世界大战后出现在东欧国家,后来又发展到讲法语的非洲国家。而西欧的新趋势是,国家加强了对集体管理协会的监督和政府的干预。其二,是集体管理的布局问题。有的国家按作品的分类分别成立协会,而另一些国家则成立一个包括各创作领域的统一的协会。无论采取何种布局,重要的是管理组织的有效工作,否则著作权人的权利就很难得到保障。值得注意的是,著作权管理机构需要相当程度的垄断性,以求工作的有效性。因此应避免一类作品几个协会同时管理的现象出现,否则就会导致重复管理,力量分散,效率降低,给作品的使用者带来种种不便。

著作权的集体管理对权利人的权利实现和保护有着重要的实际意义,主要表现在以下几个方面:

(1)协调著作权人与社会公众的利益关系。一般来说,作品使用者有使用作品的需求,但在无法联系权利人时,可能因未能征得权利人的同意放弃使用作品,从而影响作品的传播;此外,也有可能出现作品使用人使用他人作品不支付报酬,损害著作权人合法权益的情形。对于这种矛盾冲突,集体管理可有效地解决这一问题,在保证著作权人利益的前提下,让公众得到大量的文化产品,满足其精神生活的需要。

(2)保证著作权人权利的实现。著作权包括人身权和财产权两个方面,特别是财产权只有在权利人自己使用或许可他人使用的情况下才能实现。而集体管理组织可代表著作权人就作品的使用与使用者谈判、签约、追索使用费等,以确保著作权人的权益。更重要的是著作权人可以因此避免耗费大量的时间精力,全身心地投入到创作中去。

(3)减少和避免纠纷。集体管理使得使用作品和支付使用费有了便捷的渠道,可以减少和避免许多因此而发生的纠纷。

集体管理组织在维护著作权人的利益方面发挥了重要的作用,在经历了著作权集体管理的最初阶段后,积累了大量的服务与维权的经验,受到了著作权人的信赖,为维护音乐著作权人的合法权益,举起法律之剑开辟了一条集体维权之路。一方面,通过向使用人收取使用费的方式,有效地维护和实现了权利人的经济利益。另一方面,在权利人的权益受到侵害时,集体管理组织则会拿起法律的武器维权,通过法律诉讼直接为著作权人挽回经济损失。

二、著作权集体管理组织的建立和职能

(一)著作权集体管理组织的建立

2004年12月22日国务院通过了《著作权集体管理条例》,并于2005年3月1日起施行。根据该《条例》的规定,著作权集体管理组织,是指为权利人的利益依法设立,根据权利人授权,对权利人的著作权或者与著作权有关的权利进行集体管理的社会团体。著作权集体管理组织应当依照有关社会团体登记管理的行政法规和本条例的规定进行登记并开展活动。依法享有著作权或者与著作权有关的权利的中国公民、法人或者其他组织,可以发起设立著作权集体管理组织。设立著作权集体管理组织,应当具备下列条件:(1)发起设立著作权集体管理组织的权利人不少于50人;(2)不与已经依法登记的著作权集体管理组织的业务范围交叉、重合;(3)能在全国范围代表相关权利人的利益;(4)有著作权集体管理组织的章程草案、使用费收取标准草案和向权利人转付使用费的办法(以下简称使用费转付办法)草案。

目前我国已成立的著作权集体管理组织有中国音乐著作权协会、中国音像著作权集体管理协会、中国文字著作权协会、中国摄影著作权协会、中国电影著作权协会等5家著作权集体管理组织。

(二)著作权集体管理组织的职能

集体管理组织的职能,主要是经著作权人授权,集中行使权利人的有关权利并以自己的名义进行,具体表现为:

(1)与使用者订立著作权或者与著作权有关的权利许可使用合同(以下简称许可使用合同);凡是《著作权法》规定的表演权、放映权、广播权、出租权、信息网络传播权、复制权等权利人自己难以有效行使的权利,权利人可以交由著作权集体管理组织进行集体管理。

(2)向使用者收取使用费;

(3)向权利人转付使用费;

(4)进行涉及著作权或者与著作权有关的权利的诉讼、仲裁等。

第十章　著作权的保护

第一节　著作权侵权行为的认定

著作权侵权行为,是指未经著作权人的同意,又无法律上的根据,擅自对著作权作品进行使用以及其他以非法手段行使著作权的行为。

侵犯著作权人的行为可以分为直接侵权和间接侵权两种。直接侵权是指不法行为直接侵犯受著作权法所保护的作品,如未经授权复制、发行权利人的作品。间接侵权是指不法行为并未直接侵犯受著作权法保护的作品,但为侵权行为提供条件,从而对著作权造成侵害,如出售非法复制的图书、影碟等。对于侵犯著作权行为的认定,国际上有三种不同的立法体例:一是正面规定著作权法保护的内容;二是采取概括性的规定,规定任何人侵犯法律所列的专有权,均视为侵权行为,如意大利和美国著作权法的规定;三是对哪些是属于侵犯著作权的行为采取详细的列举式规定。我国《著作权法》采用的是第三种方式。根据《著作权法》第47条和第48条的规定,归纳起来,主要有以下几种:

一、擅自发表他人的作品

擅自发表他人的作品,是指未经作者同意,公开作者没有公开过的作品的行为。此种行为主要侵犯的是作者所享有的著作人身权中的发表权。作品一经作者创作完成,作者即依法取得对其所享有的著作权,至于是否发表,以何种方式发表,是作者行使权利的表现。未经作者同意,擅自发表其作品,即视为侵权行为。

二、歪曲、篡改他人作品

歪曲、篡改他人作品,是指未经作者同意,以删节、修改等行为破坏作品的真实含义的行为。作品是作者思想情感的反映,如作品中人物命运、情节安排和结尾设置都是作者的创作意图,任何人未经许可破坏作品的这种完整性,就是歪曲篡改作品。歪曲、篡改他人作品,侵犯的是权利人所享有的著作人身权。对此各国著作权法均作了明确的规定,任何人未经作者同意,不得删节、修改、补充其原作,或割裂、变更作品的名目予以发表。歪曲、篡改他人作品的主要表现有以下几点:其一,在改编、翻译、整理、编辑他人作品或者将他人作品摄制成电影电视作品时,没有按照被利用作品的原意进行利用,歪曲原作的原意;其二,出版部门对稿件编辑加工时歪曲篡改作品作者的原意;其三,将作品用于有损作者尊严的场合。歪曲、篡改作品,既侵犯了作者所享有的保护作品的完整权,又损害了作者的一般人格权。

三、侵占他人作品

侵占他人作品，是指未经合作作者的许可，将与他人合作创作的作品当做自己单独创作的作品发表的行为。根据我国《著作权法》的规定，合作作者的著作权归合作作者共同享有，任何一个合作作者，在未征得其他合作者同意的前提下，不得擅自发表合作作品，更不能把合作作品当做自己单独创作的作品发表，否则，一方面侵犯了他人所享有的发表权，另一方面否认了他人的作者资格，非法剥夺了他人对合作作品所享有的著作权。在实践中，这种侵权行为大体分为两种情况：其一，合作作品创作完成后，合作作者之一或者一部分抢先以自己的名义单独发表作品，侵犯了其他合作作者的发表权；其二，将已发表的合作作品又经过改编、加工，形成一部新的改编作品后，未经原合作作者的许可就以本人的名义发表，从而侵犯其他合作作者的改编权。

四、强行在他人的作品上署名

强行在他人的作品上署名，是指自己未参加作品的创作，却以种种不正当的手段在他人创作发表的作品上署名。署名权是作者的一种身份权，是基于创作而产生的。自己没有参加创作，为了谋取个人名利，利用权势、地位等因素，强占他人的创作成果，是对作者署名权的侵犯。同时冒充作者资格，以此获得著作权，也侵犯了作者所享有的著作财产权。但是，如果是作者为了扩大自己的影响而要求一些没有参加作品创作的名人在自己作品上署名的，则不以侵权论处。

五、擅自使用他人的作品

擅自使用他人的作品，是指未经著作权人的许可，又无法律上的规定而使用他人的作品。我国《著作权法》规定，擅自使用他人的作品，主要包括以下几种情形：

（1）擅自以展览、摄制电影和以类似摄制电影的方法及以改编、翻译、注释等方式使用他人作品的；

（2）擅自出租权利人的电影作品及以类似摄制电影的方法创作的作品、计算机软件或者录音录像制品的；

（3）擅自复制、发行、表演、放映、广播、汇编、通过信息网络向公众传播权利人作品的。

六、拒付报酬

拒付报酬，是指使用他人的作品，而未按规定支付报酬的行为。我国《著作权法》规定，著作权人对其作品享有著作权，其权利的内容包含人身权和财产权两个方面。获得报酬，是权利人享有的著作财产权的重要体现。因此，使用他人的作品，必须按照规定或约定向权利人支付报酬，否则即是侵犯他人著作财产权的行为。

七、剽窃他人的作品

剽窃他人的作品，是指将他人的作品当做自己创作的作品发表的行为。此种行为表现为两个方面：一是完全照抄他人的作品；二是在一定的程度上改变他人作品的形式或内容进行剽窃。不过，对于人所共知的历史素材、自然科学常识、地理知识等反映历史事实或客观事实的素材的利用，对于人类社会的共同文化财富的利用，均不属于剽窃。

剽窃是侵犯著作权的一种常见行为，也是最严重的侵权行为。同时这种行为在司法实践中较难认定。在认定剽窃行为时，应将其与形式上类似的行为相互区别：

（1）剽窃与模仿。模仿之作，就文字作品而言，是指参考、借鉴他人作品后进行创造性劳动所获得的作品。模仿则是指依照一定榜样做出类似动作和行为的过程。作者在创作作品的最初阶段，均要借助于模仿，以此吸取经验作为进一步发挥创造性的基础，因此模仿是一种创作方法，不应混同于剽窃。

（2）剽窃与利用著作权作品的思想和观点。任何一种作品都是由思想内容和思想内容的表现形式两个方面组成的。而著作权法保护的是思想内容的表现形式而不是思想内容的本身。因此，利用作品中所反映的观点、思想等进行新的创作，法律上是允许的，不能认定是剽窃。

（3）剽窃与合理使用。合理使用是作者利用他人的作品有法律上的依据，是一种合法行为。但是合理使用存在一个尺度或范围问题，超出了法定的尺度或范围，则构成侵权，但并不一定是剽窃。

（4）剽窃与巧合。巧合，是指一部作品包含了另一部作品中的独创性成果，但能证明是其独创的而非复制或剽窃的。由于著作权法保护的独创作品，而非首创作品，因此巧合不能认定为剽窃。

八、侵犯专有出版权和版式设计权

专有出版权，是指出版单位通过与作者订立合同，而在约定的期限或地域内，获得出版作者作品的一种专有权利。专有出版权受法律保护。因此在此前提下，任何人不得出版同一作品。

版式设计权，是指权利人基于对图书、期刊的字体设计、格式的编排等依法享有的专有权。这是为了保护设计者在图书、期刊的字体设计、格式的编排等方面付出的创造性劳动。

九、制作、出售假冒他人署名的作品

此种侵权行为的表现形式主要包括以下三种：一是自己创作的作品，借用他人的姓名，进行出售；二是临摹他人的作品，署以他人的姓名进行出售；三是将他人的作品，署以名家的姓名进行出售。不论以何种方式假冒他人的署名，只要未经他人的同意，以营利为目的，即构成侵权。此种行为既侵犯了他人的著作权人身权和财产权，也侵犯了他人的姓

名权。

十、侵犯邻接权

侵犯邻接权,是指侵犯表演者、录音、录像制者权和广播电视组织权。具体表现为:未经表演者认可,从现场直播或者公开传送其现场表演,或者录制其表演;未经表演者许可,复制录有其表演的录音录像制品,或者通过信息网络向公众传播其表演而未经录音录像制品者许可,复制、发行、通过信息网络向公众传播其制作的录音录像制品的;未经许可播放或者复制广播电视的。

十一、其他侵权行为

除上述10种侵权行为外,下列行为也应属于侵权行为:未经著作权人或者著作权有关权利人的许可,故意避开或者破坏权利人为其作品、录音录像制品等采取的保护著作权或者与著作权有关的权利的技术措施的;未经著作权人或者与著作权有关的权利人许可,故意删除或者改变作品、录音录像制品等的权利管理电子信息的。

计算机软件的开发者为了维护其合法权益,早在20世纪70年代就采用技术上的"加密"措施来防止他人复制其计算机程序,这种加密措施的意义在于将数字著作物作为一种著作物加以界定,使其得以在网上流通。众所周知,这种技术性措施现在被理解为杜绝擅自复制、保护著作权人的"反复制保护"[①]。与此同时,一些不法之徒专门从事软件的"解密"并提供给非法复制者来营利。因此,越来越多的国家在20世纪90年代后开始呼吁授权数字作品的著作权人有权禁止他人未经许可而"解密"的行为。《世界知识产权组织版权条约》和《世界知识产权组织表演和唱片条约》均授权各成员国自己通过立法规定以何种方式禁止未经许可的解密等措施。

在信息时代,删除或更换作者姓名或作品名称事件常常发生。如果不能及时制止上述活动,将会损害作者的人身权利,为此,我国的《著作权法》根据科技发展的现状,规定作品及音像制品的权利管理电子信息不得擅自改动,否则构成违法行为。这对于保证网络上信息的真实性和准确性,保护权利人的利益十分必要。

第二节 著作权侵权行为的法律责任

侵犯著作权的法律责任,是指侵权行为人违反《著作权法》的规定,对他人著作权造成侵害时,依法应承担的法律后果。依照我国《著作权法》规定,侵犯著作权行为应承担的法律责任主要有民事责任、行政责任、刑事责任。

---

① 〔日〕北川善太郎:《网上信息、著作权与契约》,渠涛译,载《外国法译评》1998年第3期。

一、民事责任

知识产权法是民法的一个组成部分,著作权是民事权利中的一种。因此,对于侵权行为人,法律要求行为人对受害人承担主要以补偿损失为目的的民事责任。有我国《著作权法》第47条、第48条规定的侵权行为之一的,承担的民事责任是:

(1) 停止侵害。即责令正在实施侵害他人著作权的行为人立即停止其侵权行为。无论侵权行为人主观上有无过错,只要在客观上构成了侵权行为,都应立即停止。如出版发行侵权作品的,应立即停止出版发行。

(2) 消除影响。即责令侵权行为人在一定范围内澄清事实,以消除人们对权利受害人或其作品的不良印象。消除影响是恢复名誉的一种方式。一般而言,侵权行为人在多大范围内给著作权人造成不利影响和损害,就应在多大范围内消除影响。

(3) 公开赔礼道歉。即责令侵权行为人在一定的范围内,向受害人公开承认错误,表示歉意。其具体方式有登报道歉、在公开场所声明或借助其他媒体表示歉意等。侵权行为人拒绝道歉的,人民法院可以强制执行。

(4) 赔偿损失。即责令侵权行为人以自己的财产弥补受害人因其侵权行为而造成的损失。赔偿损失是最常见的民事责任方式,主要适用于对著作权财产权的侵害。《著作权法》第49条的规定,侵犯著作权或者与著作权有关的权利的,侵权人应当按照权利人的实际损失给予赔偿;实际损失难以计算的,可以按照侵权人的违法所得给予赔偿。赔偿数额还应当包括权利人为制止侵权行为所支付的合理开支。权利人的实际损失或者侵权人的违法所得不能确定的,由人民法院根据侵权行为的情节,判决给予50万元以下的赔偿。例如,1999年6月,可口可乐公司在为"雪碧"饮料播放的广告中使用了《日出》的主题曲。其主题曲的旋律和歌词与太阳神集团使用的在广东版权局登记的公司企业歌曲《当太阳升起的时候》、广告歌《当太阳升起的时候》的旋律歌词基本相同。2000年4月北京市高级人民法院受理了太阳神集团对可口可乐公司的侵犯知识产权的起诉。2004年12月,根据北京高级人民法院的宣判结果,被告可口可乐公司被判"停止使用侵犯太阳神公司著作权词曲;在《法制日报》上就其侵犯太阳神公司的广告歌曲行为向广东太阳神集团有限公司刊登声明致歉;并支付赔偿金44.5万元、鉴定费2.5万元"。

二、行政责任

行政责任,是指国家著作权行政管理机关依照法律规定,对侵犯著作权行为人给予的行政处罚。对著作权侵权行为给予行政处罚的机关只能是国家著作权行政管理部门,其他任何机关都无权行使这种权利。

对于我国《著作权法》第48条规定的侵权行为,著作权行政管理机关可视其情节,分别给予没收违法所得,没收、销毁侵权复制品,处以罚款及没收主要用于制作侵权复制品的材料、工具、设备等。有《著作权法》第48条所列侵权行为,同时损害社会公共利益,非法经营额5万元以上的,著作权行政管理部门可处非法经营额1倍以上5倍以下的罚款;

没有非法经营额或者非法经营额5万元以下的,著作权行政管理部门根据情节轻重,可处25万元以下的罚款。

三、刑事责任

刑事责任,是指侵权行为人因其侵犯著作权的行为,触犯《刑法》,依照《刑法》而应承担的法律后果。

我国《著作权法》没有规定具体的刑事责任条款,但我国《刑法》规定了侵犯著作权罪。侵犯著作权罪是指以营利为目的,违反著作权管理法规,侵犯他人著作权,违法所得数额较大或有其他严重情节的行为。其特征有:

(1) 侵犯著作权罪的主体可以是自然人,也可以是单位。

(2) 侵犯著作权罪客体是著作权人对其作品所享有的著作权及国家对文化市场的管理秩序。

(3) 侵犯著作权罪的主观方面表现为故意。

(4) 侵犯著作权罪的客观方面表现为:未经著作权人许可,以复制发行其作品方式侵犯其著作权的行为;出版他人享有专有出版权的图书,侵犯图书出版者邻接权的行为;未经录音录像制作者许可,复制发行其制作的录音录像作品,侵犯其邻接权的行为;制作、出售假冒他人署名的美术作品的行为。

构成侵犯著作权罪,除了具备上述条件外,《刑法》还将"违法所得数额较大"和"具有其他严重情节"作为犯罪构成必备条件。

四、执行措施

为了加强对著作权的法律保护,《著作权法》规定了执行措施,具体包括诉前权利保全、诉前证据保全、人民法院依法处置权。

(一) 诉前权利保全

为了与WTO《知识产权协定》的有关司法保护的内容相衔接,《著作权法》第50条规定:"著作权人或者与著作权有关的权利人有证据证明他人正在实施或者即将实施侵犯其权利的行为,如不及时制止将会使其合法权益受到难以弥补的损害的,可以在起诉前向人民法院申请采取责令停止有关行为和财产保全的措施。人民法院处理前款申请,适用《中华人民共和国民事诉讼法》第93条至第96条和第99条的规定。"作出这样的规定,主要是考虑到有时权利人发现了侵权人正在实施侵权行为而想采取制止的行动,但由于行政程序与诉讼的障碍,著作权人或者其他权利人无能为力。因此,为了防止给著作权人或者其他权利人造成不必要的损失,法律授予其起诉前申请权利保全的权利。《著作权法》规定的诉前权利保全包括两个方面,即申请采取责令停止有关行为的措施和申请财产保全的措施。

申请诉前权利保全应符合以下条件:

(1) 申请人应是著作权人及其他与著作权有关的权利人与邻接权人,其他人不能行使此项请求权。(2)提出请求的前提,一是要有证据证明他人正在实施或即将实施侵犯其权利的行为;二是如不及时制止将会使其合法权益受到难以弥补的损害。(3)提出请求的时间为在起诉前。(4)提出请求的对象是各级人民法院。

此项规定是一项程序比较复杂的司法救济程序,除了严格的程序要求外,还有实体要求。这主要是因为著作权及有关权利的行使具有大众传播的性质,起诉前如不对有关权利保全,不利于著作权人以及有关权利人的合法权益的保护,但如果不对这项权利的申请进行严格规定,就容易造成诉前权利保全的不当,同样会给无辜者造成难以弥补的声誉和经济损失,因此法律对诉前权利保全作出慎重规定是适宜的。

(二)诉前证据保全

证据保全是指法院依据申请人、当事人的请求,对可能灭失或今后难以取得的证据,予以调查收集和固定保存的行为。证据保全可以在起诉前,也可以在诉讼中对证据进行调查的过程中。

《著作权法》第51条规定了诉前证据保全的内容。该条第1款确定了诉前证据保全的权利,即为制止侵权行为,在证据可能灭失或者以后难以取得的情况下,著作权人或者与著作权有关的权利人可以在起诉前向人民法院申请保全证据。该条第2款、第3款和第4款规定了人民法院处理证据保全申请的程序,即人民法院接受申请后,必须在48小时内作出裁定,裁定采取保全措施后,应当立即开始执行。人民法院可以责令申请人提供担保,申请人不提供担保的,驳回申请。申请人在人民法院采取保全措施后15日内不起诉的,人民法院应当解除保全措施。

(三)人民法院依法处置权

我国各级人民法院是我国的审判机关,有权根据事实和法律对侵权案件进行处理。《著作权法》第52条规定:"人民法院审理案件,对于侵犯著作权或者与著作权有关的权利的,可以没收非法所得、侵权复制品以及进行违法活动的财物。"即人民法院在审理案件时,对于确属构成侵犯著作权或者与著作权有关的权利的行为,人民法院在作出裁判时,可以裁判没收非法所得、侵权复制品以及进行违法活动的财物,使侵权行为人不能再进行侵权活动。此项规定是有关国际公约中强调司法救济的具体体现,也是多年来理论界与实务界呼吁要求从严管理的结果,同时也有利于维护司法权威。

第三节 著作权纠纷的处理

著作权纠纷,是指著作权人与作品使用人或其他任何第三人,就著作权的行使而发生的争执。著作权纠纷主要包括侵权纠纷和合同纠纷两种,前者是指是否构成侵权而发生的争执,而后者则是指在订立、履行著作权合同中产生的争执。根据我国《著作权法》的规定,解决著作权纠纷的途径有调解、仲裁和诉讼。

一、调解

调解,是指著作权纠纷的当事人在调解组织的主持下达成的和解。

根据我国《著作权法》规定,主持调解的组织是著作权行政管理部门和其他组织。采取调解这种途径处理著作权纠纷完全取决于当事人的自愿。调解组织在调解的过程中,只能采取说服教育的方式,不得以强迫的方式来促使当事人达成协议。当事人之间是否愿意达成协议、达成什么样的协议,取决于当事人的自愿。同时,调解并不是解决纠纷的法定必须程序,调解协议不具备法律效力。达成协议后一方反悔的,当事人可以采取其他途径解决纠纷。

二、仲裁

仲裁,是指仲裁机构依照一定的仲裁程序和法律,对当事人之间的著作权纠纷进行裁决的一种活动。

仲裁机构受理著作权纠纷仲裁申请,应遵循法律的规定。根据我国《著作权法》和《仲裁法》规定,当事人向仲裁机构申请仲裁,其依据是合同中的仲裁条款或事后达成的书面仲裁协议,缺少这一条件,仲裁机构不得受理当事人的申请,可告之当事人向人民法院起诉。仲裁机构对著作权纠纷作出的仲裁,具备法律效力。一方当事人不履行仲裁裁决,另一方当事人可向人民法院申请强制执行。同时,当事人一方认为仲裁机构的仲裁在程序上不符合法律的规定,或仲裁员有贪赃枉法裁判的行为,或仲裁裁决适用法律有错误,可以向人民法院申请撤销仲裁,或向人民法院申请裁定不予执行。除此之外,仲裁裁决是终局裁决,当事人不得就裁决结果向人民法院再行起诉。

三、诉讼

通过诉讼程序解决著作权纠纷,是我国《著作权法》所规定的主要程序。根据我国法律规定,当事人之间因著作权发生纠纷可以直接向人民法院起诉。向人民法院请求保护著作权的诉讼时效期间为2年,时效期间起算的时间为从著作权人知道或应当知道权利被侵犯时开始。

第三编 专利权

第十一章 专利权概述

第一节 专利与专利权

一、专利的含义

从我国专利理论和实践两方面看,在某些情况下,可以将"专利"视为专利权的简称;在另一些情况下,以"专利"表示记载发明创造内容的文献,即"专利文献"的简称。确切地说,专利是指经国务院专利行政部门依照专利法进行审查,认定为符合专利条件(即具有专利性 patentability)的发明创造。未经国务院专利行政部门依法审查批准为专利的发明创造,即使具有专利性,符合专利条件,也不是专利。具而言之,专利是指经国务院专利行政部门依照《专利法》规定的程序审查,认定为符合专利条件的发明创造。它具有以下几个特征:

(1) 专利是特殊的发明创造,是产生专利权的基础。

(2) 专利是符合专利条件或者具有专利性的发明创造。如《专利法》第22条第1款规定:"授予专利权的发明和实用新型,应当具备新颖性、创造性和实用性。"第23条又规定了"授予专利权的外观设计"应当具备的条件。

(3) 发明创造是否具有专利性,必须经国务院专利行政部门依照法定程序审查确定;否则,任何发明创造都不得成为专利。

《专利法》规定了三种专利:发明专利、实用新型专利和外观设计专利。

二、专利权及其特征

专利权是公民、法人或者其他组织对其发明创造在一定期限内依法享有的垄断权。

专利权的主体是依法享有专利权的公民、法人或者其他组织;客体是被审批为专利的发明创造;内容是由专利权人自己实施或者授权他人实施其专利的权利,以及禁止他人未经许可实施其专利的权利。

作为知识产权三大支柱之一的专利权,与著作权、商标权一样,具有独占性、时间性和地域性。但又表现出自己的特征:第一,就独占性而言,在同一法域内,相同主题的发明创造只能被授予一项专利权。第二,就时间性而言,专利权的保护期较短。[①]

第二节 专利法与专利制度

一、专利法及其调整对象

专利法,包括立法机关制定的法律、法规,行政机关颁布的规章、条例,以及司法机关作出的司法解释等构成的相关法律规范,是调整因发明创造的开发、实施及其保护等发生的各种社会关系之法律规范的总和;狭义的专利法仅指国家立法机关依照法定程序制定的专利法,如《中华人民共和国专利法》。

专利法调整因发明创造的开发、实施以及保护等发生的各种社会关系。具体来讲,专利法主要调整以下四个方面的社会关系:(1)因确认发明创造的归属而发生的社会关系;(2)因授予发明创造专利权而发生的各种社会关系;(3)因发明创造专利的实施、转让或者许可实施而发生的各种社会关系;(4)因发明创造专利权的保护而发生的各种社会关系。

二、专利制度及其特征

专利制度的核心或者说专利制度的本质特征,是授予发明人或者设计人对其发明创造依法享有的垄断权。在专利权的有效期内,未经专利权人许可,任何人不得为生产经营目的实施其专利。

现代专利制度具有以下基本特点:

(1)法律保护。实行专利制度的国家必须首先制定自己的专利法。专利法是国内法,是根据各个国家或者地区自己的政治、经济状况以及其他各种因素制定出来的;专利法同时也是涉外法,它必须符合国际公约所规定的一些应共同遵守的惯例或者共同规则,并且适用于在本国申请专利的一切外国人。专利法的核心是保护发明创造,禁止他人未经专利权人许可擅自实施其发明创造专利;一旦发生专利侵权,专利权人或者利害关系人就可以依法行使禁止权或提起侵权诉讼,使其合法利益得到法律保护。

(2)科学审查。申请专利的发明创造是否具有专利性,只有依法进行审查后才能确定。对专利申请进行科学审查的制度,为美国1836年的专利法首创。对专利申请进行科学审查,既能保证专利的质量,又能避免让抄袭或者剽窃他人发明创造成果的人获得不应有的利益。我国《专利法》明确规定,对发明专利申请要进行形式审查和实质审查;对实用新型和外观设计专利申请仅进行形式审查。实践证明,前者的质量显然高于后者。

[①] 我国《专利法》第42条规定,发明专利权的期限为20年,实用新型专利权和外观设计专利权的期限为10年,均自申请日起计算。在其他国家,发明专利权的保护期限一般为20年,《知识产权协定》规定的发明专利权保护期限也是自申请日起20年。

(3) 公开通报。即在法律保护的前提下,将申请专利的发明创造的内容在专利公报上予以充分公开,让社会尽快地、尽可能清楚地获取相应的知识和信息,从而授予专利申请人专利权。

(4) 国际交流。在技术已经商品化的今天,跨越国界的技术交流就是不可避免的事情。各个国家或者地区的专利法虽然都只能在本国范围内有效,但它是国际技术交流的必要前提。1883年的《保护工业产权巴黎公约》以及1994年的《知识产权协定》是当今世界各国或地区制定专利法的基准。一个国家或者地区若要参加国际经济、技术贸易活动,必须建立相应的专利法律制度,这已为各国的实践所证明。

三、专利制度与知识经济

自专利制度诞生以来,三百多年的实践证明,专利制度对各个国家经济的发展、科技的进步和工业化进程,都起过重要作用,而且现在起着越来越重要的作用。我们可以断定:专利制度对21世纪知识经济的形成和发展将具有特别突出的价值。正因为如此,美国、日本、欧盟及其成员国等发达国家,为争取未来市场的更大份额,掌握高科技及其产业竞争的主动权,正在积极研究面向21世纪知识产权保护的举措,并将其纳入本国国家经济、科技的总体发展战略。在知识经济时代,知识是重要的生产要素,其创造、应用和传播的状况,将直接决定一个国家的国际竞争力和经济实力。因此各国正在寻求一种能够激励知识的创造、传播和应用的机制。世界上越来越多国家的实践(也包括我国三十多年来实施知识产权制度的实践)已充分证明:专利制度、著作权制度等知识产权制度,恰恰是激励知识的创造、传播和应用的有效机制,同时又是着力保护知识成果的重要制度。

知识经济的核心就是知识的创造、传播和应用,无论哪一个国家,只有提高知识创造的能力,加快知识转化为生产力的速度,使其得以及时有效地利用,才能增加其市场竞争力,提高其综合国力。实现这一目标的最有效的措施是建立和完善专利制度,使发明创造者的合法利益得到最充分有效的保护。否则,知识的创造、传播和应用,将是一句空话。

专利制度对知识经济的作用具体表现在以下五个方面:

(1) 激励知识创造。专利制度通过授予发明创造专利权,让专利权人能够独占市场,获得应有的回报,有利于激励人们的创造积极性。有了应有的回报和收入,就有资金和信心再次进行开发研究,形成一个良性循环的局面。

(2) 有效配置智力资源。由于专利制度有一个显著特征,即同一法域内,相同主题的发明创造只能被授予一项专利权,不具有新颖性、创造性和实用性的发明创造不能被授予专利权,所以,智力劳动者就会充分注意每一个国家或地区所进行的研究开发动态,积极开拓新领域,让有限的智力资源发挥最大的效用。

(3) 促使发明创造者将其技术成果尽快转化为生产力。新技术的商品化和市场化,是技术创新活动的一个关键环节,也是其根本目的。任何一项发明创造完成后,如果不尽快地付诸实施,就有可能被新的技术替代,从而变成无经济效益的技术。一旦他人就相同主题的技术取得专利权,其后果就更为糟糕。因此,专利制度促使发明创造者将其新技术尽快转化为生产力,用以服务社会、国家,创造财富。

(4) 保护技术市场公平有序的竞争机制。竞争是市场经济的常素,也是市场经济的动力,同时也是市场经济的催化剂。竞争具有两面性:一方面,它鼓励竞争者有效地利用资源,积极地进行技术开发,降低成本,提高效率,推动社会进步;另一方面,竞争也会使一些不法经营者投机取巧,窃取他人的技术,假冒他人的产品,侵犯他人的权利,而专利制度则能最大限度地遏制这种行为,保护技术市场进行公平有序的竞争,让侵权行为者付出相应的代价。

(5) 吸引外国的先进技术。专利制度不仅能够激励本国人进行技术开发、技术创新活动,而且还能广泛地吸引外国的先进技术到本国来申请专利,进行技术投资。国际经验告诉我们,正常情况下,引进一项技术比自己独立开发出同样的技术,不仅节约时间,减少费用,而且还能够让我们站在他们的肩膀上创造出更先进的技术。

总而言之,专利制度对知识经济的形成和运作具有至关重要的作用;反过来,知识经济又为专利制度的升华和递进,创造了良好的契机。专利制度与知识经济相辅相成,相伴相生。

四、我国专利制度的历史沿革

中华人民共和国成立后,中央人民政府政务院于 1950 年 8 月批准公布了《保障发明权与专利权暂行条例》,同年 10 月公布了该《条例》的施行细则,细则施行至 1963 年 11 月为国务院《发明奖励条例》所取代。第六届全国人民代表大会常务委员会第四次会议于 1984 年 3 月 12 日通过了《中华人民共和国专利法》,于 1985 年 4 月 1 日开始实施,较好地保护了发明创造,推动了科学技术的发展。为了适应国内改革开放和国际科技、经济的发展趋势,全国人民代表大会常务委员会分别于 1992 年、2000 年和 2008 年三次修改了《专利法》,极大地完善了专利保护制度。

第十二章 专利权的客体

我国《专利法》第1条规定:"为了保护专利权人的合法权益,鼓励发明创造,推动发明创造的应用,提高创新能力,促进科学技术进步和经济社会发展,制定本法。"因此,"发明创造"是我国《专利法》规定的专利权的客体,具体来说,发明创造就是指"发明、实用新型和外观设计"。我国《专利法》规定的专利权的客体与《知识产权协定》的规定略有不同,我国的规定比国际公约规定的范围更广,完全符合其要求。

第一节 发 明

一、发明的定义

发明是专利权的主要客体,也是各国专利法都给予保护的对象。从词义上看,发明是指科技开发者依据自然规律或规则,运用自己的资金和智力创造出来的新技术方案。《日本特许法》规定:"本法所谓发明,是指利用自然规律所为的技术的构思中具有一定高度的创造。"[①] 此规定包括三个方面的内容:(1)发明必须是关于"自然规律"的东西。此处所指的"自然规律",是指自然界中存在的物理或化学的原理或定律,不包括人的纯智力活动产生的东西或人为规定的东西。根据这个规定,密码的编制方法、计算方法、财务或会计的方法、游戏方法或记忆方法等都不是发明。(2)发明必须是利用"自然规律"的东西。根据这个规定,科学规律是对自然规律本身的新的认识,并不是利用,因此,科学发现不是发明。发现物品或方法的新用途,虽不是"发明",但若是积极利用所发现的用途,且有后续的创造性时,可以成为"用途发明"。实际上,科学发现与发明的区别是微妙的,其区别就在于有无原理上有目的地利用自然规律的创造性。(3)发明是技术方面的东西,即解决某一课题的合理的手段,必须产生技术效果,它需要具有发挥人的作用的创造性。只是对自然规律本身认识的发现或天然物,也不是发明。判断此创造性时,以发明时为准,并且该创造性要体现于构思上。

《专利法》第2条第2款规定:"发明,是指对产品、方法或者其改进所提出的新的技术方案。"由此可见,发明是一种技术方案,并且是一种新的技术方案。

二、发明的种类

我国《专利法》意义上的发明有两种,即产品发明和方法发明。"改进发明"本身并不

---

① 参见日本《特许法》第2条第1款的规定。

是一种独立种类的发明,因为它要么是产品发明,要么是方法发明。

产品发明(包括物质发明)是人们通过研究开发出来的关于各种新产品、新材料、新物质等的技术方案。如电子计算机、超导材料和人造卫星的发明等。

方法发明是人们为制造产品或者解决某个技术课题而研究开发出来的操作方法、制造方法以及工艺流程等技术方案。如汉字输入方法、无铅汽油的提炼方法等。

《专利法》将发明进行分类的法律意义在于:(1)在专利申请过程中,不同的发明所提交的专利申请文件有所不同,其撰写内容也有所不同。(2)在取得专利权后,因发明种类不同,专利权人行使权利的方式不同,专利权的效力范围也不同。例如,《专利法》第11条第1款规定:"发明和实用新型专利权被授予后,除本法另有规定的以外,任何单位或者个人未经专利权人许可,都不得实施其专利,即不得为生产经营目的制造、使用、许诺销售、销售、进口其专利产品,或者使用其专利方法以及使用、许诺销售、销售、进口依照该专利方法直接获得的产品。"该规定说明:产品发明专利权仅及于其产品本身,而方法发明专利权不仅及于其方法本身,而且及于用该方法直接获得的产品。(3)在专利侵权诉讼中,因发明的种类不同而导致其举证责任不同。一般情况下,产品发明专利被侵权后,诉讼中的举证责任在原告(即专利权人)一方;而新产品的制造方法发明专利权被侵权后,诉讼中的举证责任在被告(即侵权行为人)一方。例如,《专利法》第61条第1款规定:"专利侵权纠纷涉及新产品制造方法的发明专利的,制造同样产品的单位或者个人应当提供其产品制造方法不同于专利方法的证明。"

第二节 实用新型

1883年缔结的《保护工业产权巴黎公约》虽然将"实用新型"规定为"工业产权"的保护对象之一,但没有对保护方式作具体规定。所以,有些国家(如日本、芬兰、德国和韩国等)单独制定实用新型法进行保护;也有国家(如巴西、墨西哥、莱索托等)以工业产权法进行保护;还有国家(如中国、法国、美国、西班牙等)则以专利法进行保护。对实用新型的保护,公约成员国所采用的方式虽然不尽相同,但都符合《巴黎公约》的要求。在国际上具有重要影响的《知识产权协定》虽然没有关于实用新型保护的规定,但依据其第27条第1款关于"发明"的保护规定可知,《知识产权协定》所指的"发明"完全可以包括"实用新型"。实用新型,也称"小发明",其定义则因国而异。我国《专利法》规定:"实用新型是指对产品的形状、构造或者其结合所提出的适于实用的新的技术方案。"因此,实用新型具有以下几个特点:(1)实用新型是针对产品而言的,任何方法(不论是否新颖实用)都不属于实用新型的范围;(2)作为实用新型对象的产品只能是具有立体形状、构造的产品,不能是气态产品、液态产品,也不能是粉末状、糊状、颗粒状的固态产品;(3)作为实用新型对象的产品必须具有实用性,能够在工业上应用;(4)作为实用新型对象的产品必须是可自由移动的物品,而不能是不可移动的物品。当然,一件物品本来是可自由移动的,后来被人们固定在不能自由移动的物品上,这样的物品仍然可以作为实用新型专利的对象。

所谓产品的形状,是指产品的外部立体表现形式,且具有相当的体积。所谓产品的构造,是指产品之部件或零件的有机结合或联结。产品的形状、构造的组合,也是可以获得实用新型的对象。

对实用新型给予专利保护,具有极为重要的意义:(1)有利于产品的改造和市场竞争。对一项产品进行小改小革,算不上大的发明,但它所带来的经济利益是不可忽视的。西方许多国家的经验和我们自己的实践都充分证明了"小发明"具有非常重要的作用。(2)有利于调动人们从事发明创造活动的积极性。因为搞小发明并不需要高深的知识和巨额的资金,也不必具有现代化的仪器设备、实验室等,只要肯下功夫,几乎每一个人都可以做到。据统计,在我国,实用新型专利申请占整个专利申请总数的一半以上。由此可见,如果不给实用新型以专利保护,人们就不会有这么高的创造热情。(3)有利于丰富人们的物质文化生活。社会主义建设的目的就是要满足人们日益增长的物质文化需要。根据专利局的有关统计表明,实用新型专利申请案中的绝大多数是关于日常用品、文化用品和家电产品方面的发明创造,能使人们的物质文化生活得以极大地丰富。(4)有利于对小发明尽快地提供保护。专利法规定对实用新型专利申请所进行的审查简单快捷,花费较少,时间短,获权快,同时也减轻了专利审查部门的工作量。还有一些国家采用登记制,如澳大利亚《专利法》第62条第1款规定:"如果专利局长接受了一项有关小专利申请的专利申请和完整说明书,则专利局长必须按规定的形式颁发小专利证书授予小专利权。"

第三节 外 观 设 计

一、外观设计的概念

外观设计是我国《专利法》规定的第三种可获专利的主题,也是《保护工业产权巴黎公约》和《知识产权协定》规定的保护对象之一。[①]《专利法》所称的外观设计,是指对产品的形状、图案或者其结合以及色彩与形状、图案的结合所作出的富有美感并适于工业应用的新设计。我国台湾的专利法规将它称为"新式样",并定义为:"凡对物品之形状、花纹、色彩首先创作适于美感之新式样者",可依据其专利法规申请专利。

外观设计与发明和实用新型一样,是人类智力劳动的创造性成果,所不同的是,外观设计是一种新设计。法律所保护的对象是该设计本身,而不是负载该设计的物品。对"外观设计"的理解应当注意:

(1)附载外观设计的产品必须具有相对的独立性。如果附载外观设计的产品是某产品不可独立存在的一个部分,它就不可作为一件外观设计获得专利权。

(2)外观设计必须是与独立的具体的产品合为一体的新设计。仅仅是画在纸上的新

[①] 《保护工业产权巴黎公约》(1967年7月14日在斯德哥尔摩修订)第1条第(2)项规定:"工业产权的保护对象有:专利、实用新型、外观设计、商标、服务标记、厂商名称、货源标记或原产地名称和制止不正当竞争。"《知识产权协定》第四节即是关于"工业品外观设计"保护的规定。

设计,充其量可以得到著作权保护,不能作为外观设计申请专利。只有将图案设计具体地运用到某物品上,它才可以申请专利获得保护。

(3) 附载外观设计的产品必须能够在工业上应用。

(4) 外观设计必须能够使人产生美感,即通过形状、图案、色彩或者其结合而创作出来的外观设计被用以装饰物品,能够使人的视觉触及后产生一种愉悦的感受。此处所指的"美感"应当包括三个方面的含义:一是外观设计的形状、图案、色彩或者其结合能够被人们的视觉感知。对于隐性的、人们的视觉在正常情况下感觉不到的外观装饰,不能作为外观设计申请专利。二是外观设计的图案不明显违反社会风俗。三是外观设计能够引起人们美的感受。

二、外观设计与发明、实用新型三者之间的关系

发明、实用新型和外观设计是发明创造的三种不同形式,一旦被批准为专利,就是三种不同形式的专利,但发明创造的这三种不同形式彼此之间又有密切的关系。我国《专利法实施细则》第 32 条第 2 款规定:"申请人要求本国优先权,在先申请是发明专利申请的,可以就相同主题提出发明或者实用新型专利申请;在先申请是实用新型专利申请的,可以就相同主题提出实用新型或者发明专利申请……"此项规定表明,就某项发明创造提出发明专利申请后,可以将这一主题的专利申请转换成实用新型专利申请,或者提出实用新型专利申请后,可以将这一主题的专利申请转换成发明专利申请。这意味着发明专利和实用新型专利之间存在着某种内在的联系。

其他一些国家的专利法、实用新型法或者外观设计法也有类似的规定。例如,韩国《实用新型法》第 10 条规定:"发明专利和外观设计登记的申请人可以将申请转换成实用新型申请";又如,德国的《实用新型法》规定,申请人可以就已申请发明专利的相同主题发明提出实用新型专利申请;墨西哥 1991 年《专利法》允许发明专利申请与实用新型申请及外观设计申请之间相互更换。

发明创造的三种不同形式的相互转换,不只是在法律上成立,实践上也是可行的。对于一件具体的发明创造,究竟应当申请哪一种专利,应视具体情况而定,但是任何一项发明创造只能被授予一项专利权,决不能重复授权。

第四节 不授予专利权的对象

《专利法》规定,只有符合专利条件或者具有专利性的发明创造,才可能被授予专利权。《专利法》规定不可获专利的主题或者不符合专利法规定条件的对象,就不能被授予专利权。关于这个问题,《知识产权协定》第 27 条第 2 款和第 3 款分别从不同的角度作了

规定①；我国《专利法》也有相应的规定。

一、违反法律、社会公德或妨害善良风尚的发明创造

（一）违反法律、社会公德或妨害善良风尚的发明创造

为了维护社会的善良风尚，《专利法》第5条第1款规定："对违反法律、社会公德或者妨害公共利益的发明创造，不授予专利权。"违反法律的发明创造，不包括仅其实施为法律所禁止的发明创造。几乎所有国家的专利法都有类似的规定。如专用于伪造货币的方法或工具、吸食毒品的器具等，便属于此种发明。另一方面，若某项发明创造本身的目的并不违法，但将其实施却可能破坏社会公德或者妨害公共利益，这样的发明创造也不能被授予专利权。如某儿童玩具厂研究设计的一种儿童玩具，其外观设计中包含有不利于儿童成长的内容，该外观设计的目的并不违法，但若将这种外观设计付诸实施，必然有害于公共秩序、善良风俗和社会公德，因此该外观设计不能被授予专利权。就纯粹供娱乐用的游戏器具而言，即使它有可能被用于赌博（如扑克牌等），也不能认为它是违反法律或者公序良俗的发明创造，应当根据实际条件决定其能否被授予专利权。

（二）违法获取或者利用遗传资源，并依赖该遗传资源完成的发明创造

遗传资源是指取自人体、动物、植物或者微生物等含有遗传功能单位并具有实际或者潜在价值的材料；依赖遗传资源完成的发明创造是指利用了遗传资源的遗传功能完成的发明创造。就依赖遗传资源完成的发明创造申请专利的，申请人应当在请求书中予以说明，并填写国务院专利行政部门制定的表格。

我国是《生物多样性公约》的成员国，并且是生物资源和遗传资源非常丰富的国家，保护遗传资源事关国家利益。为了贯彻《生物多样性公约》，我国《专利法》规定了依赖遗传资源完成的发明创造申请专利的特殊条件，如果该遗传资源的获取或者利用违反有关法律、行政法规的规定，并依赖该遗传资源完成发明创造，则不授予专利权。

二、不可获专利的主题

根据《专利法》规定，不可获专利的主题是：

（一）科学发现

科学发现，是指对自然界中客观存在的物质、现象、变化过程及其特性和规律的揭示。被认识的物质、现象、过程、特性和规律不同于改造客观世界的技术方案，不是专利法意义上的发明创造，因此不能被授予专利权。"科学发现"也是一种智力成果，能依法获得另一种知识产权，即发现权。但应当注意：对人类智力活动成果自身用途的新发现与"科学发

---

① 《知识产权协定》第27条第2款规定："为保护公众利益或社会公德，包括保护人类、动物或植物的生命及健康，或者为避免对环境的严重污染，有必要在一缔约方领土上禁止一个发明的商业性实施；该缔约方可以排除该发明的可专利性，其条件是不是仅仅因为该发明的实施为国内法律所禁止。"第3款规定："缔约方还可以排除下列各项的可专利性：(1) 人类或动物的疾病诊断、治疗和外科手术方法；(2) 除微生物之外的植物和动物，以及本质上为生产植物和动物的除非生物方法和微生物方法之外的生物方法。"

现"不同（这种发现被称为"用途发明"），能够被授予专利权。

（二）智力活动的规则和方法

智力活动的规则和方法，是指人们进行推理、分析、判断、运算、处理、记忆等思维活动的规则和方法。其作用对象是人，即直接作用于人的思维，而与产业上的技术活动不发生直接关系。它通常是一些人为的规则，如竞赛规则、管理规则、统计方法、分类方法、计算方法、解谜方法等。虽然智力活动的规则和方法本身不被授予专利权，但进行智力活动的设备、装置或者根据智力活动的规则和方法而设计制造的仪器、用具等，都可以获得专利保护。

（三）疾病的诊断和治疗方法

疾病的诊断和治疗方法，是指以有生命的人体或者动物体为直接实施对象，进行识别、确定或消除病因或病灶的过程。其中，诊断方法是指为识别、研究和确定有生命的人体或动物体病因或病灶状态的过程。治疗方法是指为使有生命的人体或者动物体恢复或获得健康或减少痛苦，进行阻断、缓解或者消除病因或病灶的过程，包括以治疗为目的或者具有治疗性质的各种方法。预防疾病或者免疫的方法视为治疗方法。出于人道主义的考虑和社会伦理的原因，医生在诊断和治疗过程中应当有选择各种方法和条件的自由。但是，这类方法直接以有生命的人体或动物体为实施对象，并以防病治病为目的，是医护人员的经验体现，而且因被诊断和治疗的对象不同而有区别，无法在产业上利用，不属于专利法意义上的发明创造。因此疾病的诊断和治疗方法不能被授予专利权。

但是，对血液、毛发、尿样、粪便或者精液等脱离了人体的物质的化验方法则不属于疾病的诊断和治疗方法，只要其具备专利条件，便可被授予专利权。用于诊断或治疗疾病的仪器、设备或器械等，只要其具备专利条件，均可被授予专利权。

（四）动物和植物品种

动植物品种可分为天然生长和人工培养两种。自然界天然生长的动植物不是人类智力活动的发明创造，因此不能被授予专利权。人工培养的动植物品种虽然是人类智力活动的成果，但任何一种动植物品种的培养都必须经过较长的时间，并必须经过好几代人的筛选才能达到显著性、稳定性和一致性。因此，我国《专利法》暂时没有给动植物品种授予专利权。1997年3月20日，国务院发布了《中华人民共和国植物新品种保护条例》。该《条例》第1条明确规定，"保护植物新品种权，鼓励培育和使用植物新品种，促进农业、林业的发展"是制定本条例的目的。在我国，植物新品种可以通过该《条例》获得植物新品种权，而动植物品种的生产、培育方法可以依照《专利法》获得专利保护。美国专利法对动植物品种都给予专利保护。

（五）用原子核变换方法获得的物质

"原子核变换方法"是指使一个或几个原子核经分裂或者聚合，形成一个或几个新原子核的过程，例如，实现核裂变的各种方法等，这些变换方法是不能被授予专利权，但为实现原子核变换而增加粒子能量的粒子加速方法以及为实现核变换方法的各种设备、仪器及其零部件等则属于可被授予专利权的客体。"用原子核变换方法所获得的物质"主要是指用加速器、反应堆以及其他核反应装置生产、制造的各种放射性同位素,这些同位素不能被授予发明专利权。但是这些同位素的用途以及使用的仪器、设备属于可被授予专利权的客体。

原子核变换方法以及用该方法所获得的物质关系到国家的经济、国防、科研和公共生活的重大利益,不宜为单位或私人垄断,因此不能被授予专利权。

(六) 对平面印刷品的图案、色彩或者其结合作出的主要起标识作用的设计

我国每年受理并授予外观设计专利权中,有相当数量涉及的是瓶贴和平面包装袋的主要起标识作用的图案设计。这既不利于激励对产品本身外观设计的创新活动,促进我国知名品牌的形成,也会增大外观设计专利权和商标权之间的交叉与重叠。为了鼓励设计人将其创新能力更多地集中到产品本身外观的创新上,故将平面印刷品的图案、色彩或者其结合作出的主要起标识作用的设计排除在授予外观设计专利权的客体之外。

第十三章 专利授权条件

第一节 概述

专利制度的核心是专利权人对其发明创造依法享有独占实施权,但并非每一项发明创造都能取得专利权,其必须具备专利法规定的可专利性条件。所谓可专利性,是指一项发明创造获得专利权应当具备的实质性条件,即发明创造本身所具有的本质特征。我国专利法上的可专利性有广狭之分。广义的可专利性包括:(1)申请专利的发明创造是《专利法》第2条所指的发明、实用新型和外观设计;(2)申请专利的发明创造不是《专利法》第25条规定的那些排除对象;(3)申请专利的发明或者实用新型符合《专利法》第22条规定的新颖性、创造性和实用性;申请专利的外观设计符合《专利法》第23条所规定的条件。而狭义的可专利性主要是指广义可专利性中的第4项标准,这即是本章讨论的重点。

第二节 发明、实用新型的专利授权实质条件

一、新颖性

(一)新颖性概述

新颖性,是指申请专利的发明或者实用新型不属于现有技术。也就是说,如果申请专利的发明或者实用新型属于现有技术范畴,与某项现有技术相同,就不具有新颖性。新颖性是发明或者实用新型获得专利权的必要条件之一,各国专利法均对此有规定。《专利法》第22条第2款规定:"新颖性,是指该发明或者实用新型不属于现有技术;也没有任何单位或者个人就同样的发明或者实用新型在申请日以前向国务院专利行政部门提出过申请,并记载在申请日以后公布的专利申请文件或者公告的专利文件中。"本款不仅给"新颖性"作了法定的定义,而且给出了申请专利的发明或者实用新型是否具有新颖性的判断标准。

在确定申请专利的发明或者实用新型是否具有新颖性的过程中,"现有技术"具有决定性的作用。专利制度中的"现有技术"(the existing arts),是指在申请日(有优先权的,指优先权日)前在国内外出版物上公开发表、在国内外公开使用或者以其他方式为公众所知的技术。现有技术是一个相对概念,具有严格的时间性,今天公开的技术,是明天及其以后技术的现有技术,但不是今天和昨天及其以前技术的现有技术。判断申请专利的发明或者实用新型是否为现有技术,应当以某个时间点为标准。当这个时间点被选定后,现

有技术的范围也就基本确定了。从各国专利法的规定来看,确定这个时间点的标准大体有两个:一是以申请日为时间点;二是以发明或者实用新型的完成日为时间点。现有技术,是指申请日以前在国内外为公众所知的技术。我国《专利法》确定现有技术范围以"申请日"作为时间点。现有技术的范围一旦确定,申请专利的发明或者实用新型的新颖性也就可以确定了,剩下的只是判断问题。

在此应该注意:申请日以前已经存在的技术,并非都是现有技术;只有在申请日以前已经公开的技术,才可能构成现有技术。专利制度中技术的公开,是指一项技术已经处于非保密状态,任何人均可在公开场合以合法方式获得该项技术。

专利制度所指的技术公开形式,通常包括出版物公开(也称书面公开)、使用公开以及口头公开等。此处所指的出版物,是指一切附有技术信息的有形物质载体,包括印刷品、胶片、磁带、电子出版物、电脑屏幕等。凡是将技术信息在出版物上发表的,便是以出版物公开。申请日以前,在国内外出版物上公开的技术,都可构成现有技术。专利制度中的使用公开,是指申请专利的发明或者实用新型因使用而导致整个技术方案被公众所知或所用。

除出版物公开和使用公开外,以其他方式使发明或者实用新型的技术内容为公众所知的,称为技术的其他公开形式。这样的公开形式不限于国内。例如,通过演说、讲演、报告或授课等口头形式将技术内容公开出来的,便属于此。

在判断申请专利的发明或者实用新型是否具有新颖性时,专利审查人员只是将该项技术同其申请日以前的技术相比,如果该项技术与其申请日以前的某项现有技术相同,该项技术就丧失了新颖性。由此可知,技术之公开日的确定便是一个至关重要的问题。

就出版物公开而言,技术之公开日的确定分两种情况:(1)专利文献的公开日就是国务院专利行政部门依照法定程序将专利申请文件公布或公开的日期。这个日期通常是公开或公布专利申请文件之专利公报的日期。(2)非专利文献的公开日就是该文献的首次出版日。这个日期通常记载在其版权页上。为了进行情报交流而向图书馆提交的技术情报资料,其公开日就是图书馆收到或者登记的日期。非公开发行的学位论文,以其答辩日或者提交日为公开日。

就使用公开而言,公开日就是使用者将其技术方案即产品或方法向公众提供的日期。

对比文件,是指与申请专利的发明或者实用新型的技术内容相关的或有关的文献。在判断申请专利的发明或者实用新型是否具有新颖性时,专利审查人员将该项申请与对比文件进行比较,以确定其是否属于现有技术的范畴。它若与一项或者分别与若干项现有技术相同,就丧失了新颖性,不能被授予专利权。

单独对比原则,是指在判断申请专利的发明或者实用新型是否具有新颖性时,专利审查人员只能将每一份对比文件作为一个整体单独与被审查对象进行比较,而不允许将几份对比文件组合起来作为判断该申请是否具有新颖性的标准。以"带橡皮头的铅笔"为例说明:发明人将一小块橡皮装配在铅笔上所产生的结果,就是"带橡皮头的铅笔"。在此以前,"擦掉铅笔字痕迹的橡皮"和"铅笔"是现有技术。按照单独对比原则,专利审查人员将

"带橡皮头的铅笔"分别与"橡皮"和"铅笔"对比,其结论是该项发明具有新颖性;但是如果将"橡皮"和"铅笔"这两项技术结合起来与"带橡皮头的铅笔"进行比较,该项技术就不具有新颖性。由此可见,单独对比原则是一个非常重要的原则。

(二) 冲突申请

根据专利基本原理和专利权所具有的独占性,在同一个国家或者地域范围内,同样的技术只能被批准授予一项专利权。为了保证"相同的技术只被授予一项专利权"的原则得以实现,我国《专利法》规定,两个以上的申请人分别就同样的发明创造提出专利申请的,专利权授予最先申请的人。这一原则被称为"先申请原则"。该项原则虽然能够解决一些问题,但不能解决一切问题:第一,专利法虽然规定了"先申请原则",但并没有直接规定"当最先申请的人获得专利权后,国务院专利行政部门应当驳回其他的在后申请"。因此,在最先申请人获得专利权后,在后的申请仍然处于有效状态,还有获得重复授权的机会。第二,国务院专利行政部门对专利申请的审查,尽管应当按申请日的先后顺序进行,但也可能因在先申请需要补正或者存在其他问题或原因,而致在先申请尚未被审查完毕或授予专利权之前,国务院专利行政部门仍然要依照法定程序对其他在后申请进行审查。在此情况下,若无其他制度来约束,至少会出现两个问题:(1) 将所有在后申请的审查工作暂停下来,等待在先申请审查完毕后,依情况而决定是否继续进行审查;(2) 经审查,在后申请符合专利法规定的所有条件,被授予了专利权,但在先申请也应当被授予专利权,因而引起矛盾。无论出现第一个问题还是第二个问题,都是专利制度所不允许的。

为了体现法律的公平与效率,专利理论上引入了"冲突申请"或者"抵触申请"的概念。在申请日以前,同样的技术已由他人向国务院专利行政部门提出过申请,并且记载在申请日以后公布的专利申请文件中,那么,该他人的这一申请就是被审查之申请的冲突申请。冲突申请虽然不属于现有技术,但它却能致使在后申请丧失新颖性。

在先申请构成在后申请之冲突申请应符合以下条件:(1) 先、后申请人既不是同一申请人,也不是共同申请人;(2) 先、后两专利申请具有相同的技术主题;(3) 在先申请虽不曾公开,但被记载在在后申请的申请日以后公布的申请文件中。

应当注意:在先申请在被公布以前撤回、放弃、被视为撤回或者被驳回,则不能构成冲突申请。

(三) 丧失新颖性的例外

前面已经讲过,申请专利的发明或者实用新型只要在申请日以前被公开,其公开行为不论是申请人自己所为还是他人所为,该申请就会丧失新颖性。但是,这一规定并不是绝对的,即在某些特殊情况下,尽管申请专利的发明或者实用新型在申请日前公开,但在一定的期限内提出专利申请的,则不丧失新颖性。这种例外情况几乎是所有国家的专利法都有的规定,是对发明人的一种临时保护。不过,各国专利法对发明人规定的临时保护办法以及所适应的范围并不完全一致,以致这种保护几乎都只适用于本国,外国不承认它有不丧失新颖性的效力。综合各国的情况,给发明人规定的临时保护措施有两种:一种是宽限期保护,另一种是优先权保护。但也有国家规定对外国申请人给予优先权保护,对本国人则给予宽限期保护。我国现行《专利法》对中国申请人和外国申请人都给予优惠期保护。上述两种临时保护措施，后者优先适用。

我国《专利法》第24条对此作了具体规定，即申请专利的发明创造在申请日以前6个月内，有下列情况之一的，不丧失新颖性：(1) 在中国政府主办或者承认的国际展览会上首次展出的；(2) 在规定的学术会议或者技术会议上首次发表的；(3) 他人未经申请人同意而泄露其内容的。中国政府承认的国际展览会，是指国际展览会公约规定的在国际展览局注册或者由其认可的国际展览会。学术会议或者技术会议，是指国务院有关主管部门或者全国性学术团体组织召开的学术会议或者技术会议。

二、创造性

（一）创造性的含义

创造性，是发明或者实用新型获得专利权的又一实质条件，美国称之为"非显而易见性"，也有国家称之为"先进性"或者"进步性"。这个标准是衡量发明或者实用新型能否取得专利权的重要条件，它能从质的方面反映出发明或者实用新型的特征。

我国《专利法》第22条第3款规定："创造性，是指与现有技术相比，该发明具有突出的实质性特点和显著的进步，该实用新型具有实质性特点和进步。"此处所用的"与现有技术相比"，是指将申请专利的发明或者实用新型同申请日以前已有的与该发明或者实用新型相同或者相邻的技术领域中所有已公开技术进行比较。在进行创造性判断时，允许把相关的几份对比文件组合在一起进行对比判断。这与判断新颖性的单独对比原则不同。

所谓"发明有突出的实质性特点"，是与现有技术相比，申请专利的发明具有与其明显不同的技术特征，这是发明内在的质的标志。凡是发明所属之技术领域的"普通技术人员"不能直接从现有技术中得出构成该发明必要的全部技术特征的，都被认为具有突出的实质性特点。发明是其所属技术领域的技术人员在现有技术的基础上通过逻辑分析、推理或者试验可以得到的，该项发明就是显而易见的，因此被认为不具有"突出的实质性特点"。

在判定发明是否具有创造性时，专利法引入了"所属技术领域普通技术人员"的概念。"所属技术领域的普通技术人员"与审查员不同，他是一种拟制人，具有中等技术水平，通晓所属技术领域中的所有技术，并且规定他的技术水平随着技术领域和完成发明时间的不同而变化。

所谓"发明有显著的进步"，是指与最接近的技术相比，申请专利的发明具有长足的进步。这种进步表现在：发明克服了现有技术中存在的缺陷和不足，或者表现在发明所代表的某种新技术趋势。

专利法要求发明有"显著进步"，其目的在于防止那些倒退的或者对科学技术的进步无益的发明出现。

关于实用新型的创造性标准与发明不同。除了对实用新型的创造性要求低于发明外,《专利法》规定对实用新型专利申请不进行实质审查,所以对实用新型创造性的评定,只有在对实用新型专利权提出无效宣告请求时才可能涉及。

(二)审查原则

一件发明专利申请是否具有创造性,只有在该项发明具备新颖性的前提下才予以审查。若申请专利的发明已被判定为没有新颖性,就不必进行创造性审查了。

在评价申请专利的发明是否具有创造性时,审查员不仅要考虑发明技术方案本身的实质性,而且还要考虑发明的目的或者效果,将它们作为一个整体来对待。审查员可以将两份或者两份以上的对比文件或者这些对比文件的某些部分组合在一起进行评定。

(三)审查基准

专利审查员应当以《专利法》第22条第3款的规定作为评定有无创造性的基准。根据专利审查实践看,以下几个方面是判断创造性的参考基准:

(1)申请专利的发明解决了人们渴望解决但一直没有解决的技术难题。例如,人们一直渴望找到一种能够准确预报地震的方法,但直到现在为止这一问题还没有被解决。倘若某地震学家研究出这样一种方法,那么它毫无疑问应该被判定为具有创造性。

(2)申请专利的发明克服了技术偏见。所谓技术偏见,是指在某个时间内,该技术领域的技术人员对某个技术问题普遍存在的一种观点。这种观点误导人们不去思考其他方面的可能性,阻碍了人们对该技术领域作进一步的研究和开发。如果申请专利的发明冲破这种束缚,克服了技术偏见,这样的发明就具有了创造性。

(3)申请专利的发明取得了意想不到的技术效果。这一基准,是指同现有技术相比,申请专利的发明产生了"质"的变化,具有了新的性能;或者产生了"量"的变化,超出了人们预期的想象。发明所具有的这种"质"和"量"的变化,对所属技术领域的技术人员来说是事先无法预测或者推演出来的。

(4)申请专利的发明在商业上获得成功。一项发明通过实施在商业上获得成功,且这种成功是由于发明的技术特征直接产生的结果,则这项发明就具有创造性。但是,如果商业上的成功是其他原因所致,则不能作为判断创造性的依据。

审查发明是否具有创造性时,审查员不必考虑发明人在完成发明的过程中是否付出了巨大的代价。尽管有很多的发明是发明人创造性劳动的结果,是长期科学研究或者生产实践的总结,但也有一些发明是偶然取得的,不能因此而否定它的创造性。另一方面,专利审查员必须以发明所属技术领域的普通技术人员作为客观标准进行判断,应避免主观因素对创造性判断产生影响。

三、实用性

(一)实用性的含义

实用性,是发明或者实用新型获得专利权的第三个实质条件。此处的"实用"一词,主要是指能够在工业上应用并有实际利益。《专利法》第22条第4款规定:"实用性,是指该发明或者实用新型能够制造或者使用,并且能够产生积极效果。"依此规定,申请专利的发明或者实用新型是一种产品的,该产品必须能够在产业上制造;申请专利的发明是一种方法的,该方法就必须能够在产业上使用。专利法所指的"产业",包括工业、农业、林业、水产业、畜牧业、交通运输业以及文化、体育和医疗器械行业等。

申请专利的发明或者实用新型"能够产生积极的效果",包括三个方面的含义:(1)能够产生积极的社会效果。它是指该项发明或者实用新型被实施后,不产生对社会的危害,不产生对人类生存、安全、环境的危害,不损害社会公共道德。在美国,有害的、危险的、不道德的发明都按缺乏实用性处理。(2)能够产生积极的技术效果。它是指申请专利的发明或者实用新型被实施后有利于促进科学技术的发展。(3)能够产生积极的经济效果。它是指申请专利的发明或者实用新型被实施后,能够给发明人或者专利权人或者国家带来良好的经济效益,如节省原材料、节约能源、增加财富和提高收入等。

(二)审查原则

审查发明或者实用新型专利申请是否具有实用性时,应当注意:(1)以在申请日提交的说明书、附图和权利要求书所公开的整体技术内容为依据,而不仅仅局限于权利要求书所记载的内容;(2)申请专利的发明或者实用新型能否实施,应以其所属技术领域的技术人员能否实施为准;(3)实用性与申请专利的发明或者实用新型是如何创造出来的以及是否已经实施无关。

(三)不具有实用性的几种情况

(1)申请专利的发明或者实用新型不具有再现性。发明或者实用新型的再现性,是指申请专利的发明或者实用新型所属技术领域的技术人员能够根据专利申请文件所公开的技术内容重复实施专利申请中为达到其目的所采用的技术方案。这种重复实施不得依赖任何随机因素,并且实施的结果都是相同的。但应当注意:发明或者实用新型申请所说的"产品"的成品率低与不具有再现性有着本质区别。

(2)申请专利的发明或者实用新型缺乏技术手段。申请专利的发明或者实用新型应当是一项已经完成的技术方案,才能具有实用性。缺乏技术手段的发明或者实用新型专利申请是未完成的技术方案,不具有实用性。《专利法》第26条第3款、第4款规定,说明书应当对发明或者实用新型作出清楚、完整的说明,以所属技术领域的技术人员能够实现为准;必要的时候,应当有附图。摘要应当简要说明发明或者实用新型的技术要点。权利要求书应当以说明书为依据,清楚、简要地限定要求专利保护的范围。如果原始申请的说明书、附图和权利要求书所公开的内容缺少全部或部分实施该发明或者实用新型的必要技术手段,则该项申请就是未完成的技术方案,不具备实用性。

(3)申请专利的技术方案违背自然规律。具有实用性的专利申请应当符合自然规律。违背自然规律的技术方案不能在工业上应用,因此不具有实用性。例如,违背能量守恒定律的永动机,必然不具有实用性。

(4)利用独一无二的自然条件所完成的技术方案。利用特定的自然条件建造的自始至终都是不可能移动的产品,不具有实用性。但应当注意:有些产品本身是可移动的,但将它构造成其他产品时被固定为不可移动,这种结果不影响该产品本身所具有的实用性。

例如，砖、瓦、天花板、墙壁、屋顶、地板、门窗等产品都是可以移动的，但是，一旦将这样的产品安装在建筑物上，它们就成为不可移动的产品。在这种情况下，不能因为建筑物不可移动而否定这些构件所具有的实用性。

（5）申请专利的技术方案不能产生积极效果，即实施这样的技术方案可能造成环境污染、能源或者资源的严重浪费、损害人体健康的，不具有实用性。

第三节　外观设计的专利授权实质条件

外观设计虽然也是我国《专利法》的保护对象，但它与发明和实用新型不同。发明和实用新型都是一种新的技术方案，是技术成果，而外观设计是一种"富有美感并适于工业应用的新设计"。因此，外观设计的可专利性不同于发明和实用新型的可专利性。

授予专利权的外观设计，应当不属于现有设计；也没有任何单位或者个人就同样的外观设计在申请日以前向国务院专利行政部门提出过申请，并记载在申请日以后公告的专利文件中。现有设计，是指申请日以前在国内外为公众所知的设计。授予专利权的外观设计与现有设计或者现有设计特征的组合相比，应当具有明显区别。授予专利权的外观设计不得与他人在申请日以前已经取得的合法权利相冲突。

由于国务院专利行政部门只对外观设计专利申请进行形式审查，而不进行实质审查，所以只有在外观设计专利权无效宣告程序中才涉及实质条件的审查。

为了解决实践中出现的外观设计专利权与商标权、著作权等权利之间的冲突问题。最高人民法院于2015年1月19日通过第二次修正的《关于审理专利纠纷案件适用法律问题的若干规定》第16条规定：在先取得的合法权利包括：商标权、著作权、企业名称权、肖像权、知名商品特有包装或者装潢使用权等。实践中，有些外观设计专利申请人未经许可，将他人在先已经取得合法权利的商标图案、美术作品等结合自己的产品申请外观设计专利。由于国务院专利行政部门对外观设计专利申请只进行初步审查，只要外观设计专利申请符合《专利法》规定的形式条件即可获得专利权，而不考虑申请专利的外观设计是否侵犯了他人的在先权利。有了现行法的这一规定，在先权利所有人就可以依此规定，请求专利复审委员会宣告该外观设计专利权无效。

综上所述，《专利法》所规定外观设计取得专利权的实质条件应为：新颖性、美观性和合法性。新颖性，是指申请专利的外观设计与其申请日以前已经在国内外出版物上公开发表的外观设计不相同和不相近似；与其申请日前已在国内外公开使用过的外观设计不相同和不相近似，与现有设计或者现有设计特征的组合相比具有明显区别，且不与他人在申请日以前已经取得的合法权利相冲突。美观性，是指外观设计被使用在产品上时能使人产生一种美感，增加产品对消费者的吸引力。合法性，则是指申请专利的外观设计不得与他人在先取得的合法权利相冲突，而且不得违反法律、社会公德，也不得损害公共利益。

第十四章 专利权的取得

第一节 专利申请权

一、专利申请权概述

（一）专利申请权的概念和特征

专利申请权，是指公民、法人或者其他组织依据法律规定或者合同约定享有的就发明创造向国务院专利行政部门提出专利申请的权利。

公民、法人或者其他组织依法享有的专利申请权受法律保护。专利申请权是一项独立的财产权，其价值在于专利申请权是产生专利权的基础。《专利法》第6条规定：职务发明创造申请专利的权利属于该单位；申请被批准后，该单位为专利权人……非职务发明创造，申请专利的权利属于发明人或者设计人；申请被批准后，该发明人或者设计人为专利权人。专利申请权的价值能否实现，取决于产生专利申请权的发明创造所具有的本质状况。如果产生专利申请权的发明创造缺乏可专利性，不能被批准为专利，那么该项专利申请权就没有实际价值。

专利申请权具有以下基本特征：

（1）相对性。特定主体就某项发明创造享有的专利申请权，不能排斥他人就同样主题的发明创造向国务院专利行政部门提出专利申请。具体来说，专利申请权没有排他性或者独占性，是一种相对权利。由专利申请权所产生的权利义务只能发生于特定主体之间，不能对第三人产生约束力。

（2）暂时性。公民、法人或者其他组织依法享有的专利申请权的效力时限分两种情况：第一，在专利申请人提出专利申请后，其申请一旦被授予专利权或者被驳回，专利申请权便随之终止。第二，若专利申请权人以技术秘密方式保护发明创造，那么只要该项发明创造的技术内容不被泄露，由此项发明创造所产生的专利申请权就始终存在。

（3）相关性。专利申请权，实质上是一种请求权，即请求国务院专利行政部门依法确认其独占特定发明创造的权利。有了专利申请权，才有可能获得原始专利权。因此，专利申请权和专利权是相关的。在专利申请权存在时，专利权尚不存在；专利权一旦产生，专利申请权也就随之终止。

（二）专利申请权的归属

一项发明创造产生的专利申请权归谁所有，主要有两种情形：一是由法律直接规定，二是依合同约定。

1. 由法律直接规定的情形

《专利法》第6条第1款规定职务发明创造的专利申请权归单位所有,第2款规定非职务发明创造的专利申请权归完成该发明创造的发明人或者设计人所有。第8条规定:"两个以上单位或者个人合作完成的发明创造、一个单位或者个人接受其他单位或者个人委托所完成的发明创造,除另有协议的以外,申请专利的权利属于完成或者共同完成的单位或者个人……"

2. 依合同约定的情形

《专利法》第6条第3款规定:"利用本单位的物质技术条件所完成的发明创造,单位与发明人或者设计人订有合同,对申请专利的权利和专利权的归属作出约定的,从其约定。"此外,根据《专利法》第8条的规定,两个以上单位或者个人合作完成的发明创造、一个单位或者个人接受其他单位或者个人委托所完成的发明创造,对申请专利的权利和专利权的归属作出约定的,从其约定。这表明"合作发明创造"与"委托发明创造"的专利申请权的归属可以由当事人协议约定。

二、专利申请权的行使

专利申请权的行使,主要是指依法享有专利申请权的人依据法律的规定按自己的意愿发挥其专利申请权效用的行为。具体来说,包括专利申请权的转让、是否申请专利、向哪些国家或者地区申请专利以及是否放弃专利申请权等行为。

三、专利申请权的转让

《专利法》第10条规定专利申请权可以转让。专利申请权的转让可以在专利申请人向国务院专利行政部门提出专利申请以前进行;也可以在专利申请人向国务院专利行政部门提出专利申请后、授予专利权以前进行。

专利申请权不论在那一个时间段转让,其结果都是一样的,即原专利申请人因转让而丧失专利申请权,受让人因受让而获得相应的专利申请权。受让人以此专利申请权向国务院专利行政部门提出专利申请的,除了提交法律规定的专利申请文件外,还应提交双方签名或盖章的专利申请权转让合同。

专利申请权的转让需要向国务院专利行政部门登记,由国务院专利行政部门公告。中国单位或者个人向外国人、外国企业或者外国其他组织转让专利申请权的,应当依照有关法律、行政法规的规定办理手续。专利权因其他事由发生转移的,当事人应当凭有关证明文件或者法律文书向国务院专利行政部门办理专利权转移手续。

转让专利申请权的,当事人应当订立书面合同,并向国务院专利行政部门登记,由国务院专利行政部门予以公告。专利申请权的转让自登记之日起生效。

专利申请权的共有人对权利的行使有约定的,从其约定。没有约定的,行使共有的专利申请权应当取得全体共有人的同意。

四、决定是否申请专利

只有依法享有专利申请权的人,才能就某项发明创造向专利主管机关申请专利。专利申请权人决定向专利主管机关申请专利的,将导致其发明创造被公开,其法律后果可能有两种:如果其发明创造能够获得专利权,即可以享有一定期限的独占权;如果不能获得专利权,其发明创造就会因公开而进入公有领域,致使其付出的代价化为乌有。因此,决定对其发明创造是否申请专利,应当是一个很严肃的问题,不应草率从事。

如果对某项发明创造依法享有专利申请权的人只有一个,可以充分自由地决定是否将其发明创造申请专利。如果为两个以上的单位或者个人,那么,在未经全体专利申请人一致同意的情况下,其中的任何一个或者几个人均不得自行决定将其发明创造申请专利。

五、专利申请权的继承

专利申请权可以被继承。专利申请人死亡后,其依法享有的专利申请权可以作为遗产,由其合法继承人继承。专利申请权的继承人可依法提出专利申请,但继承人提出专利申请时,应当提交由公证机关签发的当事人是唯一合法继承人的证明文件。除另有明文规定外,共同继承人应当共同继承专利申请权。在专利申请人死亡时,若无法定继承人,也无人受遗赠,则其专利申请权终止,其发明创造成为公有财产。

第二节　专利申请人

一、专利申请人的概念

专利申请人,是指对某项发明创造依法律规定或者合同约定享有专利申请权的公民、法人或者其他组织;或者说,专利申请人就是有资格就发明创造提出专利申请的公民、法人或者其他组织。专利申请人应当具备以下条件:

(1)具有相应的国籍。有资格向国务院专利行政部门提出专利申请的人必须是具有中华人民共和国国籍的公民或者单位。外国人要在我国申请专利,必须符合下列条件:第一,在中国有经常居所或者营业所;第二,在中国没有居所或者营业所的,向我国提出专利申请,就应当依照其所属国同中华人民共和国签订的协议或者共同参加的国际条约,或者依照互惠原则,按《中华人民共和国专利法》规定办理申请手续。

(2)有符合《专利法》规定的发明创造,并且拥有合法的专利申请权。

二、专利申请人的种类

从不同的角度,可以将专利申请人分为以下几类:

(1)就职务发明创造而言,其发明人或者设计人的所属单位为专利申请人;但利用本单位的物质技术条件完成的发明创造的专利申请权,按合同约定归发明人或者设计人的,该发明人或者设计人为专利申请人。

(2) 就非职务发明创造而言,其发明人或者设计人就是专利申请人。

(3) 就合作发明创造而言,其合作发明人或者设计人或者其所属单位是专利申请人,另有协议的除外。

(4) 就委托发明创造而言,委托合同约定的人为专利申请人;没有合同约定或者合同约定不明的,完成发明创造的发明人或者设计人为专利申请人。

除上述四种基本情况外,专利申请权的受让人也可以是专利申请人。

三、专利申请人的权利

专利申请人依法提出的专利申请被国务院专利行政部门受理后,就享有以下权利:

(1) 对其后由他人就同样的发明创造向国务院专利行政部门提出的专利申请而言,该申请人取得了在先申请人的地位。

(2) 有权依据其申请要求优先权。当申请人以同样的发明创造向《巴黎公约》其他成员国提出专利申请或者提出 PCT(即《专利合作条约》)申请时,有权根据其申请要求国际优先权。当然,还可以根据其申请要求国内优先权。

(3) 发明专利申请案公开后,申请专利的发明将得到临时保护。《专利法》第13条规定:"发明专利申请公布后,申请人可以要求实施其发明的单位或者个人支付适当的费用。"该申请若没有被授予专利权,这种临时保护也就不存在了。

(4) 在专利申请被批准为专利、被驳回、被撤回或者被视为撤回以前,专利申请人可以转让其专利申请权。

(5) 在专利申请的审查过程中,专利申请人还享有撤回权、修改权、修改请求权、陈述意见权、实审请求权以及放弃权等项权利。

专利申请人依法享有的上述权利,使得申请人在就其发明创造提出专利申请后和获得专利权以前能够使自己的发明创造不受他人非法干预、侵犯。

第三节 专利申请原则

根据我国《专利法》及其《实施细则》的规定,专利申请人或者其代理人在办理专利申请手续时应当遵守以下几项基本原则:

一、书面原则

书面原则,是指专利申请人及其代理人在办理《专利法》及其《实施细则》规定的各种手续时,都应当采用书面形式。一般情况下,专利申请人及其代理人在办理相应的手续时不得以口头形式,也不得以电报、电话、电传、胶片等形式代替书面形式,更不得以向专利局提交实物的方式代替书面形式,而且专利申请人或者其代理人提交的书面文件必须使用国务院专利行政部门指定的格式,由申请人签名或盖章。这样做,既有利于专利申请文件的阅读、处理和长期保存,又有利于管理专利工作的部门用科技手段对专利申请文件进行利用和管理。但是,随着电子技术和网络技术的不断发展,已有许多国家开始利用网络手段办理专利申请等手续,因此,《专利法实施细则》第 3 条在"书面原则"的前提下,允许专利申请人或者其代理人按国务院专利行政部门规定的其他形式办理。

申请人及其代理人依照《专利法》及其《实施细则》的规定提交的各种文件应当使用中文。国家有统一规定的科学技术术语的,应当采用规范词。外国人名、地名和科学技术用语没有统一中文译文的,应当注明原文。

依照《专利法》及其《实施细则》规定提交的各种证件是外文的,国务院专利行政部门可以要求当事人在指定的期限内附送中文译文;期满未附送中文译文的,视为未提交证件和证明文件。专利申请人等办理各种手续未使用中文的,国务院专利行政部门不予受理。

二、先申请原则

专利权是一种具有排他性的专有权,在同一法域内,相同主题的发明创造只能被授予一项专利权,而且已经获得专利权的发明创造不能被再次授予专利权。为了解决这个问题,《专利法》规定,两个以上的人分别就同样的发明创造申请专利的,专利权授给最先申请人。这就是先申请原则。这里所说的"最先申请人",是指申请日或者优先权日最早的人。

目前,世界上绝大多数国家都采用先申请原则,只有个别国家采用"先发明原则"。

"先申请原则"与"先发明原则"各有所长。先发明原则的优点主要是:让发明人能较安心地进行周密细致的研究实验,不必担心他人就相同主题的发明创造抢先申请;而先申请原则可以促进发明人或者设计人尽快地申请专利,即使其发明创造尚不完全成熟也没关系,因为大多数实行先申请原则的国家都有"国内优先权"制度。先发明原则的缺点主要是:当有两个或者两个以上的人分别就相同主题的发明创造向专利行政部门提出专利申请时,要准确地确定谁最先完成发明创造,往往有比较大的困难;而先申请原则就不存在这个问题。但先申请原则的最大不足是:在某些情况下,获得专利权的人并不一定是最先完成发明创造的人。如果最先完成发明创造的人申请在后,他就不能获得专利权。

三、单一性原则

专利申请的单一性原则,是指一份专利申请文件只能就一项发明创造提出专利申请,即"一申请一发明"原则。实行专利申请的单一性原则,便于专利局对专利申请进行分类、检索和审查。在专利权授予后,也有利于专利权的转让和专利许可合同的签订,因此几乎所有的国家都采用了这一原则。

实行专利申请单一性原则的另一原因,在于防止专利申请人以一份申请请求保护几项发明创造,来达到少缴专利申请费、审查费以及授予专利权以后的专利维持费等费用的目的。

虽然专利申请的单一性原则不允许在一份专利申请中就两项或者两项以上的发明创

造提出专利申请,但是却允许就"属于一个总的构思"或者"有联系的""有关的"或者"相互依赖的"技术方案提出专利申请;就外观设计而言,允许在一份申请中就"用于同一类别并且成套出售或者使用的产品的"两件以上的外观设计提出专利申请。

根据《专利法》,一件发明或者实用新型专利申请应当限于一项发明或者实用新型。属于一个总的发明构思的两项以上的发明或者实用新型,可以作为一件申请提出。《专利法实施细则》作了进一步的规定,可以作为一件专利申请提出的属于一个总的发明构思的两项以上的发明或者实用新型,应当在技术上相互关联,包含一个或者多个相同或者相应的特定技术特征,其中特定技术特征是指每一项发明或者实用新型作为整体,对现有技术作出贡献的技术特征。

一件外观设计专利申请应当限于一项外观设计。同一产品两项以上的相似外观设计,或者用于同一类别并且成套出售或者使用的产品的两项以上外观设计,可以作为一件申请提出。同一类别并且成套出售或者使用的产品的两项以上外观设计,是指各产品属于分类表中同一大类,习惯上同时出售或者同时使用,而且各产品的外观设计具有相同的设计构思。将同一产品的多项相似外观设计作为一件申请提出的,对该产品的其他设计应当与简要说明中指定的基本设计相似。一件外观设计专利申请中的相似外观设计不得超过10项。

第四节 专利申请日

一、专利申请日的确定

专利申请日,也称关键日,是国务院专利行政部门收到专利申请文件之日。

专利申请日对专利申请人具有极为重要的意义,且对申请专利的发明创造能否获得专利权产生直接影响。确定专利申请日应当注意以下问题:

(1)如果专利申请文件是通过邮局邮寄的,则以寄出的邮戳日为申请日。在这种情况下,不能以国务院专利行政部门收到专利申请文件的日期为申请日,也不能以专利申请文件到达国务院专利行政部门的邮戳日为申请日。依《专利法实施细则》第4条,邮件上寄出的邮戳日不清晰,除当事人能够提供证明外(如挂号回执单上的日期等),则以国务院专利行政部门收到专利申请文件的日期为专利申请文件的递交日,并以此日为专利申请日。

(2)专利申请人享有优先权的,以优先权日为申请日。

二、优先权

(一)优先权的含义

专利申请人就其发明创造第一次提出专利申请后,在一个法定期限内,又就相同主题的发明创造提出专利申请的,根据有关法律规定,其在后申请以第一次申请的日期作为申请日。专利申请人依法享有的这种权利,就是优先权。

优先权的主要作用是使专利申请人就其发明创造第一次提出申请后,有足够的时间考虑是否向其他国家提出专利申请,并且有时间选择在其他国家的专利代理人,办理必要的手续;或者有充分的时间对申请专利的发明创造进行修改、改进,而不必担心在此期间被第三人抢先申请。

此处所说的"法定期限",就是优先权期。根据我国《专利法》,发明或者实用新型专利申请的优先权期为自第一次专利申请之日起的 12 个月;外观设计专利申请的优先权期为 6 个月。第一次提出专利申请的日期为优先权日。申请人要求优先权的,应当在申请的时候提出书面声明,并且在 3 个月内提交第一次提出的专利申请文件的副本;未提出书面声明或者逾期未提交专利申请文本副本的,视为未要求优先权。

优先权可分为国际优先权和国内优先权。

(二) 国际优先权

国际优先权,是指申请人就其发明创造第一次在某国提出专利申请后,在优先权期内,就相同主题的发明创造向另一国提出专利申请的,依照有关国家法律的规定而享有的优先权。

(三) 本国优先权

本国优先权,是指申请人就其发明或者实用新型在某国第一次提出专利申请后的一定期限内,就相同主题的发明或者实用新型又向该国提出后一申请时依法享有的优先权。

第五节 专利申请文件

一、发明或者实用新型申请文件

《专利法》第 26 条第 1 款规定:"申请发明或者实用新型专利的,应当提交请求书、说明书及其摘要和权利要求书等文件。"根据此项规定,发明或者实用新型专利申请人应当向国务院专利行政部门提交以下申请文件:

(一) 请求书

请求书,是指专利申请人向国务院专利行政部门提交的请求授予其发明或者实用新型以专利权的一种书面文件。专利申请人向国务院专利行政部门提交的请求书应当使用由国务院专利行政部门规定的表格,并且应当使用中文填写。根据《专利法》及其实施细则的规定,请求书应当写明发明或者实用新型的名称,发明人的姓名,申请人姓名或者名称、地址,以及其他事项。

(1) 发明或者实用新型的名称。申请人在请求书中所填写的发明或者实用新型名称,应当准确、简洁地确定该发明或者实用新型的实质性特点,并与发明或者实用新型的内容完全相符。该名称应根据通用的或者专业的技术用语反映其主题的类别概念,如"空间滤波器"。若没有专用词汇,则可采用叙述的方法,如"使聚集的贵金属在沸石催化剂上的再分散的活化方法"。不允许将专用名词、类似商标的联合词、符号、虚构词或象征性的标志等纳入名称中;也不应含有非技术词语,如人名、公司名称、代号、型号等,也不能使用诸如"及其他""及其类似物"等模糊词语。

(2) 发明人的姓名。专利申请文件中的"发明人"是指对发明或者实用新型的实质性特征作出过创造性贡献的人。在完成发明或者实用新型的过程中,只负责组织工作的人、为物质条件的利用提供方便的人或者从事其他辅助工作的人,不是发明人。专利申请文件中的"发明人"只能是自然人,且应当使用本人的真实姓名,不得使用笔名或假名。若有两个或者两个以上的发明人,则应自左向右按顺序填写。发明人可以是完全民事行为能力人、限制民事行为能力人,也可以是无民事行为能力人。发明人可以请求专利局不公布其姓名,但必须由真正的发明人以书面形式向专利局提出。该项请求提出后,经专利局审查,认为这种请求符合要求的,专利局便决定在专利公报上、说明书单行本以及专利证书中均不公布其姓名,发明人也不得再请求重新公布其姓名。外国发明人姓名中可以使用外文缩写字母,姓和名之间用圆点分开。

(3) 申请人姓名或名称。根据《专利法》第6条规定,申请人既可以是发明人,也可以是发明人的权利继受人,还可以是其所属单位(法人或其他组织)。若申请人就是发明人,申请人的姓名必须与上述发明人的姓名相同;否则,申请人就应当向国务院专利行政部门提交相应的证据,以证明自己的专利申请人身份。若发明人所完成的是职务发明或者实用新型,申请人就是该发明人的所属单位。申请人是个人的,应当使用本人真实姓名,不得使用笔名或假名;申请人是单位的,应当使用正式全称,不得使用缩写或者简称。申请文件中指明的名称,应当与其使用的公章上的名称相一致。申请人是外国人、外国企业或者外国其他组织的,国务院专利行政部门可以根据《专利法实施细则》第33条的规定,通知申请人提供国籍证明,如果申请人是企业或者其他组织的,应提供其注册的国家或地区的证明文件。若申请人在请求书中声称在中国有经常住所或营业所,专利局应当要求提供当地公安部门出具的住所证明或者当地工商行政部门出具的真实有效的营业所证明。

申请人被确认是"在中国没有经常住所或者营业所的外国人、外国企业或者外国其他组织"的,国务院专利行政部门应当审查请求书中指明的申请人国籍或者总部所在地国家是否符合《专利法》第18条规定的下列三个条件之一:(1)申请人所属国同我国签订有相互给予对方国民以专利保护的协议;(2)申请人所属国同我国是共同参加的国际条约成员;(3)申请人所属国法律中订有依互惠原则给外国人以专利保护。

(4) 地址。请求书中的地址,包括申请人地址、专利代理机构地址和共同代表人地址,应当符合邮件能迅速、准确投递的要求。本国的地址应当指明省(或者自治区、直辖市)、市(或者地区、自治州等)、区(或者县、自治县等)、乡(或者镇、街道)、村等的详细地址,还应包括邮政编码。地址中可以包含单位名称,但单位名称不能代替地址。外国的地址应列明国别、市(县、州)等,并附具外文的详细地址。

(5) 其他应当写明的事项。

依赖遗传资源完成的发明创造,申请人应当在专利申请文件中说明该遗传资源的直接来源和原始来源;申请人无法说明原始来源的,应当陈述理由。就依赖遗传资源完成的发明创造申请专利的,申请人应当在请求书中予以说明,并填写国务院专利行政部门制定的表格。

(二) 说明书

说明书,是发明或者实用新型专利申请人必须提交的基本文件,是对发明或者实用新型的技术内容进行具体说明的陈述性书面文件。《专利法》第26条第3款规定,说明书应当对发明或者实用新型作出清楚、完整的说明,以所属技术领域的技术人员能够实现为准;必要时,应当有附图。

(1) 说明书的内容应当清楚,表现在以下几个方面:第一,主题明确。说明书应当从现有技术出发,明确说明发明或者实用新型想要解决什么和如何做,使所属技术领域的技术人员能够准确地理解该发明或者实用新型的主题。换句话说,说明书应当写明发明或者实用新型的目的,为达到该目的所采用的技术方案所能达到的技术效果。其目的、技术方案和技术效果应当相互适应,不得出现彼此矛盾的情形。第二,用词准确。说明书应当使用发明或者实用新型所属技术领域的技术用语来描述。其用词应当准确地表达发明或者实用新型的主题,不得含糊其辞或者模棱两可。对于自然科学名词,国家有规定的,应当采用统一用语;必要时也可以采用最新出现的科学术语,或者直接使用外来语,但是这些用语的含义对所属技术领域的技术人员来说必须是清楚的。此外,说明书中使用的科技术语与符号应当前后一致。说明书的内容涉及计量单位时,应当使用国家法定的计量单位,包括国际单位制计量单位和国家选定的其他计量单位。说明书中不可避免地使用商品名称时,其后应当注明其型号、规格、性能及制造单位。第三,说明书附图符合规定。说明书有附图的,其附图所指示的技术特征与说明书中文字描述的该技术特征一致,并且使用相同的附图标记或符号。

(2) 完整的说明书不得缺少有关理解、再现发明或者实用新型所需要的任何技术内容。一份完整的说明书,应当包含以下各项内容:第一,帮助理解发明或者实用新型不可缺少的内容。例如,有关所属技术领域、背景技术状况的描述;有附图的,还应当包括对附图的说明等。第二,确定发明或者实用新型专利性所需要的内容。例如,发明的目的、技术解决方案和有益效果。第三,再现发明或者实用新型所需的内容。例如,达到发明目的的技术解决方案的实施方式。应当指出:凡是所属技术领域的技术人员不能从现有技术中直接得出的有关内容,均应当在说明书中描述。

(3) 说明书的撰写方式和顺序。根据《专利法实施细则》第16条规定,发明或者实用新型专利申请说明书应当写明下列事项:第一,发明或者实用新型的名称。该名称应当与请求书中的名称一致,不得超过25个字。第二,发明或者实用新型所属技术领域。该技术领域应当是发明或者实用新型直接所属或者直接应用的具体技术领域,而不是上位的或者相邻的技术领域,也不是发明或者实用新型本身。该具体技术领域往往与发明或者实用新型在国际专利分类中可能分入的最低位置有关。例如,一项关于"挖掘机悬臂"的发明,其技术特征是将已有技术中的"长方形悬臂面"改为"椭圆形截面"。该发明的所属技术领域可以写成"本发明涉及一种挖掘机,特别是涉及一种挖掘机悬臂"(具体的技术领域),而不宜写成"本发明涉及一种建筑机械"(上位的技术领域),也不宜写成"本发明涉及挖掘机悬臂的截面"(发明本身)。第三,就申请人所知,写明对发明或者实用新型的理解、检索、审查有用的技术背景,并且引证反映这些背景技术的文件。这些文件可以是专利文件,也可以是非专利文件,例如,期刊、杂志、手册和书籍等。引证专利文件的,要写明专利文件国别、公开号和公开日期;引证非专利文件的,要写明这些文件的详细出处。此外,在说明书涉及背景技术的部分中,还要客观地指出背景技术存在的问题和缺点。在可能的情况下,说明存在这种问题和缺点的原因以及解决这些问题时曾经遇到的困难。第四,发明或者实用新型的目的。该目的是指发明或者实用新型要解决的现有技术中存在的问题。发明或者实用新型专利申请公开的技术方案应当能够解决这些技术问题。对发明或者实用新型的目的的描述不得采用广告式宣传用语。专利申请说明书可以包括一个或多个发明或者实用新型的目的,它们应当能由该申请说明书所公开的技术方案达到。当一件申请包括多项发明或者实用新型时,说明书所写明的每个目的应当与一个发明总的构思相关。第五,写明要求保护的发明或者实用新型的技术方案,使所属技术领域的技术人员能够理解,并且能够达到发明或者实用新型的目的。技术方案是申请人对其要解决的技术问题所采取的技术措施的集合。技术措施通常是由技术特征来体现的,一般情况下,说明书涉及技术方案部分的用语应当与独立权利要求的用语相一致,以发明或者实用新型必要技术特征的总和的形式阐明其实质;如有必要,应说明必要技术特征总和与发明或者实用新型效果之间的关系以及说明要求保护的附加技术特征。一件申请若包括有几项发明或者实用新型,那么就应当说明每一项发明或者实用新型的技术方案。第六,发明或者实用新型与现有技术相比所具有的有益效果。这种有益效果是由构成发明或者实用新型的技术特征带来的,或者是由所述的技术特征必然产生的,是确定发明是否具有"显著的进步",实用新型是否具有"进步"的主要依据。第七,有附图的,应当有附图说明。说明书并不是必须有附图说明,只是在有附图的情况下,才必须对附图作图示说明,但图示说明不包括对附图中具体零部件名称和细节的说明。有两幅或两幅以上附图的,应当对所有附图作出图示说明。附图是说明书的一个组成部分,其作用在于用图形补充说明文字部分的描述,使人们能够直观地、形象化地理解发明或者实用新型的每个技术特征和整体技术方案。用文字足以清楚、完整地描述发明技术方案的,可以没有附图,但实用新型专利申请的说明书必须有附图。第八,详细说明申请人认为实现发明或者实用新型的最好方式。在适当的情况下,应当举例说明;有附图的,应当对照附图进行说明。实现发明或者实用新型的最好方式是说明书的重要组成部分。它对于充分公开、理解和再现发明或者实用新型,支持和解释权利要求都是极为重要的。实施方式的描述应当与申请中实现发明或者实用新型技术主题相一致,并应当对权利要求的技术特征给予详细解释,以支持权利要求。

实施例是实施发明或者实用新型的具体例子,其数量应当根据发明或者实用新型的性质、所属技术领域、现有技术状况以及要求保护的范围来确定。对实施例的描述应当详细（有附图的，应当对照附图），使发明或者实用新型所属技术领域的技术人员，在不需要创造性劳动的情况下，就能够实现该发明或者实用新型。若一个实施例足以支持权利要求所概括的技术方案，说明书就可以只给出一个实施例；权利要求（尤其是独立权利要求）覆盖保护范围较宽，其概括的特征不能从一个实施例中找到依据的，就应当给出一个以上的不同实施例，以支持要求保护的范围。若权利要求涉及较宽的数值范围，就应给出两端值附近的实施例和至少一个中间值的实施例。

（三）说明书摘要

说明书摘要应当写明发明或者实用新型专利申请所公开的内容的概要，即写明发明或者实用新型的名称和所属技术领域，并清楚地反映所要解决的技术问题、解决该问题的技术方案的要点以及主要用途。说明书摘要可以包含最能说明发明的化学式；有附图的专利申请，还应当提供一份最能说明该发明或者实用新型技术特征的附图。附图的大小及清晰度应当保证在该图缩小到 4 厘米×6 厘米时，仍能清楚地分辨出图中的各个细节。摘要文字部分不得超过 300 字。摘要中不得使用商业性宣传用语。

（四）权利要求书

权利要求书，是专利申请人向国务院专利行政部门提交的，用以确定专利保护范围的书面文件。它是判定他人是否侵犯专利权的根据，直接具有法律效力。它应当说明发明或者实用新型的技术特征，清楚、简要地表述请求保护的范围；有几项权利要求的，应当用阿拉伯数字顺序编号；其中使用的科技术语应当与说明书中使用的科技术语一致，可以有化学式或者数学式，但是不得有插图。除绝对必要的外，不得使用"如说明书……部分所述"或者"如图……所示"的用语。权利要求中的技术特征可以引用说明书附图中相应的标记，该标记应当放在相应的技术特征后并置于括号内，以便于理解权利要求。附图标记不得解释为对权利要求的限制。权利要求书应当有独立权利要求，也可以有从属权利要求。

按照性质划分，权利要求可以分为产品权利要求和方法权利要求。这种划分的目的是为了确定专利权的范围。

根据《专利法》第 26 条第 4 款规定，权利要求书应当以说明书为依据，清楚、简要地限定要求专利保护的范围。"权利要求书应当以说明书为依据"是指权利要求应当得到说明书的支持，即每一项权利要求所要求保护的技术方案应当在说明书中充分公开，即权利要求的范围不得超过说明书记载的内容。权利要求通常由公开的一个或多个实施例概括而成。权利要求的概括应当适当，使其保护范围正好适应说明书所公开的内容。如果权利要求书没有列出说明书中所阐述的全部新的技术特征，他所受到的法律保护范围就要缩小。但是说明书没有说明的事项，不能写入权利要求书请求保护，因为没有公开的发明或者实用新型不能获得专利保护。

权利要求应当清楚，不仅是每一项权利要求应当清楚，而且所有权利要求作为一个整体也应当清楚。权利要求中的用词应当采用国家统一规定的技术用语，不得使用行话、土话或者自行编造的词语，也不得使用含义不准确的词语，如"厚""薄""强""弱""高温""高压"等,除非这些用词在特定领域中具有公认的确切含义。

权利要求书中的权利要求可以分为"独立权利要求"和"从属权利要求"。独立权利要求应当从总体上反映发明或者实用新型的技术方案,记载为达到发明或者实用新型目的的必要技术特征。此处所指的"必要技术特征"是发明或者实用新型为达到其目的和效果所不可缺少的技术特征,其总和足以构成发明或者实用新型主题,使其区别于其他技术方案。在一份申请的权利要求书中,独立权利要求所限定的一项发明或者实用新型的保护范围很宽。

如果一项权利要求包含了另一项权利要求中的所有技术特征,则该权利要求为从属权利要求。从属权利要求应当用要求保护的附加技术特征,对引用的权利要求作进一步的限定。要求保护的附加技术特征,应当与发明或者实用新型的目的有关,可以是对引用权利要求的技术特征进一步限定的技术特征,也可以是增加的技术特征。

一份申请的权利要求中,应当至少有一项独立权利要求。权利要求书中有两项或者两项以上的独立权利要求的,写在最前面的独立权利要求称为第一独立权利要求,其他独立权利要求称为并列独立权利要求。

一项发明或者实用新型只有一项独立权利要求,并且写在同一项发明或者实用新型的从属权利要求之前。独立权利要求分两部分撰写,其目的在于使公众能够更清楚地看出申请专利的发明或者实用新型的技术特征及其与现有技术的区别。

从属权利要求应当包括"引用部分"和"限定部分"。其中"引用部分"应写明引用的权利要求的编号及其主题名称;"限定部分"应写明发明或者实用新型附加的技术特征。引用一项或者多项权利要求的从属权利要求,只能引用在前的权利要求。引用两项以上权利要求的多项从属权利要求,不得作为另一项多项从属权利要求的基础。从属权利要求的引用部分应当写明引用的权利要求的编号,其后应当重述引用的权利要求的主题名称。

多项从属权利要求,是指引用两项以上权利要求的从属权利要求。其引用方式包括:引用在前的独立权利要求和从属权利要求,以及引用在前的几项从属权利要求。但是这种权利要求只能择一地引用在前的权利要求,并且不能作为另一项多项从属权利要求的基础。

从属权利要求的限定部分,可以对在前的权利要求(独立权利要求或者从属权利要求)中的技术特征进行限定。在前的独立权利要求采用两部分撰写方式的,其后的从属权利要求不仅可以进一步限定该独立权利要求特征部分中的特征,也可以进一步限定前序部分的特征,但都应当与发明或者实用新型的目的有关。

二、外观设计专利申请文件

申请外观设计专利的,应当提交请求书、该外观设计的图片或者照片以及对该外观设计的简要说明等文件。

(一)请求书

申请人就外观设计向国务院专利行政部门提出专利申请的,提交的请求书应当包括以下内容：

(1) 使用外观设计的产品名称。

(2) 设计人。设计人应当是对外观设计的实质性特点作出创造性贡献的人。设计人应当是自然人,不能是集体或者单位。设计人应当使用本人的真实姓名,不得使用笔名或假名。设计人不止一个的,应当自左向右按顺序填写。

(3) 申请人。外观设计专利申请人可以是设计人,也可以是依法律规定或者合同约定取得专利申请权的人;可以是自然人,也可以是单位或者集体。

有专利代理机构和专利代理人的,还应当写明专利代理机构的名称和专利代理人的姓名。

(二) 图片或照片

外观设计专利申请人应当提交外观设计的图片或照片。申请人提交的有关图片或者照片应当清楚地显示要求专利保护的产品的外观设计。就立体外观设计产品而言,应当提交正投影六面视图和立体图(或者照片);就平面外观设计产品而言,应当提交该产品的两面视图。申请人请求保护色彩的,应当提交彩色图片或者照片。申请人应当就每件外观设计产品所需要保护的内容提交有关图片或者照片。

(三) 简要说明

申请外观设计专利的,必要时应当写明对外观设计的简要说明。外观设计的简要说明应当写明外观设计产品的名称、用途,外观设计的设计要点,并指定一幅最能表明设计要点的图片或者照片。省略视图或者请求保护色彩的,应当在简要说明中写明。对同一产品的多项相似外观设计提出一件外观设计专利申请的,应当在简要说明中指定其中一项作为基本设计。

简要说明不得使用商业性宣传用语,也不能用来说明产品的性能。

三、专利申请的其他事项

(一) 申请专利的发明涉及新的生物材料

该生物材料公众不能得到,并且对该生物材料的说明不足以使所属领域的技术人员实施其发明的,除应当符合《专利法》及其《实施细则》的有关规定外,申请人还应当办理以下手续:(1) 在申请日前或者最迟在申请日(有优先权的,指优先权日),将该生物材料的样品提交国务院专利行政部门认可的保藏单位保藏,并在申请时或者最迟自申请日起4个月内提交保藏单位出具的保藏证明和存活证明;期满未提交证明的,该样品视为未提交保藏;(2) 在申请文件中,提供有关该生物材料特征的资料;(3) 涉及生物材料样品保藏的专利申请应当在请求书和说明书中写明该生物材料的分类命名(注明拉丁文名称)、保藏该生物材料样品的单位名称、地址、保藏日期和保藏编号;申请时未写明的,应当自申请日起4个月内补正;期满未补正的,视为未提交保藏。

(二) 分案申请

《专利法》第31条规定了专利申请的单一性原则。对于不符合单一性原则的专利申请,申请人应当对该申请进行修改,将其内容限定在《专利法》及其《实施细则》定义的单一性范围内。申请人可以把从原申请中删除的内容再提出一件或若干件分案申请。根据《专利法实施细则》,一件专利申请包括两项以上发明、实用新型或者外观设计的,申请人可以在本细则第54条第1款规定的期限届满前,向国务院专利行政部门提出分案申请;但是,专利申请已经被驳回、撤回或者视为撤回的,不能提出分案申请。国务院专利行政部门认为一件专利申请不符合《专利法》第31条和《专利法实施细则》第34条或者第35条的规定的,应当通知申请人在指定期限内对其申请进行修改;申请人期满未答复的,该申请视为撤回。分案的申请不得改变原申请的类别。依照《专利法实施细则》第42条规定提出的分案申请,可以保留原申请日,享有优先权的,可以保留优先权日,但是不得超出原申请记载的范围。分案申请应当依照《专利法》及《实施细则》的规定办理有关手续。

一件专利申请包括两项以上发明、实用新型或者外观设计的,申请人可以在《专利法实施细则》第54条第1款规定的期限届满前,向国务院专利行政部门提出分案申请;但是,专利申请已经被驳回、撤回或者视为撤回的,不能提出分案申请。分案申请只能在国务院专利行政部门对原案作出授予专利权通知以前提出。分案申请不能改变原申请的类别。例如,原申请是发明专利申请的,只能提出发明专利申请的分案申请。分案申请也不得改变原申请的发明人和申请人,即分案申请的发明人和专利申请人应当与原申请的发明人和专利申请人相同。不相同的,应当提交相应的证明材料。申请人提出分案申请的,应当在申请书中注明原申请的申请号和申请日,并提交全部申请文件。原案已提交过的各种证明文件可以使用复印件。

对符合受理条件的分案申请,国务院专利行政部门应当受理,给出专利申请号,并以原专利申请日为申请日,记载分案申请的递交日。分案申请的递交日晚于国务院专利行政部门对原申请作出授权通知日的,国务院专利行政部门应当视为分案申请未提出。分案申请的各种法定期限,例如,提出实质审查请求的期限,提出优先权证明材料的期限等,均从原申请日起算。对已经届满的各种期限,申请人可以自分案申请递交日起两个月内补办各种手续,分案申请视同一件新的申请,申请人应当缴纳各种费用。期限已经届满的各种费用,申请人可以自分案申请的递交日起两个月内补缴。

(三)专利申请文件的受理

国务院专利行政部门收到发明或者实用新型专利申请的请求书、说明书及其摘要(实用新型必须包括附图)和权利要求书,或者外观设计专利申请的请求书和图片或照片之后,在符合其他条件的前提下,应当受理该项申请,确定申请日,并给予申请号,通知申请人。

(四)专利申请的撤回

《专利法》第32条规定,申请人可以在被授予专利权之前随时撤回其专利申请。申请人应当使用国务院专利行政部门统一制定的"撤回专利申请声明"表格,提出撤回其专利申请的声明。撤回专利申请不得附有任何条件。专利申请人为两个或者两个以上的,要求撤回其专利申请时,应当提交全体共同申请人签名或者盖章的同意撤回专利申请的证明材料。撤回专利申请声明经审查合格后,作出手续合格的通知书,并通知申请人。申请人无正当理由,不得要求撤销这种撤回专利申请的声明。

第六节 中国单位、个人向国外申请专利

一、概述

我国单位或者个人若要使自己的发明创造在其他国家或者地区获得专利的保护,就必须通过合法渠道向相应的国家或者地区提出专利申请,取得专利权。为此,我国政府于1985年3月19日正式加入了《保护工业产权巴黎公约》,又于1994年1月1日加入了PCT(即《专利合作条约》)。

PCT是《保护工业产权巴黎公约》下属的一个专门性国际条约,于1970年6月在美国华盛顿签订,于1978年6月起实施。该公约由总部设在日内瓦的世界贸易组织管辖。该条约对国际申请的受理和审查标准作了详细而统一的规定。在缔约国的范围内,申请人一旦使用一种规定的语言在一个国家提交一件国际申请,就同该申请人向该国际申请中指定的国家分别提出专利申请具有相同的效力。国际申请程序分为"国际阶段"和"国内阶段"。

根据中国政府与PCT联盟达成的协议,我国专利局既是PCT联盟指定的国际申请受理单位,又是国际检索单位和国际初步审查单位,并且中文是PCT申请的法定语言,这为我国单位和个人向其他国家或者地区申请专利提供了很大的方便。

二、向国外申请专利的方式

(一) 中国单位或者个人可以通过合法方式向有关国家或者地区提出专利申请

我国是《巴黎公约》成员国,因此,我国单位和个人可以向巴黎公约任何成员国提出专利申请。有关国家在收到我国单位或者个人的专利申请后,将依照其专利法的规定决定是否进入正常的审查或者登记、注册程序。根据《巴黎公约》的有关规定,我国单位或者个人在这些国家享有国民待遇,可以要求优先权。

另一方面,我国单位或者个人在非巴黎公约成员国要求获得专利权的,可以根据我国同该国缔结的双边协定办理相应的手续;如果这些国家与我国没有双边协定,就只能视该国的具体规定而定。

(二) 中国单位或者个人可以向PCT国际局提交国际申请

我国已于1994年1月1日正式加入PCT,所以,中国单位和个人可以向PCT国际局提交国际申请,指定一个或几个成员国作为要求专利权的国家。中国单位和个人提交国际申请的,既可以使用中文,也可以使用英文。

根据PCT第3条第2款规定,发明专利的国际申请应当包括请求书、说明书、一项或几项权利要求、一幅或几幅附图(需要时)和摘要各一份。

三、注意事项

(一) 在中国完成的发明创造向外国申请专利的保密审查要求

在中国完成的发明或者实用新型,是指技术方案的实质性内容在中国境内完成的发明或者实用新型。任何单位或者个人将在中国完成的发明或者实用新型向外国申请专利的,应当事先报经国务院专利行政部门进行保密审查。保密审查的程序、期限等按照国务院的规定执行。中国单位或者个人可以根据中华人民共和国参加的有关国际条约提出专利国际申请,申请人提出专利国际申请的,也应当遵守保密审查规定。

直接向外国申请专利或者向有关国外机构提交专利国际申请的,应当事先向国务院专利行政部门提出请求,并详细说明其技术方案。

向国务院专利行政部门申请专利后拟向外国申请专利或者向有关国外机构提交专利国际申请的,应当在向外国申请专利或者向有关国外机构提交专利国际申请前向国务院专利行政部门提出请求。向国务院专利行政部门提交专利国际申请的,视为同时提出了保密审查请求。

国务院专利行政部门收到依照规定递交的请求后,经过审查认为该发明或者实用新型可能涉及国家安全或者重大利益需要保密的,应当及时向申请人发出保密审查通知;申请人未在其请求递交日起 4 个月内收到保密审查通知的,可以就该发明或者实用新型向外国申请专利或者向有关国外机构提交专利国际申请。国务院专利行政部门依规定通知进行保密审查的,应当及时作出是否需要保密的决定,并通知申请人。申请人未在其请求递交日起 6 个月内收到需要保密的决定的,可以就该发明或者实用新型向外国申请专利或者向有关国外机构提交专利国际申请。

就法律后果而言,对违反保密审查要求向外国申请专利的发明或者实用新型,在中国申请专利的,不授予专利权。这里所说的"不授予专利权"包括三种情况:在初步审查中发现申请人有违反保密审查要求的,驳回该申请;在实质审查中发现申请人有违反保密审查要求的,驳回该申请;在无效程序中发现申请人有违反保密审查要求的,宣告被授予的专利权无效。

(二) 中国单位或者个人向外国申请涉及微生物的专利的,首先要将微生物菌种向卫生部或农牧渔业部办理出口许可证,经批准后,才能发往外国

涉及微生物发明的专利申请,各国都要求在申请日前或在申请日提交菌种保藏。因此,微生物专利申请人在提交专利申请前应当办好出口许可手续,并且还要通过要求专利保护国的代理机构办理微生物菌种进口许可证。只有在这些手续办好后,申请人才能把微生物菌种寄到指定的保藏机构保藏。在获得保藏证明后,申请人可以凭此证明申请专利。

由于我国已于 1995 年 7 月 1 日成为《国际承认用于专利程序的微生物保存布达佩斯条约》成员国,且我国现有的两个微生物保藏机构都是国际保藏机构,所以,中国单位和个人就涉及微生物的发明向外国申请专利时、要求优先权时,只需在申请日前或者申请日,把微生物菌种保存在这两个微生物保藏中心中的任何一个,获得保藏证明后,便可在请求专利保护的国家依法获得专利权。我国现有的这两个微生物保藏中心是:中国微生物菌种保藏管理委员会普通微生物中心和中国典型培养物保藏中心。

第七节 专利申请的审批

一、审查制度的历史发展

在专利制度的形成初期,发明还只是个别现象,颁发的专利为数很少,因此,当时已建立专利制度的国家大多实行呈报登记制度。后来,随着科学技术的发展,发明的数量逐渐增多,专利申请案也日益增加。在这种情况下,许多国家相继建立或者引入了审查制度,作为削减专利数量,保证专利质量的措施之一。美国于1836年首创了审查制度,同时设立了专利局。它规定具有新颖性又符合实用性的发明,才能被授予专利权。这是专利制度的一大改革。

到了20世纪50年代,国际上便形成了两大专利体系:审查制和不审查制。这两大体系之间的明显差异在于对申请案的审批不同:不审查制度又称形式审查制度,它仅仅审查申请案的文件是否齐备、表格是否符合标准、手续是否完备、发明是否属于法律规定的保护对象;而审查制度却要求在初步审查的基础上,对专利申请再进行实质审查,看其是否具备新颖性、创造性和实用性等专利条件。

不审查制度手续简单,花费较少,授权迅速,但不能保证专利质量;审查制度虽然所花时间长一些,但却能在一定的程度上保证专利质量。审查制度的缺点是造成大量申请案的积压。为了摆脱这种困境,荷兰于1963年创立了"早期公开,延迟审查"制度。专利局对这些公开了的专利申请是否进行审查,视专利申请人是否提出实质审查请求而定。申请人在规定的时间内,如不提出实质审查请求,其申请按自动撤回处理,临时保护也随之消失。自荷兰以后,瑞典、丹麦、挪威等国家也相继沿用这种审查制度。这项制度现已成为专利制度中的一项基本制度。我国现行专利制度也采用了这种制度。

二、发明专利申请的审批

(一)初步审查

初步审查,是国务院专利行政部门受理发明专利申请后公布申请以前的一个必要程序。其主要任务是:第一,审查申请人提交的申请文件是否符合《专利法》及其《实施细则》的规定。发现存在可以补正的缺陷时,及时通知申请人以补正的方式消除缺陷,使其符合公布的条件;发现不可克服的缺陷时,作出审查意见书,指明缺陷的性质,并通过驳回方式尽早结束审批程序。第二,审查申请人在提出专利申请的同时或者随后提交的与专利申请有关的其他文件是否符合《专利法》及其实施细则的规定,发现存在缺陷时,根据缺陷的性质,通知申请人以补正的方式消除缺陷或者直接作出视为未提出的决定。

对发明专利申请进行初步审查的范围包括：(1) 专利申请是否属于《专利法》第5条和第25条规定的对象；或者是否符合《专利法》第18条、第19条第1款的规定；或者明显不符合《专利法》第31条第1款、第33条或者《专利法实施细则》第2条第1款的规定。(2) 发明专利申请是否包含《专利法》第26条规定的申请文件，以及这些申请文件是否符合《专利法》及其实施细则的有关规定。(3) 与专利申请有关的其他文件是否符合《专利法》及其实施细则的有关规定。

对发明专利申请进行初步审查应遵循以下规则：(1) 对于专利申请文件存在的可以通过补正方式消除的缺陷，应当给申请人补正机会；对于申请文件中存在的不可克服的缺陷，应当给申请人陈述意见的机会。只有经过补正和陈述意见后，仍存在未能消除的缺陷时，才能作出驳回决定。必要时，可以给申请人二次以上的补正或者陈述意见的机会。(2) 对于申请文件和其他与专利申请有关的文件中存在的格式缺陷，应当进行全面审查。对于申请文件中存在的实质性缺陷仅在明显存在并影响公布时，才需要指出和处理。(3) 除申请文件被驳回的情形外，审查员应当尽量在一次补正通知书中指出申请文件中存在的全部格式缺陷。

对于国务院专利行政部门指出的缺陷，申请人应当在法律规定的期限内或者国务院专利行政部门指定的期限内补正。申请人在此期限内未答复的，其专利申请被视为撤回。申请人陈述意见或补正后，国务院专利行政部门仍然认为不符合要求的，应当予以驳回。国务院专利行政部门设立专利复审委员会，申请人对国务院专利行政部门驳回申请的决定不服的，可以自收到驳回通知之日起3个月内，向专利复审委员会提出复审请求。专利复审委员会复审后，作出决定并通知申请人。发明专利申请人对专利复审委员会作出的复审决定不服的，可以自收到复审通知之日起3个月内向人民法院提起诉讼。

人民法院作出的终审判决，维持专利复审委员会决定或者国务院专利行政部门决定的，国务院专利行政部门对该申请的审查终止；人民法院作出的终审判决，撤销了专利复审委员会或者国务院专利行政部门决定的，国务院专利行政部门就应当恢复对该申请的审查，进入下一个审查阶段。

(二) 公布申请

《专利法》第34条规定："国务院专利行政部门收到发明专利申请后，经初步审查认为符合本法要求的，自申请日起满18个月，即行公布。国务院专利行政部门可以根据申请人的请求早日公布其申请。"这就是《专利法》关于"早日公开"制度的规定。关于专利申请的公布，应当注意三个问题：

1. 公布申请的时间为"自申请日起满18个月"。发明专利申请人若希望其申请提前公布，可以请求国务院专利行政部门在对其专利申请初步审查后将专利申请提前公布，否则，国务院专利行政部门不得提前公布。专利申请一旦公布，就会产生三个相应的后果：第一，可能构成对他人在后申请的抵触申请。根据《专利法》第22条第2款规定，未公开的在先申请对他人的在后申请不构成抵触申请。在先申请人在其申请公开以前便撤回的，该在先申请不影响在后申请的新颖性。但是在先申请一旦公布，该项专利申请不论是否被授予专利权,均成为现有技术或者构成对在后申请的抵触申请。第二,使申请专利的发明成为现有技术。根据《专利法》第 21 条规定,专利申请公布或者公开以前,国务院专利行政部门工作人员及有关人员对其内容负有保密责任,也就是说,申请专利的发明在公布或者公开以前仍为保密技术。在此之前,申请人将其申请撤回的,该项技术仍然可能具有新颖性。第三,专利申请被公布后,依《专利法》第 13 条规定,专利申请人便产生了临时保护权,因为发明专利申请公布后,任何第三人都可以在公共场合通过合法方式获知说明书的内容,并能够根据说明书实施该项发明。对此实施行为,专利申请人尚无权行使停止实施请求权,其原因是专利申请人此时还没有独占权。临时保护权可以为将来行使权利提供依据,即当专利申请被批准为专利后,专利权人可以请求管理专利工作的部门进行调处,也可以向人民法院起诉,请求在临时保护期内的使用人支付适当的使用费。专利申请公布后被撤回、驳回、视为撤回或放弃的,申请人由此产生的这种临时保护权也随之消失。

2. 就外国人的发明专利申请而言,外国申请人享有优先权的,根据《专利法》第 29 条第 1 款规定,以其优先权日为申请日,该专利申请自优先权日起满 18 个月公布。否则,其发明专利申请自在国务院专利行政部门提出申请后满 18 个月公布。

3. 对保密专利申请不进行公布。

(三) 实质审查

实质审查是国务院专利行政部门对申请专利的发明的新颖性、创造性和实用性等依法进行审查的法定程序。《专利法》第 35 条规定,国务院专利行政部门对发明专利申请进行实质审查。一般情况下,由专利申请人提出实质审查请求启动实审程序;只有在特殊情况下,才可以由国务院专利行政部门启动。自申请日以后 3 年内,专利申请人可随时提出实审请求;无正当理由逾期不提出实审请求的,其申请被视为撤回。国务院专利行政部门在其认为必要的时候,可以自行对发明专利申请进行实质审查。

申请人请求实质审查时,应当提交在申请日以前与其发明有关的资料。已经在国外提出过专利申请的,国务院专利行政部门可以要求申请人在指定期限内提交该国为审查其申请进行检索的资料或者审查结果的资料,无正当理由逾期不提交的,该申请被视为撤回。这里所说的"检索资料",是指有关外国专利局或者地区专利局对该申请的检索报告。这里所说的"审查结果资料",包括审查意见通知书、授权决定及授权文件、驳回决定等。申请人提供这些资料,有利于专利局对专利申请顺利进行审查,加快审查程序。

对于发明专利申请进行实质审查的目的,在于确定发明专利申请是否符合《专利法》及其《实施细则》的规定,特别是有关新颖性、创造性和实用性的规定,直到最后作出驳回决定或者发出授予专利权的通知。对发明专利申请进行审查的主要内容有:(1) 申请专利的发明是不是《专利法》所指的发明;(2) 申请专利的发明是否违反国家法律、社会公德或者妨害公共利益;(3) 申请专利的发明是否具有新颖性、创造性和实用性;(4) 说明书、请求权项是否符合法律要求;(5) 申请文件是否符合单一性原则;(6) 申请人对申请文件的修改是否超过了原说明书的范围;(7) 申请人是否具备合格的资格;(8) 要求优先权的,优先权是否成立。

申请不符合《专利法》及其《实施细则》有关规定的,国务院专利行政部门应当通知申请人在指定的期限内陈述意见;必要时,可对其申请进行修改。申请人在接到通知后,无正当理由不答复的,该申请被视为撤回。

发明专利申请经申请人陈述意见或者进行修改后,仍然符合《专利法实施细则》第53条规定的,应予以驳回。对经实质审查没有发现驳回理由的,国务院专利行政部门应当作出授予专利权的决定,并向专利申请人发出授予专利权的通知。

三、实用新型或者外观设计专利申请的审批

《专利法》第40条规定:"实用新型和外观设计专利申请经初步审查没有发现驳回理由的,由国务院专利行政部门作出授予实用新型专利权或者外观设计专利权的决定,发给相应的专利证书,同时予以登记和公告。实用新型专利权和外观设计专利权自公告之日起生效。"由此可知,对实用新型和外观设计专利申请只进行初步审查,不进行实质审查。

(一)对实用新型专利申请的初步审查

《专利法》及其实施细则规定,对实用新型专利申请进行初步审查的内容包括:

1. 实用新型专利申请的主题是否符合《专利法》第2条第3款、第22条第2款、第4款、第26条第3款、第4款的规定。只有产品的形状、构造及其结合并适用于工业应用的新的技术方案,才符合要求。涉及产品的制作方法、用途及其改进等不能作为实用新型专利申请的主题;

2. 实用新型专利申请是否明显属于《专利法》第5条或者第25条规定的对象;

3. 实用新型专利申请人是否符合《专利法》第18条、第19条第1款、第20条第1款的规定,或者《专利法实施细则》第16条至第19条、第21条至第23条的规定;

4. 实用新型专利申请是否符合《专利法》第31条第1款、第33条的规定;

5. 是否依照《专利法》第9条规定不能取得专利权。

国务院专利行政部门应当将审查意见通知申请人,要求其在指定的期限内陈述意见或者补正;申请人期满未答复的,其申请被视为撤回。申请人陈述意见或者补正后,国务院专利行政部门仍然认为不符合有关规定的,应当予以驳回。实用新型专利申请人对国务院专利行政部门驳回其申请的决定不服的,可以自收到驳回通知之日起3个月内,向专利复审委员会提出复审请求。专利申请人对专利复审委员会的复审决定不服的,可以自收到通知之日起3个月内向人民法院起诉。经过初步审查,实用新型专利申请符合格式审查和明显实质性缺陷审查要求,国务院专利行政部门就应当作出授予实用新型专利权的决定。

(二)对外观设计专利申请的初步审查

对外观设计专利申请的初步审查包括:形式审查、合法性审查和明显实质性缺陷审查。具体来说,包括如下事项:

1. 是否明显属于《专利法》第5条、第25条第1款第(6)项规定的情形;

2. 是否不符合《专利法》第18条、第19条第1款或者《专利法实施细则》第16条、第

27条、第28条的规定;

3. 是否明显不符合《专利法》第2条第4款、第23条第1款、第27条第2款、第31条第2款、第33条或者《专利法实施细则》第43条第1款的规定;

4. 是否依照《专利法》第9条规定不能取得专利权。

符合《专利法》规定的,国务院专利行政部门应当作出授予专利权的决定。

四、权利的丧失与恢复

(一) 权利的丧失

《专利法》及其实施细则规定,如果申请人在法定期间或者国务院专利行政部门所指定的期限内未办理相应的手续或者没有提交有关文件,其申请就被视为撤回或者丧失提出某项请求的权利,或者导致有关权利终止的后果。这种规定的目的在于保证国务院专利行政部门审查程序的顺利进行。这里所说的"法定期间",是指《专利法》及其《实施细则》所规定的各种期限。例如,《专利法》第35条规定:"发明专利申请自申请日起3年内,国务院专利行政部门可以根据申请人随时提出的请求,对其申请进行实质审查;申请人无正当理由逾期不请求实质审查的,该申请即被视为撤回。"此处所规定的"3年期限"就是法定期限。所谓"指定期限",是指国务院专利行政部门根据《专利法》及其《实施细则》的规定所发出的各种通知中指定申请人或者有关当事人作出答复或者进行某种行为的期限。申请人因故意或者过失造成期限的耽误,其权利就不能恢复;但因不可抗力或者其他正当事由造成期限耽误的,申请人或者有关当事人可以向国务院专利行政部门说明理由,请求恢复其权利。

(二) 权利恢复的适用范围

根据《专利法》及其《实施细则》的规定,当事人因不可抗拒的事由而延误《专利法》或者《专利法实施细则》规定的期限或者国务院专利行政部门指定的期限,导致权利丧失的,自障碍消除之日起2个月内,最迟自期限届满之日起2年内,可以向国务院专利行政部门说明理由并附具有关证明文件,请求恢复其权利。当事人因正当理由而延误《专利法》或者《专利法实施细则》规定的期限或者国务院专利行政部门指定的期限,导致权利丧失的,可以自收到国务院专利行政部门的通知之日起2个月内向国务院专利行政部门说明理由,请求恢复其权利。其适用范围为:(1) 申请人要求优先权但没有在3个月内提交第一次专利申请文件副本,被视为未要求优先权的;(2) 申请人未在自申请日起3年内对其发明专利申请向国务院专利行政部门请求实质审查,该申请被视为撤回的;(3) 申请人在其发明专利申请进行实质审查后,未对不符合《专利法》规定的部分在指定期限陈述意见或者对其申请进行修改,该申请被视为撤回的;(4) 申请不符合单一性原则,申请人未在指定期限内陈述意见或者对其申请进行修改,该申请被视为撤回的;(5) 申请人未在指定的期限内按照国务院专利行政部门的初步审查意见通知书对其专利申请陈述意见或补正,其申请被视为撤回的;(6) 申请人在收到授权通知后,未按期限办理登记手续或未按期缴纳专利登记费和授予专利权当年的年费,被视为放弃取得专利权权利的;(7) 复审请求人未在指定期限内对其不符合规定格式的复审请求书补正,该复审请求被视为撤回的;(8)复审请求人未在指定期限内对其被认为不符合《专利法》规定的复审请求书陈述意见或修改,该复审请求被视为撤回的;(9)申请人未按期缴纳或者未缴足申请费或者优先权要求费,其申请被视为撤回或者未要求优先权的;(10)申请人未缴纳或缴足请求实质审查、恢复权利、复审或者请求撤销专利权的费用,视为未提出请求的。

当事人依照《专利法实施细则》第6条第1款或者第2款的规定请求恢复权利的,应当提交恢复权利请求书,说明理由,必要时附具有关证明文件,并办理权利丧失前应当办理的相应手续;依照第2款的规定请求恢复权利的,还应当缴纳恢复权利请求费。经审查符合规定的,便准予恢复权利。申请人或者专利权人的权利一经恢复,就与丧失前的权利一样,依法受保护。

第十五章 专利权的期限、终止和无效宣告

第一节 专利权的期限

专利权是一种专有权,但具有时间限制。一旦超过法律规定的保护期限,就不再受保护。《专利法》对专利权保护期限所作的规定如下:发明专利权的期限为20年,实用新型专利权和外观设计专利权的期限为10年,均自申请日起计算。

根据1992年12月31日以前的专利申请获得的专利权,其保护期限适用原《专利法》,即:发明专利权的保护期限为自申请日起的15年;实用新型专利权和外观设计专利权的保护期限为自申请日起的5年,期满前专利权人可申请续展3年。

根据1993年1月1日以后的专利申请所获得的专利权,其保护期限适用修订后的《专利法》,即:发明专利权的保护期限为自申请日起算的20年;实用新型专利权和外观设计专利权的保护期限为自申请日起算的10年。

2001年12月10日,国务院专利行政部门发布了第80号公告。该公告明确指出,为履行世界贸易组织的《知识产权协定》第70条的规定,现就一部分发明专利权的期限延长事宜作如下规定:(1) 1992年12月31日(含当日,以下同)前向原中国专利局提出申请、到2001年12月11日[①]仍然有效的发明专利权,其专利权期限延长为自申请日起20年。如原中国专利局根据1985年4月1日的专利申请授予的发明专利权,到2000年4月2日即告终止,该项专利的保护期不再延长。如果原中国专利局是根据1986年12月15日的发明专利申请授予的专利权,到2001年12月11日尚未到期,那么该项专利权的保护期可以延长为自申请日起的20年,即到2006年12月16日届满。

根据《专利法》和《专利法实施细则》的规定,国务院专利行政部门收到专利申请文件之日为申请日。如果申请文件是邮寄的,以寄出的邮戳日为申请日。对于享有优先权的专利申请,其专利权的保护期限不是自优先权日起算,而是自专利申请人向中国国务院专利行政部门提交专利申请之日起计算。如甲就其发明于1993年5月1日向《巴黎公约》成员国A提出专利申请后,1994年1月1日就同样主题的发明又向中国专利局提出专利申请。若该项专利申请被授予专利权,那么,其保护期限20年不是从1993年5月1日(优先权日)起算,而是从1994年1月1日起计算。

---

① 2001年12月11日,中华人民共和国正式成为世界贸易组织第143个成员,开始享受世界贸易组织给成员提供的权利,同时也开始履行世界贸易组织为成员规定的义务。由于《知识产权协定》规定发明专利权的保护期不得少于自申请日起20年,且对各成员在正式成为世界贸易组织成员以前已经存在的且在其正式成为成员时尚未进入公有领域的发明专利权仍有效,所以,我国国家知识产权局发布了此公告。

第二节 专利权的终止

一、专利权终止的概念

专利权终止,是指专利权因某种法律事实的发生而导致其效力消灭的情形。

专利权的终止有广义和狭义之分。狭义的专利权终止,是指一项有效专利权因某种法律事实的发生而导致其效力消灭的情形,不包括专利权因无效宣告而致使其被视为自始不存在的情形,也不包括因专利权的转让而导致原专利权人丧失专利权的情形。广义的专利权终止,不仅包括有效专利权效力的消灭,而且还包括上述几种特殊情形。此处所说的"专利权终止",仅指狭义的专利权终止。实际上,专利权的无效宣告,只不过是通过法定程序使本不该存在的专利权恢复到原始状态而已,不是专利权终止。

二、导致专利权终止的法律事实

根据《专利法》规定,导致专利权终止的法律事实有:

(1)保护期限届满。一般而言,专利权的保护期限届满,专利权就终止其效力。但是,对于依据1992年12月31日以前的专利申请所授予的实用新型和外观设计专利权而言,其保护期限届满后,专利权并不必然终止,因为专利权人可依法请求续展其专利权。因此,依据1992年12月31日以前的专利申请获得的实用新型专利权和外观设计专利权,只有在专利权保护期限届满且专利权人没有在法定期限内提出续展申请,或者其续展期限届满的情况下,专利权才终止。

(2)专利权人以书面形式向国务院专利行政部门声明放弃专利权。《专利法》第44条第1款第2项规定:"专利权人以书面声明放弃其专利权的",专利权在期限届满前终止。专利权人主动放弃其专利权的,应当使用国务院专利行政部门统一制定的表格,提出书面声明。专利权人放弃专利权时,只能放弃一件专利权之全部,不能只声明放弃部分专利权。对于只声明放弃部分专利权的,国务院专利行政部门不予受理。

专利权由两个以上专利权人共有的,放弃专利权的声明应当由全体专利权人同意。部分专利权人声明放弃专利权的,并不能导致该项专利权终止,只能导致放弃声明人所享有的部分权利丧失,只需要变更著录事项即可。

对于符合《专利法》规定条件的放弃专利权声明,国务院专利行政部门应当予以批准,并将有关事项分别在专利登记簿上和专利公报上登记和公告。

(3)专利权人没有按照法律的规定交纳专利维持费。《专利法》第44条第1款第1项规定:"没有按照规定缴纳年费的",专利权在期限届满前终止。授予专利权当年以后的年费应当在上一年度期满前缴纳。专利权人未缴纳或者未缴足的,国务院专利行政部门应当通知专利权人自应当缴纳年费期满之日起6个月内补缴,同时缴纳滞纳金;滞纳金的金额按照每超过规定的缴费时间1个月,加收当年全额年费的5%计算;期满未缴纳的,专利权自应当缴纳年费期满之日起终止。

专利权终止日应为上一年度期满日。

专利权主体消灭后,其专利权若无人继受,是否导致该项专利权终止?有些国家规定专利权终止,但我国《专利法》对此没有规定。

第三节 专利权的无效宣告

一、专利权无效宣告概述

专利权无效宣告是指自国务院专利行政部门公告授予专利权之日起,任何单位或个人认为该授予专利权不符合专利法规定的,可以请求专利复审委员会宣告该专利权无效的制度。国务院专利行政部门按照《专利法》规定的程序授予的专利权被推定为有效,但是由于各方面的原因,有可能对不该授予专利权的发明创造授予了专利权。这种现象在任何一个实施专利制度的国家都是不可避免的。这种缺陷专利权的存在,不仅使专利权人获得了他本不应该得到的权利,而且使公众(尤其是与此项专利权有利害关系的人)受到了不应有的约束。因此,有必要设立专利权的无效宣告程序,追溯取消这种有缺陷的专利权。国际上关于无效宣告制度大体有两种规定:一是不规定专门的无效宣告程序,而允许专利侵权诉讼中的被告提出专利权无效宣告申请以作为一种抗辩手段;另一种做法是,法律专门规定了无效宣告程序,让任何单位或者个人都可以对不符合《专利法》规定条件的发明创造专利权提出无效宣告请求,也可以在专利侵权诉讼中将专利权的无效宣告作为一种抗辩手段应用。

《专利法》第45条规定了专利权的无效宣告程序,并且明确规定无效宣告请求由专利复审委员会受理。专利侵权诉讼可以因被告提出无效宣告请求而中止。

专利法设立无效宣告程序,是为了纠正国务院专利行政部门给不符合《专利法》规定条件的发明创造授予专利权的现象,让公众或者利害关系人通过这个程序来请求专利复审委员会宣告其无效,从而维护社会公众的合法利益,保证《专利法》的正确执行。

二、无效宣告程序的启动

《专利法》第45条规定,无效宣告程序的启动始于"自国务院专利行政部门公告授予专利权之日"。此规定清楚地说明了专利权无效宣告的起点时间,但《专利法》没有规定其终点时间,从理论上讲,专利权终止以后,仍然可以进行无效宣告程序。专利权的终止与专利权的无效宣告是不同的。专利权因保护期限届满或者专利权人放弃专利权等导致专利权终止的,只是表明该项专利权自此以后不再受法律保护了,但并不能否定该项专利权的合法性;由该项专利权在此前所发生的一切法律关系都是有效的。但是,被宣告无效的专利权,并不是自其被宣告无效之日起无效,而是视为自始无效。因此,在专利权终止后再进行专利权的无效宣告具有其理论意义。另一方面,在专利权终止后再对其进行无效宣告,也有其实践意义。

《专利法》第45条还规定,任何单位或者个人都可以在规定的时间内请求专利复审委员会宣告不符合法律规定的专利权无效。

三、请求宣告专利权无效的理由

《专利法》第45条规定,任何单位或者个人认为发明创造专利权的授予不符合《专利法》有关规定的,可以请求专利复审委员会宣告该专利权无效。因此,请求宣告专利权无效的理由应当是由国务院专利行政部门授予的专利权"不符合《专利法》的有关规定",《专利法实施细则》第65条对此作了具体规定。

(1) 申请专利的发明创造之主题不合格。关于发明创造的主题,《专利法》第2条对发明、实用新型和外观设计分别作了明确规定,即发明应当是"对产品、方法或者其改进所提出的新的技术方案"。实用新型应当是"对产品的形状、构造或者其结合所提出的适于实用的新的技术方案"。外观设计应当是"对产品的形状、图案或者其结合以及色彩与形状、图案的结合所作出的富有美感并适于工业应用的新设计"。与上述情形相反,申请专利的发明创造属于《专利法》第5条和第25条所列情形的,则属于不授予专利权的对象。申请专利的发明创造不符合《专利法》第2条规定,或者属于主题不合格。

(2) 申请专利的发明或者实用新型不具有新颖性、创造性和实用性,申请专利的外观设计缺乏新颖性、美观性和非冲突性。前面已经讲过,"新颖性、创造性和实用性"是发明或者实用新型取得专利权的必备条件,"新颖性、美观性和非冲突性"是外观设计取得专利权的必备条件,也是国务院专利行政部门进行实质审查的主要内容。申请专利的发明创造若不分别具备此"三性",绝对不能取得专利权。即使国务院专利行政部门因某种原因错误地授予了专利权,也应当被宣告无效。

(3) 申请人主体不合格。申请人主体不合格主要是指没有专利申请权的人以自己的名义申请专利,并因此而获得专利权的情形。

(4) 申请文件不符合《专利法》第26条第3款或者第4款的规定。专利申请文件是确定发明创造专利权效力范围或者保护范围的具有法律效力的证据,《专利法》及其《实施细则》对其格式有严格要求,申请人应当切实地按规定办理。发明或者实用新型专利申请的说明书和权利要求书尤其如此。说明书应当对发明或者实用新型作出清楚完整的说明,以所属技术领域的技术人员能够实现为准;必要的时候,应当有附图。权利要求书应当以说明书为依据,说明要求专利保护的范围。否则,依此获得的专利权就会被宣告无效或者部分无效。

(5) 申请的修改或者分案的申请超过了原说明书的范围。《专利法》第33条规定:申请人可以对其专利申请文件进行修改,但是,对发明和实用新型专利申请文件的修改不得超出原说明书和权利要求书记载的范围,对外观设计专利申请文件的修改不得超出原图片或者照片表示的范围。该条在授予专利申请人对其专利申请文件的修改权的同时,又对其修改权进行了合理、适当的限制。申请修改其专利申请文件不符合本规定者,所获得的专利权将会被部分宣告无效。

（6）在后专利权。在后专利权是与在先专利权相对而言的概念，它是指就相同主题的发明或者实用新型，在已经被授予一项专利权的前提下，又由国务院专利行政部门因某种原因而错误授予的专利权。同样的发明创造只能授予一项专利权。但是，同一申请人同日对同样的发明创造既申请实用新型专利又申请发明专利，先获得的实用新型专利权尚未终止，且申请人声明放弃该实用新型专利权的，可以授予发明专利权。因此，在后专利权应当依法被宣告无效。

专利权无效宣告请求书中未说明所依据的事实和理由，或者所提出的理由不符合条件的，或者已经过无效宣告程序作出生效决定后又以同一事实和理由请求无效宣告的，专利复审委员会不予受理。

请求宣告专利权无效的，应当向专利复审委员会提交专利权无效宣告请求书，并且该请求书应当符合《专利法实施细则》第65条的规定。

专利权无效宣告请求书不符合规定格式的，无效宣告请求人应当在专利复审委员会指定的期限内补正；期满未补正的，由专利复审委员会发出"无效宣告请求视为未提出通知书"；经补正仍不符合《专利法》及其《实施细则》规定的，不予受理，并由专利复审委员会发出"无效宣告不予受理通知书"。

四、无效宣告的法律后果

在专利权无效宣告中，专利复审委员会作出的决定有三种：宣告专利权无效、维持专利权有效以及宣告专利权部分无效。专利复审委员会作出的决定或者由人民法院通过诉讼程序审理作出的判决产生法律效力后，具有以下三个方面的效力：

（1）一事不再理的效力。专利复审委员会作出宣告专利权无效、部分无效或者维持发明创造专利权的决定，当事人服从的，产生法律效力；如当事人不服，可以自收到通知之日起向人民法院起诉①，经人民法院作出终审判决后，也产生法律效力。从此以后，任何人不得以同样的理由再对该项专利权提出无效宣告请求。

（2）追溯力。专利复审委员会或者人民法院作出宣告专利权全部无效或者部分无效的终局决定或者终审判决后，被宣告无效的专利权的全部或者部分即视为自始不存在。当然，就部分无效的情况而言，其专利权中的有效部分依然存在并受保护。

（3）对世效力。专利复审委员会或者人民法院作出的宣告专利权全部无效或者部分无效的生效决定或判决，不仅对双方当事人（即无效宣告请求人和专利权人）具有法律约束力，而且对任何第三人和一般公众都具有约束力，具体表现为：（1）自此以后，任何第三人都可以自由使用该项被宣告专利权无效的发明创造；（2）就该项被宣告无效专利权所订立的实施许可合同也随之终止，被许可人可以停止支付使用费。但是在此之前已经支

---

① 根据我国《专利法》规定，专利复审委员会对任何一种专利权无效宣告请求作出的决定都不是终局决定，当事人不服的，都可以在自收到通知之日起3个月内向人民法院起诉。

付的使用费不必退还;如果因此给被许可人造成损害的,专利权人应赔偿被许可人的损失。

宣告专利权无效的决定,对在宣告专利权无效前人民法院作出并已执行的专利侵权的判决、调解书,已经履行或者强制执行的专利侵权纠纷处理决定,以及已经履行的专利实施许可合同和专利权转让合同,不具有追溯力。但是因专利权人的恶意给他人造成的损失,应当给予赔偿。如果依此执行,专利权人或者专利权转让人不向被许可实施人或者专利权受让人返还专利侵权赔偿金、专利使用费、专利权转让费,明显违反公平原则的,应当全部或者部分返还。显然,在专利权被宣告无效以前,被许可人、受让人或者"侵权人"尚未支付的费用,在专利权被宣告无效以后就不必再支付了。

第十六章 专利权的内容与限制

第一节 专利权的内容

一、概述

根据《专利法》规定,专利权只是一种具有财产权属性的独占权以及由其衍生出来的相应处分权,不包含具有人身权属性的权利内容。如何理解"发明人或者设计人有权在专利文件中写明自己是发明人或者设计人"[①]的规定,学者们有不同看法。可以认为,《专利法》对发明人或者设计人赋予的这项权利显然具有人身权属性,但它并不是专利权的内容。其理由有二:第一,发明人或者设计人并不一定是专利权人。根据我国《专利法》第6条规定,职务发明创造的专利申请权归其所属单位,由此产生的专利权归其所属单位所有。在这种情况下,发明人或者设计人与专利权人是不同的,但发明人或者设计人仍然依法享有"在专利文件中写明自己是发明人或者设计人"的权利。第二,无论发明创造能否获得专利权,发明人或者设计人都享有在与该发明创造有关的文件中写明自己是发明人或者设计人的权利。《专利法》关于发明人或者设计人署名的规定,其真正目的在于保护发明人或者设计人的合法权益,防止专利权人去掉发明人或者设计人在专利文件中的署名,或者写上专利权人自己的姓名或者名称,或者阻止发明人或者设计人在专利文件中署名,其立法意图并非赋予专利权人署名的权利。专利法的这一规定与著作权法关于作者署名权的规定是不同的,不能因为作者署名权是著作权的内容,就推及发明人或设计人享有的该项权利是专利权的一项权能。

为了方便起见,我们可以将发明人或者设计人享有的这项权利称为"发明人或者设计人身份权",平行于专利权而存在。当然,如果发明人或者设计人就是专利权人,就发生主体重合,但并不影响"发明人或者设计人身份权"的独立性。

另一方面,专利权人依法享有的标记权,即在其专利产品或者该产品的包装上标明专利标识权利,不是人身权性质的权利。它随着专利权的存在而存在,随着专利权的终止而终止。在专利权终止后,如果原权利人仍在原专利产品或者该产品的包装上标注专利标记和专利号,便是一种假冒专利的行为,为专利法所禁止。

因此,专利权只是一种具有财产属性的权利,不包括具有人身权属性的内容。

---

① 参见《中华人民共和国专利法》第17条的规定。

二、专利权人的权利

根据我国《专利法》的有关规定,发明和实用新型专利权被授予后,除《专利法》另有规定的以外,任何单位或者个人未经专利权人许可,都不得实施其专利,即不得为生产经营目的制造、使用、许诺销售、销售、进口其专利产品,或者使用其专利方法以及使用、许诺销售、销售、进口依照该专利方法直接获得的产品。外观设计专利权被授予后,任何单位或者个人未经专利权人许可,都不得实施其专利,即不得为生产经营目的制造、许诺销售、销售、进口其外观设计专利产品。

专利权人在专利有效期内享有下列权利:

(1) 独占实施权。独占实施权,是指专利权人对其专利产品或者专利方法依法享有的进行制造、使用、许诺销售、销售、进口的专有权利。具体来说,除法律另有规定外,未经专利权人许可,任何单位或者个人都不得实施其专利,即不得为生产经营目的制造、使用、许诺销售、销售、进口其专利产品,或者使用其专利方法以及使用、许诺销售、销售、进口依照该专利方法直接获得的产品;任何单位或者个人不得为生产经营目的制造、销售、进口其外观设计专利产品。

独占实施权是专利权人依法享有的最基本权利,包括对专利产品的独占制造权、独占使用权、独占许诺销售权、独占销售权和独占进口权;对专利方法的独占使用权以及对依照该专利方法直接获得的产品的独占使用权、独占许诺销售权、独占销售权和独占进口权。

对专利权人来说,独占实施权只是一种可能权,并不总能自由地付诸实施。如果专利权人的权利范围覆盖了他人之专利权的权利范围,那么,在没有获得该他人许可的情况下,该专利权人就不能将其专利付诸实施,否则,其实施行为可能构成对该他人专利权的侵犯。例如,甲有一项"新型书写工具"的实用新型专利权,乙发明了一种制造该"新型书写工具"的方法,并获得专利权。虽然甲乙两人的专利权彼此独立,但是,在没有获得甲许可的情况下,专利权人乙就不能将其专利方法付诸实施。因为乙一旦实施其制造"新型书写工具"的方法专利,就制造出甲的专利产品,构成了对甲的实用新型专利权的侵犯。因此,专利权人应当注意:实施自己的专利权也可能构成侵权。

方法专利的专利权人对其专利方法享有的独占实施权包括:第一,对该专利方法的独占使用权;第二,对依照该专利方法直接获得的产品(为了方便起见,我们将这种产品也称为"专利产品")的独占使用权、独占许诺销售权、独占销售权和独占进口权。

依照专利方法直接获得的产品,其本身可能是专利产品,也可能不是专利产品。该产品本身就是专利产品的,任何他人未经许可,以生产经营目的制造、使用、许诺销售、销售或进口该产品,都可能构成侵权;该产品本身不是专利产品的,那么,只有擅自使用、许诺销售、销售或进口依照该专利方法直接获得的产品,才可能构成侵权。他人采用其他方法制造出来的产品,即使与依照该专利方法所获得的产品相同,该制造者对自己制造出来的产品的使用、许诺销售、销售,也不构成侵权。在此应当注意:专利侵权纠纷涉及新产品制造方法的发明专利的,制造同样产品的单位或者个人应当提供其产品制造方法不同于专利方法的证明。

对专利产品的"许诺销售权"(right of offering for sale)是《知识产权协定》授予专利权人的一项权利,其基本含义是:专利权人自己或者授权他人以做广告、在商店货架或者展销会陈列等方式作出销售商品的意思表示的权利。从另一方面看,许诺销售权,就是指未经专利权人许可,任何单位或者个人不得为生产经营目的,对其专利产品或者依据专利方法直接获得的产品(以下统称"专利产品")以做广告、在商店货架或者展销会陈列等方式作出销售商品的意思表示。

专利产品的进口,是指将专利产品或者包含专利产品的物品,或者依据专利方法直接生产的产品从境外引入到我国境内的行为。进口权,是指在专利权的有效期限内,未经专利权人许可,任何单位或者个人不得为生产经营目的进口专利产品。专利权被授予后,除法律另有规定外,专利权人有权阻止他人未经许可,为生产经营目的进口其专利产品或者进口依据专利方法直接获得的产品。

为了有效地保护包括专利权在内的知识产权,国务院于1995年7月5日发布了《中华人民共和国知识产权海关保护条例》,并于2003年、2010年先后两次修改。该《条例》第3条第1款规定:"国家禁止侵犯知识产权的货物进出口。"显然,《知识产权海关保护条例》的这一规定是为了保证知识产权所有人的进口权得以实现。

为了获得知识产权的海关保护,专利权人必须向海关总署提交书面申请。申请书应当包括的主要内容有:一是专利权人的姓名或者名称、国籍、住所、法定代表人、主要营业场所等;二是专利授权的号码、内容及有效期限;三是与专利权有关的货物的名称及其产地等。

专利权人在向海关总署提交书面申请时,应当附送下列文件:第一,专利权人身份证件的复制件或者登记注册证书的副本或者经登记机关认证的复制件;第二,专利证书的复制件,经专利局登记和公告的专利权转让合同副本、专利实施许可合同副本;第三,海关总署要求附送的其他文件。

知识产权海关保护备案,自海关总署准予备案之日起生效,有效期为10年。

自此以后,专利权人发现侵权嫌疑货物即将进出境的,可以向货物进出境海关提出采取知识产权保护措施的申请。

(2) 转让权。《专利法》第10条第1款规定,专利权可以转让。专利权的转让,是指专利权主体发生变更的法律情形。专利权只能作为一个整体转让。在理论上,每一项专利涉及一项发明创造,其客体是一个单一体,因此,专利权人不能将其专利权分割转让。

中国单位或者个人向外国人、外国企业或者外国其他组织转让专利权的,应当依照有关法律、行政法规的规定办理手续。

转让专利权的,当事人必须订立书面合同,并向国务院专利行政部门登记,由国务院专利行政部门予以公告。专利权的转让自登记之日起生效。

(3) 实施许可权。《专利法》第12条规定:"任何单位或者个人实施他人专利的,应当与专利权人订立实施许可合同,向专利权人支付专利使用费。被许可人无权允许合同规定以外的任何单位或者个人实施该专利。"这一规定就是专利权人依法享有专利实施许可权的法律依据。正常情况下,专利权人有权决定与愿意实施其发明创造专利的单位或者个人签订实施许可合同,使获得专利权的发明创造能够顺利地转化为生产力,为人类作贡献。

(4)放弃权。专利权人可以在专利权保护期限届满前的任何时候,以书面形式声明或者不交年费的方式放弃其专利权。根据《专利法》第44条第1款第(2)项规定,专利权人以书面形式声明放弃其专利权的,专利权在期限届满前终止。

专利权人提出放弃专利权声明后,一经国务院专利行政部门登记和公告,其专利权即可终止。自此以后,其发明创造便成为公有技术,任何人都可以自由使用,既不必经过许可,也不必支付报酬,更不存在侵权的问题。

但应当注意:专利权人如果已与他人签订了专利实施许可合同,尤其是独占实施许可合同或独家实施许可合同,放弃专利权时就应当事先得到被许可人的同意,并且还要根据合同的约定,赔偿被许可人由此造成的损失,否则专利权人不得随意放弃专利权。

(5)标记权。标记权,是指专利权人享有在专利产品或者该产品的包装上、容器上、说明书上、产品广告中标注专利标记和专利号的权利。此处所指的"专利标记",是指"中国专利""专利"等字样或者"Ⓟ"符号。我国《专利法》第17条第2款规定:"专利权人有权在其专利产品或者该产品的包装上标明专利标识。"

在专利产品或者该产品的包装上标明专利标记和专利号,是专利权人的一项权利,而不是义务。也就是说,专利权人可以在专利产品或者该产品的包装上标明专利标记和专利号,也可以不作这样的标记。在专利侵权诉讼中,侵权行为人不得以专利权人未在专利产品或者该产品的包装上标明专利标记和专利号为由进行抗辩;人民法院也不得以专利权人未在专利产品上标明专利标记和专利号为由,拒绝受理专利权人的侵权诉讼;专利权人也不因未在专利产品或者该产品的包装上作专利标记而丧失请求权。

但是,有些国家的专利法在规定专利权人享有标记权的同时,又规定专利权人必须在专利产品或者该产品的包装上作专利标记,否则便可能丧失赔偿请求权。例如,美国《专利法》第287条规定,专利权人以及其代理人或者在他们的指导下制造出售已取得专利权物品的人,可以用下列方法使公众得知该物品已经取得专利权:或者在该物品上注明"专利"的字样并附上专利证书号码;或者如依该项物品的性质不能这样注明时,可以在该物品的包装上附上有同样字样的标记。如果没有这样的标记,专利权人不能在侵权诉讼中得到损害赔偿金。但是,如能证明侵权人已经收到侵权通知,并且在其后仍在继续侵害的,不在此限。在这种情况下,专利权人也只能就通知后发生的侵害请求赔偿。有学者认为,这一规定与《保护工业产权巴黎公约》第5条D款关于记载专利标记的任意性规范有相悖之处。[①]

只有专利权人以及其代理人（包括被许可人）可以使用专利标记。但是，对于已经终止的专利权，该产品的制造者、使用者就不能再使用专利标记了，否则就可能是假冒专利的行为。

专利权人依法享有的上述各项权利，是《专利法》明文规定的权利。此外，《中华人民共和国担保法》还规定专利权人依法享有将其专利权进行出质的权利。例如，《担保法》第75条第3项规定："依法可以转让的商标专用权，专利权、著作权中的财产权"可以质押。由此可见，出质权也是专利权人的一项基本权利。

三、专利权人的义务

专利权人不仅享有上述各项权利，而且还必须承担相应的义务。如果专利权人不依法履行其义务，就要承担相应的法律后果。

许多国家的专利法规定，专利权人有两项基本义务：一是缴纳专利年费（也称专利维持费）的义务，二是实际实施已获专利的发明创造的义务。我国《专利法》已取消了专利权人的实施义务。

在多数国家，专利权人所缴专利年费的数额是逐年增加的，我国也是这样。专利维持费采用累进制的目的，是为了平衡专利权人所获得的独占权与社会公众之间的利益，也是为了促使专利权人将其专利产品或者专利方法付诸实施，防止产生其滥用专利权而损害一般公众利益的弊端；也有利于缩短经济价值较低的专利权的有效期。

有少数国家，如伊拉克、南非、葡萄牙、菲律宾等，每年的专利年费是固定的。但美国、加拿大、哥伦比亚等国规定，专利权人不必缴纳专利维持费，只需在颁发专利证书时交纳一笔费用即可，以后再不必缴纳任何税金。

在我国，专利权人应缴纳的第一次年费，应当在收到国务院专利行政部门的通知两个月内办理登记手续时缴纳；专利权人同时还要缴纳专利登记费和专利证书印花税。专利申请人已经缴纳了授予专利权当年的专利申请维持费的，就不必再缴纳授予专利权当年的年费。以后的年费，必须在上一年度期限届满前缴纳。专利权人未按期缴纳年费时，可以在宽限期内补缴，并且同时支付滞纳金。已超过滞纳金宽限期，专利权人仍未补缴年费的，专利权自上个年度期限届满之日起终止。

第二节 专利权的限制

一、概述

专利权是一种垄断权，除法律另有规定外，任何他人未经专利权人许可，都不得以营

[①] 《保护工业产权巴黎公约》第5条D款规定，不应要求在商品上表示或者载明专利，作为承认取得专利权利保护的一个条件。

利为目的实施其专利。此处所指的"法律另有规定",即是法律对专利权的限制。

专利权的限制,是指专利法允许第三人在某些特殊情况下,可以不经专利权人许可而实施其专利,且其实施行为不构成侵权的一种法律制度。

当实施行为人以专利权的限制作为其抗辩理由时,该行为人应当负举证责任,证明其实施行为符合法律规定的特殊情况。各国专利法几乎都对专利权作了限制性规定,我国也不例外。专利权限制的各类情形将在下面详述。

二、强制许可

强制许可,也称非自愿许可,是法律规定的对专利权人独占实施权的限制之一,是国家专利主管机关根据具体情况,不经专利权人许可,授权符合法定条件的申请人实施专利的法律制度。关于强制许可,《巴黎公约》第5条作了明确规定,即"本同盟各国都有权采取立法措施规定授予强制许可,以防止由于行使专利法所赋予的专利权而可能产生的滥用,例如不实施"。除此之外,《知识产权协定》第31条也作了规定,但对这种形式的使用作了较为严格的限制。我国《专利法》对强制许可作出了详细而系统的规定。现行《专利实施强制许可办法》由国家知识产权局颁行,自2012年5月1日施行,为强制许可的申请提供了程序方面的操作规则。

(一)防止专利权滥用的强制许可

根据专利制度基本理论,专利权人可以根据自己的意志决定是否许可他人实施其专利。但是,当专利权人为了追求自己的最大利益时,有时可能会滥用这种独占权,阻止他人实施其专利或者控制他人进口其专利产品。为了防止专利权人滥用其独占权,法律规定可以对符合条件的实施人发放强制许可。《专利法》第48条规定:"有下列情形之一的,国务院专利行政部门根据具备实施条件的单位或者个人的申请,可以给予实施发明专利或者实用新型专利的强制许可:(一)专利权人自专利权被授予之日起满3年,且自提出专利申请之日起满4年,无正当理由未实施或者未充分实施其专利的;(二)专利权人行使专利权的行为被依法认定为垄断行为,为消除或者减少该行为对竞争产生的不利影响的。"国务院专利行政部门发放的这种强制许可,就是防止专利权滥用的强制许可。适用这种强制许可时,应当具备以下几个方面的基本条件:

(1)申请实施强制许可的人(以下简称"申请人")必须具备实施条件,既可以是单位,也可以是个人。

(2)申请实施强制许可的时间必须在"自专利权被授予之日起满3年,且自提出专利申请之日起满4年"。在此时间之前,任何单位提出的实施强制许可申请都不可能被批准。

(3)申请实施强制许可的对象只能是发明专利或者实用新型专利,不能是外观设计专利。

(4)申请人在向国务院专利行政部门提出实施发明或者实用新型专利强制许可申请时,必须向国务院专利行政部门提交其已以合理的条件在合理长的时间内未能与专利权人达成实施许可协议的证明。如果申请人在向国务院专利行政部门提出实施强制许可申请之前没有与专利权人进行过协商,或者虽然进行过协商,但申请人所提出的条件不是合理的,其实施强制许可的申请都不能被批准。

(5)申请人在提出实施强制许可申请的同时,应当向国务院专利行政部门缴纳申请费。

国务院专利行政部门收到强制许可请求书的,应当将其副本送交专利权人。专利权人在收到强制许可请求书的副本后,应当在国务院专利行政部门指定的期限内陈述意见;期满未答复的,不影响国务院专利行政部门作出实施强制许可的决定。

(二)为公共利益目的的强制许可

《巴黎公约》和《知识产权协定》都允许为公共利益目的实施强制许可,如《知识产权协定》第31条规定:"当缔约方在全国处于紧急状况时,或非商业性利用的情况下,任何缔约方可以放弃这种限制。但是,当全国处于紧急状况或在其他非紧急状况情况下,一旦发生这种使用,则应尽快通知专利权人。"《专利法》第49条规定:在国家出现紧急状态或者非常情况时,或者为了公共利益的目的,国务院专利行政部门可以给予实施发明专利或者实用新型专利的强制许可。

(三)为公共健康目的的强制许可

《专利法》第50条规定:为了公共健康目的,对取得专利权的药品,国务院专利行政部门可以给予制造并将其出口到符合中华人民共和国参加的有关国际条约规定的国家或者地区的强制许可。实施强制许可的"未充分实施专利"是指为专利权人及其被许可人实施其专利的方式或者规模不能满足国内对专利产品或者专利方法的需求的情形。为使强制许可制度适应应对公共健康危机的需要,根据世界贸易组织《〈与贸易有关的知识产权协议〉与公共健康宣言》的规定,我国将"取得专利权的药品"理解为解决公共健康问题所需的医药领域中的任何专利产品或者依照专利方法直接获得的产品,包括取得专利权的制造该产品所需的活性成分以及使用该产品所需的诊断用品。

(四)交叉强制许可

一项取得专利权的发明或者实用新型(第二专利)比此前已经取得专利权的发明或者实用新型(第一专利)具有显著经济意义的重大技术进步,其实施又有赖于第一专利实施的,国务院专利行政部门根据第二专利权人的请求,可以给予实施第一专利的强制许可。在给予第二专利权人实施第一专利的强制许可的情况下,国务院专利行政部门根据第一专利权人的请求,可以给予实施第二专利的强制许可。这样的两种强制许可,被称为交叉强制许可。

国务院专利行政部门授予交叉强制许可应当符合以下条件:(1)第二专利权人若不侵犯第一专利权人的专利权,就不能实施其发明或者实用新型专利;(2)获得第二专利的发明或者实用新型与第一专利相比,具有更大的经济意义和重要的技术进步;(3)第一专利权人有权在合理的条件下,取得使用第二专利中的发明或者实用新型的交叉强制许可。

(五) 注意事项

1. 实施强制许可的范围

除专利权人的行为被认定为垄断行为和为了公共健康目的之外,强制许可的实施应当主要为了供应国内市场。强制许可涉及的发明创造为半导体技术的,其实施限于公共利益的目的和专利权人的行为被认定为垄断行为的情形。

2. 需要申请人提交的证据

依《专利法》规定,无正当理由未实施或未充分实施专利的强制许可、交叉强制许可的申请人应当提供证据,证明其以合理的条件请求专利权人许可其实施专利,但未能在合理的时间内获得许可。

3. 通知与公告程序

国务院专利行政部门作出的给予实施强制许可的决定,应当及时通知专利权人,并予以登记和公告。

4. 实施强制许可的终止

给予实施强制许可的决定,应当根据强制许可的理由规定实施的范围和时间。强制许可的理由消除并不再发生时,国务院专利行政部门应当根据专利权人的请求,经审查后作出终止实施强制许可的决定。

5. 强制许可的效力

取得实施强制许可的单位或者个人不享有独占的实施权,并且无权允许他人实施。

6. 使用费与争议裁决

取得实施强制许可的单位或者个人应当付给专利权人合理的使用费,或者依照中华人民共和国参加的有关国际条约的规定处理使用费问题。付给使用费的,其数额由双方协商;双方不能达成协议的,由国务院专利行政部门裁决。

专利权人对国务院专利行政部门关于实施强制许可的决定不服的,专利权人和取得实施强制许可的单位或者个人对国务院专利行政部门关于实施强制许可的使用费的裁决不服的,可以自收到通知之日起3个月内向人民法院起诉。

三、不视为侵犯专利权的行为

《专利法》第69条第1款规定"不视为侵犯专利权"的行为。该标题的潜在意思是:本款规定的几种行为,实质上是侵犯专利权的,但是从某种角度考虑,法律免除了行为人的法律责任。因此,实施本款所列各行为者,不必承担任何法律责任,尽管专利权人可能提出侵权控告。

(一) 专利权的穷竭

专利产品或者依照专利方法直接获得的产品,由专利权人或者经其许可的单位、个人售出后,使用、许诺销售、销售、进口该产品的,不再需要得到专利权人的许可或者授权,且不构成侵权。在专利理论中,这种制度就是"专利权穷竭"。或者说,专利产品经专利权人授权被首次销售后,专利权人即丧失对该专利产品进行再销售、使用的支配权和控制权。

因此,专利权穷竭也被称为首次销售原则(first sale doctrine)。①

专利权穷竭原理的核心是:在保护专利权人合法权益的前提下,维护正常的市场交易秩序,保护经营者和一般消费者的合法利益。专利权穷竭是针对每一件合法投放市场的具体专利产品而言的,它并不会导致该项专利权本身效力的终止。专利权穷竭的准确含义应当是:专利权人对合法投放市场的专利产品,不具有再销售或者使用的控制权或支配权。

但应当注意:若某人就其发明创造分别在甲、乙、丙三国获得了专利权,该专利权人自己或者许可他人在甲国制造的专利产品被合法投放甲国市场后,便丧失了对这些产品的再销售或者使用的控制权;但该专利权人仍然有权禁止他人将这样的专利产品进口到乙国或丙国。也就是说,"首次销售原则"具有地域性。

(二) 先用权人的实施

《专利法》第69条第(2)项规定:"在专利申请日前已经制造相同产品、使用相同方法或者已经作好制造、使用的必要准备,并且仅在原有范围内继续制造、使用的",不视为侵犯专利权。这就是《专利法》关于先用权的规定。

先用权是对专利权的一种限制,它不仅有利于保护在先发明人或者设计人的利益,而且能够消除"先申请原则"所具有的某些弊端。如果没有先用权制度,那么,只要某个单位或者个人就某项发明创造取得专利权,其他单位或者个人投入了大量人力、物力、财力或者智力完成的发明创造,并且在专利申请日以前已经开始制造相同产品、使用相同方法或者已经做好了制造、使用必要准备的,也不得继续进行制造或者使用,这既不利于科技进步,也不利于经济发展。《专利法》规定先用权的实质就是以申请日为时间界限,使专利权人的利益和先用权人的利益都能得到合理保护,符合"效益优先,兼顾公平"的法哲学原理。

根据《专利法》的规定,行为人享有先用权的条件是:

(1) 实施行为人制造相同产品、使用相同方法的行为或者所作的制造、使用的必要准备,必须发生在专利申请日之前,否则,实施行为人不能享有先用权。此处所说的"专利申请日"是指与行为人所制造的产品或者使用的方法具有相同技术特征的专利之申请日。此处所说的"必要准备",是指已经完成了产品图纸设计和工艺文件,已准备好专利设备和模具,或者完成了样品试制等项准备工作。

(2) 实施行为人在先制造的产品或者使用的方法,应当是行为人自己独立研究完成的,或者通过合法的受让方式取得的,而不是在专利申请日前抄袭、窃取或者以其他不正当手段从专利权人那里获取的。

(3) 实施行为人在他人就相同的发明创造取得专利权后,仍然在原有范围内制造或者使用。此处所说的"原有范围",是指实施行为人在申请日以前所实施的或者作好了实

---

① 参见 Donald S. Chisum, Michael A. Jacobs, *Understanding Intellectual Property Law*, Matthew Bender, 1996, p. 229。

施准备的规模、数量或者地域范围等而言的。这个"原有范围"虽然不是很清楚,但是,也应当有相应的证据支持。超过原有范围的实施行为,可能构成侵权。法律作此规定,是为了防止先用权人滥用其权利,最大限度地保护专利权人的利益。

(4)先用权人对于自己在先实施的技术不能转让,除非随着先用权所属企业一并转让,先用权不再转让。此外,先用权也不能成为抵押、投资、入股或者进行其他交易的对象。对根据先用权制造或者生产出的产品的销售,也不视为侵权专利权。

当实施行为人以先用权作为侵权诉讼的抗辩事由时,实施行为人应当负举证责任,证明自己制造产品、使用方法的行为发生在专利申请日以前,或者在专利申请日以前就已经作好了制造或者使用的必要准备,并且在专利权被授予后,仍在原有范围内实施。实施行为人所举之证据足以使先用权成立的,其行为就不视为专利侵权。

(三)临时过境

临时通过我国领土、领水或领空的外国运输工具,依据其所属国同中国签订的协议,或者共同参加的国际公约,或者依照互惠原则,为运输工具自身需要而在其装置和设备中使用在我国享有专利权的机械装置和零部件的,无须得到我国专利权人许可,也不视为侵犯专利权。这里所说的"运输工具",包括陆地上的各种车辆、水上的船舶和天空中的飞机等。

适用临时过境这种例外行为时,必须符合以下条件:

(1)受我国《专利法》保护的专利产品,是外国运输工具上一种必要装置或者零部件,而不是在运输工具上制造或者销售这种产品,也不是以此运输工具运送这种产品临时通过我国。

(2)按照我国《专利法》的规定,这种限制只适用于同我国签订了协议,或者共同参加了国际条约,或者有互惠关系的国家的运输工具,其他国家的运输工具使用受我国《专利法》保护的专利产品临时经过我国国境的,仍应当得到我国专利权人的许可,否则就可能构成侵权。

(3)这种限制只适用于临时或者短暂经过我国国境的运输工具,不能适用于长期滞留我国境内或者销售给我国单位或者个人的运输工具。如果将使用了我国专利产品的运输工具向我国单位或者个人销售的,必须获得专利权人授予的进口权才能进入我国境内,否则,其行为首先就侵犯了专利权人的进口权,然后又侵犯了专利权人的销售权。

(四)专为科学或实验目的的使用

他人仅为科学研究或者实验目的而使用专利产品或者专利方法的,不视为专利侵权。有人认为,凡是以非营利目的使用专利产品或者专利方法的行为,都不构成专利侵权,这种观点并不完全正确。例如,某人完成了一种新型的、可取代现有的黑板和粉笔的发明。某学校不经专利权人许可,擅自进行制造和使用这种黑板和粉笔的行为,虽然不是以营利为目的,但仍可能构成对专利权的侵犯。

(五)医药审批的使用

为提供行政审批所需要的信息,制造、使用、进口专利药品或者专利医疗器械的,以及专门为其制造、进口专利药品或者专利医疗器械的,不属于专利侵权。这是国际上通用的"药品和医疗器械实验例外"规则,该规则主要借鉴了美国的 Bolar 豁免规则。我国药品和医疗器械生产企业完全可以利用这一规则,在相关专利权保护期届满之前,进行药品或医疗器械的实验和申请生产许可,在专利权到期时可立即推出替代产品。

此外,还有一种在特定情况下,对构成侵权的行为免除赔偿责任的法律制度。我国《专利法》第 70 条规定:"为生产经营目的使用、许诺销售或者销售不知道是未经专利权人许可而制造并售出的专利侵权产品,能证明该产品合法来源的,不承担赔偿责任。"该条款明确规定"善意使用、许诺销售或者销售"侵权产品的行为,依然构成专利侵权,但是在能够证明其产品合法来源的情况下,可以免除其赔偿责任。这样有利于追查非法产品的来源。

四、国家计划许可

国家计划许可,也是对专利权的一种限制。它是指经国务院批准,国务院有关主管部门和省、自治区、直辖市人民政府可以决定在批准的范围内,以推广使用为目的,允许指定单位实施对国家利益或者公共利益具有重大意义的国有企业事业单位的发明专利的制度。

实施国家计划许可时,应当注意:第一,国家计划许可的对象只能是中国人的发明专利,而且主要是国有企业事业单位的发明专利。也就是说,外国人在中国的发明专利不得被实施国家计划许可;任何人的实用新型和外观设计专利不能被实施国家计划许可。第二,被实施国家计划许可的发明专利,必须对国家利益或者公共利益有重大意义。如何判断一项发明专利对国家利益或者公共利益具有重大意义,则应根据具体情况而定。第三,实施国家计划许可,只能由国务院有关主管部门和省、自治区、直辖市人民政府报经国务院批准,才能进行。除此之外,其他任何单位或者个人都无权作出实施国家计划许可的决定。第四,依据国家计划许可而实施他人发明专利的单位,必须按国家规定向专利权人支付使用费。

第十七章　专利权的保护

第一节　专利权的保护范围

一、概述

作为专利权客体的发明创造是一种无形财产,确定其保护范围,既有利于专利权人有效地行使其权利,也有利于保护一般公众的利益。《专利法》规定,专利权人的独占权只能及于专利权的保护范围。专利权的保护范围,是指发明创造专利权的法律效力所及的范围。就发明或者实用新型而言,其专利权的效力范围,实际上就是专利权所保护的技术特征;就外观设计专利权而言,就是专利权所保护的新设计。

二、发明或者实用新型专利权的保护范围

《专利法》第59条第1款规定:"发明或者实用新型专利权的保护范围以其权利要求的内容为准,说明书及附图可以用于解释权利要求的内容。"依此规定,一项技术构思尽管在说明书或者附图中有体现,但在权利要求书中没有记载,就不属于专利权的保护范围,因为说明书本身不能确定保护范围。当然,说明书没有记载的技术特征,权利要求书也不能提及;即使是提到了,也是无效的。

产品发明专利的保护范围,及于一切具有相同特征、相同结构和相同性能的产品,而不问该产品是以什么方式制造的。专利说明书记载的产品的制造方法,一般用于证明产品的保护范围,不能用来限制权利要求所记载的产品的保护范围。产品专利的保护范围原则上也不受说明书所说明的用途的限制,一些在专利申请或者审批时尚不为人们知晓的用途,也应当包括在保护范围内。但是,对于专利产品中一些出人意料的新用途或者效果极其显著的新用途,对所属技术领域的普通技术人员不是显而易见的,则不能在该产品专利的保护范围之内。将产品转用于这种用途的发明,构成一件新发明,有可能获得专利权。

方法发明专利的保护范围,及于一切具有相同特征、相同参数和相同效果的方法。在方法的实施过程中所使用的设备、工具、仪器、装置等,不应限制方法专利的保护范围。用专利方法直接获得的产品,不论该产品本身是否已经获得专利,依我国《专利法》的规定,都是方法专利所及的范围。

三、外观设计专利权的保护范围

关于外观设计专利权的保护范围,国外有两种确定办法:一是以被批准的外观设计专

利本身来确定其保护范围。如此确定以后,他人不仅不能在相同的产品上使用该外观设计,而且也不能在其他种类的产品上使用该外观设计。例如,匈牙利1978年的《工业品外观设计保护法》就有此类规定。[①] 另一种方法是以使用外观设计的产品确定专利权的保护范围。申请人在申请外观设计保护时,可以就外观设计指定使用在若干产品上。例如,日本1959年的《外观设计法》第24条规定的外观设计保护范围即采用这种方法。[②] 该法第38条又规定了对外观设计专利的侵权行为,即"以制造、转让、出租或者使用类似外观设计的物品为业的行为,视为侵犯该外观设计权或者独占许可权"。

我国《专利法》第59条第2款对外观设计专利权的保护范围作了规定,即"外观设计专利权的保护范围以表示在图片或者照片中的该产品的外观设计为准,简要说明可以用于解释图片或者照片所表示的该产品的外观设计"。

第二节 专利侵权行为

一、专利侵权行为的概念与特征

专利侵权行为,也可以称为侵犯专利权的行为,是指在未经专利权人许可,也没有其他法定事由的情况下,第三人擅自实施其专利的行为。此处所指的这种专利侵权行为,实际上就是直接专利侵权行为。

专利侵权行为,首先是一种民事侵权行为,因此,它具有一般民事侵权行为的基本特征:(1) 行为人擅自实施了他人的专利;(2) 行为人实施他人专利的行为既无合同约定,也没有法律依据。

二、专利侵权行为的判定原则

(一) 专利权有效原则

即原告请求保护的必须是一项受中国《专利法》保护的有效专利权:(1) 行为人所实施的专利是由国务院专利行政部门依照法定程序授予的专利,而不是由外国专利局授予的权利。(2) 行为人所实施的专利仍然受法律保护。(3) 如果行为人所实施的对象,只是已被国务院专利行政部门受理,但尚未授予专利权的发明创造,在该项发明创造被授予专利权以前,不发生专利侵权问题。

(二) 以权利要求的内容为准的原则

对发明或者实用新型专利权而言,以说明书及附图解释权利要求的,应当采用折衷解释原则。既要避免采用"周边限定原则",即专利权的保护范围与权利要求文字记载的保

---

① 匈牙利1978年的《工业品外观设计保护法》第6条第(3)款规定:"外观设计保护的范围应当由与在外观设计注册簿上注册的照片或图示一致的外观设计的外部形状所决定。"
② 日本1959年的《外观设计法》第24条规定:"注册外观设计的保护范围根据申请书的记载和申请书后所附图纸的记载或申请书后所附照片、模型或样品所体现的外观设计确定。"

护范围完全一致,说明书及附图只能用于澄清权利要求中某些含糊不清之处;又要避免采用"中心限定原则",即权利要求只确定一个总的发明核心,保护范围可以扩展到技术专家看过说明书与附图后,认为属于权利要求保护的范围。折中解释则处于这两种极端解释的中间,应当把对专利权人的合理正当的保护与对公众的法律稳定性要求的满足及其合理利益的保护结合起来。

(三) 技术特征完整对待原则

即将专利权利要求中记载的技术内容作为一个完整的技术方案看待的原则。进行侵权判定时,应当将专利权利要求中记载的技术方案的全部必要技术特征与被控侵权物的全部技术特征逐一进行对应比较。一般不将专利产品与侵权物品直接进行侵权对比,但专利产品可以用于帮助理解有关技术特征和技术方案。

(四) 全面覆盖原则

又称全部技术特征覆盖或字面侵权原则。即如果被控侵权物的技术特征包含了专利权利要求中记载的全部必要技术特征,则落入专利权的保护范围。当专利独立权利要求中记载的必要技术特征采用的是上位概念特征,而被控侵权物采用的是相应的下位概念特征时,则被控侵权物落入专利的保护范围。被控侵权物在利用专利权利要求中记载的全部技术特征的基础上又增加了新的技术特征,仍落入专利权的保护范围,此时不考虑被控侵权物的技术效果与专利技术是否相同。被控侵权物对在先专利技术而言是改进的技术方案,并且获得了专利权的,则属于从属专利。未经在先专利权人许可,实施从属专利也覆盖了在先专利权的保护范围。

(五) 等同原则

在专利侵权判定中,当适用全面覆盖原则判定被控侵权物不构成侵犯专利权的情况下,应当适用等同原则进行侵权判定。等同原则,是指被控侵权物中有一个或者一个以上的技术特征经与专利独立权利要求保护的技术特征进行比较,从字面上不相同,但经过分析可以认定两者是相同的技术特征。《专利法》第59条第1款所称的"发明或者实用新型专利权的保护范围以其权利要求的内容为准,说明书及附图可以用于解释权利要求的内容",是指专利权的保护范围应当以权利要求记载的全部技术特征所确定的范围为准,也包括与该技术特征相等同的特征所确定的范围。等同特征,是指与所记载的技术特征以基本相同的手段,实现基本相同的功能,达到基本相同的效果,并且本领域普通技术人员在被诉侵权行为发生时无需经过创造性劳动就能够联想到的特征。这种情况下,应当认定被控侵权物落入了专利权的保护范围。等同物应当是具体技术特征之间的彼此替换,而不是完整技术方案之间的彼此替换。适用等同原则判定侵权,仅限于适用被控侵权物中的具体技术特征与专利独立权利要求中相应的必要技术特征是否等同,而不适用于被控侵权物的整体技术方案与独立权利要求所限定的技术方案是否等同。

(六) 禁止反悔原则

即在专利审批、撤销或者无效宣告程序中,专利权人为确定其发明创造具备新颖性和创造性,通过书面声明或者修改专利文件的方式,对专利权利要求的保护范围作了限制承诺或者部分地放弃了保护,并因此获得了专利权,而在专利侵权诉讼中,法院适用等同原则确定专利权的保护范围时,应当禁止专利权人将已被限制、排除或者放弃的内容重新纳入专利保护范围。当等同原则与禁止反悔原则发生冲突时,即原告主张适用等同原则判定被告侵犯其专利权,而被告主张适用禁止反悔原则判定自己不构成侵犯专利权的情况下,应当优先适用禁止反悔原则。

(七)多余指定原则

即在专利侵权判定中,在解释专利独立权利要求和确定专利权的保护范围时,将记载在专利独立权利要求中的明显附加特征(即多余特征)略去,仅以专利独立权利要求中的必要技术特征来确定专利权保护范围,判定被控侵权物是否覆盖专利权保护范围的原则。该技术特征不存在专利权反悔的情形。法院不应主动适用多余指定原则,而应当以原告提出请求和相应的证据为条件。对发明程度较低的实用新型专利,一般不适用多余指定原则确定专利保护范围。适用多余指定原则时,应适当考虑专利权人的过错,并在赔偿损失时予以体现。

三、假冒他人专利

假冒他人专利,是指未经专利权人许可,非专利权人在自己为生产经营目的而制造、使用、许诺销售、销售的产品上擅自标注他人专利标记和专利号的行为。

假冒他人专利的行为以及以非专利产品、方法冒充专利产品、方法的行为合并称为假冒专利行为,是一种直接专利侵权行为。行为人在实施这种侵权行为时,并没有实施专利权人的专利,而只是在自己制造、使用、许诺销售、销售的产品上,标注了专利权人的专利标记。具而言之,假冒他人专利的行为,所侵犯的是专利权人依法享有的专利标记权。

假冒他人专利,具体表现为:(1)未经专利权人许可,在其制造或者销售的产品、产品的包装上标注他人的专利号;(2)未经专利权人许可,在广告或者其他宣传材料中使用他人的专利号,使人将所涉及的技术误认为是他人的专利技术;(3)未经专利权人许可,在合同中使用他人的专利号,使人将合同涉及的技术误认为是他人的专利技术;(4)伪造或者变造他人的专利证书、专利文件或者专利申请文件。

假冒他人专利的行为,有以下几个方面的特征:

(1)假冒产品不是专利产品,且与专利产品不同。如果假冒产品与专利产品相同,那么,行为人所实施的就不是假冒行为,而是擅自实施他人专利的行为。

(2)假冒者在其非专利产品上所标注的专利号必须与某项有效专利的专利号相同。如果行为人在自己的非专利产品上所标注的专利号与他人的有效专利的专利号不同,其行为就不是假冒他人专利,而是冒充专利,冒充专利是一种违法行为,但不是专利侵权行为。

(3)假冒者在其非专利产品上所标注的专利号必须是某项有效专利的专利号。如果假冒者所标注的专利号与某项无效专利的专利号相同,其行为也不是假冒他人专利,而是冒充专利行为。

(4) 行为人标注他人有效专利之专利号的行为未经专利权人授权或许可,否则其行为不构成假冒他人专利。

假冒专利的,除依法承担停止侵权、赔偿损失、消除影响等民事责任外,由管理专利工作的部门责令改正并予公告,没收违法所得,可以并处违法所得四倍以下的罚款;没有违法所得的,可以处20万元以下的罚款;构成犯罪的,依法追究刑事责任。《中华人民共和国刑法》第216条规定:"假冒他人专利,情节严重的,处3年以下有期徒刑或者拘役,并处或者单处罚金。"

四、间接侵权行为

前文所述专利侵权行为均为直接专利侵权行为。除此之外,还有一种间接专利侵权行为(下文简称"间接侵权行为")。

间接侵权行为是指行为人实施的行为并不构成直接侵犯他人专利权,但却故意诱导、怂恿、教唆别人实施他人专利,发生直接的侵权行为。具体来说,行为人的行为本身可能并不构成对他人专利权的侵害,但在主观上有诱导或唆使别人侵犯他人专利权的故意,客观上为别人实施直接侵权行为提供了必要的条件。如果行为人的行为本身就是对他人专利权的直接侵害,无论是否诱导、怂恿或者促使第三人实施专利侵权行为,行为人实施的都是直接专利侵权行为。

间接侵权的对象仅限于专用品,而非公用品。此处所说的专用品,是指仅可用于实施他人专利产品的关键部件;或者方法专利的中间产品,构成实施他人专利技术的一部分,并无其他用途。如果一种公用品正好可用于实施他人的专利,而且直接侵权行为人确实使用了该公用品作为其实施他人专利技术行为的一部分,该公用品的制造者也不构成间接侵权。

与直接专利侵权行为相比,间接侵权行为有两个明显的特征:

(1) 行为人在主观上具有诱导、怂恿、教唆他人实施直接侵权行为的故意。

(2) 间接侵权行为一般应以直接侵权行为的发生为前提,且行为人的行为与他人的直接侵权行为有必然的因果关系。

第三节 对专利侵权行为的处理

一、管理专利工作的部门对专利侵权行为的处理

《专利法》第60条规定:"未经专利权人许可,实施其专利,即侵犯其专利权,引起纠纷的,由当事人协商解决;不愿协商或者协商不成的,专利权人或者利害关系人可以向人民法院起诉,也可以请求管理专利工作的部门处理……"根据此授权,管理专利工作的部门有权根据专利权人或者利害关系人的请求,对专利侵权行为进行处理。

《专利法》及其《实施细则》所称的"管理专利工作的部门",是指由省、自治区、直辖市

人民政府以及专利管理工作量大又有实际处理能力的设区的市人民政府设立的管理专利工作的部门。

根据《专利法实施细则》第81条规定,当事人请求处理专利纠纷的,由被请求人所在地或者侵权行为地的管理专利工作的部门管辖。两个以上管理专利工作的部门都有管辖权的专利纠纷,当事人可以向其中一个管理专利工作的部门提出请求;当事人向两个以上有管辖权的管理专利工作的部门提出请求的,由最先受理的管理专利工作的部门管辖。管理专利工作的部门对管辖权发生争议的,由其共同的上级人民政府管理专利工作的部门指定管辖;无共同上级人民政府管理专利工作的部门的,由国务院专利行政部门指定管辖。

请求管理专利工作的部门调处专利纠纷,必须符合下列条件:(1)请求人必须是与专利侵权纠纷有直接利害关系的单位或者个人;(2)有明确的被请求人,有具体的要求和事实根据;(3)符合《专利行政执法办法》的规定,属于受案管理专利工作的部门的受案和管辖范围;(4)纠纷当事人任何一方均未向人民法院起诉。

请求管理专利工作的部门调处专利纠纷,应当递交请求书正本1份,并按被请求人的多少提供副本。调处请求人所提交的请求书应当写明下列事项:(1)请求人的姓名或者名称、地址,法定代表人或者主要负责人的姓名、职务,委托代理人的,代理人的姓名和代理机构的名称、地址;(2)被请求人的姓名或者名称、地址;(3)请求处理的事项以及事实和理由。有关证据和证明材料可以以请求书附件的形式提交。请求书应当由请求人签名或者盖章。

管理专利工作的部门收到请求书后,经审查认为符合受理条件的,应在5日内立案审理;不符合受理条件的,应在5日内通知请求人不予受理,并说明理由。管理专利工作的部门受理专利侵权纠纷以后,应在5日内将请求书副本发送被请求人。被请求人收到请求书副本后应在15日内提交答辩书和有关证据。被请求人逾期不提交答辩书的,不影响管理专利工作的部门进行处理。被请求人提交答辩书的,管理专利工作的部门应当在收到之日起5个工作日内将答辩书副本送达请求人。管理专利工作的部门根据已经取得的证据,对涉嫌假冒专利行为进行查处时,可以询问有关当事人,调查与涉嫌违法行为有关的情况;对当事人涉嫌违法行为的场所实施现场检查;查阅、复制与涉嫌违法行为有关的合同、发票、账簿以及其他有关资料;检查与涉嫌违法行为有关的产品,对有证据证明是假冒专利的产品,可以查封或者扣押。管理专利工作的部门依法行使前款规定的职权时,当事人应当予以协助、配合,不得拒绝、阻挠。

管理专利工作的部门调处专利侵权纠纷时,应在查明事实、分清是非的基础上,按照有关规定处理,促使当事人各方相互谅解,达成协议。经管理专利工作的部门调解,当事人双方达成协议的,应当制作调解书。调解书要经当事人签名盖章,调处人员签名,并加盖管理专利工作的部门公章。如调解不成,管理专利工作的部门应当及时作出处理决定。处理决定书由调解人员签名,并加盖管理专利工作的部门公章。专利侵权纠纷经管理专利工作的部门调解达成调解协议的,在调解书送达前或者送达后,当事人一方反悔向人民法院起诉的,人民法院应予受理。

对管理专利工作的部门作出的处理决定,不设监督或者复议程序,而是通过当事人服从与否来决定是否进入司法程序进行调整。如果当事人不服管理专利工作的部门的处理决定,可以在收到通知之日起 3 个月内向人民法院起诉。但是,当事人在规定的期限内未起诉的,管理专利工作的部门的处理决定即发生法律效力。一方不履行的,另一方可凭管理专利工作的部门的处理决定书请求人民法院强制执行。

人民法院收到强制执行请求的,仅就管理专利工作的部门处理专利纠纷中的程序和形式进行了解,对案情本身不进行审理,对管理专利工作的部门作出的处理决定也无须复议或监督。

当事人一方向管理专利工作的部门请求调处,管理专利工作的部门已经立案并向另一方发出答辩通知书,而另一方拒绝答辩并向人民法院起诉的,只要起诉符合《民事诉讼法》相关规定和最高人民法院关于审理专利纠纷案件的有关规定,人民法院应予受理。如果另一方接到管理专利工作的部门的答辩通知书后作了实质性答辩,在管理专利工作的部门调处过程中又向人民法院起诉的,人民法院不予受理。

在管理专利工作的部门调处专利纠纷的过程中,当事人双方都向人民法院起诉的,人民法院应予受理,并告知该管理专利工作的部门办理撤回请求调处手续。

二、人民法院对专利侵权纠纷的处理

专利侵权纠纷发生后,专利权人或者利害关系人既可以请求管理专利工作的部门处理,又可以请求人民法院审理。

(一)第一审人民法院

从我国的实际出发,最高人民法院规定专利侵权纠纷的第一审人民法院是:(1)各省、自治区、直辖市人民政府所在地的中级人民法院;(2)最高人民法院指定的中级人民法院;(3)最高人民法院根据实际情况指定的基层人民法院。其他基层人民法院和其他中级人民法院不能作为第一审人民法院审理专利侵权纠纷案件。

(二)关于地域管辖的问题

关于专利侵权纠纷案件的地域管辖问题,最高人民法院作了专门规定:因侵犯专利权行为提起的诉讼,由侵权行为地或者被告住所地人民法院管辖。侵权行为地包括:被控侵犯发明、实用新型专利权的产品的制造、使用、许诺销售、销售、进口等行为的实施地;专利方法使用行为的实施地,依照专利方法直接获得的产品的使用、许诺销售、销售、进口等行为的实施地;外观设计专利产品的制造、许诺销售、销售、进口等行为的实施地;假冒他人专利行为的实施地;上述侵权行为的侵权结果发生地。

原告仅对侵权产品制造者提起诉讼,未起诉销售者,侵权产品制造地与销售地不一致的,制造地人民法院有管辖权;以制造者和销售者为共同被告起诉的,销售地人民法院有管辖权。销售者是制造者的分支机构,原告在销售地起诉侵权产品制造者制造、销售行为的,销售地人民法院有管辖权。

(三)关于证据保全问题

为了制止专利侵权行为,在证据可能灭失或者以后难以取得的情况下,专利权人或者利害关系人可以在起诉前向人民法院申请保全证据。人民法院采取保全措施,可以责令申请人提供担保;申请人不提供担保的,驳回申请。人民法院应当自接受申请之时起48小时内作出裁定;裁定采取保全措施的,应当立即执行。

申请人自人民法院采取保全措施之日起30日内不起诉或申请仲裁的,人民法院应当解除该措施。

三、专利侵权的诉讼时效

(一)诉讼时效期间

专利侵权的诉讼时效,是指专利权人或者利害关系人在法律规定的期限内不行使其诉讼权利,即丧失请求人民法院依诉讼程序强制侵权人履行义务的权利。

《专利法》第68条规定,侵犯专利权的诉讼时效为2年,自专利权人或者利害关系人知道或者应当知道侵权行为之日起计算。发明专利申请公布后至专利权授予前使用该发明未支付适当使用费的,专利权人要求支付使用费的诉讼时效为2年,自专利权人得知或者应当得知他人使用其发明之日起计算,但是,专利权人于专利权授予之日前即已得知或应当得知的,自专利权授予之日起计算。

关于诉讼时效的基本规则和基本知识,与民法中的诉讼时效制度相同。

(二)诉讼时效经过的法律后果

如果诉讼时效期间届满,专利权人或者利害关系人不能再请求人民法院保护,同时也不能再向管理专利工作的部门请求保护。

四、专利侵权诉讼中的举证责任

专利权人或者利害关系人提起侵权诉讼,或者请求管理专利工作的部门处理专利侵权纠纷时,应当适用《中华人民共和国民事诉讼法》关于举证责任的规定,即"当事人对自己提出的主张,有责任提供证据"。但是,《专利法》第61条规定:"专利侵权纠纷涉及新产品制造方法的发明专利的,制造同样产品的单位或者个人应当提供其产品制造方法不同于专利方法的证明。专利侵权纠纷涉及实用新型专利或者外观设计专利的,人民法院或者管理专利工作的部门可以要求专利权人或者利害关系人出具由国务院专利行政部门对相关实用新型或者外观设计进行检索、分析和评价后作出的专利权评价报告,作为审理、处理专利侵权纠纷的证据。"该规定说明,当专利侵权诉讼涉及新产品制造方法的发明专利时,举证责任发生转移,由被告负举证责任。

关于举证责任转移的另一问题是:当专利权人或者利害关系人指控被告为生产经营目的使用或者销售未经专利权人许可而制造并售出的专利产品或者依照专利方法直接获得的产品,构成侵权,应当承担赔偿责任时,被告依法承担证明自己所使用或者销售的专利产品来源合法的责任。在专利侵权纠纷中,被控侵权人有证据证明其实施的技术或者设计属于现有技术或者现有设计的,不构成侵犯专利权。否则,其行为构成侵权,要依法承担赔偿责任。

第四节 专利侵权行为的法律责任

管理专利工作的部门或者人民法院在处理专利侵权纠纷时,应当"以事实为依据,以法律为准绳"。经审查,一旦确定行为人的行为构成侵权,管理专利工作的部门或者人民法院就可以根据专利权人或者利害关系人的请求,强制专利侵权行为人承担应有的法律责任。根据《专利法》及其他有关法律的规定,侵权行为人应当承担的法律责任主要是民事责任,此外还包括行政责任与刑事责任。其中,民事责任包括:

一、停止侵权

停止侵权是指专利侵权行为人应当根据管理专利工作的部门的处理决定或人民法院的生效判决,立即停止正在实施的专利侵权行为。专利权人或者利害关系人有证据证明他人正在实施或者即将实施侵犯专利权的行为,如不及时制止将会使其合法权益受到难以弥补的损害的,可以在起诉前向人民法院申请采取责令停止有关行为的措施。申请人提出申请时,应当提供担保;不提供担保的,驳回申请。人民法院应当自接受申请之时起48小时内作出裁定;有特殊情况需要延长的,可以延长48小时。裁定责令停止有关行为的,应当立即执行。当事人对裁定不服的,可以申请复议一次;复议期间不停止裁定的执行。申请人自人民法院采取责令停止有关行为的措施之日起30日内不起诉或申请仲裁的,人民法院应当解除该措施。

申请有错误的,申请人应当赔偿被申请人因停止有关行为所遭受的损失。

专利权人提出财产保全申请并提供担保的,人民法院认为必要的,在裁定中止诉讼的同时责令被告停止侵权行为,或者采取其他制止侵权损害继续扩大的措施。此外,《知识产权海关保护条例》第14条规定:"知识产权权利人请求海关扣留侵权嫌疑货物的,应当向海关提供不超过货物等值的担保……"对要求行为人停止制造专利产品或者停止使用专利方法的,更有必要提供担保。

二、赔偿损失

赔偿损失是一种普遍采用的救济措施。在确定行为人的行为构成专利侵权后,侵权行为人是否应当向专利权人或者利害关系人赔偿损失,以及以什么标准来进行赔偿,是一个很重要的问题。

专利侵权的损害赔偿,应当贯彻公正原则,使专利权人因侵权行为受到的实际损失能够得到合理的赔偿。专利侵权的损害赔偿额可按照以下方法计算:

侵犯专利权的赔偿数额按照权利人因被侵权所受到的实际损失确定;实际损失难以确定的,可以按照侵权人因侵权所获得的利益确定。

权利人的损失或者侵权人获得的利益难以确定的,参照该专利许可使用费的倍数合理确定。权利人的损失、侵权人获得的利益和专利许可使用费均难以确定的,人民法院可以根据专利权的类型、侵权行为的性质和情节等因素,确定给予1万元以上100万元以下的赔偿。

根据权利人的请求以及具体案情,赔偿数额还应当包括权利人为制止侵权行为所支付的合理开支。

对于这三种计算方法,人民法院可以根据案件的不同情况选择采用。当事人双方商定用其他计算方法计算损害赔偿额的,只要是公平合理的,人民法院可以准许。

三、消除影响

在侵权行为人实施侵权行为给专利权人或利害关系人在市场上的商誉造成损害,影响其专利产品的销售、使用时,侵权行为人就应当承担消除影响的法律责任。承担这种责任的方式主要是通过新闻媒体公开声明,承认自己的侵权行为,从而达到消除对专利产品造成的不良影响的目的。

根据《专利法》,假冒专利的,除依法承担民事责任外,还要承担相应的行政责任乃至刑事责任。就行政责任而言,由管理专利工作的部门责令改正并予公告,没收违法所得,可以并处违法所得四倍以下的罚款;没有违法所得的,可以处20万元以下的罚款。就刑事责任而言,假冒专利构成犯罪的,应依法追究刑事责任。根据《刑法》第216条,假冒他人专利,情节严重的,处3年以下有期徒刑或者拘役,并处或者单处罚金。

此外,侵夺发明人或者设计人的非职务发明创造专利申请权和《专利法》规定的其他权益的,由所在单位或者上级主管机关给予行政处分。

第四编 商标权

第十八章 商标制度概述

第一节 商标概述

一、商标的含义

商标俗称品牌,是生产经营者在其商品或服务上使用的,由文字、图形、字母、数字、三维标志、颜色组合和声音等,以及上述要素的组合构成的,具有显著特征、便于识别商品或服务来源的标记。

商标的含义主要有以下几个方面:

(1) 商标是用于商品或服务上的标记。

在社会政治、经济、军事、文化、科学等各个领域,人们为不同的目的而使用不同的标志,例如,国徽、军徽、检验标记、厂商标记、路标及各种符号等。它们的共同特点在于具有区别、代表和象征某种事物的作用。在各种标志中,商标是使用在商品或服务上的标记,是人们生活中最为普遍、最为常见的标记。使用商标的商品,是能够通过市场进行流通的动产物,主要包括生活消费品和生产消费品,而诸如房屋及其他地上附着物等不动产则不使用商标。传统的商标仅限用于商品,随着第三产业的发展,用以表明某个企业的服务的标记也成为商标的一种,称为服务商标或服务标记。

(2) 商标是区别商品或服务来源的标记。

商标的基本功能在于将不同企业生产或经销的相同商品或类似商品区别开来。所谓相同商品,又称同一种商品,是指商品普通名称相同,或者名称虽不相同但所指对象相同的商品。例如,自行车为商品普通名称,虽另有"单车""脚踏车"等不同称谓,但以上所述对象都为相同商品。所谓类似商品,是指商品名称不同,但在原料、用途或者功能等方面具有共同之处的商品。确认类似商品的一般做法是,首先检索我国适用的《类似商品和服务区分表》,看它们是否属于同一类商品,然后从商品的性质、用途、原料、交易状态、消费途径等多方面进行综合分析,作出判断。商品分类表是划分商品和服务类别的文件,它根据商品的性质、用途、原料以及不同的服务类别将其划分为若干类,每类又包括若干种。商品分类表是商标管理的重要法律文件,是划分商品和服务类别、确定商品名称的重要依据。有了商标这种标志,就容易判明商品的不同来源以至其质量、性能或特点。

(3) 商标是由文字、图形、字母、数字、三维标志、颜色组合和声音等,以及上述要素的组合构成,具有显著特征的人为标记。

商标的构成要素包括文字、图形、字母、数字、三维标志、颜色组合和声音等,以及上述要素的组合等标志。由此构成的商标具有显著特征,使一般消费者能够通过商标来识别商品、选择购买商品。在现实生活中,某些商品的形状、色泽,甚至瑕疵、残缺有时也可能起到某种识别作用,但这些不能称为商标。商标是经过人的设计,有意识地附置于商品或商品包装上的标记。它必须使用在特定的对象之上,才具有显示、区别其来源的意义。附置商标的方式主要有:使用商标标签,如粘贴标记、缝制标记、拴挂标记等;将商标印在商品上,如色印、刻印、烙印等。有的商品本身不能或不宜制作标记的,则将商标附置于其包装或容器上。

二、商标与相邻标记的区别

商标是商品特定标记,在商品生产和交换活动中还有许多其他标记,如商品名称、商品装潢、商务标语等,它们往往与商标同附一物,极易造成混淆,因此有必要加以区别。

(一) 商标与商品名称

商品名称,是指用以区别其他商品而使用在本商品上的称谓。它分为通用名称和特有名称。商品通用名称是对同一类商品的一般称呼,例如,自行车、电视机、手表等。商品特有名称是表明产地、性能、特点的某一特定商品的名称,例如,泸州老窖、五粮液酒、川贝枇杷止咳露、两面针药物牙膏等。根据《商标法》的规定,商品的通用名称不能作为商标注册,但经过使用取得显著特征,并便于识别的,可以作为商标注册;商品的特有名称如果符合法定条件,可以作为商标注册,例如,两面针牙膏,既是商品特有名称,又可用作商标注册。对于他人的注册商标,不能作为自己的商品的名称使用。例如,"阿斯匹林""尼龙""凡士林"等原本为驰名商标,由于使用不当而成为商品通用名称,导致商标所有人丧失其专有权。在我国,商标一经注册,即可受到商标法的保护;而商品名称一般不作为权利客体,只有知名商品的名称才能取得《反不正当竞争法》的保护。

(二) 商标与商品装潢

商品装潢是商品包装物或其他附着物上的装饰设计,具有美化商品、刺激消费者需求欲望、提高商品品位的作用,其功能与商标所具备的区别商品来源的功能是不同的。从法律上看,商品装潢与商标的主要差别是:商标一经核准注册,即由注册人专用,且非经变更申请不得任意改变其文字、图形、字母、数字、三维标志、颜色组合和声音。而商品装潢无需经过注册,既不属于特定主体专用,又可以根据市场情况随时加以变动和改进。在我国的法律保护体系中,注册商标受《商标法》保护,而商品装潢可以作为美术作品受《著作权法》保护,有一定影响的商品的装潢,即具有区别商品来源的显著特征的装潢,还可以受《反不正当竞争法》保护。

(三) 商标与商务标语

商务标语是为了经销商品而制作的广告宣传用语和口号。它与商标的关系十分密切,经常与商标相配合而出现在商品包装或宣传材料上。商务标语使用的文字语言比较简练形象,主要涉及商品的性能、功能和特点等,多为对商品的赞美、称颂之词,例如,"质量上乘""信心保证"等等。这些用语不具有区别商品来源的功能,也不能为特定人独占使用。但有的商务标语如符合著作权客体条件,具有独创性和文字艺术价值的,可以受《著作权法》保护。

(四) 商标与特殊标志

商标与特殊标志同属于区别标记,但有着不同的适用范围,并由不同的法律、法规调整。特殊标志是指经国务院批准举办的全国性和国际性的文化、体育、科学研究及其他社会公益活动中所使用的,由文字、图形组成的名称及缩写、会徽、吉祥物等标志。例如,奥运会吉祥物、世界妇女大会会徽、世界博览会标志等,均属于特殊标志。我国先后发布了《特殊标志管理条例》《奥林匹克标志保护条例》和《世界博览会标志保护条例》等行政法规给予特殊保护。特殊标志必须具有显著性,便于识别,且不违反社会公共利益,不损害他人的商标权、著作权等在先权利,才能受到法律的保护。特殊标志经国务院工商行政管理部门核准登记,其所有人对其享有专有权,可以在与所有人公益活动相关的广告、纪念品及其他物品上使用该标志,并许可他人在国务院工商行政管理部门核准使用该特殊标志的商品或服务项目上使用。特殊标志的有效期为4年,自核准登记之日起计算。特殊标志所有人可以在有效期满前3个月内提出延期申请,延长的期限由国务院工商行政管理部门根据实际情况和需要决定。

商标与商号和地理标志的区别将在第五编另行说明。

三、商标的分类

商标从不同的角度,依不同标准,可以分为以下几种类型:

(一) 商品商标与服务商标

商标按照其使用的对象不同进行分类,可以分为商品商标与服务商标。商品商标是生产经营者在生产、制造、加工、拣选或经销的商品上所使用的商标。服务商标是服务性行业所使用的区别标志,即提供服务的人在其向社会公众提供的服务项目上所使用的标志。

服务商标是商品商标的延伸和扩展,是商品经济发展和第三产业勃兴的产物。服务商标与商品商标具有相同的标志属性,其区别在于前者表示的是服务项目,后者表示的是有形商品。美国于1946年率先在其商标法(《兰哈姆法》)中对服务商标提供注册保护,此后,各国纷纷加以仿效。1958年里斯本会议修改的《保护工业产权巴黎公约》增列各成员国应予保护服务商标的条款。迄今为止,世界上已有一百多个国家或地区建立了服务商标保护制度。根据《商标注册用商品和服务国际分类尼斯协定》的规定,服务商标所适用的对象有:广告与实业;保险与金融;建筑与修理;交通;运输与贮藏;材料处理;教育与娱乐；杂务。我国《商标法》及其实施条例有关商品商标的规定,适用于服务商标。

（二）文字商标、图形商标、字母商标、数字商标、三维标志商标、颜色组合商标、声音商标及组合商标

商标按照其构成商标图案的形态分类,可以分为文字商标、图形商标、字母商标、数字商标、三维标志商标、颜色组合商标、声音商标及组合商标。这是我国《商标法》第8条规定的八类商标,也是世界各国通用的八类商标。

文字商标,即以文字构成的商标。除法律明确规定不得使用的文字外,企业可以自由选择文字作为商标,包括企业名称或其缩写、具有含义的字和词、不具有特定含义而杜撰的字和词等,但注册商标还应符合《商标法》第10条、第11条和第13条规定的限制条件。文字可分为汉字、少数民族文字、外国文字。我国的文字商标一般使用中国文字,但出口商品商标、外国商品商标以及有特殊需要的商品商标,可以使用外国文字。以汉字作为商标的,必须尽可能加注汉语拼音字母。以文字作为商标标志,含义明确,重在表意,但其形象性不够。

图形商标,是指由平面图形构成的商标。图形商标大致分为两类,一类是人物画、动植物画、风景画等具体形象图形,另一类是某种记号、符号等抽象造型构图。这种商标以艺术作品的形式出现,给人印象深刻,便于记忆,不受语言文字的限制,无论什么国家或地区使用这种商标,人们都易于懂得其含义。但图形商标不便称呼,其表意性不及文字商标,目前单纯以图形作为商标使用的情形较少。

字母商标,是指由字母构成的商标。这里的字母既可以是拉丁字母,也可以是其他文字的字母。字母商标实际上是文字商标的一种特殊类型,它与一般文字商标的区别主要在于,一般文字商标中的文字是有一定含义的字(或单词)或词语(词组),字母商标中的字母则是不具有任何含义的单个或数个字母。

数字商标,是指由表示数量的数字构成的商标。

三维标志商标,即立体商标,是指由三维标志或者含有其他标志的三维标志构成的商标。

颜色组合商标,是指由几种不同的颜色按照一定的规则组合而成的商标。由于颜色组合商标在显著特征、保护范围的认定等方面容易产生一些问题,过去许多国家的商标法不承认颜色组合商标。但在世界贸易组织《知识产权协定》缔结之后,颜色组合商标已正式成为商标家族的一员,在绝大多数国家得到承认和保护。

声音商标,是非传统商标的一种,经济飞速发展使商标形式不断创新,《商标法》2013年修改时取消了对商标注册的可视性要求,将国际上申请和审查标准已经相对比较成熟的声音商标纳入到商标可申请注册的范围,增加了可以注册的商标要素,规定声音可以作为商标注册,这将有利于企业创新发展。

组合商标,即是由上述各种要素组合组成的商标。这种商标图文并茂,其设计一般以图形为主,文字为辅;既表形,又表意。在我国及国际上,组合商标的使用都最为普遍。

（三）制造商标、销售商标与集体商标

商标按其使用者的不同进行分类，可以分为制造商标、销售商标与集体商标。

制造商标，亦称生产商标，是商品制造者所使用的商标。例如，我国红都服装厂使用的"红都"商标，日本日立公司使用的"日立"商标，就是企业在自己生产或制作的商品上使用了与企业名称（厂标）相同的商标。制造商标的功用，不仅在于区别不同的生产厂家，而且能在销售经营中突出表示制造者。

销售商标，又叫商业商标，是商品经营者使用的商标。例如，贸易公司、百货公司等商业企业使用的标志，用以表示它所出售的商品都是经过精心拣选的。使用销售商标的目的是宣传商业企业的经营，使其销售的商品与其他经销商销售的同类商品展开商业竞争。

集体商标，是指以团体、协会或者其他组织的名义注册，供该组织成员在商事活动中使用，以表明使用者在该组织中的成员资格的标志。集体商标虽然也表示商品来源，但它并不是标示某一特定厂家，而是代表由若干企业组成的集体组织。一般来说，集体商标不允许转让，使用该商标的意义在于表明若干企业所生产的同一商品具有相同的质量和规格。

（四）联合商标、防御商标与证明商标

商标按其特殊性质可以分为联合商标、防御商标与证明商标。

联合商标，是指同一个商标所有人在相同或类似商品上使用的若干个近似商标。在这些近似商标中，首先注册或主要使用的商标为正商标，其余商标为该商标的联合商标。例如，某一企业的正商标为"牡丹"，又以"白牡丹""红牡丹""黑牡丹"为联合商标。联合商标的目的在于保护正商标，防止他人影射。联合商标为一整体，不得分开转让。我国《商标法》未明确规定联合商标，但允许企业就两个以上的近似商标取得注册。

防御商标，是指同一商标所有人在不同类别的商品上注册使用同一个著名商标。最先创设的商标为正商标，后在不同类别商品上使用的同一商标为防御商标。例如，某厂生产"白玉"牌牙膏，遂又在化妆品、香皂、洗涤剂上注册使用该商标，后者即构成防御商标。注册防御商标，在于保护著名商标的信誉，因为如果他人在非类似商品上使用该商标，也会造成消费者的误认和原商标所有人利益的损害。防御商标的注册较为困难，但一旦注册成功，则不受因不使用而被撤销商标的规定所限。我国《商标法》对防御商标未作规定，但允许企业就同一商标在他类商品上取得注册。

证明商标，又称保证商标，是指由对某种商品或者服务具有监督能力的组织所控制，而由该组织以外的单位或者个人使用于其商品或者服务，用以证明该商品或者服务的原产地、原料、制造方法、质量或者其他特定品质的标志。使用证明商标，须经商标所有人许可，其经营的商品必须达到保证标准，有违反者按侵权处理。证明商标的功用在于提供质量证明，打开商品销路，使商品对消费者产生吸引力。目前，国际上流行的纯羊毛标志、欧共体采用的"担保商标"等，都是一种证明商标。

四、商标的作用

商标是商品经济发展的产物,在促进商品生产、交换等方面发挥着重要的社会职能。从商标使用者、商标管理者以及商品消费者的角度来看,商标的作用可以概括如下:

(1) 商品来源的标示作用。有了商标,就能区别相同产品的不同来源,有助于维护生产者和经营者的合法权益。在一个国家里,几十家甚至几百家企业生产和经营同一种商品的情况是经常发生的,同时还有国外输入的同类商品。在这种情况下,区别同一类商品的生产经营者,其重要的标志就是商标。例如,经国家批准的卷烟、雪茄烟厂,全国有数百家,其使用的商标逾千种,诸如"红塔山""牡丹""中华""凤凰"这些卷烟商标,只能由各注册厂家专门使用,其他厂家未经允许不得擅自采用。这样,商标总是同特定的生产经营者联系在一起,起着区别商品来源的作用。

(2) 商品质量的监督作用。有了商标,可以促进生产者讲究商标信誉,提高商品质量。商品质量和商标信誉总是紧密相联的,商品质量是商标信誉的保证和基础。一个企业为了使自己的产品能够扩大销路,具有一定的竞争能力,必然要努力去提高商品质量,维持商标在顾客心目中的信誉。同时,国家主管部门也可以通过商标管理,对优质名牌商品进行表彰,对劣质商品进行监督查处。

(3) 商品选购的指导作用。有了商标,能够帮助消费者认牌购货,维护消费者的利益。消费者选购商品,无论是慕名而来,还是使用上的习惯,或者是对某种商品的新尝试,首先看到的是商标标志。商品利用商标点缀以吸引顾客,引导和刺激消费。一般来说,在同类商品中,谁的商标影响大,消费者就会竞相购买谁的商品。北京的传统名牌产品,诸如"王麻子"的剪刀、"内联升"的布鞋、"同仁堂"的虎骨酒、"盛锡福"的帽子、"六必居"的酱菜,这些产品的牌子,人们熟悉,愿意购买。商标除了帮助认牌购货外,还能维护消费者的利益,使消费者能选购到称心如意、货真价实的商品。如果商品质次价高,消费者可依据商标,寻找生产者和经营者,要求退赔或调换。

(4) 商品销售的广告作用。有了商标,就可以将其作为广告宣传手段,以打开市场,扩大销路。既然商标作为一种标志,可以标志商品的质量和企业的信誉,它自然就成了一种广告手段。同时,较之广告,商标更具有经济性、灵活性和宣传面的广泛性。消费者在选购商品时,多是记住商标,凭商标识别商品质量的优劣,即所谓认牌购货,这就是商标的广告作用。发挥商标的这种广告作用,一般有两种途径:一是通过顾客使用带商标的商品,使他们对商品的式样、质量、用途、耐用程度等得出良好的印象,并努力把这种印象推广到其他消费者;另一种方法是对未使用这一商品的顾客进行广告宣传,使他们对商标产生好感,激发人们潜在的需要,推动购买。

第二节　商标制度的产生与发展

一、外国商标制度发展概况

商标作为一种私有财产受到法律的承认和保护，并成为一种专门的法律制度，始于资本主义时期。在此之前，将标记符号使用于商业的历史已相当悠久，但法律并未给予相关生产经营者以私权性质的商标权利，伪造、冒充商标被认为是一种商业欺骗行为，或者是违反诚实信用的行为。在古罗马法中，对于伪造商标出售货物的行为，准许买主向卖主提出控告。1226年英国曾颁布《面包师强制标志法》，规定面包师须在自己制作和出售的面包上标上适当的标记，并应保证面包的质量和分量。早期商标保护多适用侵权法以及刑法，不具备工业产权的法律特征。自18、19世纪欧洲产业革命以来，资本主义商品经济得到长足的发展，与商品生产和销售有直接关系的商标也日渐显现其重要性，商标逐渐成为生产经营者进行竞争、争夺市场、谋取利益的工具。从私有财产神圣不可侵犯的原则出发，资本主义国家从19世纪50年代起先后制定了一些专门法律，将商标纳入工业产权的保护范围。

一般认为，法国于1857年制定的《关于以使用原则和不审查原则为内容的制造标记和商标的法律》是世界上第一部具有现代意义的商标法。英国对于商标的保护，最初采用判例法形式，从19世纪开始，英国即制定一些成文法，其中有1862年的《商品标记法》、1885年的《商标注册法》。1905年英国又通过了新的商标法。英国的商标立法比法国晚，但其内容较当时的法国法先进，因而英国商标法对美国、日本以及英国原来的殖民地和附属国有很大影响。美国于1870年制定了《联邦商标条例》，同年8月又补充了对侵犯商标权行为适用刑事制裁的规定。该法被联邦最高法院判决为违反宪法而予以废除，代替它的是1881年新的商标法。德国于1874年公布了《商标保护法》，采用的是"不审查原则"，后又于1894年颁布了以"审查原则"为内容的《商标法》。日本受德国和英国商标法影响，于1884年制定了以"注册原则"为基本方针的《商标条例》。进入20世纪以来，前苏联、东欧各国和亚、非、拉美国家也先后制定和完善了自己的商标法律制度。到目前为止，世界上绝大多数国家都制定有商标法，可以说，商标法已成为各国通行的工业产权制度。

自19世纪下半叶以来，随着国际贸易的发展，商标法律保护开始向国际化发展。《保护工业产权巴黎公约》与《知识产权协定》规定了各缔约方关于商标保护所共同遵循的原则。此外，国际间还先后缔结了《商标国际注册马德里协定》《商标注册条约》《国际注册用商品与服务国际分类尼斯协定》《建立商标图形国际分类维也纳协定》等，就商标法律事务建立了一系列的规则和办法。在上述公约的基础上，国际间、地区间还建立了相应的组织以处理商标国际注册和保护事宜。

二、中国商标制度沿革

近代中国的商标法律制度，是半殖民地半封建社会的产物。1840年鸦片战争以后，帝国主义列强强迫清政府在对外通商条约中订立了不少保护外国商标的条款。1902年《中英续订商约》规定,"英国本有保护华商贸易牌号,以防英国人民违反迹近假冒之弊。中国现亦应允保护英国贸易牌号,以防中国人民违反迹近假冒之弊"。1903年《中美商约》规定,"美国人民之商标,在中国所设立之注册局所,由中国官员查察后,缴纳公道规费,并遵守所定公平章程,中国政府允示禁冒用"。此外,日本、葡萄牙等国与清政府签订的不平等条约也有类似条款。1904年,清政府颁布我国历史上第一部商标法规——《商标注册试办章程》。该法由当时任中国海关总税务司的英国人赫德起草。《章程》实行注册原则和申请在先原则;注册有效期20年;对假冒商标采取不告不理原则;对涉外商标纠纷实行"领事裁判权"。1923年,北洋政府以上述章程为基础,并参照英国驻华使馆代拟的条款,公布了商标法及其实施细则。以后,南京国民政府于1930年和1935年、1938年颁布了自己的商标法及其修改法。其法律条款大多是取材于外国商标法。

中华人民共和国成立后,我国先后制定了三部商标法规,即1950年政务院公布的《商标注册暂行条例》、1963年国务院公布的《商标管理条例》、1982年第五届全国人民代表大会常务委员会通过的《中华人民共和国商标法》。自1982年《商标法》公布施行以来,我国于1985年参加了《保护工业产权巴黎公约》、1989年参加了《商标国际注册马德里协定》,1988年开始采用《商标注册用商品和服务国际分类》。1990年发布了《商标印制管理办法》,1993年对《商标法》进行了重大修订。1993年第七届全国人民代表大会常务委员会第三十次会议通过了《关于修订〈中华人民共和国商标法〉的决定》,同时通过《关于惩治假冒注册商标犯罪的补充规定》。1997年《刑法》修改完善了关于商标犯罪及刑事责任的规定。为了适应中国建立社会主义市场经济体制、建设社会主义法治国家以及加入世界贸易组织的要求,第九届全国人民代表大会常务委员会第二十四次会议于2001年10月27日通过了关于修改《中华人民共和国商标法》的决定,对我国商标法进行了第二次局部的、适应性的修改。经过修改,我国商标法律制度已经与国际惯例接轨。2013年8月30日,《中华人民共和国商标法》修正案经第十二届全国人大常委会第四次会议审议并通过,这是我国《商标法》的第三次修改,新法自2014年5月1日起施行。

第三节　商标权的概念与内容

一、商标权的概念

商标权是商标所有人依法对其商标所享有的专有使用权。我国与世界上绝大多数国家一样,实行注册在先原则,即商标权的取得根据注册原则确定。我国《商标法》第3条第1款明确规定:"经商标局核准注册的商标为注册商标,包括商品商标、服务商标和集体商标、证明商标;商标注册人享有商标专用权,受法律保护。"由此可见,在我国,商标权实际上是指注册商标专用权。

注册商标与未注册商标具有不同的法律地位。注册商标是指经国家商标主管机关核准注册而使用的商标。未注册商标,又称为非注册商标,即是未经核准注册而自行使用的商标。两者在法律上的区别主要表现在以下几个方面:首先,注册商标的所有人可以排除他人在同一种商品或类似商品上注册相同或近似商标;未注册商标所有人如自己不申请注册,他人就有可能先申请注册并取得专用权。其次,注册商标遭到他人假冒使用,即构成权利的侵害,非法使用人应承担法律责任;而未注册商标不得对抗其他人的使用,先使用人没有依《商标法》请求诉讼保护的权利。再次,在核定使用的商品上使用核准注册的商标,是商标所有人的权利,不涉及他人商标专用权的问题;而未注册商标的使用,一旦与他人的注册商标构成了混同,即可能构成侵权。

总之,在未注册商标中,除驰名商标依《巴黎公约》的规定受法律特别保护外,其商标使用人不享有法律赋予的专有使用权。但是,这并不意味着未注册商标不受任何法律保护。在知识产权法体系内,未注册商标至少可受到两方面的保护:一是反不正当竞争法的保护,如我国《反不正当竞争法》第 6 条第 1 项将"擅自使用与他人有一定影响的商品名称、包装、装潢等相同或者近似的标识"的行为作为不正当竞争行为予以禁止;二是商标法的有限保护,虽然我国《商标法》未授予未注册商标以专用权,但第 32 条规定"不得以不正当手段抢先注册他人已经使用并有一定影响的商标",第 45 条第 1 款进一步规定,已经注册的商标违反第 13 条第 2 款和第 3 款、第 15 条、第 16 条第 1 款、第 30 条、第 31 条、第 32 条规定的,自商标注册之日起 5 年内,在先权利人或者利害关系人可以请求商标评审委员会宣告该注册商标无效。但从《商标法》上看,未注册商标使用人并没有禁止他人使用的权利。

因此,尽管法律允许使用未注册商标,但未注册商标不享有专用权。商标使用人在使用商标时应根据本企业产品的生产规模、稳定程度和销售量等来决定商标是否申请注册。如果企业生产的是大批量的、质量稳定的商品,一般应使用注册商标;如果生产的是未定型的或随时准备转产的商品,则可考虑使用未注册商标。

二、商标权的内容

商标权包括使用权和禁止权两个方面的内容。使用权即是商标权人对其注册商标享有充分支配和完全使用的权利。商标权人可以在其注册商标所核定的商品上独自使用该商标,并取得合法利益,也可以根据自己的意愿,将注册商标转让给他人或许可他人使用。禁止权是指商标权人禁止他人未经其许可擅自使用其注册商标的权利。商标权具有与财产所有权相同的属性,即不受他人干涉的排他性,其具体表现为禁止他人非法使用、印制注册商标及其他侵权行为。由此可见,使用权和禁止权是商标权的两个方面。

但是,一些学者对上述概括存有异议。有的认为,未注册商标与注册商标一样,也具有使用权;还有的认为,商标权就其本质属性来说就是一种专有使用权,所谓专有使用权即是一种排他权。因此,他们认为没有必要将商标权再抽象为两方面的权能。

我们认为,根据我国《商标法》规定的精神,将商标权的权能作出上述划分是有意义的。应该看到,未注册商标的"使用权"是不完整、不充分的。当同一种商品或类似商品上所使用的未注册商标与他人的注册商标构成相同或近似时,依照我国《商标法》的决定,未注册商标将不能继续使用,而注册商标的专用权则得到保护。这说明,在未注册商标中,使用只是一种自然的事实;而对注册商标来说,使用是一种充分、完全、独立的权利。从两者的法律地位看,权利优于事实,在注册商标与未注册商标发生冲突时,法律只能保护前者的权利。与未注册商标的"使用权"不同,注册商标的使用权是一种法定的权利,既具有一般使用权,又具有独占使用权,还具有转让或授权使用的处分权。

使用权与禁止权的区别,在于两者有着不同的效力范围。使用权涉及的是注册人使用注册商标的问题,禁止权涉及的是对抗他人非法使用注册商标的问题。根据我国《商标法》的规定,注册人的专有使用权以核准的注册商标和核定使用的商品为限。这就是说,注册人行使使用权时受到两方面限制:第一,只限于商标主管机关核定使用的商品,而不能用于其他类似的商品;第二,只限于商标主管机关核准注册的文字、图形,而不能超出核准范围使用近似的文字、图形。但是,禁止权的效力范围则不同,注册人对他人未经许可在同一种商品或类似商品上使用与其注册商标相同或近似的商标,均享有禁止权。这就是说,禁止权的效力涉及以下四种情形:第一,在同一种商品上使用相同的商标;第二,在同一种商品上使用近似商标;第三,在类似商品上使用相同商标;第四,在类似商品上使用近似商标。

第四节 商标权的取得、归属及终止

一、商标权的取得

商标权的取得,是指根据什么原则和采取什么办法获得商标权。从权利主体的角度来说,即是商标权开始与特定主体相结合。商标权的取得有两种形式,即原始取得和继受取得。

(一)原始取得

原始取得又称直接取得,即商标权的取得是最初的,是商标权的第一次产生。商标权的原始取得,既非基于他人既存的权利,又不以他人的意志为根据。在国际上,商标权的原始取得大体上采取以下三种方法。

1. 注册原则

注册原则是指按申请注册的先后来确定商标权的归属。世界上大多数国家规定,商标必须经过注册后才能取得商标权。这就是说,商标注册是取得商标权的必要程序,商标权属于该商标的首先注册人所有。如果商标的首先使用人未及时办理注册手续,而被他人将商标抢先注册,该使用人就无法取得商标的专用权。

采用注册原则的国家又可以分为两类:大多数国家实行自愿注册,即是否申请商标注册任其自便,法律不予强制;个别国家如前苏联及我国历史上曾采取过强制注册原则,即规定所有的商标都必须依法注册,不注册的商标不准使用。

采取注册原则，申请注册的时间有据可查，当两个或两个以上的人将他们在同一种商品或类似商品上使用的相同或近似商标申请注册时，商标权授予谁的问题比较容易解决。同时，采取这一原则，有助于促使商标使用者及时申请注册，否则，即使是自己使用在先，但被他人抢先注册后，其商标也不能继续使用了。这就有利于商标管理工作的进行。正因为如此，该原则为多数大陆法系国家及前苏联、东欧国家所采用。我国《商标法》也实行注册原则。

许多国家采取注册原则以确认商标权的归属，但并不绝对排除商标使用事实在一定条件下所具有的意义。例如，日本《商标法》规定，使用在先而没有注册的"驰名商标"，即使他人的与此商标相同或近似的商标已取得注册，仍可以作为注册的例外而加以保护，允许原使用人继续使用。这说明，驰名商标的使用可以对抗注册商标的专用权。又如我国《商标法》第31条规定，两个或者两个以上的商标注册申请人，在同一种商品或者类似商品上，以相同或者近似的商标申请注册的，初步审定并公告申请在先的商标；同一天申请的，初步审定并公告使用在先的商标，驳回其他人的申请，不予公告。在这里，首先使用的事实可以作为确认注册申请的依据。

2. 使用原则

使用原则是指按使用商标的先后来确定商标权的归属。使用原则是原始商标权保护制度的残存。目前只有美国、列支敦士登、挪威、菲律宾等少数国家采用这一原则。根据这一原则，商标权属于首先使用该商标的人。通常是谁先使用该商标，只要有首先使用的事实（例如，将商标附载在商品上使用，或在广告宣传中使用等），该当事人即享有商标权。这些国家往往也办理商标注册手续，但它在法律上只起到声明的作用，而不能确定商标权的归属。例如，在美国，只有已经使用（1988年前规定，使用须为在贸易活动中的使用；1988年后则规定有"使用意图"即可）的商标才可以注册，未曾使用的商标则不准予注册。注册仅是一种对现有权利的"确认"手续，它起不到"产生"该权利的作用。商标注册后，任何第三人可在批准注册后5年之内提出异议，如5年期限届满，则不能再提出异议。

采取使用原则确定商标权的归属问题，对商标的首先使用人有利，但对使用在后的商标注册人不利，使得注册商标长期处于不确定状态。这不仅不利于商标管理工作的顺利进行，而且一旦发生争议，又不易查明谁是商标的首先使用人，不利于争议的处理，所以世界上只有少数国家的商标法采用使用原则。

3. 混合原则

混合原则是上述两种原则的折衷适用，即不注册使用与注册使用并行，两种途径都可以获得商标权。目前，英联邦的一些国家采用了这一原则。

按照混合原则，注册商标享有专用权，受到法律保护；但对于虽未注册但已有市场信誉的商标，也可以通过反假冒诉讼给予保护。这样，在同一商标上，可能会产生两个所有人，一是商标注册人，一是原商标使用人。一般来说，法律在确认商标注册人取得专用权的同时，也允许首先使用该商标而未办理注册手续的人继续使用这项商标。例如，英国商标法规定，商标的首先注册人对其注册商标享有权利，但无权禁止商标的首先使用人继续使用该商标。不过商标首先使用人的这种权利有所限制,即仅限于其自己使用该商标,限于在原贸易活动范围内使用该商标,或是只能将业务连同商标一起转让,而不能像商标注册人那样可以单纯转让商标所有权。

(二)继受取得

继受取得又称传来取得,即商标所有人权利的取得基于他人既存的商标权,其权利的范围、内容等都以原有的权利为依据。继受取得有两种方式:一是根据转让合同,出让人向受让人有偿或无偿地移转商标权;二是根据继承程序,由合法继承人继承被继承人的商标权。

二、商标权的终止

商标权的终止,是指由于法定事由的发生,注册商标所有人丧失其商标权,法律不再对该注册商标给予保护。根据我国《商标法》的规定,注册商标可以因注销、撤销或宣告无效而导致专用权终止。

(一)注销

注销是指注册商标所有人自动放弃注册商标或商标局依法取消注册商标的程序。凡有下列情形之一者,商标主管机关可将其注册商标从《商标注册簿》中注销:

(1)自动申请注销,即注册商标所有人自愿申请放弃其商标权,并向商标局办理注销手续的情形。自动申请注销的发生,大多是因为注册商标所有人因企业关闭、转产而不再生产、经营使用该注册商标的商品。在这种情况下,商标注册人可以主动申请注销,放弃商标专用权。

(2)过期注销,即注册商标的有效期届满,并且在规定的宽展期内商标注册人仍未申请续展注册或是虽然提出续展注册申请但未获批准,因此由商标局注销其注册商标的情形。

(3)无人继承注销,即作为商标所有人的公民死亡,在法律规定的期限内无人要求继承其注册商标的,由商标局注销其注册商标的情形。商标主管机关办理注销,应在《商标注册簿》上写明,并刊登于《商标公告》上,其商标专用权随之终止。但是,无人继承的注册商标,如果其权利属于破产财产,或者已设定有担保,或者在死者生前与他人签订的注册商标使用许可合同有效期内,则该商标权不应归于终止。

(二)撤销

撤销是指商标主管机关或商标仲裁机关对违反商标法有关规定的行为予以处罚,使原注册商标专用权归于消灭的程序。依照我国《商标法》的规定,撤销的事由主要是违法撤销:

违法撤销,即商标注册人违反商标法的规定,因而被商标局撤销其注册商标的情形。根据我国《商标法》第 49 条的规定,违法撤销的事由有:(1)自行改变注册商标的文字、图形、声音或者其组合的;(2)自行改变注册商标的注册人名义、地址或者其他注册事项的;

（3）注册商标成为其核定使用的商品的通用名称的；（4）没有正当理由连续3年不使用的。

（三）宣告无效

不当注册无效宣告，即商标注册不当，因而被商标局宣告注册商标无效，或者经商标评审委员会宣告注册商标无效的情形。撤销注册商标，该商标权即归于消灭。为慎重起见，《商标法》允许商标注册人充分陈述其意见或理由。凡对商标局无效宣告决定不服的，当事人可向商标评审委员会申请复审。当事人对商标评审委员会作出的裁定不服的，可以自收到通知之日起30日内向人民法院起诉。

无论是注销、撤销还是宣告无效，都应由商标主管机关收缴其注册证，并予以公告，其商标权即告终止。两者的区别是：注销注册商标是当事人自动终止其商标权，发生注销情形时，商标权从注销公告之日起终止，注销公告以前的商标权是有效的；撤销和宣告注册商标无效是有关机关采取强制手段终止其商标权，发生宣告注册不当商标无效情形时，其商标权视为自始不存在；发生违法撤销情形时，则从撤销之日起终止其商标权。

第十九章 商标注册

第一节 商标注册的概念和原则

商标注册是指商标所有人为了取得商标专用权,将其使用的商标,依照法律规定的注册条件、原则和程序,向商标局提出注册申请,商标局经过审核,准予注册的法律制度。商标使用人进行商标注册时所依据的法规或标准,就是商标注册的原则。

我国《商标法》规定,除了国家规定的极少数商品必须进行商标注册以外,绝大多数的商标注册与否,听其自便,即实行自愿注册。我国《商标法》第 4 条第 1 款规定,自然人、法人或者其他组织在生产经营活动中,对其商品或者服务需要取得商标专用权的,应当向商标局申请注册;第 6 条规定,法律、行政法规规定必须使用注册商标的商品,必须申请商标注册,未经核准注册的,不得在市场上销售。上述规定说明,我国的商标注册是按照自愿注册与强制注册相结合的原则进行的。

自愿注册与强制注册相结合的注册原则,是我国《商标法》的特点。世界上大多数国家都采取单一的商标自愿注册的制度,我国的这种商标注册原则是从实际出发进行立法的一个创举。

第二节 商标注册的条件

实行商标注册制度的国家,都要求注册申请人和商标标志必须符合法律规定的条件,由此申请注册的商标才能获准注册,申请人才能取得商标权。我国《商标法》关于商标注册的条件,是从主体和客体两个方面加以规定的。

一、商标注册的申请人

在 2001 年修正案通过之前,我国《商标法》对商标注册的申请人提出了两个条件:(1)商标注册申请人必须是从事工商业活动的企业、事业单位和个体工商业者。(2)商标注册申请人必须是依法成立并能独立承担民事责任的经营单位或个人。上述规定存在着两个重大缺陷:一是一般意义上的自然人不能作为商标注册的申请人,亦即自然人不能成为商标专用权的权利人;二是某些并不从事具体的工商业活动或不属于经营单位的组织也不能作为商标注册的申请人,一些特殊标记或商标的注册在法律上就会遇到障碍。因此,2001 年修改后的《商标法》重新规定了商标注册申请人,以"自然人、法人或者其他组织"代替了原来的"企业、事业单位和个体工商业者"。

关于商标使用与注册商标申请人资格的关系。我国《商标法》在确定申请人资格时,虽不以商标使用的事实作为商标注册申请的前提,但是也强调商标与使用相结合,即商标申请人通常应为意图将商标使用在其商品或服务上的人。在国际上,《知识产权协定》第15条第3款规定:"缔约方可以根据使用来确定是否注册。但是,对于一个商标的实际使用不应成为提交注册申请的前提条件。不得仅仅以没有在自申请日起的3年之内实现所声称的使用为理由驳回一个申请。"可见,我国《商标法》关于确定商标注册申请人资格的规定与相关国际公约的精神相符。

我国国内商标注册实行商标代理与当事人直接办理的双轨制。当事人委托商标代理组织申请商标注册或者办理其他商标事宜,应当提交代理委托书。代理委托书应当载明代理内容及权限;外国人或者外国企业的代理委托书还应当载明委托人的国籍。外国人或者外国企业的代理委托书及与其有关的证明文件的公证、认证手续,按照对等原则办理。

关于共同申请注册。根据《商标法》,两个以上的自然人、法人或者其他组织可以共同向商标局申请注册同一商标,共同享有和行使该商标专用权。

关于外国人或外国企业申请商标注册。外国人或者外国企业,是指在中国没有经常居所或者营业所的外国人或者外国企业。外国人或者外国企业在中国申请商标注册的,应当按其所属国和中华人民共和国签订的协议或者共同参加的国际条约办理,或者按对等原则办理。外国人或者外国企业在中国申请商标注册和办理其他商标事宜的,应当委托依法设立的商标代理机构代理。

二、申请注册的商标

根据我国《商标法》的规定,申请注册的商标必须具备下列条件,才能获准注册:

(一)商标的构成要素必须具有显著特征,便于识别

我国《商标法》第9条第1款规定:"申请注册的商标,应当具有显著特征,便于识别,并不得与他人在先取得的合法权利相冲突。"商标的构成要素,是指商标的组成部分。商标的构成要素必须符合法律规定,商标才能获准注册。根据《商标法》第8条的规定,任何能够将自然人、法人或者其他组织的商品与他人的商品区别开的标志,包括文字、图形、字母、数字、三维标志、颜色组合和声音等,以及上述要素的组合,均可以作为商标申请注册。不过,我国《商标法》现在还未承认诸如气味或电子传递信息等可以注册。因此,由这些要素构成的商标在我国目前还是不能注册的。

认定商标的显著特征,关键在于把握商标的独特性或标记性。我们认为,无论组成商标的文字、图形或其组合是繁还是简,只要其具有一定的特色,足以将其与其他商品区别开来,足以区别商品的不同来源,就应认为其具备了显著特征。例如,"娃哈哈"三字用于商品或包装之上在市场上销售,消费者一望即知其是商品的商标。相反,如将"防潮"二字用于一般的商品或包装的表面,则消费者会误认为它是厂家的警示标语,而不会将其视为商标,因此"防潮"二字无显著性,不能作为商标使用。此外,用于商标的文字、图形或其组合应具一定特色,易为消费者辨认、识记,易与其他商标区别开来。

商标的显著特征通常借助其构成要素的特色反映出来,但在某些情况下,有些商标虽然构成要素缺乏显著性,但该商标却可使人识别出商品的来源,对此,《保护工业产权巴黎公约》也要求成员国准予其注册。该《公约》第6条之5第3款第1项规定:"决定一项商标是否应予保护,必须考虑到一切实际情况,特别是商标已使用期间的长短。"《知识产权协定》在总结商标保护经验的基础上,作出了更为明确的规定。该《协定》第15条第1款规定,对于本来不能区分商品和服务来源的标记,缔约方可以"依据其经过使用而获得的识别性,确认其可否注册"。因此,直接叙述商品名称、质量、功能、主要原料及其他特点的文字、图形因缺乏显著性,一般不能申请注册。但是,如果此类商标通过长期的使用,逐步赢得了消费者的信赖,可以区别商品的来源,即具有了"第二含义",则应认为其具有显著特征,应予注册。我国《商标法》第11条第2款规定:"前款所列标志经过使用取得显著特征,并便于识别的,可以作为商标注册。"虽然修改前的《商标法》未明确规定"第二含义"问题,但实践中已有大量不具有显著特征的商标经过使用具有了"第二含义",从而获得了注册。例如,我国的"永久""五粮液"商标,虽然本身反映了商品的质量或原料,但因其已广为消费者熟知,可以区别商品来源,因而商标局对其核准注册。

(二)申请注册的商标不得使用法律所禁止使用的文字、图形、声音

各国商标法都有禁用条款的规定。所谓商标禁用条款即是商标法关于某类文字、图形不得作为商标使用或注册的禁止性规范。该规范适用于注册商标与未注册商标,包括禁止使用和禁止注册两种不同情况。

我国《商标法》第10条规定,下列标志不得作为商标使用:

(1)同中华人民共和国的国家名称、国旗、国徽、国歌、军旗、军徽、军歌、勋章等相同或者近似的,以及同中央国家机关的名称、标志、所在地特定地点的名称或者标志性建筑物的名称、图形相同的;

(2)同外国的国家名称、国旗、国徽、军旗相同或者近似的,但经该国政府同意的除外;

(3)同政府间国际组织的名称、旗帜、徽记等相同或者近似的,但经该组织同意或者不易误导公众的除外;

(4)与表明实施控制、予以保证的官方标志、检验印记相同或者近似的,但经授权的除外;

(5)同"红十字""红新月"的名称、标志相同或者近似的;

(6)带有民族歧视性的;

(7)带有欺骗性,容易使公众对商品的质量等特点或者产地产生误认的;

(8)有害于社会主义道德风尚或者有其他不良影响的。

县级以上行政区划的地名或者公众知晓的外国地名,不得作为商标。但是,地名具有其他含义或者作为集体商标、证明商标组成部分的除外;已经注册的使用地名的商标继续有效。

《商标法》第11条规定了三种不能作为商标注册的标志:

一是仅有本商品的通用名称、图形、型号的。商品的通用名称是指在某一区域内已为某一行业普遍使用,为交易者共同承认的名称,如"棉花"糖、"椰子"汁、"葡萄"酒、"道林"纸等。由于上述文字缺乏显著特征,以其作为商标虽能区分商品的品种,但不能区别不同的商品来源,因而不能作为商标申请注册。但是,商品的特定名称可以申请注册。商品的特定名称是指商品的非通用名称,如"万金油""章光101毛发再生精"等。由于上述特定名称具有显著性,因而可以注册。商品的通用图形,是指某一种类商品的一般图形。例如,以椰子图形作为椰子汁的商标,以棉花图形作为棉花糖的商标,均属以商品的通用图形作为商标的图形,因其缺乏显著性,因而不能获准注册。

二是仅直接表示商品的质量、主要原料、功能、用途、重量、数量及其他特点的。由此类标志构成的商标,如"米"酒、"强壮"健身器、"精确"手表、"一吨"米等标志,虽然标示了商品的质量、性能、功用或其他特点,但不具有区别商品来源的功能,因而无显著性。此外,如果允许某一企业或自然人将其作为商标注册专用,也不符合公平竞争的原则。因此,此类标志一般不能注册。然而,《保护工业产权巴黎公约》第6条之5第3款第1项规定,"决定一件商标是否应予保护,必须考虑到一切实际情况,特别是商标已使用期间的长短"。《知识产权协定》第15条也规定:"如果符号本质上不能够区分出相关的商品或服务,缔约方可以根据实际使用所取得的特别程序确定其可注册性。"据此,某些国家根据商标的使用情况来确定其能否注册。例如,美国的"COCA COLA"商标虽然含有商品的原料名称,但因其在长期使用中已凭借其优良的质量赢得了消费者的信赖,从而具有区别商品出处的显著功能,因此在一些国家获准注册。我国的《商标法》已对此作出了明确规定。

三是其他缺乏显著特征的。这主要是指除了上述两种情况之外的其他不具有显著特征的标志,如单纯由不具有任何特定含义的数字、单一颜色或单个字母组成的商标,以及前述"防潮"商标等。当然,如果一个缺乏显著特征的标志经过使用而取得显著特征,并便于识别,根据我国《商标法》第11条第2款的规定,是可以作为商标注册的。

此外,将三维标志申请注册为商标时应注意的是,仅由商品自身的性质产生的形状、为获得技术效果而需有的商品形状或者使商品具有实质性价值的形状,不得注册。

(三) 含有地理标志的商标

所谓地理标志,是指标示某商品来源于某地区,该商品的特定质量、信誉或者其他特征主要由该地区的自然因素或者人文因素所决定的标志。《商标法》第16条第1款明确规定,商标中有商品的地理标志,而该商品并非来源于该标志所标示的地区,误导公众的,不予注册并禁止使用;但是,已经善意取得注册的继续有效。

从这一规定可以看出,我国《商标法》并不禁止将地理标志作为商标注册。因此,一个地理标志,如果不与《商标法》第10条第2款关于县级以上行政区划的地名或者公众知晓的外国地名不得作为商标的规定相冲突,是可以作为商标进行注册的。

这里要特别注意的一个问题是,地理标志不同于地名(行政区划)。我国《商标法》针对国内以地名作为商标的现象,仅规定县级以上行政区域名称和公众知晓的外国地名不得作为商标,但是,地名有其他含义的除外。所谓地名有其他含义,是指该商标的构成要素具有其他方面的意义,而该意义与商品或服务并不直接相关。例如,湖南的"凤凰"县、"张家界"市、安徽"黄山"市,其地名均含有其他意义,因而可作为商标注册。此外,为了照顾已经注册的商标使用人的利益,该法允许继续使用这些商标。例如,天津无线电二厂生产的"北京"牌电视机、上海生产的"中华"牙膏均可继续使用原来的商标。

我国《商标法》关于地理标志的定义实际上来自世界贸易组织《知识产权协定》。该《协定》第22条第1款规定:"在本协议中,地理标记是标示出一种商品是在一缔约国的领土内或者上述领土的一个地区或地点所生产的原产产品的标记,而该产品的某种质量、声誉或者其他特性在本质上取决于其产地。"可见,该协定所指的地理标记不以行政区划为确定依据,而是必须与产品的质量、声誉或其他特性相连。该《协定》第22条第2款、第3款规定了对地理标记的保护:"关于地理标记,缔约方应该对各利益方提供法律手段以防止:(a)在产品的名称或表述上采用任何方式指示或者暗示该产品是由不同于真实原产地的地域产生的,但是其指示方式会使公众对该产品的产地产生误解;(b)任何根据《巴黎公约》(1967)第10条之2的规定构成不正当竞争的使用行为。""当一个商标包含地理标记或者由这样的地理标记组成,但是使用该商标的产品却不是在所指示的领土上生产的时候,如果在一个缔约方使用具有这样标记的商标将会使公众对该产品的真实原产地产生误解,则该缔约方应在其立法允许的情况下依职权或者在一个利益方提出请求的情况下拒绝该商标的注册或宣告该商标的注册无效。"由此可见,凡在产品的名称或表述上指示或暗示产品是由不同于原产地的地域生产,而此指示方式又引起公众对产品产地的误解的,则这种做法应受到制止,此类商标也不能获准注册。该协议所称的使用地理标记的方式比较广泛,包括一切可能的方式,如用作商标、用作商品名称、用于广告等活动。

(四)不得复制、摹仿或者翻译他人的驰名商标

《商标法》第13条规定,为相关公众所熟知的商标,持有人认为其权利受到侵害时,可以依照本法规定请求驰名商标保护。就相同或者类似商品申请注册的商标是复制、摹仿或者翻译他人未在中国注册的驰名商标,容易导致混淆的,不予注册并禁止使用。就不相同或者不相类似商品申请注册的商标是复制、摹仿或者翻译他人已经在中国注册的驰名商标,误导公众,致使该驰名商标注册人的利益可能受到损害的,不予注册并禁止使用。

(五)申请注册的商标不得与他人的注册商标相同或者近似

申请注册的商标与他人的注册商标或者初步审定的商标构成混同的,不能获准注册。

我国《商标法》第30条、第33条规定,对将与他人在同一种商品或者类似商品上已经注册或者初步审定的商标相同或者近似的商标申请注册的,由商标局驳回申请,不予公告;已经公告后,经商标局裁定异议成立的,不予核准注册。此外,根据《商标法》第46条规定,注册商标被撤销、被宣告无效或者期满不再续展的,自撤销、宣告无效或注销之日起1年内,与该商标相同或者近似的商标注册申请不能被核准。

所谓相同商标,是指用于同一种或类似商品上的两个商标的文字、图形、字母、数字、三维标志或颜色组合相同。商标的文字、图形、字母、数字、三维标志或颜色组合完全一样属于商标相同,商标的读音相同也属于相同商标。例如,"小雁"与"小燕""三九"与"999"

均属相同商标。所谓近似商标,是指在同一种或类似商品上用作商标的文字、图形、读音或含义等要素大体相同的商标。

判断商标相同或近似的前提条件是看两件或两件以上的商标是否用于"同种商品"或"类似商品"上。如果两件或两件以上的商标根本不是使用或将要用在"同种或者类似商品"上,则不必判断其是否相同或近似。判断商标相同比较容易,只需判断其构成要素是否相同。但是,判断商标是否近似,则要复杂得多。

判断商标是否近似,应从商标的外观、读音和含义三个方面判断。在此三个要素中,如有一个以上的要素相同或近似,应视为近似商标。如果三个要素均不近似,则为非近似商标。所谓外观近似,是指商标本身的文字、图形或其组合近似。例如,虎形、豹形、猫形图案外观近似,易引起混同误认。所谓读音近似,是指商标的发音容易产生混淆,如"娃哈哈"与"娃娃哈""嘉士利"与"嘉斯力"等。所谓含义近似,是指商标所表示的含义易发生混淆,例如,"长城"与"八达岭"图形,虽然读音、文字均不近似,但由于其所指的事物非常近似,其思想主题相同,也易引起消费者的误认。

判断近似商标时可采取以下几个标准:

(1) 人的标准。对于商标图案构成相同或相似的认定,一般应以具有普通知识的购买人在购物时所给予的注意为标准,但由于人的知识、经验因人而异,对商标的注意程度也会因商品的不同而不同,所以判断时应以大多数消费者的注意程度作为标准。

(2) 地的标准。由于各地区购买人的知识、经验及喜好各不相同,因此审查商标近似的标准也应因地而异。

(3) 物的标准。一般而言,购买者在购买商品时,对于日用消费品等价值低的商品的商标的注意程度较低,而对于嗜好品及价值昂贵的商品的商标的注意程度较高,因而对于前者的相似标准宜从严,对后者则从宽,以避免消费者发生混淆。

(4) 时的标准。消费者在购买商品时因年代、时令的差异对商品的商标的注意程度也有差异,因而判断商标是否近似时应因时而异。

判断商标是否近似的方法,有以下几种:

(1) 隔离观察法。该法是指将两件以上的商标分别置于不同的时间和地点观察,如果具有普通知识和经验的消费者在购买时加以普通注意尚容易发生混同,则这种商标为近似商标。因为在实际生活中,消费者往往将商标与过去在其他地方记住的商标比较后才购买商品。

(2) 要部比较法。由于一般人对事物观察的焦点在于事物中足以惹人注意的主要部分,因此如果两件以上的商标的主要部分的外观明显不同,不引起消费者的误认,则它们为非近似商标,反之则为近似商标。应注意的是,同一商标可能包含数个主要部分,如,"可口可乐 Coca-Cola"商标可分为六个主要部分"可口可乐""Coca-Cola""可口""可乐""Coca"和"Cola"等。两商标之主要部分完全一样的,为相同;主要部分无重大差异的,为近似。

(3) 分离比较法。在判断两件组合商标是否相似时,应将所比较的商标的各组成部分分开进行比较,如果其比较部分的读音、含义、外形等近似或无重大差异,则为近似商标。

第三节 商标注册的申请

一、商标注册申请的原则

为了便于商标使用人申请注册商标和加强对注册商标的管理,我国现行《商标法》借鉴了国际上有关商标注册的先进立法经验并结合国内商标管理实践,对商标注册申请规定了以下几项原则:

(一) 一申请一商标原则

即一份申请只能请求注册一件商标,不能在一份申请中提出注册两件或两件以上的商标。我国1982年《商标法》曾规定,一份申请中只能就一件商标注册提出申请,而且该商标只能注册使用在某一类别的商品上。如果申请人欲将该商标使用在不同类别的两种商品上,就必须分别提出申请。这种方法对申请人多有不便。修改后的《商标法》规定:"商标注册申请人在不同类别的商品上申请注册同一商标的,应当按商品分类表提出注册申请。"取消了分类申请的限制,也就是说,一份申请只能就一件商标提出注册申请,但允许申请注册的同一商标使用于不同类别的商品上。商标注册申请人所提交的一份申请只能针对一件商标,而不能在一份申请中就两个以上的商标提出注册申请。如果有两个或两个以上的商标,则要提出两份或两份以上的申请。此外,商标作为区别同类商品的一个标记,与具体的商品是紧密相联的。如果一个申请人希望将同一个商标使用在不同种类的商品上,则应当按商品分类表提出注册申请。申请一商标原则的实行,大大简化了手续,便利了商标申请人,同时也与国际商标注册的惯例相符。

(二) 同一申请最先申请者取得注册的原则

即两个或两个以上的申请人在同一种商品或者类似商品上,以相同或者近似的商标申请注册的,实行最先申请者取得注册的原则。根据我国《商标法》第29条的规定,凡同一申请者,初步审定并公告申请在先的商标,同时驳回其他人的申请,不予以公告。该条所称的"申请在先"是以申请日为标准的。根据《商标法实施条例》第18条的规定,商标注册的申请日期,以商标局收到申请文件的日期为准。商标注册申请手续齐备、按照规定填写申请文件并缴纳费用的,商标局予以受理并书面通知申请人;申请手续不齐备、未按照规定填写申请文件或者未缴纳费用的,商标局不予受理,书面通知申请人并说明理由。申请手续基本齐备或者申请文件基本符合规定,但是需要补正的,商标局通知申请人予以补正,限其自收到通知之日起30日内,按照指定内容补正并交回商标局。在规定期限内补正并交回商标局的,保留申请日期;期满未补正的或者不按照要求进行补正的,商标局不予受理并书面通知申请人。

(三) 同日申请最先使用者取得注册的原则

即两个或两个以上的申请人,在同一种商品或类似商品上,以相同或者近似的商标申请注册,又在同一天申请的,实行最先使用者取得注册的原则。根据我国《商标法》第31条及《实施条例》第19条的规定,两个或者两个以上的商标注册申请人,在同一种商品或者类似商品上,以相同或者近似的商标申请注册的,初步审定并公告申请在先的商标;同一天申请的,初步审定并公告使用在先的商标,驳回其他人的申请,不予公告。两个或者两个以上的申请人,在同一种商品或者类似商品上,分别以相同或者近似的商标在同一天申请注册的,各申请人应当自收到商标局通知之日起30日内提交其申请注册前在先使用该商标的证据。同日使用或者均未使用的,各申请人可以自收到商标局通知之日起30日内自行协商,并将书面协议报送商标局;不愿协商或者协商不成的,商标局通知各申请人以抽签的方式确定一个申请人,驳回其他人的注册申请。商标局已经通知但申请人未参加抽签的,视为放弃申请,商标局应当书面通知未参加抽签的申请人。可见,我国在商标注册时实行先申请原则,辅以先使用原则。这既贯彻了先申请原则,又顾及了先使用人的利益,比较公平,也易于确定商标专用权的归属。

关于"使用"的含义,我国《商标法》第48条规定:"本法所称商标的使用,是指将商标用于商品、商品包装或者容器以及商品交易文书上,或者将商标用于广告宣传、展览以及其他商业活动中,用于识别商品来源的行为。"这一解释外延宽泛,比较准确。

二、商标注册的程序

商标注册的申请,是取得商标专用权的前提。《商标法》第二章及《商标法实施条例》对此作了具体规定。申请商标注册的自然人、法人或者其他组织,应做好以下几项工作:

(一)申请前的准备

1. 办理商标查询

办理商标查询,是为了了解申请注册的商标是否与别人已注册或申请的商标相同或近似,以免申请被驳回。许多国家的专利局或商标局都设有查询室供人进行商标查询。在本国申请注册商标可自行查询,也可以委托他人查询。在外国申请注册商标,可委托代理人查询。在我国,申请人提出申请前,可自行查阅《商标公告》上有无与自己申请注册的商标相同或近似的商标。随着因特网技术的发展,现在已经可以在网上进行查询。

2. 收集实际使用的证据

由于我国实行商标专用权注册产生制度,《商标法》并不要求申请注册的商标必须付诸实际使用,因此,不论一件商标是否付诸实际使用,都可以申请注册。而且,我国奉行"申请在先"原则,在一般情况下在先使用不能对抗在先申请。但是,如果发生了两个或者两个以上的商标注册申请人同一天在同一种商品或者类似商品上申请注册相同或者近似商标的情况,按《商标法》第31条的规定,商标局应初步审定并公告使用在先的商标,驳回其他人的申请,不予以公告。由于"在先使用"是在申请注册时已经发生过的事实,如果在发生当时没有留下充分的证据,事后的证明是很难的,因此,那些在申请之前已实际使用商标的人,最好将使用商标的有关证据保存下来,万一在申请注册时遇到上述情况,即可证明自己的在先使用,从而避免其申请被驳回。

(二) 申请文件

1. 按照规定格式填写申请书

申请书应当按照国家工商行政管理总局拟定并经国务院批准的格式填写。填写申请书须用钢笔或毛笔,使用蓝色或黑色墨水,字体应整洁规范。申请书规定的项目必须逐一填全,如商标名称、使用商标的商品名称、用途、主要原料、技术标准、申请人名称或姓名、地址、营业执照等等,然后加盖单位或个人印章,由负责人或申请人签字。

2. 报送商标图样

申请人在递交商标注册申请书时,应同时报送商标图样10份(指定颜色的彩色商标,应当交送着色图样10份)、黑白墨稿1份。商标图样用于粘贴各种商标档案和注册证,必须按照《商标法实施条例》的规定,商标图样必须清晰、便于粘贴,用光洁耐用的纸张印制或者用照片代替,长或者宽应当不大于10厘米,不小于5厘米。

3. 提交其他书件

申请药品商标注册的,应当报送卫生部或省、自治区、直辖市卫生厅(局)批准生产药品的证明文件。申请卷烟、雪茄烟商标注册的,也应交送批准生产或经销的文件。经有关部门检查许可才能生产的商品(如低压电器、机床电器等),如申请注册商标,必须提交主管部门颁发的生产许可证。外国人或者外国企业申请商标注册的,还应交送代理人委托书。此外,按工作需要或对等原则要求,有时还应提交国籍证明、本国注册证明、互惠协议证明、商品单等。

(三) 申请的提出

1. 提交申请的途径

外国人或者外国企业在中国申请商标注册或者办理其他商标事宜的,《商标法》第18条规定,应当委托依法设立的商标代理机构办理,不能直接向商标局提出申请。

2. 按照商品分类表提出申请

商品根据其性质、用途、原料、制造方式或服务性质,分为若干类,每类又分成若干种。按照这种归类方式划分的商标注册使用表,称为商标分类表。它是商标管理中的重要法律文件。各国商标法规定的商品分类不尽相同,分类多的达100类,如西班牙;分类少的仅11类,如保加利亚;还有不分类的,如加拿大。目前,大多数国家采用国际分类法,即商品商标34类,服务商标8类。我国商标注册现已采用商品国际分类法。根据《商标法》第22条第1款的规定,商标注册申请人应当按商品分类表填报使用商标的商品类别和商品名称,提出注册申请。凡申请的商品在分类表中没有商品名称的,根据类似商品填写类别,并提交商标局确认。在申请书中,申请人要填清商品的主要原料、性质、用途等,以便商标局审定。

3. 交纳费用

在提出商标注册申请时,应按照国家工商行政管理总局商标局的规定交纳申请费、注册费。

(四) 申请日与优先权

1. 申请日的确定

在商标注册过程中,申请日具有重要作用。一方面,它是确定"申请在先"的依据。不论在先申请还是同日申请,都以申请日为基准日期。另一方面,它是确定"优先权"的依据。根据各国商标法的规定,优先权的起算时间即优先权日本身就是一个符合法定条件的申请日,优先权的期间也是以该申请日为起点计算。

按《商标法实施条例》,商标注册的申请日期,以商标局收到申请书件日期为准。不过,该条同时规定,如果申请手续不齐备、未按照规定填写申请书件或者未缴纳费用的,商标局将退回申请,申请日期不予保留。因此,在现行《商标法》之下,申请日就是商标局收到符合形式要求的申请书件的日期,实际上也就是商标局发给的《受理通知书》上载明的日期。《受理通知书》不但是商标局已收到申请的证明,而且也是申请日的证据,同时也是以后在国外主张优先权的证据。

2. 优先权的主张及证明

优先权并不是申请人享有的某种优先于他人的权利或特权,而是工业产权申请中的一项特殊的程序性规定。具体到商标注册申请而言,优先权是指商标局在确定商标注册申请的申请日时,不以商标局收到符合要求的申请的实际日期为准,而以按照某种标准确定的一个先前的日期为准。《商标法》第25条和第26条分别规定了两种不同情况下的优先权。

《商标法》第25条第1款规定:"商标注册申请人自其商标在外国第一次提出商标注册申请之日起6个月内,又在中国就相同商品以同一商标提出商标注册申请的,依照该外国同中国签订的协议或者共同参加的国际条约,或者按照相互承认优先权的原则,可以享有优先权。"

《商标法》第26条第1款规定:"商标在中国政府主办的或者承认的国际展览会展出的商品上首次使用的,自该商品展出之日起6个月内,该商标的注册申请人可以享有优先权。"

关于优先权的规定主要是为了解决由于申请时间上的差异而造成的申请人与在先申请人(即在优先权期间内先于优先权人提出注册申请的人)之间可能产生的冲突,使优先权人的注册申请(在后申请)享有超越其他在先申请的效力。根据《商标法》的规定,申请人主张优先权的,应在提出商标注册申请时提出书面声明,并且在3个月内提出第一次申请的副本,或展出其商品的展览会名称、在展出商品上使用该商标的证据、展出日期等证明文件;未提出书面声明或者逾期未提交商标注册申请文件副本或有关证明文件的,视为未要求优先权。

(五) 几种特殊的申请手续

以上是商标注册申请的一般规则。根据《商标法》的规定,遇有下列情况时,还必须办理特别的申请手续。

(1) 另行申请。《商标法》第23条规定:"注册商标需要在核定使用范围之外的商品上取得商标专用权的,应当另行提出注册申请。"例如,注册商标原核定使用的商品是酱油,现在要在胡椒上使用,就应当另行提出注册申请。这里的胡椒就视为酱油的同一类的其他商品。根据《商标法》的规定,注册商标的使用范围以核准注册的商标所核定使用的商品为限。因此,商标注册后,扩大使用到同一类的其他商品上,应视为另一个商标,与原注册商标无关。未经商标局核准而自行扩大注册商标原核定使用的商品范围,就可能与他人注册或初步审定的商标发生相同或近似。因此,商标注册人必须另行申请注册。

(2) 重新申请。《商标法》第 24 条规定:"注册商标需要改变其标志的,应当重新提出注册申请。"这一规定说明,商标专用权以核准注册的商标为限,其效力不及于类似注册商标的文字、图形。凡需要改变原商标的文字、图形的,已脱离了原核准的专用范围,应视为新的商标,商标注册人必须重新提出注册申请。只有这样,才能避免新的商标文字、图形与他人已注册或初步审定的商标发生相同或近似。

(3) 变更申请。《商标法》第 41 条规定:"注册商标需要变更注册人的名义、地址或者其他注册事项的,应当提出变更申请。"变更申请不涉及注册商标的文字、图形、使用商品以及商标专用权的改变,仅仅是指商标注册人因某种原因(如行政区域的调整、企业分立或合并、恢复企业原来牌号、迁移厂址等),需要改动注册人名义、地址或其他注册事项。根据有关规定,凡需要变更注册人名义的,应当交送《注册商标变更注册人名义申请书》1份,注册人名义变更证明 1 份,并交回原注册证。经商标局核准后,将原证加注发还,并予以公告。需要申请变更注册人地址的,应当交送《注册商标变更注册人地址申请书》1份,连同原注册证,按照规定程序,报送商标局办理。需要变更其他注册事项的,可参照上述程序办理。凡未经商标局的核准,自行改变注册人名义、地址或其他注册事项的,即构成违反商标使用管理规定的行为,有被撤销注册商标的可能。

(六) 对申请材料的真实性的保证

为了防止注册申请人以欺诈手段或其他不正当手段获得注册,《商标法》第 27 条要求,为申请商标注册所申报的事项和所提供的材料应当真实、准确、完整。凡以欺骗手段或者其他不正当手段取得注册的,商标局可以撤销该注册商标,其他单位或者个人可以请求商标评审委员会裁定撤销该注册商标。

第四节 商标注册的审查与核准

一、形式审查

尽管《商标法》和《商标法实施条例》并没有明确规定对商标注册申请进行形式审查,但从《商标法实施条例》以及国家商标局的有关文件规定来看,商标局在收到注册申请之后首先要进行形式审查以决定是否受理申请。

根据《商标法实施条例》的规定,形式审查主要集中在三个方面:一是申请手续是否齐备,二是申请书件是否按照规定填写,三是费用是否缴纳。经审查,商标局分以下三种不

同情况分别采取不同的处理方法:

第一,手续齐备并按照规定填写申请书件并缴纳费用。在此情况下,商标局受理申请,编定申请号,发给《受理通知书》。受理的主要法律意义在于确定了申请日。申请日不但是确定注册申请先后顺序的基准日期,而且是在跨国申请时确定优先权的基准日期。

第二,手续不齐备或者未按照规定填写申请书件或者未缴纳费用。在此情况下,商标局将不予受理,退回申请,申请日期不予保留。商标局不予受理的申请实际上被视为未曾申请,既不产生申请日,也不对申请人自己或他人提出的申请产生任何影响。

第三,申请手续基本齐备或者申请文件基本符合规定,但是需要补正的,商标局通知申请人予以补正,限其自收到通知之日起 30 日内,按照指定内容补正并交回商标局。在规定期限内补正并交回商标局的,保留申请日期;期满未补正的或者不按照要求进行补正的,商标局不予受理并书面通知申请人。

二、实质审查

经形式审查之后商标局决定受理的申请,进入实质审查阶段。虽然我国《商标法》和《商标法实施条例》均未明确规定实质审查阶段,但从《商标法》第 28 条和商标局的有关文件规定来看,在商标局初步审定或驳回之前,要进行实质审查。

从《商标法》第 28 条、第 30 条规定的精神来看,实质审查的目的在于确定申请注册的商标是否符合《商标法》有关规定。根据商标局的有关文件规定,实质审查主要集中在三个问题上:商标是否具有显著特征、是否违反《商标法》的禁用条款、是否与在先权利发生冲突。具体来说,涉及以下几个问题:

(1) 申请注册的商标是否具有显著特征,便于识别(《商标法》第 9 条第 1 款);

(2) 作为商标的标志是否违反商标禁用条款(《商标法》第 10 条、第 11 条、第 12 条、第 13 条、第 16 条);

(3) 申请注册的商标是否同他人在同一种商品或类似商品上已经注册的或初步审定的商标相同或者近似(《商标法》第 30 条);

(4) 申请注册的商标是否损害他人现有的在先权利,是否属于以不正当手段抢先注册他人已经使用并有一定影响的商标(《商标法》第 32 条);

(5) 申请注册的商标是否与撤销、宣告无效或注销不满 1 年的注册商标相同或者近似(《商标法》第 50 条)。

经实质审查后,商标局分三种不同情况分别予以处理:

第一,符合《商标法》有关规定的,由商标局初步审定,予以公告;

第二,不符合《商标法》有关规定或者同他人在同一种商品或类似商品上已经注册的或者初步审定的商标相同或者近似的,由商标局驳回申请,不予公告,并发给《驳回通知书》;

第三,商标局认为商标注册申请内容可以修正的,发给《审查意见书》,限其在收到通知之日起 15 天内予以修正;未作修正、超过期限修正或者修正后仍不符合《商标法》有关规定的,驳回申请,发给申请人《驳回通知书》。

对于驳回申请、不予公告的商标,申请人可以自收到商标局的《驳回通知书》之日起15天内向商标评审委员会申请复审,商标评审委员会应当自收到申请之日起9个月内做出决定,并书面通知申请人。有特殊情况需要延长的,经国务院工商行政管理部门批准,可以延长3个月。当事人对商标评审委员会的决定不服的,可以自收到通知之日起30日内向人民法院起诉。

三、公告与异议

《商标法》第28条规定:"对申请注册的商标,商标局应当自收到商标注册申请文件之日起9个月内审查完毕,符合本法有关规定的,予以初步审定公告。"

《商标法》第33条规定:"对初步审定公告的商标,自公告之日起3个月内,在先权利人、利害关系人认为违反本法第13条第2款和第3款、第15条、第16条第1款、第30条、第31条、第32条规定的,或者任何人认为违反本法第10条、第11条、第12条规定的,可以向商标局提出异议。公告期满无异议的,予以核准注册,发给商标注册证,并予公告。"

根据上述规定,在认为违反《商标法》第10条、第11条、第12条规定时,"任何人"均可以提出异议。这意味着,提出异议的主体是没有任何限制的,不论与申请人或申请注册的商标有无利害关系,都可以向商标局提出异议。

不过,根据《商标法》第15条第1款规定,代理人或者代表人以自己的名义将被代理人或者被代表人的商标进行注册的,只能由被代理人或者被代表人提出异议。这是因为,如果被代理人或者被代表人在知道或理应知道的情况下没有提出异议,应视为对代理人或者代表人进行了"默示授权"。在此情况下,代理人或者代表人便不违反《商标法》第15条第1款的规定,其他人自然不得异议。《商标法》第15条第2款规定:"就同一种商品或者类似商品申请注册的商标与他人在先使用的未注册商标相同或者近似,申请人与该他人具有前款规定以外的合同、业务往来关系或者其他关系而明知该他人商标存在,该他人提出异议的,不予注册。"

由于《商标法》和《商标法实施条例》都没有规定提出异议的理由和依据,因此,我们只能理解为异议人可以以任何理由提出异议。这些理由主要包括:商标申请人不具备法律规定的资格、申请注册的商标不具有显著特征、违反了《商标法》规定的禁用条款、同他人在同一种商品或者类似商品上已经注册的或者初步审定的商标相同或者近似、损害他人现有的在先权利以及以不正当手段抢先注册他人已经使用并有一定影响的商标。

根据《商标法》第35条的规定,商标局应当听取异议人和被异议人陈述事实和理由,经调查核实后,自公告期满之日起12个月内做出是否准予注册的决定,并书面通知异议人和被异议人。有特殊情况需要延长的,经国务院工商行政管理部门批准,可以延长6个月。商标局做出准予注册决定的,发给商标注册证,并予公告。异议人不服的,可以依照本法第44条、第45条的规定向商标评审委员会请求宣告该注册商标无效。商标局做出不予注册决定,被异议人不服的,可以自收到通知之日起15日内向商标评审委员会申请复审。商标评审委员会应当自收到申请之日起12个月内做出复审决定,并书面通知异议人和被异议人。有特殊情况需要延长的,经国务院工商行政管理部门批准,可以延长6个月。被异议人对商标评审委员会的决定不服的,可以自收到通知之日起30日内向人民法院起诉。人民法院应当通知异议人作为第三人参加诉讼。

根据《商标法》第36条第1款规定,法定期限届满,当事人对商标局做出的驳回申请决定、不予注册决定不申请复审或者对商标评审委员会做出的复审决定不向人民法院起诉的,驳回申请决定、不予注册决定或者复审决定生效。

四、核准注册

对于初步审定、予以公告并在公告期满无异议的商标,商标局予以核准注册,发给商标注册证,并予公告。对于初步审定、予以公告的商标提出异议的,当事人在法定期限内对商标局作出的裁定不申请复审或者对商标评审委员会作出的裁定不向人民法院起诉的,裁定生效。经裁定异议不能成立的,予以核准注册,发给商标注册证,并予公告;经裁定异议成立的,不予核准注册。核准注册是商标申请人取得商标专用权的决定性环节。

《商标注册证》是由商标局颁发的、标志商标注册申请人在特定商品上申请的商标获准注册并享有专用权的凭证。它记录如下内容:商标图样,注册人名称或姓名,地址,商品类别、名称,专用权期限。如果注册后发生变更、续展或转让注册商标的情况,也要记载于商标证上,以反映有关注册商标的一切情况。

商标公告应刊登在《商标公告》上,其目的是将注册商标公之于众,使之产生法律效力,便于保护商标专用权。

《知识产权协定》第15条第5款明确规定:"缔约方应该在商标注册之前或者在注册之后及时地公开每一个商标,并且提供合理的请求取消注册的机会。另外,缔约方还可以提供对已注册的商标提出异议的机会",因此,我国《商标法》在商标注册程序的规定方面符合该协定的要求。

第二十章　商标注册无效的补正

一、商标注册无效补正制度的意义

商标注册无效的补正,是指商标不具备注册条件但取得注册时,商标局可以依职权宣告该注册商标无效,或由商标评审委员会根据第三人的请求宣告该注册商标无效的制度。

世界上许多国家都规定有商标注册无效审定程度,即对于已经注册,但具有违反公共秩序情形或欺骗性的商标,通过补正程序将其撤销注册。在我国,注册不当商标的无效宣告包括两种情况:一是商标局依职权宣告无效;二是其他单位或个人提请商标评审委员会宣告无效。因此,这种补正程序与商标异议程序相配合,能够大大提高注册商标的质量,减少注册商标权利的冲突,确保注册商标专用权的效力,保护消费者的利益,维护商标专用权受让人的利益。这一规定与国际惯例是相符的。

二、商标注册无效的事由

《商标法》第 44 条第 1 款和第 45 条第 1 款分别规定了两种不同的商标注册不当。

第一种商标注册不当是"违反本法第 10 条、第 11 条、第 12 条规定的,或者是以欺骗手段或者其他不正当手段"取得的注册。由此可知,根据第 44 条第 1 款规定宣告无效的注册商标有两种不同情况:一是构成商标的标志违反了《商标法》第 10 条(商标禁用标记)、第 11 条(不得注册的标记)和第 12 条(不得注册的三维标志),二是商标注册是以欺骗手段或者其他不正当手段取得的。

根据《商标法》的规定,任何违反《商标法》第 10 条、第 11 条和第 12 条规定的商标(即不符合注册商标构成规则的商标)都不能获得注册。但是,受各方面条件的限制,商标局在对商标注册申请进行审查时,可能会有所疏漏,核准了一些不符合注册商标构成规则的商标。在此情况下,如果商标局后来发现某个已注册商标不符合《商标法》第 10 条、第 11 条和第 12 条的规定,可以依职权宣告该注册商标无效;其他单位或者个人也可以请求商标评审委员会裁定宣告该注册商标无效。

上述两种商标注册不当的区别在于,第一种注册不当通常不涉及第三人利益,而第二种注册不当则涉及第三方的利益,并且在许多情况下构成对第三人合法权利的侵害。

三、注册不当商标无效宣告的补正程序

对第一种注册不当的商标,商标局可依职权宣告无效,第三人也可请求商标评审委员会宣告无效;对第二种注册不当的商标,只能由商标所有人或者利害关系人请求商标评审委员会宣告其无效。

商标注册人对商标局依照《商标法》第 44 条第 1 款规定作出的无效宣告决定不服的,

可以在收到决定通知之日起 15 天内,将《注册商标无效宣告复审申请书》1 份送交商标评审委员会申请复审。商标评审委员会应当自收到申请之日起 9 个月内做出决定,并书面通知当事人。有特殊情况需要延长的,经国务院工商行政管理部门批准,可以延长 3 个月。商标注册人对商标评审委员会的裁定不服的,可以自收到通知之日起 30 日内向人民法院起诉。

当第三人请求商标评审委员会宣告注册不当商标无效时,应当将《注册商标无效宣告申请书》一式两份送交商标评审委员会申请裁定。商标评审委员会收到申请后,应当通知有关当事人,并限期提出答辩。商标评审委员会应当自收到申请之日起 9 个月内做出维持注册商标或者宣告注册商标无效的裁定,并书面通知当事人。有特殊情况需要延长的,经国务院工商行政管理部门批准,可以延长 3 个月。当事人对商标评审委员会的裁定不服的,可以自收到通知之日起 30 日内向人民法院起诉。人民法院应当通知商标裁定程序的对方当事人作为第三人参加诉讼。

《商标法》第 44 条第 1 款未规定商标局依职权宣告无效或其他单位或个人请求商标评审委员会宣告注册商标无效的期限,意味着这种不当注册商标的宣告无效是不受时间限制的,在任何时候,只要发现有属于第 44 条第 1 款规定的情况,都可以按规定的程序宣告无效。《商标法》第 45 条第 1 款则明确规定了在先权利人或利害关系人请求宣告无效的期限,即自商标注册之日起 5 年内,但有一个例外,对于恶意注册的,驰名商标的所有人的无效宣告申请权不受 5 年时间限制。也就是说,在恶意将"复制、摹仿或者翻译"他人驰名商标而来的商标进行注册的情况下,驰名商标所有人在任何时候都可以请求商标评审委员会宣告该注册商标无效,并不受 5 年时间的限制。

依照《商标法》第 44 条第 1 款、第 45 条第 1 款规定宣告无效的注册商标,其商标专用权视为自始即不存在。有关宣告注册商标无效的决定或者裁定,对在宣告无效前人民法院作出并已执行的商标侵权案件的判决、裁定,工商行政管理部门作出并已执行的商标侵权案件的处理决定,以及已经履行的商标转让或者使用许可合同,不具有追溯力;但是,因商标注册人恶意给他人造成的损失,应当给予赔偿。

第二十一章 注册商标的续展、转让和使用许可

第一节 注册商标的续展

一、注册商标的保护期限

注册商标的保护期限,是指注册商标所有人享有的商标专用权的有效期限。世界各国的商标法对其本国注册的商标的有效期均作了规定,如美国规定注册商标的有效期限为20年,欧洲大陆一些国家则规定为10年。规定注册商标的保护期限的原因在于,商标的功能是使人识别出商品或服务的来源,当注册商标具有此功能时应让其继续存在下去,当注册商标失去此功能时不应让其继续存在。此外,规定注册商标的保护期限,便于商标的所有人根据实际情况决定保护期满后是否继续使用该商标。

我国历史上对于注册商标的保护期限曾作出过不同的规定。1950年颁布的《商标注册暂行条例》曾规定,"商标从注册之日起,注册人即取得专用权,专用权的期限为20年"。1963年颁布的《商标管理条例》规定,"注册商标的使用期限自核准之日起至企业申请撤销时止",而"外国企业在我国注册的商标的有效期限,由中央工商行政管理局核定"。中央工商行政管理局原则上根据注册人之所属国与我国签订的互惠协议作出决定,按外国商标在其本国注册的有效期计算。这种计算方式造成外国人与我国人之间、不同国籍的外国人之间所享受的注册商标专用权的保护期限不同,其计算方式也非常复杂、繁琐。因此,我国后来又规定外国商标在我国注册的保护期限为10年,但仍存在本国商标与外国商标保护期限不一致的问题。

我国《商标法》遵循国际惯例,对国内外商标注册人的专用权的有效期限作了统一规定,即注册商标的有效期为10年,自核准注册之日起计算。

二、注册商标的续展

注册商标的续展,是指注册商标所有人在商标注册有效期届满前后的一定时间内,依法办理一定的手续,延长其注册商标有效期的制度。该制度是逐步形成和完善的。由于商标是区别商品和服务来源的重要标志,所以保持商标专用权长期有效,是生产者、服务者及消费者利益所在,也有利于进行商标管理、维护社会主义竞争秩序。商标所有人可以通过商标的续展延长注册商标专用权的保护期限,也可以通过不续展的方式自动放弃某些价值不大的商标专用权。对商标管理机关而言,也可借此加强对注册商标的管理。

我国《商标法》第 40 条第 1 款规定："注册商标有效期满，需要继续使用的，商标注册人应当在期满前 12 个月内按照规定办理续展手续；在此期间未能办理的，可以给予 6 个月的宽展期。每次续展注册的有效期为 10 年，自该商标上一届有效期满次日起计算。期满未办理续展手续的，注销其注册商标。"该规定表明，在我国注册商标保护期届满前后，注册商标所有人均可申请续展注册，而且不受次数限制。

关于续展的性质问题，有人认为注册商标的续展属于商标权的延长，即"延长说"；还有人认为这属于商标权的更新，即"更新说"。按照前一种观点，凡基于该商标权所发生的一切法律关系均应随商标权之延长而延长；按照后一种观点，凡基于该商标权所发生的其他法律关系不一定都随商标权的续展而续展。例如，某注册商标在其专用权有效期届满前已有 1 年以上的停止使用的事实，倘若采取"延长说"，那么在计算该商标的停止使用期间时，就应将其核准续展注册前后未实际使用商标的期间连续合并计算；如果采用"更新说"，则其停止使用的期间的计算，应从核准续展注册之后重新计算。二者相比，采"延长说"比"更新说"更为合理，其理由如下：

第一，如果采"更新说"，则注册商标的续展不是原注册商标专用权的延续，而是一个新的注册商标的产生，这从本质上违背了商标法这一规定的宗旨。商标法规定注册商标续展制度的初衷在于减少商标再次注册的审查手续，确认原注册商标的既存效力，否则商标法就没有必要规定注册商标所有人申请续展的时限。

第二，如果采"更新说"，那么在注册商标专用权届满时不仅原注册人可以申请续展，其他人也应有权就与该注册商标相同或近似的商标在同一种或类似商品上申请注册。对此，商标局又要以先申请原则进行处理，从而带来许多麻烦。

第三，如果采"更新说"，那么注册商标所有人所发放的使用许可只能严格限制在其有效期内。因为超过有效期后，原注册商标所有人是否还能享有该注册商标专用权不能由原注册商标所有人自己决定。但是，如果采"延长说"，则无上述弊端。

综上所述，注册商标的续展宜采取"延长说"，即它是原注册商标专用权的延长，而不是更新。

关于提出注册商标续展的时间，我国《商标法》第 40 条规定为应当在期满前 12 个月内按照规定办理续展手续；在此期间未能办理的，可以给予 6 个月的宽展期。也就是说，续展申请应当在注册商标专用权的保护期届满前 12 个月内提出，提前提出的，商标局不予受理。如果注册商标所有人在此期间未能办理续展手续，可以在其注册商标的有效期届满后 6 个月内办理续展手续。应注意的是，在 6 个月的宽展期内，商标专用权依然受保护，从某种程度上说，这实际上延长了注册商标专用权的保护期限。

商标局接到续展申请后，经过审查，如认为符合《商标法》规定，即可予以核准，将原《商标注册证》加注发还，并予以公告。但是，如发现续展注册的商标不符合法律规定，则商标局应以《驳回通知书》的形式通知申请人，并退还续展注册费。申请人对驳回续展注册申请的决定不服的，可以在收到驳回通知书之日起 15 天内，向商标评审委员会申请复审。

商标每次续展注册的有效期为 10 年,自该商标上一届有效期满次日起计算。商标局应当对续展注册的商标予以公告。

第二节 注册商标的转让

一、注册商标转让的概念

注册商标的转让,是指商标注册人将其所有的注册商标的专用权,依照法定程序移转给他人的法律行为。原注册商标所有人为转让人,接受注册商标专用权的一方为受让人,转让的结果是使注册商标的所有人发生了变更。注册商标的转让,必须在自愿原则下进行,由转让人和受让人共同向商标局申请转让注册。

二、注册商标转让的原则

各国商标法均规定注册商标可以转让,但有关转让原则的规定并不完全相同,大致可分为以下两种:

(1) 连同转让原则。连同转让原则,是指商标注册人在转让其注册商标时必须连同使用该商标的企业的信誉,或者连同使用该注册商标的企业一并转让,不能只转让其注册商标而不转让使用该商标的企业或企业的信誉。目前,美国、瑞典等国的商标法采取此项原则。例如,美国《商标法》第 10 条规定:"已经注册或者已经提出注册申请的商标,可以连同使用商标的企业的信誉,或者连同使用商标并由该商标表彰的部分信誉一并转让。"但日本《商标法》规定,一般的商标权的转让不必连同企业或其信誉转让,但"从事不以营利为目的的公益事业的商标注册申请中,凡与第 4 条第 2 款规定有关的商标权,除随同其事业者外,不得转移"。此为有限制的连同转让原则。

实行连同转让原则的理由在于,商标的本质属性为商品的识别标记,因而商标与企业或企业的信誉相连。当注册商标与附属的企业或营业的信誉分开时,可能引起消费者的误认,导致使用该商标的商品质量下降,损害消费者的利益。因此,规定连同转让原则,可避免以上弊端,保护消费者的利益。

(2) 自由转让原则。自由转让原则,是指商标注册人既可连同其营业转让注册商标,也可将注册商标与营业分开转让。不过,许多国家的商标法均规定,在商标注册人将其注册商标与营业分析转让时,受让人应当保证使用该注册商标的商品质量。例如,我国《商标法》第 42 条第 1 款规定:"转让注册商标的,转让人和受让人应当签订转让协议,并共同向商标局提出申请。受让人应当保证使用该注册商标的商品质量。"

关于注册商标转让的原则,《保护工业产权巴黎公约》第 6 条之 4 采取了折衷规定,如果按某成员国的法律,商标的转让只有连同该商标所属厂商或牌号同时转让方为有效时,则只需把该厂商或牌号在该国的部分连同带有被转让商标的商品在该国制造或销售的独占权一并转让给受让人,就足以承认其效力,而不必将位于国外的厂商或牌号同时转让。

但是,这种转让应以不使公众对附有该商标的商品来源和品质发生误认为条件。

由于商标具有标示商品出处的功能,因而商标与企业及其信誉密切相关,采取连同转让原则有利于维护企业及商标的信誉。但是,随着生产规模的扩大,相同的商品大量涌现于市场,只要商标能保证商品的质量、特点相同,则消费者不太会关心商品的出处。因此,即使商标与商品分开转让,出处发生混淆,只要商品质量能得到保证,也不会损害消费者的利益;而且,厂商能否保证商品质量与必须和营业一起转让的条件并无必然联系,而由受让人的努力程度确定。所以,从保证商品质量的角度而言,已无必要要求商标与营业一起转让。

三、注册商标转让的形式

关于注册商标的转让形式,多数国家的商标法要求转让人和受让人之间通过签订合同转让,并应公告。我国《商标法》考虑到注册商标转让的特殊性,要求注册商标所有人和受让人按法律规定办理注册商标转让手续。我国《商标法》第42条第1款规定,转让注册商标的,转让人和受让人应当签订转让协议,并共同向商标局提出申请。同时,《商标法实施条例》第31条还规定,转让人和受让人应当向商标局提交转让注册商标申请书。转让注册商标申请手续应当由转让人和受让人共同办理。商标局核准转让注册商标申请的,发给受让人相应证明,并予以公告。《商标法》第42条第2款规定,转让注册商标的,商标注册人对其在同一种商品上注册的近似的商标,或者在类似商品上注册的相同或者近似的商标,应当一并转让。《商标法实施条例》第31条第2款规定,转让注册商标,商标注册人对其在同一种或者类似商品上注册的相同或者近似的商标未一并转让的,由商标局通知其限期改正;期满未改正的,视为放弃转让该注册商标的申请,商标局应当书面通知申请人。《商标法》第42条第3款规定,对容易导致混淆或者有其他不良影响的转让,商标局不予核准,书面通知申请人并说明理由。

应注意的是,注册商标的转让不同于注册商标的移转。尽管两者均发生注册商标所有人的变更,但注册商标的转让是转让人和受让人双方的法律行为;而注册商标的移转是在一定客观情况下发生的,如原注册商标所有人死亡、倒闭、破产、合并、解散、终止等,均发生注册商标的移转。

四、注册商标转让的限制

注册商标的转让涉及商标权的取得、管理和保护的法律问题,也涉及转让当事人双方和消费者的利益,所以我国《商标法》在允许注册商标转让的同时对转让作了限制性规定,这包括以下几个方面:

(1)类似商品使用同一注册商标的,不得分割转让。注册商标在类似商品上使用的,其专用权应全部转让而不能分开转让。如果注册商标所有人仅转让一部分商品上的注册商标专用权,则会形成两个以上的主体对类似商品上使用的同一商标享有专用权的局面,因而会导致消费者的误认,引起市场混乱。商标局可以根据《商标法》第42条第3款的规定,对这种容易导致混淆或者有其他不良影响的转让,不予核准,予以驳回。因此,该《实施条例》第32条第2款明确规定:"注册商标专用权移转的,注册商标专用权人在同一种或者类似商品上注册的相同或者近似的商标,应当一并移转;未一并移转的,由商标局通知其限期改正;期满未改正的,视为放弃该移转注册商标的申请,商标局应当书面通知申请人。"

(2) 已经许可他人使用的商标不得随意转让。已经许可他人使用的商标关系到被许可人的利益,若允许原注册商标所有人随意转让,则可能引起被许可人与受让人之间的矛盾,损害被许可人的利益,因此,只有在征得被许可人同意的情况下才能把注册商标转让给他人。受让人取得被转让的注册商标之后,还可以与原被许可人订立注册商标的许可合同。

(3) 集体商标不得转让。经商标局核准注册的集体商标、证明商标,受法律保护。由于集体商标关系到使用该商标的特殊集体的利益,属于一种特殊商标,因而一般不允许转让。

(4) 联合商标不得分开转让。我国《商标法》没有明确规定可以注册联合商标,但实践中注册过此类商标。例如,我国生产"老虎"牌清凉油的企业为了防止他人假冒,将豹、猫、熊、狗、牛等十几种动物都作为该产品的商标申请注册。如果允许联合商标分别转让,则会导致两个以上的注册商标所有人的注册商标使用在同种或类似商品上且彼此近似的后果,发生权利冲突,因此联合商标不得分开转让。

(5) 共同所有的商标,任何一个共有人或部分共有人不得私自转让。尽管《商标法》及有关法规未规定对共同所有的商标之转让的限制,但根据《民法总则》《民法通则》及有关司法解释可知,共同所有的商标为共同财产,共有人对其享有共同的权利,承担共同的义务。在共有关系存续期间,部分共有人擅自处分共有财产的,一般认定为无效。所以,共有商标所有人擅自转让其注册商标的行为无效。

五、注册商标转让的程序

转让注册商标,首先应由注册商标所有人和受让人就转让的事项达成协议,然后由转让人和受让人共同向商标局交送《转让注册商标申请书》1份,附送原《商标注册证》。

《转让注册商标申请书》应写明下列事项:(1) 被转让的注册商标的注册号、该商标核定使用的商品类别、商品名称。(2) 商标原注册人的姓名或名称、地址。(3) 受让人的姓名或名称、地址,受让人营业执照号,受让人的经济性质。

在提交《转让注册商标申请书》时,还要缴纳申请费、注册费。转让注册商标的申请手续应由受让人办理,经商标局核定后,将原《商标注册证》加注发给受让人,并予以公告。受让人自公告之日起享有商标专用权。

第三节　注册商标的使用许可

一、注册商标的使用许可的概念

注册商标的使用许可,是指注册商标所有人通过订立许可使用合同,许可他人使用其注册商标的法律行为。注册商标专用权人为许可人,获得注册商标使用权的人为被许可人,许可人仅将注册商标的使用权移转给被许可人,而不发生注册商标所有权的转移。

商标许可使用制度是现代商标法所规定的一项重要内容。对原注册商标所有人而言,他可以通过使用许可的方式允许他人使用其注册商标,发挥其注册商标的经济效益并从中获利;对被许可人而言,他通过此方式获得了他人注册商标的使用权,有利于凭借他人的名牌迅速打开产品销路并占领市场。同时,在许可人和被许可人的有条件合作下,可以提供更多的适销产品,调剂市场,促进对外贸易的发展。因此这一制度的建立,适应了商品交换与流通的需要,有利于促进国民经济的发展。

二、注册商标使用许可的形式

注册商标使用许可的形式主要有两种:一种是独占使用许可,一种是普通使用许可。

所谓独占使用许可,是指许可人允许被许可人在规定的地区和指定的商品上独占地、排他地使用注册商标。在合同约定的范围内,许可人不能再允许第三人使用其注册商标,许可人自己也不能使用。由于独占使用许可具有排他性,因此若他人实施了侵犯注册商标专用权的行为,则被许可人不仅可以要求停止侵权,还可以要求赔偿损失。

普通使用许可,是指许可人可以允许不同的人同时使用某一注册商标的使用许可。在此类合同中,同一注册商标可以同时为不同的主体所使用。享有普通使用权的被许可人,在发现他人侵犯注册商标专用权时,可以协助许可人查明事实并寻求司法保护。

三、商标使用许可合同的内容

注册商标所有人许可他人使用注册商标,应当按《商标法》的规定,订立书面合同,其内容包括:(1)合同双方当事人的名称、地址、法定代表人的姓名。(2)许可使用的商标、注册证号码、使用期限、使用商品的种类和名称。(3)许可使用商品的质量标准。(4)许可人监督商品质量的措施。我国《商标法》第40条规定:许可人应当监督被许可人使用其注册商标的商品质量。由此,许可人在使用许可合同中应约定许可人监督商品质量的措施。(5)被许可人保证商品质量的措施。我国《商标法》第40条还规定:被许可人应当保证使用该注册商标的商品质量。该条规定对于保护消费者的合法权益、维护许可人的注册商标的信誉具有重要意义,所以,在商标使用许可合同中应约定被许可人保证使用该注册商标的商品质量的措施。(6)商品销售的价格、范围。(7)商品的产地、厂名的标注方法。(8)合同发生纠纷后采取仲裁或调解的方式。(9)许可商标被侵权后的处理方式。

(10) 有偿许可使用的费用计算方法和付费方式。(11) 违约责任。(12) 双方认为需要约定的其他事项。

当事人在订立合同时还应注意以下问题：

(1) 被许可人应当是《商标法》第 4 条规定的"自然人、法人或者其他组织"。

(2) 被许可使用的商标，必须与核准注册的商标相一致，不得改变注册商标的文字、图形或其组合。

(3) 被许可使用的商品，必须是注册商标核定使用的商品中的部分或全部，超出此范围的商品，商标注册人无权许可他人使用。

(4) 许可使用商标的期限，不能超过注册商标的专用权期限。

(5) 未经许可人的授权，被许可人不得擅自转让、注销或变更获得许可使用的注册商标，也不得将商标许可第三人使用。

商标使用许可合同一般应采用书面形式，明确双方当事人的权利义务。

许可人的义务包括：

(1) 保持注册商标的有效性。在商标使用许可合同的有效期内，许可人不得擅自将其注册商标向第三人转让，只有经被许可人同意后方能转让；不得放弃续展注册；不得申请注销其注册商标。

(2) 维护被许可人合法的使用权，当第三人侵犯注册商标专用权时，许可人应及时采取有效措施予以制止。

(3) 监督被许可人使用该注册商标的商品质量。

使用许可合同的效力，是以许可人对注册商标的商标权利为基础的。因此，如果许可人不能保持其注册商标的有效性，则会造成被许可人的损失，许可人应负赔偿责任。

被许可人的义务包括：

(1) 未经许可人的书面授权，不得将商标使用权移转给第三人。

(2) 保证使用许可人注册商标的商品质量，维护商标信誉，并在其商品或包装上注明产地和被许可人的名称。

(3) 如被许可使用的商标被他人侵权，被许可人应协助许可人查明事实。

(4) 按合同的约定交纳商标许可使用费。

四、商标使用许可合同的备案程序

《商标法》第 43 条第 3 款规定："许可他人使用其注册商标的，许可人应当将其商标使用许可报商标局备案，由商标局公告。商标使用许可未经备案不得对抗善意第三人。"该规定的目的，一是为了便于国家商标局对全国商标使用许可情况的管理；二是通过商标使用许可合同的备案审查，从中发现问题，及时纠正，更好地维护当事人双方的合法权益；三是通过《商标公告》向社会公布商标使用许可情况，为消费者选购商品提供方便。

商标使用许可合同备案的具体程序是：许可人和被许可人订立合同之日起 3 个月内，填写 3 份商标使用许可合同的备案表，并附上商标注册证复印件，除双方当事人保存两份合同正本外,由许可人将其中一份合同连同备案表报商标局备案,另外两份备案表交双方当事人所在地工商行政管理机关存查。商标局对上报合同进行审查。符合规定的,予以备案,并刊登在《商标公告》上;对不符合规定的合同,退回许可人,由其重新修正后再重新报商标局备案。如果违反这个规定,由许可人或被许可人所在地工商行政管理机关责令其限期改正,拒不改正的,处以1万元以下的罚款,直至报请商标局撤销该注册商标。

第二十二章　商标管理

第一节　商标管理概述

一、商标管理的概念和意义

商标管理是指国家有关主管机关依法对商标的注册、使用、转让等行为进行监督、检查等活动的总称。

商标管理的内容主要包括商标的注册管理、商标的使用管理和商标的印制管理。企业本身对商标使用的内部管理，也应符合商标法的规定。

由于商标的使用广泛涉及市场秩序，关系到人民生活和消费者的利益，也密切关系到企业自身的信誉和经济效益，所以，国家和企业都应加强对商标的管理。具体而言，建立商标管理制度，具有以下几个方面的重要意义：

第一，规范商标行为，发挥商标功能，保护消费者的利益。进行商标管理，可以规范商标的注册、使用等行为，发挥商标的识别功能，确保商品的质量，维护消费者的利益，促进社会主义市场经济的规范化、秩序化发展。

第二，增强企业和商标使用人的法制观念，维护商标注册人的合法利益，避免和减少侵犯商标专用权的案件。通过加强管理，可以督促企业树立商标意识，实行名牌商标战略。同时，加强商标管理，可以减少和制止侵犯商标权的行为，保护商标所有人的合法利益。

第三，有利于加强商标立法，完善商标法律制度。我国利用法律手段管理商标的时间还不长，商标法制也不太完善。加强商标管理，便于及时发现问题，总结经验，为完善商标法制奠定基础。

二、商标管理机关

目前在世界各国，商标管理机关各有不同。一般而言，许多国家认为商标权和专利权都属于一项工业产权，因而商标管理机关大多与专利管理机关合并在一起。例如，美国由专利商标局管理商标；日本的商标管理机构为特许厅，归口于通商产业省；英国的商标注册簿由专利、设计和商标总局局长掌管；巴西的商标注册管理工作则由工业产权局负责。

根据我国《商标法》第 2 条的规定，国务院工商行政管理部门商标局主管全国商标注册和管理的工作。国务院工商行政管理部门设立商标评审委员会，负责处理商标争议事宜。该法第 49 条、第 51 条、第 52 条、第 53 条、第 54 条、第 60 条、第 61 条及第 62 条还明确规定了各级工商行政管理部门对商标进行管理的职责。由此可见，国家工商行政管理总局下属的商标局是全国性商标管理机关,地方各级工商行政管理局是地方上的各级商标管理机关。我国商标管理体制采取的是集中管理和分级管理相结合的双层管理体制。国家工商行政管理总局商标局从宏观上制定相应的商标政策、商标法规,审定商标注册,指导和协调地方各级工商行政管理机关进行商标管理。商标评审委员会归口管理商标争议事宜。地方各级工商行政管理机关统一安排和部署本地区商标管理工作。这种管理体制与我国的国情相符:集中管理可以维护商标法规的严肃和统一,使全国商标注册管理工作统一化、标准化;集中注册可以保证商标注册的质量,避免各地的商标发生混同,维护商标专用权人的利益;分级管理可以加强地方各级商标管理工作,并将有关情况及时反馈给中央,有利于及时调整和完善商标管理工作。

商标局的职权有:受理商标的注册申请;办理注册商标的转让、变更、注销和续展工作;对商标异议作出裁定;撤销违法使用的商标和宣告注册不当的商标无效;办理商标使用许可的备案手续;指导全国商标管理工作及宣传教育工作;编辑出版《商标公告》;建立商标档案制度,保存全国的商标档案,负责商标查阅工作;负责国际商标使用事宜。

地方各级工商行政管理部门的职权有:对辖区内注册商标和未注册商标的使用进行经常性管理;制止、制裁商标侵权行为;通过商标管理,监督商品质量,对商品粗制滥造、以次充好、欺骗消费者的行为,予以制止或行政处罚;管理商标印制活动;对国家规定必须使用注册商标而未使用注册商标的行为及其他违反《商标法》规定的行为予以处理;宣传商标法规。

商标评审委员会隶属于国家工商行政管理总局,是与商标局平行的独立机构。其职责有:对不服商标局驳回申请、不予初步审定公告的商标的复审申请作出决定;对不服商标局异议裁定的复审申请作出裁定;对不服商标局驳回转让注册商标的复审申请作出决定;对不服商标局续展注册商标的复审申请作出决定;对其他人宣告注册不当商标无效的请求作出裁定;对不服商标局撤销注册商标的决定的复审申请作出决定;对不服商标局宣告注册不当商标无效的决定的复审申请作出决定。

第二节　商标使用的管理

一、对注册商标使用的管理

根据《商标法》的有关规定,商标管理机关有权对注册商标的使用予以管理,主要包括以下几个方面:

第一,检查商标使用的范围是否属于商标局核定的商品范围。《商标法》第22条、第23条均规定商标必须在核定使用的商品范围内使用才具有法律效力,否则,商标使用将发生混乱。商标管理机关如发现存在不一致的情况,应责令其改正,或者令其另行申请注册。

第二,检查商标注册人是否自行改变了注册商标的标志,是否自行改变了注册人的名义、地址或者其他注册事项。注册商标的内容,经过了审查和核准,使用的注册商标必须与核准注册的商标一致,不允许任意改动。如果注册商标所有人擅自改变注册商标的标志,擅自改变注册商标的注册人名义、地址或者其他注册事项,则工商行政管理机关应责令其限期改正,拒不改正的,由商标注册人所在地的工商行政管理机关报请商标局撤销其注册商标。

第三,检查商标注册人是否自行转让注册商标。转让注册商标,转让人和受让人应共同向商标局提出申请,经商标局核准,予以公告,其转让才合法有效。如果商标注册人自行转让其注册商标,工商行政管理机关应责令其限期改正,拒不改正的,由商标注册人所在地的工商行政管理机关报请商标局撤销其注册商标。

第四,检查商标注册人是否没有正当理由连续3年不使用其注册商标。使用注册商标是商标注册人的一项义务。如果注册人连续3年停止使用的,任何人都可以向商标局申请撤销该注册商标,并说明有关情况。商标局应当通知商标注册人,限其在收到通知之日起3个月内提供该商标的使用证明或者不使用的正当理由。逾期不提供使用证明或者证明无效的,商标局撤销其注册商标。

第五,检查商标注册人许可他人使用其注册商标是否签订了使用许可合同并向商标局备案。商标注册人有权许可他人使用其注册商标,但是,商标注册人应当与被许可人签订书面使用许可合同,并在使用许可合同签订之日起3个月内,将许可合同副本交送其所在地县级工商行政管理机关存查,由许可人报送商标局备案,并由商标局予以公告。否则,由许可人或者被许可人所在地工商行政管理机关责令限期改正;拒不改正的,处以1万元以下的罚款,直至报请商标局撤销其注册商标。

第六,检查是否存在非法印制或买卖商标标识的行为。如果有人非法印制或买卖商标标识,由工商行政管理机关予以制止,收缴其商标标识,并可根据情节处以非法经营额20%以下的罚款;销售自己的注册商标标识的,商标局还可以撤销其注册商标。

第七,加强对已被注销、撤销或宣告无效的商标的管理。注册商标被被撤销、注销或宣告无效时,其商标在市场中往往还会存在一段时间,为避免在市场上出现混同商标,维护消费者的利益,也应加强对此类商标的管理。因此,《商标法》第50条规定:"注册商标被撤销、被宣告无效或者期满不再续展的,自撤销、宣告无效或者注销之日起1年内,商标局对与该商标相同或者近似的商标注册申请,不予核准。"此规定对于维护消费者的利益具有重要作用。但是,如果被撤销的商标是"没有正当理由连续3年不使用的",则不受该条的限制。因为在这3年期间,该商标可能在市场上已绝迹,不会引起消费者的误认。

第八,加强对商标注册证的管理。商标注册证是证明商标所有权的重要法律凭证,加强对商标注册证的管理,可以有效地减少商标纠纷,及时地处理商标侵权案件。因此,《商标法实施条例》第64条规定,遗失或者破损的,应当向商标局提交补发《商标注册证》申请书。《商标注册证》遗失的,应当在《商标公告》上刊登遗失声明。破损的《商标注册证》,应当在提交补发申请时交回商标局。伪造或者变造《商标注册证》的,依照《刑法》关于伪造、变造国家机关证件罪或者其他罪的规定,依法追究刑事责任。

二、对未注册商标使用的管理

未注册商标是指未经申报商标局核准注册而直接投放市场使用的商标。未注册商标没有取得商标专用权,一般不受法律保护。我国商标法采取自愿注册原则,除国家规定必须使用注册商标的商品应申请商标注册外,允许商标使用人根据自己的需要决定是否申请商标注册。这对于搞活经济、照顾中小企业的利益比较有利。但是,由于未注册商标目前在市场中所占数量大,涉及商品品种广,使用更新的频率高,因此,只有加强对未注册商标的管理,才能维护商标注册人的合法利益,保证商品质量,维护消费者的利益,促进社会主义市场经济健康、有序发展。

根据我国《商标法》的有关规定,国家工商行政管理机关对于未注册商标的管理主要包括以下几方面:

(1) 未注册商标的文字、图形或者其组合不得违反《商标法》第10条的规定。《商标法》第52条规定,使用未注册商标违反本法第10条规定的,由地方工商行政管理部门予以制止,限期改正,并可以予以通报,违法经营额5万元以上的,可以处违法经营额20%以下的罚款,没有违法经营额或者违法经营额不足5万元的,可以处1万元以下的罚款。因此,工商行政管理机关在对未注册商标进行管理时,首先应注意其文字、图形是否违反了此规定,如果违反了该规定,则工商行政管理机关应予以制止,限期改正,并可予以通报或处以罚款。

(2) 未注册商标不得与他人在同一种或类似商品上已经注册的商标相同或者近似。根据《商标法》第52条第1项的规定,未经注册商标所有人的许可,在同一种或者类似商品上使用与注册商标相同或者近似的商标,属于侵犯注册商标专用权的行为,应承担相应的法律责任。

(3) 未注册商标使用人不得将其未注册商标冒充注册商标。

(4) 未注册商标使用人必须在商品上、包装上标明企业名称或地址。

(5) 在国家明文规定应使用注册商标的商品上不得使用未注册商标。

第三节 商标印制的管理

一、商标印制管理的概念和意义

商标印制是指印刷、制作商标标识的行为。商标印制管理是指商标管理机关依法对商标印制行为进行监督和检查,并对非法印制商标标识的行为予以查处的活动的总称。

商标的印制与注册商标专用权的保护息息相关。如果印刷企业唯利是图,未经批准擅自承接商标印刷业务,甚至非法印制、销售其他企业已经注册的商标标识,必然致使市场上涌现大量假冒伪劣商品,不仅会给广大消费者的人身、财产造成损失,而且还将严重损害名优企业的经济利益。因此,只有加强商标印制管理,才能规范商标印制行为,制止假冒注册商标的违法行为,才能保护商标专用权,维护广大消费者的利益,维护社会经济秩序。为此,国家工商行政管理局1980年8月8日发布了《关于贯彻执行〈商标印制管理办法〉有关问题的通知》,要求各地工商行政管理部门严格按照《办法》的规定,及时对现有商标印制单位进行一次全面清理。从此,商标印制活动逐渐走向制度化、法律化。为了进一步加强商标印制管理,保护注册商标的专用权,维护公平的市场竞争秩序,国家工商行政管理局1996年9月5日发布了《商标印制管理办法》,后于2004年8月进行修改,对商标印制活动作出了严格的规范。

二、商标印制单位的资格

商标印制单位必须依法定程序申请,经主管部门批准,才能从事商标印制业务。

根据《商标印制管理办法》的规定,凡是依法登记的从事印刷、印染、制版、刻字、织字、晒蚀、印铁、铸模、冲压、烫印、贴花等项业务的企业和个体工商户,需要承接商标印制业务的,应当申请《印制商标单位证书》。工商行政管理机关经过认真审查后,应对符合条件的单位发给《印制商标单位证书》,这些单位才可承接印制商标业务。

三、商标印制单位的商标印制管理制度

商标印制单位建立、健全商标印制管理制度,是具体贯彻和落实《商标印制管理办法》、规范商标印制行为的具体措施。其主要内容包括以下几方面:

(1)核查制度。商标印制单位应当对商标印制委托人提供的证明文件和商标图样进行核查。商标印制委托人未提供规定的证明文件,或者其要求印制的商标标识不符合规定的,商标印制单位不得承接印制。商标印制业务管理人员应当按照要求填写《商标印制业务登记表》,载明商标印制委托人所提供的证明文件的主要内容,《商标印制业务登记表》中的图样应当由商标印制单位业务主管人员加盖骑缝章。

(2)商标印制存档制度。商标标识印制完毕,商标印制单位应当在15天内提取标识样品,连同《商标印制业务登记表》《商标注册证》复印件、商标使用许可合同复印件、商标印制授权书复印件等一并造册存档。该制度可以如实反映商标的印制情况,对于商标案件审理有十分重要的参考作用。对于《商标印制业务登记表》及商标标识出入库台账应当存档备查,存查的期限为两年。

(3)商标标识出入库制度。商标标识出入库时,商标印制单位应当清点数量和登记台账。该制度可以保证印制的商标出入正确,不发生疏漏,以避免违法印制的商标进入市场。

(4)废次商标标识销毁制度。废次商标标识销毁制度是指对印刷中产生的废次标识应当集中进行销毁,不得使其流入社会。这一制度可以有效地杜绝废次商标标识被人利用的现象,保护商标使用人的合法利益。

四、商标印制的承印和拒印

商标的承印是指商标印制单位依法对商标使用人交付的有关证明文件及商标图样进行审查,认为其符合法律规定的条件时,方可承印,这些条件包括:

(1) 商标印制委托人提供的有关证明文件齐全;

(2) 所要印制的商标样稿应当与《商标注册证》上的商标图样相同,并标明"注册商标"字样或者标明"®"或"㊟"标记;

(3) 印制未注册商标的,不得违反《商标法》第 10 条的规定,不得标注"注册商标"字样或者使用"®"或"㊟"标记;

(4) 被许可人印制商标的,有明确的授权书或者其出示的商标使用许可合同文本中含有许可人允许其印制商标的内容,其商标样稿应当标明被许可人的企业名称和地址。

如果完全符合上述要求,商标印制单位应予以承印。

商标的拒印是指商标印制单位对于不符合法定要求的商标印制要求予以拒绝。凡是不符合商标承印条件的商标印制业务,商标印制单位均应要求委托人补正,不予补正的应当拒印。

五、违反商标印制管理规定的法律责任

违反商标印制管理规定的行为有以下几种:(1) 不按规定核查印制委托人提供的材料而擅自承印依规定不能印制的商标;(2) 违反造册存档制度规定的;(3) 不按规定建立商标印制档案制度和废次商标标识销毁制度;(4) 非法印制商标标识的行为。

对于上述第(1)、(2)、(3)种情形,由所在地工商行政管理局责令其限期改正,并视其情节予以警告,处以非法所得额 3 倍以下的罚款,但最高不超过 3 万元,没有违法所得的,可以处以 1 万元以下的罚款。商标印制单位的违法行为构成犯罪的,所在地或者行为地工商行政管理局应及时将案件移送司法机关追究刑事责任。

第二十三章　商标权的保护

第一节　商标权保护概述

一、保护商标权的意义

保护商标权,是指以法律手段制裁侵犯他人注册商标专用权的行为,以保护商标权人对其注册商标所享有的专有权利。

我国《商标法》第1条明确规定商标法的宗旨是:"加强商标管理,保护商标专用权,促使生产、经营者保证商品和服务质量,维护商标信誉,以保障消费者和生产、经营者的利益,促进社会主义市场经济的发展。"因此,保护注册商标专用权是健全商标法制的中心环节。

在我国,保护商标权对于发展社会主义市场经济具有十分重要的意义。

(一) 制止不正当竞争,维护社会主义市场竞争秩序

改革开放以来,我国的商品经济以前所未有的速度飞速发展,涌现了一大批名优企业和知名商品,商标在市场中所占的地位愈来愈重要,成为企业创名牌、树信誉、抢市场的重要武器。一个名牌商标,可以使商品畅销、企业盈利;一个失去信誉的商标,可以导致商品滞销、企业亏本。因此,保护注册商标的专用权就是保护企业的生存命脉。然而在我国市场上,也有少数不法分子采取不正当手段,如假冒他人注册商标、销售侵犯商标权的商品等,毁坏名优企业的商标信誉。这些商标侵权行为损害了消费者的利益,扰乱社会主义市场竞争秩序。

(二) 制裁侵权行为,维护注册商标所有人的合法权益

商标侵权行为,不仅扰乱了正常的市场竞争秩序,也极大地损害了商标权人的合法利益,危害到消费者的生命健康和人身安全,因此,只有依法保护注册商标的专用权,才能制止不正当竞争,保护公平的竞争秩序。

(三) 促进我国对外贸易的发展

从国际市场看,商标权是发展对外贸易,保护商标所有人在国外合法利益的有力武器。在国际市场上,商品竞争更为激烈。一个名牌商标,可以使商品赢得国际市场,企业取得竞争优势;一个失去信誉或者倒了牌子的商标,则可以导致商品滞销甚至根本丧失销路,企业丧失国际竞争力。因此,我国进入国际市场的出口商品,应及时做好在外国的商标注册工作,以取得该国对我国商品商标专用权的保护。否则,将可能影响商品的销售能力,给外国投机商人以可乘之机,仿冒影射或抢先注册。所以说,商标权有利于保证我国出口商品的销售能力,促进我国外贸事业的发展。

事实证明,只有严格依法保护注册商标的专用权,才能制止不正当竞争,保护公平的社会主义竞争秩序;只有保护注册商标专用权,才能制裁侵犯注册商标专用权的行为,保护注册商标所有人的合法权益;只有保护注册商标专用权,才能有助于我国对外贸易的发展。

二、商标权的保护范围

我国《商标法》以注册商标的专用权为保护对象。关于商标专用权的保护范围,《商标法》第56条规定:"注册商标的专用权,以核准注册的商标和核定使用的商品为限。"这是区别和判断侵权与否的一条重要界限。"核准注册的商标"是指经商标局核准注册的组成商标的文字、图形、字母、数字、三维标志、颜色组合和声音等,以及上述要素的组合。"核定使用的商品"是指经商标局核准在案的具体商品。注册商标所有人无权任意改变商标的组成要素,也无权任意扩大商标的使用范围。否则,商标注册人不仅得不到法律的保护,而且有可能受到法律的制裁。同样,在上述范围内,其他人如果未经注册商标所有人的许可,在经商标局核定使用的商品或类似商品上使用与他人的注册商标相同或近似的商标,便构成侵权,应受到法律制裁。可见,《商标法》把商标专用权的保护限制在上述范围内,有利于执法机关正确划分侵权与非侵权的界限,制裁真正的商标侵权行为,保护注册商标所有人的合法权益。对于不涉及商标权保护范围的使用行为,则不作为侵权行为追究。

关于使用权范围与禁止权范围的差异,前文已有说明,此处不赘述。

关于保护注册商标专用权的方式,我国《商标法》从两个方面作了规定:一是从对商标注册申请的审查程序来保护。凡申请注册的商标与他人先申请的或已被核准注册的商标相抵触的,则驳回申请,不予公告;凡异议成立或注册不当的商标,均不予核准注册或予以宣告无效。这些都体现了对注册商标专用权的保护。二是从制裁违法行为的角度来保护。凡是构成侵犯他人注册商标专用权的,商标主管机关和司法机关均应采取一定措施,对侵害人的行为给予制裁,以保护注册商标所有人的合法利益。

第二节 商标侵权行为的概念和种类

商标侵权行为,是指侵犯他人注册商标专用权的行为。根据我国《商标法》和《商标法实施条例》的规定,商标侵权行为主要表现为以下几种形式:

(1) 未经注册商标所有人许可,在同一种商品或者类似商品上使用与其注册商标相同或者近似的商标。

我国《商标法》第43条规定,使用他人的注册商标,必须经注册商标所有人同意并签订注册商标使用许可合同,然后在商标局备案。如果未经许可实施此种行为,无论是出于故意或过失,均构成对他人注册商标专用权的侵犯。这种行为造成了商品出处的混淆,损害了商标所有人的利益和消费者的利益。

这一侵权行为包括四种情况：一是在同一种商品上使用与他人注册商标相同的商标；二是在同一种商品上使用与他人注册商标近似的商标；三是在类似商品上使用与他人的注册商标相同的商标；四是在类似商品上使用与他人的注册商标近似的商标。

上述情况具有两个共同的特点：一是侵权人所使用的商标与被侵权人的注册商标相同或者近似；二是侵权人的商品与被侵权人的商品为同一种类或者类似种类。如果不同时具备上述两个特点，则使用人的行为不会造成商品出处混淆，因而不构成商标侵权行为。

(2) 销售侵犯注册商标专用权的商品。

侵犯注册商标专用权的商品，除生产者直接向消费者销售外，往往要通过销售者才能到达消费者手中，此类商品的销售者造成了混淆商品出处的后果，损害了消费者和注册商标所有人的利益。如果能够有效地制止销售侵犯注册商标专用权的商品的行为，将侵权产品排除出流通渠道，对于打击商标侵权活动具有重要意义。

我国 1982 年制定的《商标法》明确将"销售侵犯注册商标专用权的商品"的行为视为侵犯注册商标专用权的行为，情节严重的，还要依法追究刑事责任。不论销售者在主观上是否"明知"，只要其销售的商品是侵犯注册商标专用权的商品，即构成对商标专用权的侵犯。不过，根据《商标法》第 64 条第 2 款的规定，销售不知道是侵犯注册商标专用权的商品，能证明该商品是自己合法取得的并说明提供者的，不承担赔偿责任。所谓"不承担赔偿责任"，只是免除了侵权者赔偿损失的责任，但其行为已构成侵权，仍需承担其他责任。根据《最高人民法院关于执行〈中华人民共和国刑法〉确定罪名的规定》，《刑法》第 213 条和第 214 条所规定的犯罪分别是假冒注册商标罪和销售假冒注册商标的商品罪，而《刑法》第 213 条将"假冒注册商标"规定为"未经注册商标所有人许可，在同一种商品上使用与其注册商标相同的商标"。"假冒注册商标"的范围比"侵犯注册商标专用权"的范围要狭窄得多。只要销售者销售的是侵犯注册商标专用权的商品，不论这些商品属于"假冒注册商标"的商品，还是其他侵犯注册商标专用权的商品，都构成了侵权行为。不过，如果销售者销售明知是"假冒注册商标"的商品，构成犯罪的，除了要承担侵权责任外，还要被依法追究刑事责任。

(3) 伪造、擅自制造他人注册商标标识或者销售伪造、擅自制造的注册商标标识。

商标标识是指附着于商品之上的由商标图案组成的物质实体，如自行车上的商标铭牌、服装上的商标织带、日用品上的商标纸等等。伪造他人注册商标标识是指仿造他人的商标图案及物质实体制造出商标标识；擅自制造他人注册商标标识，是指未经注册商标所有人的同意而制造其注册商标标识，用于自己生产的同种或者类似商品上，以达到欺骗消费者的目的。销售伪造、擅自制造的注册商标标识，是指以上述商标标识为对象进行买卖的行为。

由于伪造、擅自制造他人注册商标标识或者销售伪造、擅自制造的注册商标标识，均会使消费者对产品出处产生混淆，损害注册商标所有人的利益，因此我国《商标法》及《商标印制管理办法》均将此类行为视为侵权行为。

(4) 未经商标注册人同意,更换其注册商标并将该更换商标的商品又投入市场。

未经商标注册人同意,行为人将其注册商标撕掉或去除,换上自己的或他人的商标,再将更换商标后的商品投入市场,即构成对商标专用权的侵犯,这就是所谓的商标"反向假冒"。在这种情况下,由于粘贴或附着某一商标的商品实际上并不是该商标的所有人生产的,因而这种行为的确混淆了商品的来源。不过,这种混淆的结果是使消费者以为该商品来源于更换后的商标的所有人。这种行为无疑是对消费者的欺骗,法律应予以禁止。但是,由于它并不会使消费者将该商品与被更换的商标的所有人联系起来,通常也不会对被更换商标的所有人的相同或类似商品的销售造成不利影响,因此,能否构成商标侵权,在我国知识产权理论界曾经有过争论。

(5) 给他人的注册商标专用权造成其他损害的行为。

《商标法》在列举侵犯注册商标专用权的行为时,不可能包罗万象,因此作了一条弹性规定。对此,《商标法实施条例》第75条、第76条作了如下解释:

第一,在同一种或者类似商品上,将与他人注册商标相同或者近似的标志作为商品名称或者商品装潢使用,误导公众的。

如果在同一种商品或者类似商品上,将与他人注册商标相同或者近似的文字、图形作为商品名称或者装潢使用,一方面,会逐步冲淡商标的显著特征,甚至使它转化为商品的通用名称,从而丧失商标的功能;另一方面,则会使消费者误认为不正当使用者的商品与注册商标所有人的商品系同一人的商品,从而损害注册商标的信誉。因此,这种行为也构成侵犯注册商标专用权的行为。

第二,故意为侵犯他人注册商标专用权行为提供仓储、运输、邮寄、印制、隐匿、经营场所、网络商品交易平台等便利条件的。

这一类行为属于间接侵权行为。为侵犯他人注册商标专用权的行为提供仓储、运输、邮寄、印制、隐匿、经营场所、网络商品交易平台等便利条件,虽然未直接侵权,但实质上帮助了侵权行为的发生,因此,应按共同侵权人对待。但是,对于此种侵权行为,只有在故意情况下才构成。这主要是考虑到对于从事邮寄、运输、仓储等业务的单位,如果要求过高,将妨碍其业务的发展。

第三节 商标侵权行为的法律责任

一、商标侵权案件的处理机关

根据我国《商标法》第60条的规定,处理商标侵权案件的机关有工商行政管理机关和人民法院。在注册商标专用权受到侵犯时,被侵权人乃至任何人都可以向侵权人所在地或者侵权行为发生地县级以上工商行政管理机关控告或检举;被侵权人也可以直接向人民法院起诉,要求追究侵权人的法律责任。所谓侵权人所在地,是指侵权单位所在地或者户籍所在地;所谓侵权行为地,是指侵权行为实施地或侵权结果发生地。

根据《商标法》第62条的规定，县级以上工商行政管理部门根据已经取得的违法嫌疑证据或者举报，对涉嫌侵犯他人注册商标专用权的行为进行查处时，可以行使下列职权：询问有关当事人，调查与侵犯他人注册商标专用权有关的情况；查阅、复制当事人与侵权活动有关的合同、发票、账簿以及其他有关资料；对当事人涉嫌从事侵犯他人注册商标专用权活动的场所实施现场检查；检查与侵权活动有关的物品，对有证据证明是侵犯他人注册商标专用权的物品，可以查封或者扣押。工商行政管理部门依法行使这些职权时，当事人应当予以协助、配合，不得拒绝、阻挠。在查处商标侵权案件过程中，对商标权属存在争议或者权利人同时向人民法院提起商标侵权诉讼的，工商行政管理部门可以中止案件的查处。中止原因消除后，应当恢复或者终结案件查处程序。

二、侵犯商标专用权的行政责任

根据《商标法》第60条的规定，对于侵犯商标专用权的行为，工商行政管理部门可以采取下列措施：

（1）责令立即停止侵权行为。对于侵权行为人正在进行的侵权活动，工商行政管理部门可以责令其立即停止生产或销售。

（2）没收、销毁侵权商品和主要用于制造侵权商品、伪造注册商标标识的工具。这是修改后的《商标法》授予工商行政管理部门的一项权力，目的是要加大打击商标侵权行为的力度。

（3）罚款。工商行政管理机关可以根据情节处以罚款，违法经营额5万元以上的，可以处违法经营额5倍以下的罚款，没有违法经营额或者违法经营额不足5万元的，可以处25万元以下的罚款。对5年内实施两次以上商标侵权行为或者有其他严重情节的，应当从重处罚。

当事人对于工商行政管理部门的处理决定不服的，可以自收到处理通知之日起15日内依照《中华人民共和国行政诉讼法》向人民法院起诉；侵权人期满不起诉又不履行的，工商行政管理部门可以申请人民法院强制执行。

对侵犯商标专用权的赔偿数额的争议，当事人可以请求进行处理的工商行政管理部门调解，也可以依照《中华人民共和国民事诉讼法》向人民法院起诉。经工商行政管理部门调解，当事人未达成协议或者调解书生效后不履行的，当事人可以依照《中华人民共和国民事诉讼法》向人民法院起诉。

三、侵犯商标专用权的民事责任

由于侵犯商标专用权的行为属于一般民事侵权行为，《民法总则》《民法通则》关于民事责任的一般规定应适用于商标侵权，根据我国《商标法》，侵犯商标专用权的民事责任主要包括赔偿损失、停止侵害，由于商标侵权行为的特殊性，《商标法》还规定了即发侵权的制止、证据保全与财产保全制度。

1. 赔偿数额

关于侵犯商标专用权的赔偿数额,此前《商标法》一直坚持"填平损失"的原则,但知识产权侵权存在侵权成本低,而维权成本高的问题,为了进一步有力打击商标侵权,2013年《商标法》修改增加了惩罚性赔偿的相关规定,也首开了我国知识产权侵权惩罚性赔偿入法的先河。《商标法》第63条第1款规定,侵犯商标专用权的赔偿数额,按照权利人因被侵权所受到的实际损失确定;实际损失难以确定的,可以按照侵权人因侵权所获得的利益确定;权利人的损失或者侵权人获得的利益难以确定的,参照该商标许可使用费的倍数合理确定。对恶意侵犯商标专用权,情节严重的,可以在按照上述方法确定数额的1倍以上3倍以下确定赔偿数额。赔偿数额应当包括权利人为制止侵权行为所支付的合理开支。

如果侵权人因侵权所得利益或者被侵权人因被侵权所受损失难以确定的,《商标法》第63条第3款规定,由人民法院根据侵权行为的情节判决给予300万元以下的赔偿。这里的赔偿属于法定赔偿,但不属于惩罚性赔偿。因此,人民法院应根据侵权行为的情节确定一个适当的数额。值得注意的是,只有在《商标法》第63条第1款所规定的计算方法无法适用时,才能适用法定赔偿。

2. 即发侵权的制止

所谓"即发侵权",是指正在实施但损害后果尚未显现出来,或者即将实施的侵权行为。制止即发侵权有利于最大限度地保护商标专用权人的利益,使侵权行为消弭于未发之际,使其损害降至最低程度。《商标法》第65条规定:"商标注册人或者利害关系人有证据证明他人正在实施或者即将实施侵犯其注册商标专用权的行为,如不及时制止,将会使其合法权益受到难以弥补的损害的,可以在起诉前向人民法院申请采取责令停止有关行为和财产保全的措施。"在商标注册人或者利害关系人提出申请后,人民法院应按《中华人民共和国民事诉讼法》第93条至第99条的规定处理。

3. 证据保全

由于侵犯商标专用权的行为比较隐蔽,侵权商品及专门用于制造侵权商品、伪造注册商标标识的工具容易被转移,商标专用权人难以收集侵权行为人的侵权证据,因此,《商标法》规定了诉前的证据保全措施。

《商标法》第66条规定,为制止侵权行为,在证据可能灭失或者以后难以取得的情况下,商标注册人或者利害关系人可以在起诉前向人民法院申请保全证据。

四、侵犯注册商标专用权的刑事责任

对于严重的侵犯他人注册商标专用权的行为,依法追究行为人的刑事责任,是保护商标专用权的一个重要手段。我国《商标法》和《刑法》对于侵犯注册商标专用权的犯罪都进行了规定。

《商标法》第67条第1款规定,未经商标注册人许可,在同一种商品上使用与其注册商标相同的商标,构成犯罪的,除赔偿被侵权人的损失外,依法追究刑事责任。该条第2款规定,伪造、擅自制造他人注册商标标识或者销售伪造、擅自制造的注册商标标识,构成犯罪的,除赔偿被侵权人的损失外,依法追究刑事责任。第3款规定,销售明知是假冒注册商标的商品,构成犯罪的,除赔偿被侵权人的损失外,依法追究刑事责任。

1993年2月22日全国人大常委会通过的《关于惩治假冒注册商标犯罪的补充规定》分别规定了对此类犯罪行为的制裁。1997年3月14日第八届全国人大第五次会议修订的《中华人民共和国刑法》对上述规定作了修订,加大了处罚力度,以求更全面地保护注册商标所有人的利益。

根据刑法的犯罪构成理论,侵犯他人注册商标专用权的犯罪的构成要件包括以下四个方面:(1)犯罪客体。本罪所侵害的客体是国家对商标的管理活动,即这种犯罪活动扰乱了国家对商标的管理,妨碍了社会主义市场经济竞争秩序。同时,本罪侵害的客体也包括注册商标所有人的注册商标专用权。(2)犯罪的客观方面。此罪的客观方面表现为行为人违反商标管理法规,实施了假冒他人注册商标、伪造、擅自制造他人注册商标的标识等行为,且情节严重。(3)犯罪主体。本罪的犯罪主体为一般主体,凡具有刑事责任能力的个人、单位,只要实施了严重的侵犯他人注册商标专用权的行为,均可以构成本罪的犯罪主体。(4)犯罪的主观方面。侵犯商标专用权的犯罪都属于故意犯罪,过失不构成犯罪。

修订后的《刑法》规定了以下三种侵犯注册商标专用权的犯罪:

(1)假冒注册商标罪。《刑法》第213条规定,未经注册商标所有人许可,在同一种商品上使用与其注册商标相同的商标,情节严重的,处3年以下有期徒刑或者拘役,并处或者单处罚金;情节特别严重的,处3年以上7年以下有期徒刑,并处罚金。

(2)销售假冒注册商标的商品罪。《刑法》第214条规定,销售明知是假冒注册商标的商品,销售金额数额较大的,处3年以下有期徒刑或者拘役,并处或者单处罚金;销售金额数额巨大的,处3年以上7年以下有期徒刑,并处罚金。

(3)非法制造、销售非法制造的注册商标标识罪。《刑法》第215条规定,伪造、擅自制造他人注册商标标识或者销售伪造、擅自制造的注册商标标识,情节严重的,处3年以下有期徒刑、拘役或者管制,并处或者单处罚金;情节特别严重的,处3年以上7年以下有期徒刑,并处罚金。

如果单位犯以上罪行,对单位判处罚金,对其直接负责的主管人员和其他直接责任人员,依照上述规定处罚。

第二十四章　驰名商标的特别保护

第一节　驰名商标概述

一、驰名商标的含义

驰名商标一词,最早见于《保护工业产权巴黎公约》。该《公约》第6条之2规定,公约的任何成员国,在本国法律允许的条件下,对于其他成员国主管机关认为该国一项商标已成为驰名商标的,有义务予以保护。该《公约》所指的驰名商标,即指在广大公众中享有较高声誉,有较高知名度的商标。《知识产权协定》对此也作了认可。

由于《巴黎公约》并未对驰名商标进行定义,各国商标法也很少有对驰名商标进行定义的,因此,从目前各国的商标法理论和实务来看,通常不对驰名商标进行定义,而根据一些事先确定的标准来判断某一个商标是否构成驰名商标。

对于驰名商标,应从以下四个方面来理解其含义:

第一,驰名商标是"驰名"的商标。"驰名"是指该商标具有较高的"知名度",而"知名度"则是相关公众对商标的知晓程度。因此,一个商标是否驰名,取决于相关公众对该商标的知晓程度。

第二,驰名商标的知名度并不是绝对的。因此,在判断驰名商标时,通常以"相关公众"为限。只要在相关公众中驰名即可,并不要求在不相关的公众中也驰名。

第三,驰名商标并不是商标分类中的一类。"驰名商标"这一概念所表明的只是一种事实状态,商标法对驰名商标给予特别保护的原因和依据就是这种事实状态。

第四,驰名商标并不一定是注册商标。不论注册商标还是未注册商标,只要具有"驰名"这一事实,即为驰名商标。因此,那种认为只有注册商标才能是驰名商标的看法是错误的。

二、驰名商标的认定标准

关于驰名商标的构成条件,《巴黎公约》未作明确规定。一个商标能否构成在一国为公众周知的驰名商标,概由该国主管机关判定。

《知识产权协定》第16条第2款明确规定:"巴黎公约(1967)第6条之2规定应准用于服务。在确定一个商标是否为驰名商标时,应该考虑该商标在相关的公众范围内的知名度,包括在该缔约国由于对该商标的宣传而形成的知名度。"在实践中,一些国家根据以下标准来判断其在公众中的知名度:第一,该商标具有较高的信誉,为公众所熟知;第二,该商标在相当广大的地域内都具有较大的影响;第三,使用该商标的商品质量优异并且有稳定性;第四,使用该商标的商品的销售量大。此外,还有些国家要求该产品有良好的售后服务等。

1999年9月通过的《保护工业产权巴黎联盟大会和世界知识产权组织大会关于驰名商标保护规定的联合建议》(以下简称《联合建议》)第2条列举了各成员国主管机关在认定驰名商标时可以考虑的6项要素,它们分别是:

(1) 相关公众对该商标的了解或认知程度;

(2) 该商标的任何使用的持续时间、程度和地理范围;

(3) 该商标的任何宣传工作的持续时间、程度或地理范围,包括在交易会或展览会上对使用该商标的商品和/或服务所作的广告或公告及介绍;

(4) 该商标的任何注册和/或任何注册申请的期限和地理范围,以反映使用或认识该商标的程度;

(5) 成功实施该商标权的记录,尤其是该商标由主管机关认定为驰名商标的范围;

(6) 与该商标相关的价值。

《联合建议》第2条特别强调,上述因素是用来帮助主管机关确定商标是否为驰名商标的指导方针,而非作出这一确定的前提条件。因此,一个商标是否驰名,仍需根据有关国家的法律规定和有关案件的具体情况由主管机关作出认定。

在上述要素中,最重要的是相关公众对商标的认知程度。"相关公众"的范围不同,一个商标的"知名度"也就不同。例如,"微软"(Microsoft)、"英特尔"(Intel)、"IBM"(国际商用机器公司)以及"联想""方正"等商标在我国广大电脑用户中几乎无人不知,不能不谓之驰名;但是,相对于我国十三亿多人口而言,电脑用户毕竟只是很小的一部分,在许多工矿企业的职工和绝大多数农民中,知道这些商标的人恐怕并不多。因此,确定哪些范围的"公众"是"相关公众",是认定驰名商标时的关键问题之一。为此,《联合建议》指出,相关公众包括但不限于:

(1) 使用该商标的那一类商品和/或服务的实际和/或潜在的顾客;

(2) 使用该商标的那一类商品和/或服务的经销渠道中所涉及的人员;

(3) 经营使用该商标的那一类商品和/或服务的商业界。

以相关公众的认知程度为核心,总结和归纳部分国家的规定和国际组织的推荐规定,驰名商标的认定标准主要有:(1)商标的知名度;(2)商标的信誉;(3)使用该商标的商品质量;(4)使用该商标的商品的销售量;(5)商标使用和宣传的时间与地理范围;(6)其他驰名因素。

第二节 驰名商标的特别保护

一、《巴黎公约》第6条之2的规定

《巴黎公约》第6条之2第1款规定,商标注册国或使用国主管机关认为一项商标在

该国已成为驰名商标，其所有人已经成为有权享有本公约利益的人，而另一商标构成对此驰名商标的复制、仿造或翻译，用于相同或类似商品上，易于造成混乱时，本同盟各国应依职权——如本国法律允许——或应有关当事人的请求，拒绝或取消该另一商标的注册，并禁止使用。该款同时规定，商标的主要部分系抄袭驰名商标或是导致造成混乱的仿造者，也应适用本条规定。

在理解《巴黎公约》上述规定时，应注意以下几个问题：

第一，《公约》赋予了驰名商标三项特别的效力：一是拒绝注册，二是取消已经核准的注册，三是禁止使用。之所以说这些效力"特别"，是因为，在实行商标专用权注册产生制的国家里，即使注册商标也并不具有全部三项效力，更何况未注册商标。《巴黎公约》给予驰名商标的保护远远超出了一般商标所受到的保护。

第二，《公约》对驰名商标的特别保护仅限于相同或类似商品的范围之内。也就是说，如果另一商标"构成对此驰名商标的复制、仿造或翻译"，但用于既不相同也不相类似的商品上，则不为《公约》所禁止。《公约》的保护并非后来的"跨类"保护。

第三，《公约》对驰名商标的特别保护还有一个附加条件，即"易于造成混乱"。也就是说，《公约》是以混淆或造成混淆的可能作为驰名商标保护的条件的。如果在相同或类似商品上使用由驰名商标"复制、仿造或翻译"而来的商标，只有存在着发生混淆的可能时，才被禁止。

第四，一个商标的主要部分系抄袭驰名商标或是导致造成混乱的仿造者，也被《公约》所禁止。

第五，各成员国可规定驰名商标所有人提出取消注册或禁止使用的期限。关于取消注册，《公约》规定至少自注册之日起5年内应允许提出；关于禁止使用，《公约》未规定最低期限。但是，《公约》强调，对于以不诚实手段取得注册或使用的商标提出取消注册或禁止使用的要求的，不应规定时间限制。

二、《知识产权协定》第 16 条的规定

由于《知识产权协定》（以下简称《协定》）第 2 条要求各成员方应遵守《巴黎公约》（1967年文本）第 1 条至第 12 条及第 19 条之规定，因此，《协定》第 16 条没有重复《巴黎公约》第 6 条之 2 的内容，只是对《公约》第 6 条之 2 的规定进行了补充和扩大。

通常认为，《协定》第 16 条第 1 款是关于商标权的一般性规定，第 2 款和第 3 款才是关于驰名商标的专门规定。不过，在第 1 款中也有一项规定与驰名商标有关。如前所述，《巴黎公约》第 6 条之 2 对驰名商标的保护有一个附加条件，即"易于造成混乱"。《协定》第 16 条第 1 款特别规定，在相同商品或服务上使用相同商标，即应推定已有混淆之虞。

《协定》第 16 条第 2 款首先规定，《巴黎公约》第 6 条之 2 原则上适用于服务商标。《巴黎公约》（1967年文本）并未要求其成员国一定要给予服务商标以注册保护，第 6 条之 2 是专门针对商品商标的。考虑到服务商标在各国商标法上所受保护与商品商标并无差别，因此，《协定》将《巴黎公约》第 6 条之 2 适用于服务商标。

《协定》第16条第2款还特别规定,确认某个商标是否系驰名商标时,应顾及有关公众对其知晓程度,包括在该成员地域内因宣传该商标而使公众知晓的程度。《协定》的这一规定是相当原则的,但比《巴黎公约》第6条之2还是有了明显的进步。

第3款是《协定》关于驰名商标保护最关键的部分。该款规定,《巴黎公约》第6条之2原则上适用于与注册商标所标示的商品或服务不类似的商品或服务,只要一旦在不类似的商品或服务上使用该商标,即会暗示该商品或服务与注册商标所有人存在某种联系,从而注册商标所有人的利益可能因此受损。这项规定使驰名商标的保护范围扩大到不类似商品上,即所谓"跨类"保护。

《协定》第16条第3款对驰名商标的跨类保护标志着驰名商标保护制度的一个重大转变。在此之前,按《巴黎公约》第6条之2的规定,驰名商标保护的范围仅限于相同或类似商品或服务上。《协定》第16条第3款突破了这一范围,实行跨类保护。在理解这一规定时,应注意以下两个问题:

第一,跨类保护虽然超出商品和服务分类的限制,但仍与具体的商品或服务有关。也就是说,《协定》第16条第3款并未赋予驰名商标所有人对其商标享有无限的权利。

第二,适用跨类保护有一个条件,即跨类使用会暗示该商品或服务与注册商标所有人存在某种联系,从而注册商标所有人的利益可能因此受损。如果对驰名商标的跨类使用不会造成消费者误认为该商品或服务与驰名商标所有人存在某种联系,《协定》第16条第3款所提供的保护是不适用的。

三、《联合建议》关于驰名商标保护的建议

巴黎联盟与世界知识产权组织的《联合建议》并不具有任何法律效力,只是供各国在制定或修改《商标法》时进行参考。但是,由于世界知识产权组织在知识产权保护领域的巨大影响力,这一建议必定会引起有关国家和国际组织的重视。

《联合建议》关于驰名商标保护的规定主要体现在第3条、第4条、第5条和第6条中。其中,第3条是一个原则性的规定,其余三条则是对第3条的落实。

《联合建议》在全面吸收了《巴黎公约》第6条之2、《知识产权协定》第16条第2款和第3款的规定的同时,进一步将驰名商标保护的范围扩大到与驰名商标发生冲突的企业标志和域名。

第三节 我国驰名商标保护制度

一、概况

我国于1984年正式批准加入《巴黎公约》,1985年3月正式成为该公约的成员国,因此我国有保护驰名商标的国际义务。我国在实践中已对巴黎公约成员国的驰名商标如"Jeep""氟利昂(Freon)""山特"等商标作了保护,但这些保护相当有限。

在2001年修改之前,我国《商标法》中并没有直接保护驰名商标的规定。从总体上看,保护措施不够系统。有鉴于此,1996年8月14日国家工商行政管理局(现已改为国家工商行政管理总局,以下同)发布了《驰名商标认定和管理暂行规定》(以下简称《暂行规定》),对驰名商标的保护作了系统规定。同时,人民法院通过司法实践也总结出了一套认定和保护驰名商标的规则。在此基础上,2001年修改的《商标法》给予驰名商标以明确的保护。为了适应经济形势的变化,国家工商行政管理总局发布《驰名商标认定和保护规定》,自2003年6月1日起施行,取代了原有的《暂行规定》。2014年对《驰名商标认定和保护规定》进行了新的修订。

二、《驰名商标认定和保护规定》的主要内容

《驰名商标认定和保护规定》共21条,主要内容包括:驰名商标的定义、驰名商标的认定、驰名商标的保护以及对伪称驰名商标的处罚等。

(一)驰名商标的定义及构成要件

《驰名商标认定和保护规定》第2条规定:"驰名商标是在中国为相关公众所熟知的商标。相关公众包括与使用商标所标示的某类商品或者服务有关的消费者,生产前述商品或者提供服务的其他经营者以及经销渠道中所涉及的销售者和相关人员等。"

以下材料可以作为证明商标驰名的证据材料:(1)证明相关公众对该商标知晓程度的有关材料;(2)证明该商标使用持续时间的有关材料,包括该商标使用、注册的历史和范围的有关材料。该商标为未注册商标的,应当提供证明其使用持续时间不少于5年的材料。该商标为注册商标的,应当提供证明其注册时间不少于3年或者持续使用时间不少于5年的材料;(3)证明该商标的任何宣传工作的持续时间、程度和地理范围的有关材料,包括广告宣传和促销活动的方式、地域范围、宣传媒体的种类以及广告投放量等有关材料;(4)证明该商标曾在中国或者其他国家和地区作为驰名商标受保护的材料;(5)证明该商标驰名的其他证据材料,如使用该商标的主要商品在近3年的销售收入、市场占有率、净利润、纳税额、销售区域等材料。

(二)驰名商标的认定

国家工商行政管理总局商标局负责驰名商标的认定与管理工作,任何组织和个人不得认定或者采取其他变相方式认定驰名商标。商标局、商标评审委员会在认定驰名商标时,应当综合考虑《商标法》第14条规定的各项因素[①],但不以该商标必须满足该条规定的全部因素为前提。

(三)驰名商标的保护

对认为属于下列情形的案件,市(地、州)工商行政管理部门应当自受理当事人请求之日起15个工作日内,将全部案件材料报送所在地省(自治区、直辖市)工商行政管理部门,

---

① 即(1)相关公众对该商标的知晓程度;(2)该商标使用的持续时间;(3)该商标的任何宣传工作的持续时间、程度和地理范围;(4)该商标作为驰名商标受保护的记录;(5)该商标驰名的其他因素。

并向当事人出具受理案件通知书;省(自治区、直辖市)工商行政管理部门应当自受理当事人请求之日起15个工作日内,将全部案件材料报送商标局。当事人所在地省级工商行政管理部门认为所发生的案件属于上述情形的,也可以报送商标局。

对认为不属于下列情形的案件,应当依据《商标法》及《商标法实施条例》的有关规定及时作出处理。

(1)他人在相同或者类似商品上擅自使用与当事人未在中国注册的驰名商标相同或者近似的商标,容易导致混淆的;我国不允许他人在类似或非类似商品上注册与驰名商标相同或近似的商标,这些规定与《巴黎公约》及《知识产权协定》的要求一致。该规定还表明,普通商标专用权的保护范围仅限于与该商标核定使用的商品同种的或类似的商品,而驰名商标专用权的保护除以上范围外,还可扩大到非类似商品上。因此,驰名商标所受的保护较强。

(2)他人在不相同或者不类似的商品上擅自使用与当事人已经在中国注册的驰名商标相同或者近似的商标,容易误导公众,致使该驰名商标注册人的利益可能受到损害的。根据《商标法》第13条第2款,"就不相同或者不相类似商品申请注册的商标是复制、摹仿或者翻译他人已经在中国注册的驰名商标,误导公众,致使该驰名商标注册人的利益可能受到损害的,不予注册并禁止使用"。由上可知,驰名商标注册人的禁止权范围可以扩大到非类似商品上。

(3)将他人未注册的其驰名商标作为企业名称中的字号使用,误导公众,构成不正当竞争行为的,依照《中华人民共和国不正当竞争法》处理。当事人可以向企业名称登记主管机关申请撤销该企业名称登记。企业名称登记主管机关应当依照《企业名称登记管理规定》处理。

三、人民法院在司法实践中对驰名商标的认定和保护

根据国外的一般做法,驰名商标主要是由法院或商标注册机关在具体的案件中进行个案认定,很少由商标注册管理机关进行常规认定。虽然《驰名商标认定和保护规定》规定由国家工商行政管理总局商标局负责认定驰名商标,但由于它仅仅是国家工商行政管理总局自己制定的一个部门规章,无权排除法院对驰名商标的认定权,因此,在近年的商标审判实务中,人民法院往往直接或间接地对驰名商标进行了认定。在英特艾基系统有限公司诉北京国网信息有限公司商标侵权及不正当竞争纠纷案中,北京市第二中级人民法院就认定原告的"IKEA"(宜家)商标属于驰名商标。

2001年6月26日,最高人民法院审判委员会通过了《最高人民法院关于审理涉及计算机网络域名民事纠纷案件适用法律若干问题的解释》。该《解释》第6条规定,"人民法院审理域名纠纷案件,根据当事人的请求以及案件的具体情况,可以对涉及的注册商标是否驰名依法作出认定"。该《解释》虽然是针对域名纠纷案件的,但它赋予了人民法院"根据当事人的请求以及案件的具体情况"在商标局认定的驰名商标之外认定驰名商标的权力。

四、现行《商标法》的相关规定

2013年修改后的《商标法》对驰名商标问题作出了进一步的明确规定。

《商标法》第13条规定:"为相关公众所熟知的商标,持有人认为其权利受到侵害时,可以依照本法规定请求驰名商标保护。就相同或者类似商品申请注册的商标是复制、摹仿或者翻译他人未在中国注册的驰名商标,容易导致混淆的,不予注册并禁止使用。就不相同或者不相类似商品申请注册的商标是复制、摹仿或者翻译他人已经在中国注册的驰名商标,误导公众,致使该驰名商标注册人的利益可能受到损害的,不予注册并禁止使用。"

另外,根据《商标法》第45条第1款规定,已注册的商标,违反第13条规定的,自商标注册之日起5年内,在先权利人或者利害关系人可以请求商标评审委员会宣告该注册商标无效。对恶意注册的,驰名商标所有人不受5年的时间限制。

《商标法》第14条规定,驰名商标应当根据当事人的请求,作为处理涉及商标案件需要认定的事实进行认定。认定驰名商标应当考虑下列因素:(1)相关公众对该商标的知晓程度;(2)该商标使用的持续时间;(3)该商标的任何宣传工作的持续时间、程度和地理范围;(4)该商标作为驰名商标受保护的记录;(5)该商标驰名的其他因素。

由此可见,我国《商标法》关于驰名商标的规定与《知识产权协定》第16条的规定完全一致。

第五编 其他知识产权

第二十五章 商业秘密权

第一节 商业秘密权概述

一、商标秘密的概念与构成要件

(一) 商标秘密的概念

商业秘密是指不为公众所知悉、能为权利人带来经济利益、具有实用性并经权利人采取保密措施的技术信息和经营信息。商业秘密包括经营秘密(trade secret)和技术秘密(know-how)两方面的内容。经营秘密,即未公开的经营信息,是指与企业的经营管理活动有关的秘密信息,诸如经营方法、管理方法、产销策略、货源情报、客户名单、标底及标书内容等。技术秘密,也称专有技术,即未公开的技术信息,是指与产品生产和制造有关的秘密信息,如技术诀窍、生产方案、工艺流程、设计图纸、化学配方、技术情报等。

商业秘密是国际上通用的法律术语,世界贸易组织《知识产权协定》称之为未披露信息,世界知识产权组织1996年《关于反不正当竞争保护的示范规定》则称其为秘密信息。

(二) 商业秘密的构成条件

商业秘密的构成条件是:

(1) 商业秘密必须具有信息性。信息性是指与工商业活动有关的经营信息和技术信息,而不涉及国家机密、个人隐私以及取得知识产权保护的信息。

(2) 商业秘密必须具有未公开性。未公开性是指信息不为公众所知悉,即指有关信息不为其所属领域的相关人员普遍知悉和容易获得。此处的公众并非指一切人,例如,权利人将自己的商业秘密告知需要使用这种秘密的人或者认为能够保守该秘密的人,并不丧失未公开性。而且商业秘密并不要求绝对的秘密,只要有关信息不为其所属领域的相关人员普遍知悉和容易获得,应当认定为"不为公众所知悉"。另外,司法解释明确规定,具有下列情形之一的,可以认定有关信息不构成不为公众所知悉:该信息为其所属技术或者经济领域的人的一般常识或者行业惯例;该信息仅涉及产品的尺寸、结构、材料、部件的简单组合等内容,进入市场后相关公众通过观察产品即可直接获得;该信息已经在公开出版物或者其他媒体上公开披露;该信息已通过公开的报告会、展览等方式公开;该信息从其他公开渠道可以获得;该信息无需付出一定的代价而容易获得。

（3）商业秘密必须具有实用性。实用性是指有关信息具有现实的或者潜在的商业价值，能为权利人带来竞争优势。商业秘密具有的经济价值除了权利人自我实施所能带来的经济利益以外，主要表现为两个方面：一是许可价值，二是竞争价值。

（4）商业秘密必须具有保密性。权利人为防止信息泄漏所采取的与其商业价值等具体情况相适应的合理保护措施，属于反不正当竞争法规定的"保密措施"。人民法院根据所涉信息载体的特性、权利人保密的意愿、保密措施的可识别程度、他人通过正当方式获得的难易程度等因素，认定权利人是否采取了保密措施。

权利人根据信息的不同类别或特点，对其采取了进行控制和保护的合理步骤，商业秘密如失去这一本质属性，将无存在价值可言。在确定是否为信息保密采取了合理步骤时，应考虑到权利人开发该秘密信息所花费的精力和金钱、该信息对于他和他的竞争对手的价值、权利持有人为该信息保密所采取措施的范围以及该信息为他人所合法获得的难易程度。具有下列情形之一，在正常情况下足以防止涉密信息泄漏的，应当认定权利人采取了保密措施：限定涉密信息的知悉范围，只对必须知悉的相关人员告知其内容;对于涉密信息载体采取加锁等防范措施;在涉密信息的载体上标有保密标志;对于涉密信息采用密码或者代码等;签订保密协议;对于涉密的机器、厂房、车间等场所限制来访者或者提出保密要求;确保信息秘密的其他合理措施。

（三）商业秘密的主要类型

商业秘密主要包括以下类型：

（1）技术信息，包括完整的技术方案、开发过程中的阶段性技术成果以及取得的有价值的技术数据，也包括针对技术问题的技术诀窍。

（2）经营信息，指经营策略、管理诀窍、客户名单、货源情报、投标标底等信息。商业秘密中的客户名单一般是指客户的名称、地址、联系方式以及交易的习惯、意向、内容等构成的区别于相关公知信息的特殊客户信息，包括汇集众多客户的客户名册，以及保持长期稳定交易关系的特定客户。需要注意的是，在决定客户名单是否属于商业秘密时需要考虑客户名单是否易于取得以及权利人是否采取了合理的保密措施两大因素。[1] 客户基于对职工个人的信赖而与职工所在单位进行市场交易，该职工离职后，能够证明客户自愿选择与自己或者其新单位进行市场交易的，应当认定没有采用不正当手段，但职工与原单位另有约定的除外。

二、商业秘密权的性质与内容

（一）商业秘密的性质

在商业秘密的国际保护领域，目前主要是给予其以产权法律保护。20 世纪 60 年代，国际商会（ICC）率先将商业秘密视为知识产权，世界知识产权组织在其成立公约中亦暗

---

[1] 参见孔祥俊：《商业秘密保护法原理》，中国法制出版社 1999 年版，第 136—137 页。

示商业秘密可以包含在知识产权之内;至90年代,《知识产权协定》专门规定"未公开信息"问题,明确其属于知识产权范围。英美法系国家一般将商业秘密视为知识产权或无形产权,其立法例以英国1981年《保护秘密权利法草案》和美国1978年《统一商业秘密法》为代表。大陆法系国家曾长期依据合同法或侵权法理论保护商业秘密,目前也在一定程度上承认商业秘密的产权性质。这意味着上述国家虽未完全接受产权理论,但已承认商业秘密包含有财产利益,给予其类似物权的保护。

我国《反不正当竞争法》确认商业秘密的财产属性,并规定侵权人负有赔偿责任。有学者认为商业秘密不是知识产权法上的权利类型,只是知识产权法上的反不正当竞争法所保护的对象。本书认为,商业秘密权是一种财产权,即商业秘密的合法控制人采取保密措施,依法对其经营信息和技术信息享有的专有使用权。与有形财产相区别,商业秘密不占据空间,不易为权利人所控制,不发生有形损耗,因此其权利是一种无形财产权。

依多数国际公约的规定,商业秘密权归属于知识产权领域。就客体的非物质性而言,商业秘密权与其他知识产权具有相同的无形财产权本质属性,但前者却并不具备传统类型知识产权的主要特征。商业秘密权不具有严格意义的独占性,即权利人无权排斥他人以合法手段取得或使用相同的商业秘密;商业秘密权的效力,完全取决于商业秘密的保密程度,一旦秘密公开即丧失权利;商业秘密权不受地域和时间限制,商业秘密的保密状态决定其权利的覆盖地域和存续期间。但是,商业秘密主要是一种智力创造成果,其权利形态与著作权、专利权、商标权一样都具有无形财产权的本质属性,因此相关国际公约将商业秘密权视为某种知识产权是有理由的。

(二)商业秘密权的内容

就商业秘密权的权能而言,商业秘密的权利人与有形财产所有权人一样,依法享有占有、使用、收益和处分的权利,即有权对商业秘密进行控制与管理,防止他人采取不正当手段获取与使用;有权依法使用自己的商业秘密,而不受他人干涉;有权通过自己使用或者许可他人使用以至转让所有权,从而取得相应的经济利益;有权处分自己的商业秘密,包括放弃占有、无偿公开、赠与或转让等。

第二节 商业秘密权的法律保护

一、侵权样态

侵犯商业秘密是指行为人未经权利人(商业秘密的合法控制人)的许可,以非法手段获取商业秘密并加以公开或使用的行为。这里的行为人包括:负有约定的保密义务的合同当事人;实施侵权行为的第三人;侵犯本单位商业秘密的行为人。所谓非法手段则包括:直接侵权,即直接从权利人那里窃取商业秘密并加以公开或使用;间接侵权,即通过第三人窃取权利人的商业秘密并加以公开或使用。

根据我国《反不正当竞争法》,下列行为系侵犯商业秘密的行为:(一)以盗窃、贿赂、欺诈、胁迫或者其他不正当手段获取权利人的商业秘密;(二)披露、使用或者允许他人使用以前项手段获取的权利人的商业秘密;(三)违反约定或者违反权利人有关保守商业秘密的要求,披露、使用或者允许他人使用其所掌握的商业秘密。(四)第三人明知或者应知商业秘密权利人的员工、前员工或者其他单位、个人实施前款所列违法行为,仍获取、披露、使用或者允许他人使用该商业秘密的,视为侵犯商业秘密。

二、侵权责任

对商业秘密的侵权行为,主要采取行政制裁、民事以及刑事制裁的手段。

侵犯商业秘密的民事责任包括:经营者违反反不正当竞争法规定,给被侵害的经营者造成损害的,应当承担损害赔偿责任;人民法院对于侵犯商业秘密行为判决停止侵害的民事责任时,停止侵害的时间一般持续到该项商业秘密已为公众知悉时为止。依据这一规定判决停止侵害的时间如果明显不合理的,可以在依法保护权利人该项商业秘密竞争优势的情况下,判决侵权人在一定期限或者范围内停止使用该项商业秘密。

因侵权行为导致商业秘密已为公众所知悉的,应当根据该项商业秘密的商业价值确定损害赔偿额。商业秘密的商业价值,根据其研究开发成本、实施该项商业秘密的收益、可得利益、可保持竞争优势的时间等因素确定。

《反不正当竞争法》规定的行政责任包括:对侵犯商业秘密的行为,监督检查部门应当责令停止违法行为,可以根据情节处以1万元以上20万元以下的罚款。

我国《刑法》第219条规定了侵犯商业秘密罪,即实施侵犯商业秘密行为,给商业秘密的权利人造成重大损失的,处3年以下有期徒刑或者拘役,并处或者单处罚金;造成特别严重后果的,处3年以上7年以下有期徒刑,并处罚金。

三、侵权抗辩事由

通过自行开发研制或者反向工程等方式获得的商业秘密,不认定为反不正当竞争法规定的侵犯商业秘密行为。

自行研发行为所获得的发明创造或者发现,属于发明创造的完成者或发现人的智力劳动的结晶,由于此种研发活动具有独创性,所以不构成对他人商业秘密的侵权。

反向工程是指通过技术手段对从公开渠道取得的产品进行拆卸、测绘、分析等而获得该产品的有关技术信息。由于技术具有累积性进步的特点,通过对他人已经生产的、可以从公开渠道获得的产品进行技术分析,获取有关技术信息,往往是技术发展的重要途径。作为一个发展中国家,通过法律规定反向工程的合法性,排除了法律风险,有利于我国的技术发展。但是如果当事人以不正当手段知悉了他人的商业秘密之后,又以反向工程为由主张获取行为合法的,则不予支持。

第二十六章 地理标志权

第一节 地理标志权概述

一、地理标志的概念与特征

(一) 地理标志的概念

地理标志概念首次出现于世界贸易组织的《知识产权协定》,指识别货物原产自一缔约方境内或其境内某一地区或地方的标志,货物的特定质量、声誉或其他特性实质性地取决于其地理原产地。地理标志是与商标有关的商品区别标志,例如,西湖龙井茶和金华火腿。我国《商标法》将地理标志定义为"标示某商品来源于某地区,该商品的特定质量、信誉或者其他特征,主要由该地区的自然因素或者人文因素所决定的标志",这与《知识产权协定》的界定没有实质性差异。

在商品上使用地理标志,必须具备下列条件:(1) 地理标志是确实存在的地理名称,而不是臆造的、虚构的地名;(2) 地理标志的使用人,是该产地利用相同自然条件、采用相同传统技艺的生产经营者;(3) 地理标志所附着的商品是驰名的地方特产,在原产地以外的广大地域范围内为公众所知晓。

(二) 地理标志的特征

与其他经营性的标记相比较,地理标志具有如下特征:

(1) 地理标志具有地理指示作用。面对推出的众多产品,消费者被那些容易辨认的、标有自然来源的产品所吸引。如果一个地名或标志已演化成产品的通用名称,就失去了地理指示作用,则不再作为地理标志受到保护。

(2) 地理标志与货物质量有关联关系。地理标志不但指示货物的出产地,而且指示货物的特定质量等特征。凡与货物质量等特征无关的产地名称或标志,均不能作为地理标志受保护。

(3) 地理标志表明了货物产地与其特定质量等特征的关系,即这些特定质量等特征主要是由其产地的自然因素或人文因素决定。凡不能体现出货物产地与其质量等特征的这种关系的标志,也不能作为地理标志受保护。

二、地理标志权及其特征

地理标志权是一种无形财产权,其客体具有财产内容,他人擅自使用即发生财产后果;同时也是特定范围的若干生产经营者的共有权,它不能为某一个体所专有,而应该归属于该地区或地方的相关的所有生产经营者。

地理标志权是一种知识产权,但具有一些独特的法律品性:

(1) 地理标志权不具有个体专有的独占性。地理标志并非由其所属的某个经营者排他性地享有专用权,而是由某一地区内经营者的代表机构进行注册和管理,凡该地区内的经营者,符合条件的都可以使用,但不允许由个人独自注册,若独家作为商标注册则势必剥夺该地域内其他生产经营者的使用权。我国《商标法》规定,"县级以上的行政区域名称和公众知晓的外国地名不得用作商标注册。但地名具有其他含义的除外"。在盗用、假冒地理标志的行为发生时,任一权利人即可提起诉讼。

(2) 地理标志权不具有时间性。地理标志权无保护期间的限制,是一项永久性的财产权利。

(3) 地理标志权不具有可转让性。地理标志脱离特定地域的自然地理条件则可能不具备某些特定品质或独有的特征,所以在客观上不能够转让地理标志权。此外,这也是避免消费者混淆商品来源地的制度保护。

地理标志除标示商品来源以外,还是一种质量和商誉的保证,这与驰名商标的功能具有相似性。不同的是,地理标志对质量、商誉的保证基于特定的地理因素和人文因素,而驰名商标则并非如此。

第二节 地理标志权的法律保护

一、保护地理标志的正当性

地理标志便于相关国家和地区发挥自己在生产经营方面的独到之处,是推介地区优势、促进生产与经济增长的一种有效手段。与商标一样,地理标志也是表示商品来源的专用标记,其目的在于帮助消费者认牌购货,防止消费者误认。但是,就其基本功能来说,商标表明商品出自何"人",它与特定的生产经营者个体相联系;而地理标志表明商品出自何"地",它与特定的某类生产经营者相联系。

地理标志属于工业产权的保护对象。盗用、假冒上述标志,造成商品生产地的混淆,不仅损害了原产地企业和驰名特产的声誉,而且欺骗了消费者,因此为国际公约和各国法律所禁止。

二、保护地理标志的方式

关于地理标志的保护,国内法多适用反不正当竞争法和商标法,国际间则制定有相关国际公约或多边、双边条约。

(一) 国际保护

《保护工业产权巴黎公约》是最早保护货源标记或原产地名称的国际性公约。公约要求各成员国对于直接或间接使用虚假的货源标记或原产地名称的行为采取相应的制裁措施,即在进口时扣押商品,禁止进口商品或在国内扣押商品,或由该国国民采取诉讼等救济手段。

《关于制止产品虚假或欺骗性产地名称马德里协定》作为《巴黎公约》的一个特别协定,对成员国之间制止虚假货源标记或原产地名称作了具体规定,其禁止对象为下述两种:(1)将适用该协定的国家或其某一地区假冒为原产国或原产地,或在产品上使用对原产地产生误认的标志;(2)在销售或展出产品时所用的招牌、广告等上面使用带有宣传性质的、欺骗公众的原产地标志。

《知识产权协定》是目前保护地理标志权的最新的国际条约。该协定对地理标记作了专门规定,要求各缔约方采取以下保护措施:(1)在商品的名称或介绍中,使用任何手段指明或揭示该商品来源于一个非真实原产地的地域,其方式导致公众对商品地域来源产生误解的,应予制止。(2)任何构成《巴黎公约》(1967年文本)第10条第2款所指的不正当竞争行为的使用,即直接或间接使用虚假货源或生产者标记的,应予制止。(3)如果缔约方法律允许或应某一利益方的请求,对含有一种地理标记或由该种地域指示构成的商标,该地理标记表明商品并不是原产于所指示的领土;如果在该缔约方商品的商标中,使用这种指示具有使公众对真实原产地产生误解的性质,该缔约方应有权拒绝或撤销该项商标的注册。(4)某一地理标记虽然在字面上表明该商品的真实国家、地域或地方,但向公众欺骗性地表明该商品来源于另一个国家,此种情况可适用第(3)项所述的规定。此外,该协议对葡萄酒、烈性酒的地理标记的附加保护作了规定。

(二)国内保护

我国是《巴黎公约》和《知识产权协定》的成员国,地理标志在我国法律中受到保护。《反不正当竞争法》禁止经营者伪造产地,禁止经营者利用广告或其他方法对产地作引人误解的虚假宣传,违者即构成不正当竞争行为,应承担相应的法律责任。

依照《商标法》和《商标法实施条例》的规定,可以将地理标志作为证明商标或者集体商标申请注册。根据《商标法》,县级以上的行政区划的地名或者公众知晓的外国地名,不得作为商标。对于地理标志涉及县级以上行政区划或公众知晓的地名的,如果地名具有其他含义或者作为集体商标、证明商标组成部分,则不受此限,而且已经注册的使用地名的商标继续有效。商标中有商品的地理标志,而该商品并非来源于该标志所标示的地区,误导公众的,不予注册并禁止使用;但是,已经善意取得注册的继续有效。

第二十七章 与知识产权有关的不正当竞争

第一节 不正当竞争行为概述

一、不正当竞争行为的概念

相关国际公约与各国立法对不正当竞争的界定存在一定差异。《保护工业产权巴黎公约》规定：凡在工商业事务中违反诚实的习惯做法的竞争行为构成不正当竞争的行为。世界知识产权组织为发展中国家拟定的《商标、商号和不公平竞争行为示范法》认为：违反工业或商业事务中诚实做法的任何行为即为不正当竞争。在各国立法例中，有的采用概括式方法，如德国法将不正当竞争行为表述为"在营业中为竞争目的采取的违反善良风俗的行为"；有的则采用列举式方法，如日本法即罗列了6种"不公正交易方法"。从以上规定中，我们可以看出：无论是国际公约还是各国立法，都是将不正当竞争与违反"诚实""公正"原则联系在一起。因此，不正当竞争行为实质上是一种违反平等公正、诚实信用的竞争规则的非法行为。

根据我国《反不正当竞争法》，不正当竞争是指经营者在生产经营活动中，违反该法规定，扰乱市场竞争秩序，损害其他经营者或者消费者的合法权益的行为。

二、不正当竞争行为的特征

不正当竞争行为具有如下特征：

（1）不正当竞争发生在竞争活动之中。只有在经营活动中即在竞争中才能产生不正当竞争行为，这一特征是不正当竞争与一般民事侵权行为的区别所在。例如，对企业名誉权的侵犯，侵权人与受害人无竞争关系时应以一般侵权行为论，只有在诋毁、排挤竞争对手的情况下才构成不正当竞争。

（2）不正当竞争有违民事活动应遵循的公平、诚实信用原则。竞争行为的主体是从事生产经营活动的法人、其他组织或自然人，即经营者。经营者在市场交易中，应当遵循自愿、平等、公平、诚实信用的原则，遵守公认的商业道德。凡是违背这些基本原则的交易行为，都是不正当竞争行为。

（3）不正当竞争造成扰乱社会经济秩序的危害后果。不正当竞争以侵害相关竞争对手合法权益为直接目标，会产生阻碍市场竞争、扰乱市场经济秩序的有害后果。《反不正当竞争法》的立法目的即是鼓励和保护公平竞争，制止不正当竞争行为，保护经营者和消费者的合法权益，以保障和促进市场经济的健康发展。

三、不正当竞争行为的法律规制

竞争是经济活动的常态,是商品经济的本质属性。商品经济中的竞争,应该是一种正当的、有规则的竞赛,它要求竞争者之间必须地位平等,同时遵守公平、诚实信用的基本法则。不正当竞争违反了市场竞争原则,破坏了竞争的有序化,因而世界各国都十分重视对不正当竞争的法律规制。在西方发达国家,包括反垄断内容在内的反不正当竞争法具有十分重要的地位,享有"经济宪法""市场经济大宪章"之誉。

反不正当竞争法是调整市场交易活动中经营者之间竞争关系的法律规范的总称。在狭义上,它仅涉及反不正当竞争的内容;在广义上,则包括狭义的反不正当竞争、反垄断和禁止限制竞争的内容。由于各国政治状况、经济发展水平以及法律传统的不同,相关立法例主要有两种:一是分立式,即采取分别立法的模式,制定反垄断法、防止限制竞争法和反不正当竞争法。严格意义上的反不正当竞争法只在限定的范围内规制部分不正当竞争行为,而其他相关行为则规定在反垄断与禁止限制竞争的法律之中,如德国和日本。在这些国家,反不正当竞争法与反垄断法有相互渗透的趋势。二是合并式,即采取统一立法的模式,将反垄断、禁止限制竞争和反不正当竞争合并立法,如美国等。

根据市场经济发展的实际情况和规范市场竞争行为的实际需要,我国市场竞争立法借鉴了分立式模式,分别制定了《反不正当竞争法》和《反垄断法》。其中在《反不正当竞争法》中规制了两类对象:一类是传统的违背诚信、公平原则的不正当竞争行为;一类是影响市场机能正常发挥的限制竞争行为。

在一国法律体系中,反不正当竞争法一般归类于知识产权法领域。在国际公约中,《保护工业产权巴黎公约》1967年斯德哥尔摩文本将专利、实用新型、外观设计、商标、服务标记、商号、货源标记或原产地名称与制止不正当竞争列为工业产权的保护对象,并获得《知识产权协定》1994年文本的认可。1967年签订的《成立世界知识产权组织公约》将反不正当竞争的权利纳入知识产权的范围。

反不正当竞争法之所以归属于知识产权法律体系,其理由是:第一,反不正当竞争法以其他知识产权法的调整对象作为自己的保护对象,即对侵犯著作权、专利权、商标权的行为予以法律制裁。因此,在某些情况下会出现法条竞合及优先适用何种法律的问题。第二,反不正当竞争法对与各类知识产权有关而相关法律不能管辖的客体给予保护,以此弥补单一法律制度产生的"真空地带"。第三,反不正当竞争法对各类知识产权客体的交叉部分给予"兜底保护",使知识产权的保护对象连结起来形成一个整体。可以说,《反不正当竞争法》是知识产权领域所涉内容最为广泛的一种法律制度。尽管在当前的立法例中,反不正当竞争法的调整范围已越来越广,扩大到许多与知识产权毫无关系的其他领域,但是,保护知识产权仍是反不正当竞争法的主要任务。

第二节　与知识产权有关的不正当竞争

一、与知识产权有关的不正当竞争概述

在我国相关立法所列举的不正当竞争行为中,下列情形可归属于知识产权保护领域:

(一)商品假冒行为

商品假冒行为包括商品主体混同行为与商品虚假标示行为。前者指不正当地利用他人的商业信誉或商品声誉,致使其他商品与他人的商品发生混淆的行为。后者是指在表示商品的质量及荣誉、产地或来源以及商品的其他成分等方面作不真实的标注,致使其他经营者或消费者发生误认的行为。与商品主体混同行为不同,商品虚假标示行为并不一定与特定的商品主体相混淆,也可能并非直接损害某一特定竞争者的利益,但这类行为构成对同行业其他竞争者整体利益的损害,构成对广大消费者利益的损害。

商品主体混同行为表现为三种情形:(1)假冒他人的注册商标;(2)擅自使用与他人有一定影响的商品名称、包装、装潢等相同或者近似的标识;(3)擅自使用他人的企业名称或者姓名,引人误认为是他人的商品。其中,在中国境内具有一定的市场知名度,为相关公众所知悉的商品,应视为"有一定影响的商品"。具有区别商品来源的显著特征的商品的名称、包装、装潢,应当认定为《反不正当竞争法》第6条第(1)项规定的"特有的名称、包装、装潢"。由经营者营业场所的装饰、营业用具的式样、营业人员的服饰等构成的具有独特风格的整体营业形象,可以认定为《反不正当竞争法》第6条第(1)项规定的"装潢"。有下列情形之一的,人民法院不认定为知名商品特有的名称、包装、装潢:(一)商品的通用名称、图形、型号;(二)仅仅直接表示商品的质量、主要原料、功能、用途、重量、数量及其他特点的商品名称;(三)仅由商品自身的性质产生的形状,为获得技术效果而需有的商品形状以及使商品具有实质性价值的形状;(四)其他缺乏显著特征的商品名称、包装、装潢。前款第(一)、(二)、(四)项规定的情形经过使用取得显著特征的,可以认定为特有的名称、包装、装潢。擅自使用他人有一定影响的企业名称(包括简称、字号等)、社会组织名称(包括简称等)、姓名(包括笔名、艺名、译名等),引人误认为是他人商品或者与他人存在特定联系,是商品主体混同行为。企业名称是企业进行工商经营活动时用以标示自己并区别于他人的标志。企业名称包括各种所有制的企业名称、各种形式的经营组织名称和各类公司名称。作为生产经营者的营业标志,企业名称体现着特定企业的商业信誉和服务质量。信誉良好的企业,其商号对消费者和用户有着巨大的吸引力,是企业重要的无形财产。经营者登记的企业名称有上述行为的,应当及时办理名称变更登记。

商品虚假标示行为可以分为三类:(1)在商品上伪造或者冒用认证标志、名优标志等质量标志;(2)伪造产地,对商品原产地、商品来源或出处进行虚假表示;(3)对商品质量作引人误解的虚假表示。

(二)虚假宣传行为

虚假宣传行为,是指经营者利用广告或其他方法对商品作与实际情况不符的虚假宣

传,导致用户和消费者误认的行为。《反不正当竞争法》第 8 条就虚假宣传行为作了明确规定。《反不正当竞争法》第 8 条和《最高人民法院关于审理不正当竞争民事案件应用法律若干问题的解释》第 8 条就虚假宣传行为作了明确规定。《反不正当竞争法》第 8 条规定:"经营者不得对其商品的性能、功能、质量、销售状况、用户评价、曾获荣誉等作虚假或者引人误解的商业宣传,欺骗、误导消费者。经营者不得通过组织虚假交易等方式,帮助其他经营者进行虚假或者引人误解的商业宣传。"

《最高人民法院关于审理不正当竞争民事案件应用法律若干问题的解释》第 8 条规定经营者具有下列行为之一,足以造成相关公众误解的,可以认定为《反不正当竞争法》规定的引人误解的虚假宣传行为:(一)对商品作片面的宣传或者对比的;(二)将科学上未定论的观点、现象等当做定论的事实用于商品宣传的;(三)以歧义性语言或者其他引人误解的方式进行商品宣传的。其中,以明显的夸张方式宣传商品,不足以造成相关公众误解的,不属于引人误解的虚假宣传行为。

人民法院应当根据日常生活经验、相关公众一般注意力、发生误解的事实和被宣传对象的实际情况等因素,对引人误解的虚假宣传行为进行认定。

虚假宣传所采用的宣传手段主要是广告形式,诸如报纸、杂志、广播、电视、广告牌、商品宣传栏等各种广告媒介;此外还包括其他宣传形式,例如商品信息发布会、商品展销会、产品说明书等推销商品和介绍服务的宣传形式。

虚假宣传的内容涉及商品的质量、制作成分、性能、用途、生产者、有效期、产地等。其表现形式有两类:一种是与实际情况不符的虚假宣传,例如,将一般产品宣传为名牌产品,将国产商品宣传为进口商品,将人工合成材料宣传为天然材料等;另一种是引人误解的宣传,即通过宣传上的渲染手段导致用户和消费者对商品的真实情况产生错误的联想,从而影响其对商品的选择。司法解释明确规定,经营者对商品作片面的宣传或者对比、将科学上未定论的观点、现象等当做定论的事实用于商品宣传的或以歧义性语言或者其他引人误解的方式进行商品宣传的,具有以上行为之一,足以造成相关公众误解的,可以认定为《反不正当竞争法》第 8 条第 1 款规定的引人误解的虚假宣传行为。另外,以明显的夸张方式宣传商品,不足以造成相关公众误解的,不属于引人误解的虚假宣传行为。

(三)侵犯商业秘密

《反不正当竞争法》和《最高人民法院关于审理不正当竞争民事案件若干问题的解释》规定了商业秘密的保护问题,但规定竞争行为主体一般为经营者,而商业秘密的侵权人却可能涉及经营者以外的其他人。鉴于这一点以及商业秘密保护的重要性,有学者建议制定单行的专门法律保护商业秘密。

(四)商业诽谤行为

商业诽谤行为,是指经营者采取捏造、散布虚伪事实等不正当手段,对竞争对手的商业信誉、商品声誉进行诋毁、贬低,以削弱其竞争实力的行为。

商业诽谤行为表现为捏造、散布虚伪事实。所谓捏造虚伪事实,是指行为人描述竞争对手的情况与客观事实是不符的。散布虚伪事实既包括向不特定的人散布,也包括向特定的用户或同行业经营者散布。捏造、散布虚伪事实的常见手法有：刊登对比性广告或声明性公告等，贬低竞争对手声誉；唆使或收买某些人，以客户或消费者名义进行投诉，败坏竞争对手声誉；通过商业会议或发布商业信息的方式，对竞争对手的商品质量进行诋毁等。

商业诽谤行为侵害的客体是竞争对手的商业信誉。商业信誉，包括商品声誉，是对经营者的积极社会评价，是经营者赖以生存和发展的保证。这种信誉或声誉，在民法中属于法人的名誉权和荣誉权，应该受到法律保护。

二、与知识产权有关的不正当竞争的法律规制

我国《反不正当竞争法》规定，对商品假冒行为、虚假宣传行为、商业诽谤行为应当给予责令停止违法行为、没收违法所得、罚款以及吊销营业执照等行政处罚；给被侵害的经营者造成损害的，还应当承担赔偿责任。我国《刑法》规定，商品假冒行为、虚假广告行为构成犯罪的，对行为人处以有期徒刑或者拘役，并处或者单处罚金。

经营者滥用知识产权，排除、限制竞争的行为，适用《反垄断法》。实施垄断行为，给他人造成损失的，依法承担民事责任和行政责任。由反垄断执法机构责令停止违法行为，没收违法所得并处罚款。

第六编　知识产权国际公约

第二十八章　世界知识产权组织及其管理的国际公约

第一节　知识产权国际保护制度概述

知识产权的法律保护主要是通过各国国内立法和司法实践来实现的。在国际交往日益频繁的今天,各国之间的科学技术和文化交流十分密切,知识产品的国际市场不断发展,从而使得知识产权在国外取得法律保护成为必要。

知识产权国际保护制度已有一百多年历史,经历了"巴黎联盟与伯尔尼联盟时期""世界知识产权组织时期"与"世界贸易组织时期",它是国际经济贸易关系不断发展的产物,也是知识产权制度自身变革的结果。知识产权国际保护制度的原则,具有其直接适用性和普遍适用性,主要是国民待遇原则、最低保护标准原则和公共利益原则。

由于各国关于知识产权的立法原则和处理规则不尽相同,为了便于一国自然人或法人的知识产品在国外也能取得权益,各国尝试通过缔结多边条约的形式,在国际范围内协调知识产权保护的立场和做法。因此,国际条约成为知识产权国际保护的主要法律依据。自19世纪末以来,各国先后签订了一系列保护知识产权的国际公约。其中,工业产权国际公约首推1883年的《保护工业产权巴黎公约》,著作权国际公约则以1886年的《保护文学艺术作品伯尔尼公约》与1952年的《世界版权公约》为主。1992年签署《生物多样性公约》和2005年通过《文化多样性公约》,是国际社会努力完善、修改当代知识产权国际保护制度的重要举措。

经过一个多世纪的发展,知识产权国际保护体系已基本形成。在知识产权各领域中确立了一系列的国际保护标准,这些标准为范围广泛的国家所普遍接受,并通过其国内立法得以实现。尤为重要的是,1967年《成立世界知识产权组织公约》的签订,导致了统一保护知识产权国际组织的成立,如今世界知识产权组织已成为联合国的专门机构之一。这一情形意味着,知识产权国际保护制度已进入组织化的发展阶段。借助国际组织在协调、组织以及专家、服务等方面的优势,可以更加集中、有效地制定保护知识产权的国际公约,经常性地进行广泛的知识产权保护的国际合作。

第二节　世界知识产权组织

世界知识产权组织(World Intellectual Property Organization,简称 WIPO),是根据 1967 年 7 月 14 日签订、1970 年 4 月 26 日生效的《成立世界知识产权组织公约》设立的。到 2010 年 8 月为止,该公约已有 184 个成员国。我国于 1980 年 6 月 3 日正式加入这一条约。

世界知识产权组织是知识产权国际保护制度发展的产物。早在 19 世纪 80 年代,世界上已有两个保护知识产权的重要国际条约,即《巴黎公约》和《伯尔尼公约》。这两个公约最初由瑞士政府代为管理。1893 年,《巴黎公约》和《伯尔尼公约》的管理机构进行合并,成立了保护知识产权联合国际局。1967 年保护知识产权联合国际局提议建立世界知识产权组织。同年 7 月,召开了有 51 个国家参加的斯德哥尔摩会议,签订了《成立世界知识产权组织公约》,并成立了该组织。1974 年,世界知识产权组织成为联合国的专门机构之一。

一、世界知识产权组织的宗旨

世界知识产权组织的宗旨是:通过国家之间的合作,并在适当的情况下,与其他国际组织进行合作,以促进在全世界范围内保护知识产权,并保证知识产权组织各联盟之间的行政合作。其主要任务是:促进世界各国对知识产权的保护,并协调各国的立法,鼓励各国缔结保护知识产权的新的国际协定;执行巴黎联盟(包括与该联盟有关的其他联盟)和伯尔尼联盟的行政任务;担任或参加其他促进保护知识产权的国际协定的行政事务;对发展中国家知识产权的立法及建立机构等提供援助;收集及传播有关保护知识产权的情报,从事和促进这方面的研究工作并公布研究成果。

二、世界知识产权组织管理的联盟、公约及协定

世界知识产权组织管理的联盟、公约、条约及协定主要有:(1) 在工业产权方面:巴黎联盟(《保护工业产权巴黎公约》)、《制裁商标来源的虚假或欺骗性标志马德里协定》、马德里联盟(《商标国际注册马德里协定》)、海牙联盟(《工业品外观设计国际保存海牙协定》)、尼斯联盟(《商标注册用商品与服务国际分类尼斯协定》)、里斯本联盟(《保护产地名称及其国际注册里斯本协定》)、洛迦诺联盟(《建立工业品外观设计国际分类洛迦诺协定》)、《专利合作条约》联盟、国际专利分类联盟(《国际专利分类斯特拉斯堡协定》)、维也纳联盟(《建立商标图形要素国际分类维也纳协定》)、布达佩斯联盟(《国际承认用于专利程序的微生物保存布达佩斯条约》)、《保护奥林匹克会徽内罗毕条约》;(2) 在著作权方面:伯尔尼联盟(《保护文学艺术作品伯尔尼公约》)、《保护表演者、唱片制作者和广播组织罗马公约》《保护唱片制作者禁止未经许可复制其唱片的日内瓦公约》《发送卫星传输节目信号布鲁塞尔公约》。

三、世界知识产权组织的组织架构

世界知识产权组织下设四个机构:(1) 大会。即该组织的最高权力机构,由成员国中参加巴黎联盟和伯尔尼联盟的国家组成。(2) 成员国会议。由全体成员国组成,其任务是讨论知识产权领域各国共同感兴趣的问题,制定法律——技术计划及该计划的财政预算。(3) 协调委员会。由巴黎联盟和伯尔尼联盟执行委员会的成员国组成,其职责是就一切有关行政财务的问题提出意见,拟定大会的议程草案,提出总干事若干人;负责组织有关会议,准备有关文件和报告,收集向各国提供的知识产权情报,出版有关刊物,办理国际注册等。(4) 国际局。即该组织的常设办事机构,设总干事一人、副总干事若干人。国际局负责执行在知识产权领域内增进成员国国际合作的计划,并为会议提供必要的资料和其他服务。

第三节 《保护工业产权巴黎公约》

一、《巴黎公约》概述

《保护工业产权巴黎公约》(简称《巴黎公约》)签订于1883年3月20日,1884年7月7日正式生效。《巴黎公约》历经数次修订,形成了若干个文本,最新的文本是1967年斯德哥尔摩文本。虽然此前的三个文本仍然有效,但一般情况下,《巴黎公约》仅指1967年斯德哥尔摩文本。

截止到2017年2月,《巴黎公约》的缔约方共有177个。中国于1984年12月19日向世界知识产权组织总干事交存了《巴黎公约》(1967年斯德哥尔摩文本,以下同)的加入书,同时对公约第28条第1款的规定[①]提出了保留。《巴黎公约》于1985年3月19日对中国生效。[②]

二、《巴黎公约》的主要内容

(一) 国民待遇

关于在工业产权保护方面的国民待遇是《巴黎公约》的重要内容。《巴黎公约》第2条第1款要求,"任何本同盟成员国的国民,在工业产权保护方面,在其他本同盟成员国内应享有各该国法律现在或今后给予该国国民的各种利益"。《巴黎公约》第2条第2款特别禁止被请求保护的国家要求成员国国民必须在该国有永久住所或营业所才能享有工业产权。而且,根据《巴黎公约》第3条的规定,即使非成员国的国民,只要他们在一个成员国

[①] 该款规定:"两个或两个以上本同盟成员国之间对本公约的解释或适用有争议不能协商解决时,任一有关国家可根据国际法院规约向国际法院起诉,除非有关国家同意通过其他办法解决。向法院起诉的国家应通知国际局,国际局应将此事提请其他本同盟成员国注意。"

[②] 该文本在1997年7月1日对香港特别行政区、1999年12月20日对澳门特别行政区生效。

的领土内有永久住所或工商营业所,应享有与成员国国民同样的待遇。

不过,《巴黎公约》所规定的国民待遇并不是全面的和绝对的。从公约的规定来看,在工业产权保护方面的国民待遇主要适用于:取得工业产权的条件和手续,所享受的工业产权,以及在遭受侵害时所得到的法律救济。而在其他方面,《巴黎公约》允许成员国作出保留。《巴黎公约》第2条第3款规定:"本同盟成员国法律关于司法及行政程序、管辖权以及送达通知地址的选定和代理人的指定的规定,凡属于工业产权法律所要求的,均可明确地予以保留。"

(二) 优先权

《巴黎公约》第4条第A(1)款规定:"已在一个本同盟成员国正式提出过一项发明专利、一项实用新型、一项工业品式样或一项商标注册的申请人或其权利继承人,在下列规定的期限内在其他本同盟成员国提出同样申请时得享有优先权。"

根据《巴黎公约》第4条第B款的规定,在公约规定的期间届满前在本联盟的任何其他国家后来提出的任何申请,不应由于在这期间完成的任何行为,特别是另外一项申请的提出、发明的公布或利用、外观设计复制品的出售、或商标的使用而成为无效,而且这些行为不能产生任何第三人的权利或个人占有的任何权利。不过,第三人在首次申请日之前已获得的权利,不受优先权的影响。

公约规定的优先权,对于不同的工业产权来说期间是不同的,发明专利和实用新型为12个月,工业品外观设计和商标为6个月,均自首次申请日起算。

公约规定的优先权,并不适用于一切工业产权,而只适用于发明专利、实用新型、工业品外观设计和商标,对于公约规定的其他工业产权,如商号、产地名称等则不适用。

(三) 对专利保护的最低要求

1. 专利独立性

《巴黎公约》第4条之2第1款规定:"本同盟成员国的国民向本同盟各成员国申请的专利与他在本同盟其他成员国或非本同盟成员国为同一发明所获得的专利无关。"这就是通常所讲的专利独立性原则。

2. 发明人的署名权

《巴黎公约》第4条之3规定,发明人有权在专利证书上署名。这便是人们通常所说的属于"精神权利"范畴的发明人的署名权。

3. 对驳回申请和撤销专利的限制

为了防止出现某些不合理或不公正的情况,公约对特殊情况下驳回申请和撤销专利进行了限制。

《巴黎公约》第4条之4规定:"不得以本国法律禁止或限制出售某项专利制品或以某项专利方法制成的产品为理由,拒绝核准专利或使专利失效。"

《巴黎公约》第5条第A(1)款规定:"专利权人将在任何本同盟成员国制造的物品输入到核准专利的国家不应导致该项专利的撤销。"

《巴黎公约》第5条第A(3)款规定:"除强制许可的授予不足以防止上述滥用外,不应规定专利的取消。自授予第一个强制许可之日起两年届满前不得提起取消或撤销专利的诉讼。"

4. 强制许可

《巴黎公约》对各成员国实行强制许可规定了基本的条件和限制。《巴黎公约》第5条第A(4)款规定:"自提出专利申请之日起4年届满以前,或自授予专利之日起3年届满以前(以任一最后满期的期间为准),不得以不实施或不充分实施为理由申请强制许可;如果专利权人的不作为有正当理由,应拒绝强制许可。这种强制许可不是独占性的,而且除与利用该许可的部分企业或商誉一起转让外,不得转让,包括授予分许可证的形式在内。"

5. 专利权的例外

《巴黎公约》第5条之3规定了专利权的两项基本例外。依该规定,在成员国内,下列两种情况不应认为是侵犯专利权人的权利:

第一,其他成员国的船舶暂时或偶然地进入上述成员国的领水时,在该船的船身、机器、滑车装置、传动装置及其他附件上使用构成专利主题的装置设备,但以专为该船的需要而使用这些装置设备为限。

第二,其他成员国的飞机或陆上车辆暂时或偶然地进入上述成员国时,在该飞机或陆上车辆的构造或操纵中,或者在该飞机或陆上车辆附件的构造或操纵中使用构成专利主题的装置设备。

6. 对利用进口国的专利方法制造的产品的进口权

《巴黎公约》第5条之4规定:"一种产品输入到对该产品的制造方法有专利保护的本联盟国家时,专利权人对该输入产品应享有输入国法律根据方法专利对在该国制造的产品所授予的一切权利。"据此规定,专利权人对利用进口国的专利方法制造的产品享有进口权。

(四) 适用于商标的规则

1. 商标的独立性及其例外

《巴黎公约》第6条规定了商标独立原则。该条第1款规定:"商标的申请和注册条件,在本联盟各国由其本国法律决定。"

《巴黎公约》第6条之5详细规定了商标独立性的例外。根据公约第6条之5第A(1)款的规定:"在原属国正式注册的每一商标,除应受本条规定的保留条件的约束外,本联盟其他国家也应和在原属国注册那样接受申请和给予保护"。

2. 驰名商标

驰名商标的特别保护是《巴黎公约》关于商标问题的一项重要内容。《巴黎公约》第6条之2规定:

"(1) 本联盟各成员国承诺,当某一商标已经为本公约受益人所有,且已被有关注册或者使用国主管部门视为在该国驰名时,若另一商标构成对此商标之复制、模仿或者翻译,并足以造成误认,在其本国立法允许之情况下依职权,或者应有关当事人之请求,驳回或者撤销后一商标之注册,并禁止其使用于相同或者类似之商品上。当一商标之基本组成部分构成对任何此种驰名商标之复制或者模仿,并足以造成误认时,此等规定亦应适用。

(2) 自一商标注册之日起至少5年内,应允许提出撤销此种商标注册之请求。允许提出禁止使用请求之期限得由本联盟各成员国规定。

(3) 当一商标之注册或者使用有恶意时,此种撤销注册或者禁止使用之请求不应有时间限制。"

3. 不得作为商标使用的标记

《巴黎公约》第6条之3第(1)款第a项规定,本联盟各成员国同意,对未经主管机关许可,而将本联盟国家的国徽、国旗和其他国家标志、各该国用以表明监督和证明的官方符号和检验印章以及从徽章学的观点看来的任何仿制用作商标或商标的组成部分,拒绝注册或使其注册无效,并采取适用措施禁止使用。此外,由公约一个或一个以上成员国参加的政府间国际组织的徽章、旗帜、其他标志、缩写和名称,也适用上述禁止性规定。

4. 商标的转让

《巴黎公约》第6条之4第(1)款要求,如果商标所有人在某成员国内有营业,只要将在该成员国的营业连同商标一起转让给受让人,就应承认这种转让为有效。不过,第(2)款又规定,如果受让人使用受让的商标事实上会造成对使用该商标的商品的原产地、性质或重要品质发生误解的,成员国可以不承认这种转让的效力。

5. 代理人或代表人的注册

如果商标所有人的代理人或代表人未经所有人同意而以自己的名义将该商标注册,根据《巴黎公约》第6条之7的规定,该所有人有权反对所申请的注册或要求取消注册;如果核准注册的国家的法律允许,该所有人可以要求将该项注册转让给自己,除非该代理人或代表人能证明其行为是正当的。

6. 使用商标的商品的性质对商标注册的影响

《巴黎公约》第7条规定,使用商标的商品的性质决不应成为该商标注册的障碍。公约这样规定的目的在于使商标注册不因法律对某种商品的生产或销售的限制而受影响。

7. 集体商标

对于某些社团申请注册集体商标的问题,《巴黎公约》第7条之2规定,只要这些社团的存在不违反其原属国的法律,各成员国应受理申请,并保护属于该社团的集体商标。成员国不得因为该社团在被请求给予保护的国家没有营业所,或该社团不是根据本国法律所组成等为理由,拒绝对该社团的集体商标予以保护。

(五) 有关工业产权的其他规则

1. 工业品外观设计的保护

《巴黎公约》第5条之5规定,外观设计在本联盟所有国家均应受到保护。但对于采取何种形式保护,以及具体的保护标准和要求,公约都未明确规定。

2. 服务商标

《巴黎公约》第6条之6要求成员国承诺对服务商标进行保护。但公约并不要求成员国必须建立服务商标的注册制度。

3. 厂商名称

《巴黎公约》第8条规定,厂商名称应在本联盟一切国家内受到保护,没有申请或注册的义务,也不论其是否作为商标的一部分。也就是说,不论厂商名称是否经过申请或注册,各国都应予以保护。但对如何保护厂商名称,公约则没有具体要求。

4. 不正当竞争

《巴黎公约》第10条之2规定,成员国有义务对各该国国民保证给予制止不正当竞争的有效保护。对于下列行为,公约规定特别应予禁止:第一,不论以什么方法,性质上对竞争者的营业所、商品或工商业活动造成混乱的一切行为;第二,在经营商业中,具有损害竞争者的营业所、商品或工商业活动商誉性质的虚伪说法;第三,在经营商业中使用会使公众对商品的性质、制造方法、特点、用途或数量易于产生误解的表示或说明。

第四节 《商标国际注册马德里协定》

一、《商标国际注册马德里协定》概述

为了在商标注册方面实现国际合作,1891年4月14日,由当时已实行了商标注册制度的法国、比利时、西班牙、瑞士和突尼斯等国家发起,在马德里缔结了《商标国际注册协定》,简称为《马德里协定》。《马德里协定》于1892年7月生效。

《马德里协定》历经多次修订,并形成了六个不同文本,目前只有1957年尼斯文本和1967年斯德哥尔摩文本仍然有效。本书凡提及《马德里协定》之处,除非特别说明,均指1967年斯德哥尔摩文本。

《马德里协定》是《巴黎公约》框架内的一个程序性协定,只对《巴黎公约》成员国开放。据世界知识产权组织统计,截止到2010年8月,该协定共有56个成员国。中国自1989年10月4日起成为《马德里协定》的成员国。①

二、《马德里协定》的主要内容

(一)国民待遇的适用

为了落实《巴黎公约》规定的国民待遇,《马德里协定》具体规定了以下几个问题:

1. 来源国

来源国是《巴黎公约》和《马德里协定》涉及商标保护和注册时的一个重要概念。按照《马德里协定》第1条第3款的规定,所谓来源国,是指作为协定缔约国的下述三种国家:(A)申请人在其境内有真实和有效的工商业营业场所;(B)如果申请人在其境内没有上述工商业营业场所,但在其境内有惯常住所;(C)虽然申请人在其境内既无工商业营业场

---

① 该协定不适用于香港特别行政区和澳门特别行政区。

所又无惯常住所,但具有其国籍。

如果缔约国国民的商标在"来源国"已获得注册,根据《马德里协定》第1条第2款的规定,经由"来源国"的注册当局向国际局提出申请,在其他所有缔约国内均应受到保护。

2. 国民

结合《巴黎公约》和《马德里协定》的规定,所谓的缔约国国民,是指:(A) 具有某一缔约国的国籍的人,包括自然人和法人。(B)《巴黎公约》第3条规定的非缔约国国民,只要其在一缔约国境内有永久住所或真实的、有效的工商业营业场所,即应视为缔约国的国民。

(二) 商标国际注册申请的当事人、商标以及申请文件

1. 申请当事人

根据《马德里协定》和《通用实施细则》的规定,申请当事人主要包括以下几种:(A) 申请人,(B) 持有人,(C) 代理人。

2. 申请注册的商标

按照《马德里协定》的规定进行国际注册的商标必须是在其所属国已经登记的用于商品或服务项目的标记。这就是说,凡未在其所属国进行登记的商标,不得进行国际注册。这里的商标包括服务商标在内。

3. 申请文件

根据《马德里协定》第3条的规定,每一个国际注册申请必须采用《实施细则》所规定的格式提出。根据《实施细则》第9条规则的规定,申请书中应包括下列内容:申请人姓名,申请人的地址,代理人的姓名和地址,优先权的声明及说明,商标标识的复制件,标准字母标识的声明,根据《马德里协定》第3条第3款对将颜色作为其商标的一个显著特点以及以文字对所要求的颜色或颜色的组合的说明,对立体商标的说明,对声音商标的说明,对集体商标或证明商标或保证商标的说明,对文字标识的描述,对非拉丁文字的文字及非阿拉伯数字和罗马数字的翻译,商品或服务的名称,费用支付,等等。

另外,根据《实施细则》的要求,国际申请还应包含一些其他内容。

中国国家工商行政管理总局商标局印制有书面的"商标国际注册申请书",通过中国商标局提出商标国际注册申请的应使用该申请书。该申请书的主要内容包括:商标的原属国、申请人的名称地址、代理人的名称地址、原属国商标的申请和注册、优先权要求、商标标识、商标适用的商品和服务的国际分类、指定保护的国家、注册费及规费的缴纳、申请人签名等。

(三) 国际申请的提出与受理

1. 国际申请的提出

根据协定的要求,商标国际注册应通过原属国的注册当局向国际局提出,商标国际注册申请必须采用《实施细则》所规定的格式提出。对于提出申请的方式,根据《实施细则》第2条的规定,有两种可以接受的方式:一是书面方式,二是电子形式。

2. 国际申请费用的支付

申请商标国际注册需要缴纳一定的费用。根据《马德里协定》第 8 条的规定,在国际局的商标注册预收国际费用。这些费用包括:(A) 基本费,(B) 附加费,(C) 补加费。

上述费用每 10 年分两期缴纳。如果没有缴纳上述费用,国际注册视为撤回或放弃。

3. 来源国注册当局对申请的处理

商标国际申请是由国际局受理的,但需要通过来源国的注册当局向国际局提出申请。因此,虽然来源国的注册当局事实上并不是国际注册申请的当事方,但在收到申请人提出的国际申请之后,仍有一些工作需要进行。这些工作主要包括以下三个方面:一是对国际申请中的具体项目进行认证,二是提供商标在来源国申请和注册的日期和编号,三是提供申请国际注册的日期。另外,根据《马德里协定》第 3 条第 2 款的规定,申请人所作的类别说明须经国际局检查,由国际局会同来源国注册当局进行检查。

4. 国际局的注册

《马德里协定》第 3 条第 4 款规定,国际局对根据第 1 条规定提出申请的商标立即进行注册,并将这种注册通知有关注册当局,将注册申请的具体项目在国际局所出的定期刊物上公布。

(四)国际注册的法律效力

1. 国际注册的法律效力

根据《马德里协定》第 4 条的规定,经国际注册的商标,在每一个有关缔约国内的保护,应如同该商标直接在那里提出注册的一样。不过,如果有关缔约国已经根据《马德里协定》第 5 条进行了批驳,则该商标不受保护。根据《马德里协定》第 6 条的规定,在国际局的商标注册的有效期为 20 年,并可续展。

2. 领域延伸要求的提出

商标在国际局进行注册并不能使该商标在缔约国内自动受到保护。根据《马德里协定》的规定,申请人必须提出领域延伸的要求,指定要求保护的国家。这种要求应在提出注册申请时一并提出。如果在注册之后提出领域延伸的要求,必须采用《实施细则》所规定的格式,向来源国的注册当局提出。

3. 各国注册当局的批驳

国际局对商标国际申请的注册并不能代替各国的注册机构的注册。各国注册当局在接到国际局的注册通知之后,可在一定的时间内进行批驳,拒绝予以保护。《马德里协定》第 5 条对这种批驳的时间、条件、效力、法律救济等作出了具体规定。

4. 国际注册与原属国保护的关系

根据《马德里协定》的规定,国际注册与在所属国原先注册的国家商标存在着一定的法律上的联系。

《马德里协定》第 6 条第 3 款规定,自国际注册的日期开始 5 年内,如果该商标在原属国已全部或部分不受法律保护,则国际注册所得到的保护也全部或部分不再产生权利。这样,国际注册的商标的法律效力,在国际注册开始的 5 年内,需要以其在原属国所受的法律保护为基础。如果在原属国不受保护,国际注册也就不受保护。

但是,从国际注册的日期开始满 5 年之后,国际注册即与在原属国注册的国家商标完全无关。即使商标在原属国不再受法律保护,国际注册也继续有效,在有关缔约国应受保护。这一规定体现在《马德里协定》第 6 条第 2 款之中。

第五节 《保护文学艺术作品伯尔尼公约》

一、《保护文学艺术作品伯尔尼公约》概述

《保护文学艺术作品伯尔尼公约》(以下简称《伯尔尼公约》)是目前著作权国际保护领域中影响最大的多边条约[①],对其后出现的各个版权条约以及有关国家的国内版权立法都有重大影响。

《伯尔尼公约》自 1886 年缔结以来,历经多次修改与补充,形成了多个文本。目前仍然有效的文本有四个:1928 年罗马文本、1948 年布鲁塞尔文本、1967 年斯德哥尔摩文本和 1971 年巴黎文本。截止到 2010 年 8 月,《伯尔尼公约》共有 164 个成员国。中国于 1992 年 10 月 15 日加入该公约,适用 1971 年巴黎文本。[②]

《伯尔尼公约》的正文有 38 条,另有一个附录。正文第 1 条至第 21 条为实体规定,主要包括五个方面的内容:基本原则、受保护的作品、最低限度保护的规定、对发展中国家的特殊规定、对版权的限制。

二、《保护文学艺术作品伯尔尼公约》的主要内容

(一)《伯尔尼公约》的基本原则

《伯尔尼公约》第 5 条规定了公约的基本原则:国民待遇原则、自动保护原则和版权独立原则。

1. 国民待遇原则

《伯尔尼公约》第 5 条第 1 款规定,根据本公约得到保护的作品的作者,在除作品起源国之外的本联盟各成员国,就其作品享受各该国法律现在给予或今后将给予其国民的权利,以及本公约特别授予的权利。

"起源国"(或称"来源国")是《伯尔尼公约》中一个重要的概念。《伯尔尼公约》第 5 条第 4 款对"起源国"的含义进行了解释。根据这项解释,对于已出版作品,起源国即作品首

[①] 著作权国际公约主要有 1886 年的《伯尔尼公约》与 1952 年的《世界版权公约》。美国虽于 18 世纪末制定了版权法,但长期未参加《伯尔尼公约》。为了使美国能够参加国际版权体系,国际间于 1952 年签订了《世界版权公约》,并由联合国教科文组织管理。1986 年,美国退出教科文组织,不久即加入《伯尔尼公约》。两大公约相比较而言,《伯尔尼公约》提供的版权保护水平要高于《世界版权公约》。《知识产权协定》明确要求其缔约方应遵守《伯尔尼公约》中除精神权利外的其他实质性条款,显见《伯尔尼公约》的影响大大增加,《世界版权公约》的作用相对降低。我国于 1992 年 10 月 30 日加入《世界版权公约》,适用 1971 年巴黎文本。

[②] 该文本在 1997 年 7 月 1 日对香港特别行政区、1999 年 12 月 20 日对澳门特别行政区生效。

次出版的国家；对于未出版作品，起源国即作者的国籍或居所所属国或建筑艺术作品的所在国。

由于某些缔约国国内法律给予本国作者的版权权利可能低于《伯尔尼公约》的规定，或者提出了比《伯尔尼公约》规定更严格的限制或条件，如果完全实施国民待遇，则受《伯尔尼公约》保护的作者按照国民待遇受到的保护还不如《伯尔尼公约》规定的最低标准。为了避免出现这种不合理的现象，《伯尔尼公约》特别规定，受《伯尔尼公约》保护的作者在各成员国除了享受国民待遇外，还享受《伯尔尼公约》特别授予的权利。

2. 自动保护原则

《伯尔尼公约》第5条第2款规定，受保护作品的作者享受和行使根据国民待遇而获得的权利，不需要履行任何手续。这就是所谓的"自动保护原则"。《伯尔尼公约》允许各成员国作出一项保留，即"固定要求"：各缔约国法律有权规定仅保护表现于一定物质形式上的文学艺术作品。

3. 版权独立原则

《伯尔尼公约》第5条第2款规定："享受和行使这类权利不需要履行任何手续，也不管作品起源国是否存在有关保护的规定。因此，除本公约条款外，只有向之提出保护要求的国家的法律方得规定保护范围及向作者提供的保护其权利的补救方法。"

《伯尔尼公约》的这项规定，实际包含了两层含义：第一，作品在缔约国所享受的保护，不依赖于其在起源国所受到的保护。第二，作品在缔约国的保护，完全依照该缔约国的法律。

(二) 受保护的作品

《伯尔尼公约》第2条对受保护的作品作了具体规定，"文学艺术作品"一词包括科学和文学艺术领域内的一切作品，而不论其表现方式或形式如何。

1. 作品的范围

《伯尔尼公约》第2条第1款对受保护的作品进行了列举，包括：书籍、小册子及其他文字作品；讲课、演讲、讲道及其他同类性质的作品；戏剧或音乐作品；舞蹈艺术作品及哑剧作品；配词或未配词的乐曲；电影作品或以与电影摄影术类似的方法创作的作品；图画、油画、建筑、雕塑、雕刻及版画；摄影作品及以与摄影术类似的方式创作的作品；实用美术作品；插图、地图、与地理、地形、建筑或科学有关的设计图、草图及造型作品。

2. 演绎作品

《伯尔尼公约》规定，文学艺术作品的翻译、改编，乐曲的改写，以及用其他方式改变了原作而形成的作品，在不损害原作版权的情况下，同原作一样受保护。

3. 汇编作品

《伯尔尼公约》规定，文学艺术作品的汇编，诸如百科全书、文选，由于其内容的选择与编排而构成智力创作的，在其本身不损害构成它的各个作品的版权的情况下，同样受到保护。

4. 法律和官方文件

对于立法条文、行政及司法性质的官方文件，以及这些作品的官方译本的版权保护问题,《伯尔尼公约》规定由各缔约国国内立法自行决定。

5. 实用美术作品、工业品外观设计和模型

《伯尔尼公约》规定,各成员国可自行以立法决定本国法律对实用艺术品、工业品平面与立体外观设计等等的适用程度,以及这些艺术作品、工业品平面与立体外观设计的受保护条件。

(三)最低限度保护的规定

鉴于各成员国的利益冲突和立法的差异等原因,《伯尔尼公约》没有对各国在版权国际保护方面的所有规定进行统一,只是规定了一系列最低限度的保护标准。这些标准,是各国在订立版权法以及在版权国际保护方面必须做到的基本要求。《伯尔尼公约》的最低限度保护标准主要包括以下几个方面:

1. 作者的经济权利

公约规定的经济权利主要包括以下几种:

(1)翻译权。《伯尔尼公约》第8条规定,受本公约保护的文学艺术作品的作者,在对原作享有权利的整个保护期内,享有翻译和授权翻译其作品的专有权利。

(2)复制权。《伯尔尼公约》第9条第1款规定,受本公约保护的文学艺术作品的作者,享有授权以任何方式和采取任何形式复制这些作品的专有权利。第3款进一步指出,所有录音或录像均应被视为本公约所指的复制。

(3)表演权。《伯尔尼公约》第11条第1款规定,戏剧作品、音乐戏剧作品或音乐作品的作者,享有许可以各种手段和方式公开演奏和公演其作品的专有权利,以及许可用各种手段公开播送其作品的表演和演奏的专有权利。

(4)广播权。《伯尔尼公约》第11条之2规定,文学和艺术作品的作者享有专有权利以授权:广播其作品,或以任何其他无线电传送信号、声音、图像的方式将作品传播给公众;原广播组织之外的广播机构,将其作品以有线或无线方式向公众传送,或向公众重播;以扬声器向公众传播或以同类传播信号、声音、图像的工具传播其作品。

(5)朗诵权。《伯尔尼公约》第11条之3第1款规定,文学作品的作者享有许可用各种方式或手段公开朗诵其作品的专有权利,以及许可用各种手段公开播送其作品的朗诵的专有权利。根据《伯尔尼公约》第11条之3第2款的规定,文学作品的作者在其作品的权利保护期内,对作品的译本享有同样的权利。

(6)改编权。《伯尔尼公约》第12条规定,文学和艺术作品的作者享有授权对其作品进行改编、整理和其他改变的专有权。

(7)制片权。《伯尔尼公约》第14条规定,文学和艺术作品的作者享有将其作品改编为电影作品并将后者复制发行的专有权利和将经过改编或复制的作品公开演出、演奏或以有线电方式向公众传播的专有权利。

《伯尔尼公约》规定的作者的经济权利并不是著作财产权的全部内容,只是缔约各国必须保护的基本权利。事实上,许多国家的版权法规定的经济权利都超过《伯尔尼公约》规定的水准。为此,《伯尔尼公约》第19条明确规定,本公约的规定不妨碍作者要求得到

本联盟成员国的法律所给予作者的、高于公约规定的保护。

2. 作者的精神权利

《伯尔尼公约》第6条之2规定了各缔约国应当保护的精神权利。这些精神权利,不依赖于经济权利而独立存在,甚至在作者将其经济权利转让之后仍然存在。公约规定的精神权利主要包括两项:

(1) 署名权,即作者主张对作品的作者身份的权利;

(2) 维护作品完整权,即反对任何对其作品的有损作者声誉的歪曲、篡改或其他更改或贬损。

对于通过何种救济方式保护这些权利,公约规定适用被要求给予保护的国家的法律。

3. 版权保护期限

《伯尔尼公约》第7条规定了版权保护期限。一般作品的保护期限为作者有生之年加死后50年,共同作品应以共同作者中最后去世的作者为准。对电影作品,保护期限为自公映后50年。如摄制完成后50年内未公映,自作品摄制完成后50年期满。匿名及假名作品,其保护期限为其合法向公众发表之日起50年。如作者采用的笔名不致引起对其身份发生任何怀疑时,或匿名作品及假名作品的作者在上述期间内披露其身份,则适用一般作品的保护期。摄影作品及实用艺术品的保护期为自该作品完成时算起25年。

上述保护期限,是各国应保护的最短期限。任何缔约国对作品提供保护不得少于上述期限。当然,可以规定更长的保护期限。公约规定,在一切情况下,期限由被提出保护要求的国家的法律加以规定。但除该国法律另有规定外,这个期限不得超过作品起源国规定的保护期限。

4. 追溯力

《伯尔尼公约》第18条规定,公约规定的最低保护,不仅适用于成员国参加公约之后来源于其他成员国的作品,而且适用于该国参加公约之前即已经存在,在其他缔约国仍受保护的作品。但公约允许缔约国通过多边或双边协定来限制公约追溯力的规定在它们之间的适用。

(四) 对发展中国家的特殊规定

对发展中国家的特殊规定,是1971年公约进行修订时增加的,其主要内容是允许发展中国家对翻译专有权和复制专有权实行非自愿许可。不过,公约对此规定了若干严格的条件,实际上使发展中国家很难享受到特殊的利益。

(五) 对版权的限制

1. 对复制权的限制

《伯尔尼公约》对复制权的限制主要体现在第9条第2款、第10条、第10条之2当中。

《伯尔尼公约》第9条第2款规定,本联盟各成员国可自行在立法中准许在某些特殊情况下复制有关作品,只要这种复制与作品的正常利用不相冲突,也不致不合理地损害作者的合法利益。

《伯尔尼公约》第 10 条规定了两种不同的使用作品的行为：一是摘录，二是讲解。该条第 1 款规定，本公约准许从公众已经合法获得的作品中摘录原文，只要摘录行为符合公平惯例，摘要范围未超过摘录目的所允许的程度。第 2 款规定，本联盟各成员国可自行立法或依据各成员国之间现有的或行将签订的专门协定，准许在合理目的下，以讲解的方式将文学艺术作品用于出版物、广播、录音或录像，以作为教学之用，只要这种利用符合公平惯例。不过，根据该条第 3 款的规定，根据前两款规定使用某作品时，须标明该作品的出处。如原作品上有作者署名，则须标明作者姓名。

《伯尔尼公约》第 10 条之 2 第 1 款规定，本联盟成员国可自行在立法中准许通过报刊及无线广播或有线广播，复制报刊杂志上关于经济、政治、宗教的时事性文章，以及同类性质的广播作品，只要该文章、作品中未明确保留复制权与广播权。但在任何情况下，均须明确指出作品的出处；若未指出，则由保护有关作品的国家的立法决定其应负的法律责任。

公约的上述规定实际上就是版权法上通常所说的"合理使用"。对于合理使用的具体条件及情形，公约留由缔约国自行决定。

2. 对翻译权和复制权的强制许可

《伯尔尼公约》在有关发展中国家优惠的附件中对翻译权和复制权的强制许可进行了规定。

《伯尔尼公约》从缔结到现在已经有一百多年了，其间曾根据不断出现的新情况进行了数次修订，世界上大多数国家已成为公约的缔约国。随着美国的加入，《伯尔尼公约》真正成为一个世界范围的统一体系，成为著作权国际保护的事实上的标准。在《伯尔尼公约》之后的有关著作权的重要国际条约，均将公约的规定作为基本要求，并对公约进行了保护，如《世界版权公约》《知识产权协定》《世界知识产权组织版权条约》等。

第六节 《保护表演者、录音制品制作者与广播组织罗马公约》

一、《保护表演者、录音制品制作者与广播组织罗马公约》概述

为了保护表演者、录音制品制作者与广播组织在传播作品过程中所产生的合法权益（即通常所说的邻接权），1961 年在联合国劳工组织、教科文组织以及世界知识产权组织的共同主持下，在罗马订立了《保护表演者、录音制品制作者与广播组织罗马公约》，即《罗马公约》。截止到 2017 年 9 月，《罗马公约》共有 93 个成员国。我国未参加该公约。

二、《保护表演者、录音制品制作者与广播组织罗马公约》的主要内容

《罗马公约》共 34 条，其中第 1 至 15 条为实体性规定，第 16 至 34 条为行政性条款。

（一）邻接权保护与版权保护的关系

《罗马公约》第 1 条特别指出："本公约所给予的保护不触及而且也不以任何方式影响

对文学和艺术作品的版权保护。因此,不得对本公约的任何规定作出有损于版权保护的解释。"

(二) 国民待遇

国民待遇原则是知识产权国际保护中的一项最基本的原则,《罗马公约》也不例外。《罗马公约》关于国民待遇的规定主要包括三项内容:

1. 国民的含义

在《罗马公约》中,国民是指:(A) 对于表演者,表演在该缔约国境内发生、广播或首次固定;(B) 对于录音制品制作者,录音制品在其境内首先固定或出版;(C) 对于在其境内设立总部的广播组织,广播由位于其境内的发射装置发射。

2. 国民待遇的授予

《罗马公约》区别表演者、录音制品制作者和广播组织三种不同主体分别规定了国民待遇的授予。

对于表演者,只要符合下列条件之一,即可获得国民待遇:表演发生在另一缔约国境内;表演被录制在根据本《公约》第5条规定受保护的录音制品上;表演未固定在录音制品上,但由根据本《公约》第6条规定受保护的广播传送。

对于录音制品,只要符合下列条件之一,即可获得国民待遇:录音制品制作者是另一缔约国的国民(国民标准);声音的首次固定发生在另一缔约国(录制标准);录音制品首次在另一缔约国内出版(出版标准)。

对于广播组织,只要符合下列条件之下,即可获得国民待遇:广播组织的总部设在另一缔约国,广播由位于另一缔约国的发射装置发射。

3. 《公约》规定的保护

国民待遇应受本《公约》特别规定的保护和限制的约束。这就是说,如果某一缔约国根据本国法律对其本国国民的表演权、录音制品制作者权和广播组织权的保护低于《公约》规定的标准,也不得借口国民待遇给予低于《公约》特别规定的保护。

(三) 邻接权的内容

1. 表演者权

根据《公约》第7条的规定,表演者应享有制止下列三种行为的可能性:未经其同意而将其表演进行广播或向公众传播,但专为广播或向公众传播而作的表演以及根据已固定的表演而作的表演除外;未经其同意而将其未固定的表演加以固定;未经其同意而复制其已经固定的表演,或者复制的目的不同于表演者同意的目的,或者原始固定是根据第15条(邻接权的例外)的规定而为但复制却出于不同于该条规定的目的。

在广播是经表演者同意而为的情况下,对转播、为广播目的的录音、录像以及为广播目的而复制此种录音、录像是否受保护,由被请求的缔约国的国内法决定。对于广播组织使用为了广播目的而制定的录音、录像的条件,亦应由被请求保护的缔约国的国内法决定。但上述国内法不得剥夺表演者通过合同控制其与广播组织的关系的能力。

如果数个表演者参与同一个表演,为了每个表演者行使权利的方便,《公约》第8条规定,任何缔约国得通过其国内法律与规章,指定一定的方式来确定代表表演者行使其权利的代表。

《罗马公约》第7条和第8条规定的表演者保护,是针对文学或艺术作品的表演者。如果所表演的不是文学或艺术作品,如杂耍、马戏等,《公约》第9条规定,任何缔约方得通过其国内法律和规章,将本公约给予的保护延及非文学或艺术作品的表演者。

2. 录音制品制作者权

《公约》第10条规定,录音制品制作者应享有授权或禁止直接或间接复制其录音制品的权利。

根据《公约》第11条的规定,如果一缔约国根据其国内法的规定,将履行一定的手续作为对录音制品制作者权利或与录音制品有关的表演者权利保护的一个条件,只要录音制品含有规定的标记,应视为已完全履行了所有手续。

《公约》第12条规定,如果将为商业目的而出版的录音制品或其他复制品直接用于广播或任何公共传播,使用者应向表演者和/或录音制品制作者支付一笔公平的补偿金。在当事人无协议的情况下,国内法得规定该补偿金的分配条件。

3. 广播组织权

《罗马公约》第13条规定了对广播组织的最低限度保护。依该条规定,广播组织享有授权或禁止下列行为的权利:转播其广播节目;将其广播节目进行固定;复制未经其同意的其广播节目的固定,以及,如果该未经其同意的固定是根据第15条规定而制作,为了不同于该规定的目的而进行的复制;向公众传播其电视广播,如果传播发生在公众付入场费才能进入的地方。行使上述最后一项权利的条件由被请求保护的国家的国内法决定。

(四)邻接权的保护期

根据《公约》第14条的规定,本公约给予的保护的期限至少应为20年。

(五)保护的例外

《公约》第15条规定,任何缔约国可在其国内法律和规章中规定,下列行为属于公约所提供的保护的例外:(1)私人使用;(2)在时事报道中少量引用;(3)广播组织为了方便自己在广播中使用而短暂固定;(4)纯粹出于教学或科学研究目的的使用。

除了上述例外以外,公约规定,任何缔约国可以将其国内法律和规章中对文学艺术作品版权保护的限制,同样地适用于对表演者、录音制品制作者和广播组织的保护。但是,对强制许可应遵守本公约的有关规定。

(六)电影中的表演者权

根据《公约》第19条的规定,一旦表演者同意将其表演用于可视性或可视可听性的固定(即电影)上,第7条的规定就不再适用。这就是说,对于视听作品中的表演,表演者不能主张表演者权。

第七节 《视听表演北京条约》

一、《视听表演北京条约》概述

(一)缔结《北京条约》的背景

1961年,世界上第一部保护邻接权的国际公约——《罗马公约》在第7条中赋予了表演者一系列专有权利,包括禁止他人未经许可对其表演进行现场直播、录制其尚未被录制的表演(也即录制其现场表演)和复制其表演的录制品的权利。但是,由于担心保护电影演员的表演者权,会妨碍对影视作品的后续利用并影响影视产业的发展,《罗马公约》在第19条明确规定:"一旦表演者同意将其表演纳入视觉或视听录制品中,第7条即不再适用"。"视听表演"未能获得充分国际保护的问题由此产生。之后的 TRIPS 协定和 WPPT 对"视听表演"的保护均沿用了《罗马公约》的做法,即区别对待以音频形式利用表演的行为和以视频形式对待表演的行为。从而,产生了歧视"视听表演"的行为。

为给予"视听表演"以保护,世界知识产权组织从1994年开始便付诸努力进行条约的起草工作,这一过程极为艰辛。从1994年世界知识产权组织展开讨论开始,美国和欧共体由于各自产业利益和法律构架的不同,在是否对视听录制品中的表演提供保护、是否应扩大"国民待遇"的范围和是否应"推定权利转让"等问题上发生了激烈争议。这两大利益体的严重分歧导致世界知识产权组织于1996年和2000年召开的两次外交会议均未能实现充分保护表演者的目标。这一问题直至2012年6月20日至26日在北京召开的世界知识产权外交会议缔结《视听表演北京条约》时才得以解决。这一新的邻接权国际保护条约对以视听形式录制和传播的表演提供了充分的保护。

(二)缔结《北京条约》的主要经过

2012年6月20—26日,由世界知识产权组织主办、中国国家版权局和北京市人民政府共同承办的保护音像表演外交会议在北京成功举办,来自155个WIPO成员国和49个国际组织的204个代表团的721名代表出席会议。外交会议上,《视听表演北京条约》(简称《北京条约》)正式签署。该条约是继《保护表演者、录音制品制作者与广播组织的国际公约》《与贸易有关的知识产权协议》和《世界知识产权组织表演和录音制品条约》以来涉及对表演者权利进行保护的又一国际条约。条约的签署,填补了视听表演领域国际版权条约的空白,进一步完善了国际版权保护体系,是世界知识产权组织在版权保护方面的重要里程碑。我国于2014年4月24日批准加入《北京条约》。

二、《北京条约》的主要内容

(一)《北京条约》与其他公约和条约的关系

《北京条约》第1条特别指出:"一、本条约的任何内容均不得减损缔约方相互之间依照《世界知识产权组织表演和录音制品条约》或依照1961年10月26日在罗马签订的《保护表演者、录音制品制作者和广播组织国际公约》已承担的现有义务;二、依本条约给予的保护不得触动或以任何方式影响对文学和艺术作品版权的保护。因此,本条约的任何内容均不得被解释为损害此种保护。三、除《世界知识产权组织表演和录音制品条约》之外,本条约不得与任何其他条约有任何关联,亦不得损害任何其他条约所规定的任何权利和义务。"

(二)条约中涉及的有关定义

表演者:指演员、歌唱家、音乐家、舞蹈家以及对文学或艺术作品或民间文学艺术表达进行表演、歌唱、演说、朗诵、演奏、表现或以其他方式进行表演的其他人员。

视听录制品:指活动图像的体现物,不论是否伴有声音或声音表现物,从中通过某种装置可感觉、复制或传播该活动图像。

广播:指以无线方式的传送,使公众能接收声音或图像,或图像和声音,或图像和声音的表现物;通过卫星进行的此种传送亦为"广播";传送密码信号,只要广播组织或经其同意向公众提供了解码的手段。

向公众传播:指通过除广播以外的任何媒体向公众传送未录制的表演或以视听录制品录制的表演。

(三)条约保护的受益人

缔约国:缔约各方应将本条约规定的保护给予系其他缔约方国民的表演者。

非缔约国:非缔约方国民但在一个缔约方境内有惯常居所的表演者,在本条约中视同该缔约方的国民。

(四)国民待遇

国民待遇原则是知识产权国际保护中一项最基本的原则,《北京条约》也不例外。条约规定,每一缔约方应将其给与本国国民的待遇给予其他缔约方的国民。

(五)表演者的权利

《北京条约》第2条第1款对"表演者"下了定义,表演者所享有的具体权利包括:

(1)精神权利。

即表演者对其现场表演或以视听录制品录制的表演享有的不依赖于其经济权利而存在的权利。包括:第一,要求承认其系表演的表演者,除非因使用表演的方式而决定可省略不提其系表演者;第二,反对任何对其表演进行的将有损其声誉的歪曲、篡改或其他修改,但同时应对视听录制品的特点予以适当考虑。

(2)对尚未录制的表演的经济权利。

即表演者应享有专有权,对于其表演授权:第一,广播和向公众传播其尚未录制的表演,除非该表演本身已属广播表演;第二,录制其尚未录制的表演。

(3)复制权。

表演者应享有授权以任何方式或形式对其以视听录制品录制的表演直接或间接地进行复制的专有权。

(4) 发行权。

表演者应享有授权通过销售或其他所有权转让形式向公众提供其以视听录制品录制的表演的原件或复制品的专有权。

(5) 出租权。

表演者应享有授权按缔约各方国内法中的规定将其以视听录制品录制的表演的原件和复制品向公众进行商业性出租的专有权,即使该原件或复制品已由表演者发行或经表演者授权发行。

(6) 提供已录制表演的权利。

表演者应享有专有权,以授权通过有线或无线的方式向公众提供其以视听录制品录制的表演,使该表演可为公众中的成员在其个人选定的地点和时间获得。

(7) 广播和向公众传播的权利。

即表演者应享有授权广播和向公众传播其以视听录制品录制的表演的专有权。

(六) 权利转让

第一,缔约方可以在其国内法中规定,表演者一旦同意将其表演录制于视听录制品中,《北京条约》第 7 条至第 11 条所规定的进行授权的专有权应归该视听录制品的制作者所有,或应由其行使,或应向其转让,但表演者与视听录制品制作者之间按国内法的规定订立任何相反合同者除外;第二,缔约方可以要求,对于依照其国内法的规定制作的视听录制品,此种同意或合同应采用书面形式,并应由合同当事人双方或由经其正式授权的代表签字;第三,不依赖于上述专有权转让规定,国内法或者具有个人性质、集体性质或其他性质的协议可以规定,表演者有权依照《北京条约》的规定,包括第 10 条和第 11 条的规定,因表演的任何使用而获得使用费或合理报酬。

(七) 限制和例外

缔约各方可以在其国内立法中,对给予表演者的保护规定与其国内立法给予文学和艺术作品的版权保护相同种类的限制或例外。

(八) 保护期

依《北京条约》给予表演者的保护期,应自表演录制之年年终算起,至少持续到 50 年期满为止。

(九) 缔约各方应履行的义务

(1) 关于技术措施的义务:缔约各方应规定适当的法律保护和有效的法律补救办法,制止规避由表演者为行使《北京条约》所规定的权利而使用并限制对其表演实施未经该有关表演者许可的或法律不允许的行为的有效技术措施。

(2) 关于权力管理信息的义务:缔约各方应规定适当和有效的法律补救办法,制止任何人明知,或就民事补救而言,有合理根据知道其行为会诱使、促成、便利或包庇对《北京条约》所规定的任何权利的侵犯,而故意实施以下活动:第一,未经许可去除或改变任何权利管理的电子信息;第二,未经许可发行、为发行目的进口、广播、向公众传播或提供明知未经许可。其中,"权利管理信息"系指识别表演者、表演者的表演或对表演拥有任何权利的所有人的信息,或有关使用表演的条款和条件的信息,以及代表此种信息的任何数字或代码,各该项信息均附于以视听录制品录制的表演上。

(十)组织机构

(1)大会:大会应处理涉及维护和发展《北京条约》及适用和实施《北京条约》的事项;大会应履行依第23条第2款向其指定的关于接纳某些政府间组织成为《北京条约》缔约方的职能;大会应对召开任何修订《北京条约》的外交会议作出决定,并给予世界知识产权组织总干事筹备此种外交会议的必要指示;凡属国家的每一缔约方应有一票,并应只能以其自己的名义表决;凡属政府间组织的缔约方可以代替其成员国参加表决,其票数与其属《北京条约》缔约方的成员国数目相等。如果此种政府间组织的任何一个成员国行使其表决权,则该组织不得参加表决,反之亦然;大会应由总干事召集,如无例外情况,应与世界知识产权组织大会同时同地举行;大会应努力通过协商一致作出决定,并应制定自己的议事规则,包括召集特别会议、法定人数的要求,以及按《北京条约》的规定,作出各类决定所需的多数等规则。

(2)国际局:与《北京条约》有关的行政工作应由世界知识产权组织国际局履行。

(十一)程序性规定

(1)手续:享有和行使《北京条约》所规定的权利无须履行任何手续。

(2)保留:除第11条第3款的规定外,《北京条约》不允许有任何保留。即除有关"广播权"和"广播获酬权"的规定之外,条约不允许有任何保留。

(3)时间上的适用范围:第一,缔约各方应对《北京条约》生效之时存在的已录制的表演,以及《北京条约》对缔约各方生效之后进行的所有表演,给予《北京条约》所规定的保护;第二,缔约方可通过声明的方式,使《北京条约》仅适用于该缔约方生效之后进行的表演;第三,《北京条约》规定的保护不得损害《北京条约》对每一缔约方生效之前实施的任何行为、订立的任何协议或取得的任何权利。

(4)关于权利行使的条款:第一,缔约各方承诺根据其法律制度采取必要的措施,以确保《北京条约》的适用;第二,缔约各方应确保依照其法律可以提供执法程序,以便能采取制止对《北京条约》所规定权利的任何侵权行为的有效行动,包括防止侵权的即时补救和为遏制进一步侵权的补救。

(5)成为《北京条约》缔约方的资格:第一,世界知识产权组织的任何成员国均可以成为《北京条约》的缔约方;第二,如果任何政府间组织声明其对于《北京条约》涵盖的事项具有权限和具有约束其所有成员国的立法,并声明其根据其内部程序被正式授权要求成为《北京条约》的缔约方,大会可以决定接纳该政府间组织成为《北京条约》的缔约方;第三,欧洲联盟在通过《北京条约》的外交会议上作出上款提及的声明后,可以成为《北京条约》的缔约方。

(6)条约的签署和生效:《北京条约》通过后即在世界知识产权组织总部开放以供任何有资格的有关方签署,期限1年。《北京条约》应在第23条所指的30个有资格的有关方交存批准书或加入书3个月之后生效。

第八节 世界知识产权组织的"因特网条约"

一、缔约背景与主要经过

(一)《伯尔尼公约》在新技术面前的不足

由前文所述的讨论可知,现代科学技术的新发展使著作权法面临着挑战,从而产生了许多新的问题。《伯尔尼公约》表现出明显的不足,尤其在以下两个方面:

1. 计算机程序与数据库的法律地位

在《伯尔尼公约》中,根本没有计算机程序和数据库这样两个概念,而它们又是计算机应用中必不可少的。虽然世界知识产权组织多次表示,计算机程序应作为《伯尔尼公约》中的文字作品受到保护,而数据库也应适用《伯尔尼公约》关于"汇编"的规定。但是,这毕竟不是《伯尔尼公约》的本来规定。在《知识产权协定》对计算机程序和数据库的法律地位作出明确规定之后,作为著作权领域中最基本的国际条约的《伯尔尼公约》不能不作出相应的规定。

2. 作者的权利

在数字化技术和网络技术的双重作用下,《伯尔尼公约》原先规定的权利越来越不适应技术的发展。《伯尔尼公约》未作出明确规定,但又对作者的合法权利产生重大影响的主要问题有:

第一,对网络传播的控制。按照一般理解,将作品在网络环境中进行传输,但没有制作任何有形的复制件,通常不被认为是版权法上的复制,但也不属于《伯尔尼公约》规定的广播权的范围。而对这种行为如果不加控制,有关作者的合法权益必将受到严重损害。因此,从理论上讲,作者应有权控制作品在网络环境下的传播。但这在《伯尔尼公约》中是找不到合适依据的。

第二,对数字化作品的出租权。《伯尔尼公约》本身没有规定出租权,对于传统的文学艺术作品而言,作品的出租并不是主要的商业利用方式,对作者的利益影响并不是太大。但在数字化技术之后,对数字化作品的出租却足以影响作者的合法权利,因为数字化作品的出租极易造成大量的不受控制的复制。因此,有必要规定作者的出租权,尤其是对数字化作品的出租权。

第三,对有关技术措施的保护。如同我们现在经常看到的,许多计算机软件的开发商为了防止非法盗版,对其计算机软件进行了各种技术处理。这种技术措施经常遭到一些人为的破坏,但《伯尔尼公约》并不对这些技术措施提供任何保护。

因此,如何完善以《伯尔尼公约》为基础的现行版权国际保护体系,使之更适应技术的发展和进步,成为国际社会关注的重大问题。

(二)《罗马公约》面临的挑战

数字网络技术不仅对作者的利益产生影响,而且对作品的传播者的利益也产生了重要影响。《罗马公约》难以适应数字网络环境下充分保护表演者、录音制品制作者的合法权益的需要,面临着与《伯尔尼公约》相同的问题。如何完善《罗马公约》的规定,切实保护表演者、录音制品制作者的合法权益,也引起了国际社会的广泛关注。

(三)世界知识产权组织的行动

为了克服《伯尔尼公约》的不足,使其适应新技术的发展,早在1989年,伯尔尼联盟大会和代表会议就通过了世界知识产权组织提出的方案,决定成立一个专家委员会,以审查缔结一项有关《伯尔尼公约》议定书的问题。

专家委员会成立以后便开始了工作,对将要起草的《伯尔尼公约》议定书可能涉及的内容进行了广泛的讨论。伯尔尼联盟大会与代表会议在1992年决定加强专家委员会的工作,将原来的专家委员会分为两个,一个负责起草拟议中的《伯尔尼公约》议定书,另一个负责起草保护表演者权和录音制品制作者权的新的条约。

两个专家委员会在1996年2月的会议上建议在1996年12月召开外交会议以缔结适当的条约。从1996年5日20日至24日,外交会议筹备委员会、世界知识产权组织大会和伯尔尼联盟大会在日内瓦召开,筹备委员会和大会决定,关于版权及邻接权若干问题的世界知识产权组织外交会议于1996年12月2日至20日召开。

专家委员会主席在1996年2月的会议上被授权负责为外交会议起草条约草案的任务。专家委员会主席提出了三个条约的实质条款的基本建议:"有关文学艺术作品保护的若干问题的条约""保护表演者和录音制品制作者权利条约""关于数据库知识产权条约"。

1996年12月2日,关于版权及邻接权若干问题的外交会议在日内瓦召开。会议经过讨论,最后于1996年12月20日通过了《世界知识产权组织版权条约》和《世界知识产权组织表演与录音制品条约》,这就是知识产权界所称的《因特网条约》。对于《数据库知识产权条约》,大会没有进行讨论,只是在最后发表了一个"关于数据库的建议",要求世界知识产权组织进行进一步的工作,为缔结一项有关数据库的条约而准备。

到目前为止,因两条约的缔结方都已达到条约生效的要求,分别于2002年3月6日和5月22日生效。截止到2010年7月,《世界知识产权组织版权条约》共有88个成员国。《世界知识产权组织表演与录音制品条约》共有86个成员国。我国已于2007年6月9日加入了这两个条约,但对部分条款作出保留。

二、《世界知识产权组织版权条约》

《世界知识产权组织版权条约》(简称WCT)共25条,另有一个简短的序言。其中,第1条至第14条为实体部分,第15条至25条为行政条款。

《世界知识产权组织版权条约》从表面上看内容很简单,但由于它与《伯尔尼公约》的特殊关系,实际上是在《伯尔尼公约》的基本原则和规则基础上明确了公约中不明确的问题,并补充了一些新的规定。下面简要介绍《世界知识产权组织版权条约》实体部分的主要内容。

(一) 对《伯尔尼公约》的保护及适用

1. 与《伯尔尼公约》的关系

根据《条约》第1条第1款规定,对于《伯尔尼公约》的成员国而言,本《条约》是《伯尔尼公约》第20条含义下的一个特别协定。需要说明的是,《世界知识产权组织版权条约》作为《伯尔尼公约》第20条含义之下的特别协定,是针对缔约方中的那些同时为《伯尔尼公约》成员国的国家而言的。对于非《伯尔尼公约》成员国的国家而言,《条约》与《伯尔尼公约》在法律上是独立的。

《条约》第1条第2款规定,本条约中的任何规定均不得减损缔约方根据《保护文学艺术作品伯尔尼公约》应相互承担的现存义务。

《条约》第1条第4款规定,各缔约方应遵守《伯尔尼公约》第1条至第21条和附件的规定。

2. 对《伯尔尼公约》第2条至第6条的适用

从《世界知识产权组织版权条约》的条文表面上,我们看不到有关版权保护的对象、主体、基本原则等重要问题的规定。《条约》不是没有规定这些问题,而是在这些问题上直接援用了《伯尔尼公约》的规定。

《世界知识产权组织版权条约》第3条规定:"对于本条约所提供的保护,各缔约方原则上应适用《伯尔尼公约》第2条至第6条的规定。"《条约》将《伯尔尼公约》第2条至第6条的规定转换为《条约》的规定,要求缔约方将上述规定经适当修改后适用于本《条约》所提供的保护。

3. 对《伯尔尼公约》第18条的适用

对于《条约》在时间上的适用范围,《条约》完全采纳了《伯尔尼公约》第18条的规定。《条约》第13条规定:"缔约方应将《伯尔尼公约》第18条的规定适用于本条约所提供的所有保护。"这意味着,本《条约》适用于在其生效之日在来源国尚未因保护期届满而进入公有领域的一切作品,直到作品的保护期届满为止;但如果作品在此之前保护期已届满而进入公有领域,则不得重新受到保护。

(二) 版权保护的范围

《条约》第2条规定:"版权保护及于表达而不及于思想、过程、操作方法或数学概念本身。"这项规定同于《知识产权协定》第9条第2款的内容,只是删去了"及于"之前的"应"(shall)字。

(三) 计算机程序与数据汇编(数据库)

《条约》第4条规定:"计算机程序作为《伯尔尼公约》第2条含义中的文字作品受保护。此种保护适用于计算机程序,而不论其以何种方式或形式表达出来。"

《条约》第5条规定:"数据或其他材料的汇编,不论何种形式,由于其内容的选择和安排而构成智力成果,得受同等保护。此种保护不及于数据或其他材料本身,且不得减损汇编中所包含的数据或其他材料所享有的任何版权。"

(四)发行权、出租权与公共传输权

1. 发行权及其穷竭

《条约》第6条第1款规定:"文学和艺术作品的作者享有专有权,以授权通过出售或其他转让所有权的方式使其作品的原件或复制件可为公众利用。"

《条约》第6条第2款对发行权的穷竭问题进行了规定。该款规定:"本条约中的任何规定,均不影响缔约方在可能的情况下确定第1款的权利在作品的原件或一份复制件经作者授权而首次出售或以其他方式转让所有权之后穷竭所适用的条件的自由。"

2. 出租权

《条约》第7条第1款规定,计算机程序、电影作品以及缔约方国内法所确定的录音制品中包含的作品的作者享有专有权利,以授权将其作品的原件或复制件向公众进行商业性出租。

《条约》第7条第2款规定,对于计算机程序而言,如果程序本身并不是出租的实质的标的,则不适用上述第1款的规定;对于电影作品而言,除非商业出租已导致对该作品的大规模复制从而实质上影响了复制专有权,上述第1款的规定应不予适用。

根据《条约》第7条第3款的规定,尽管有上述第1款的规定,如果一缔约方在1994年4月15日已经建立并继续实施了一项制度,要求为出租录音制品中所包含的作品的复制件而向作者支付合理补偿,则可保留该项制度,除非对录音制品中所包含的作品的商业出租对作者的复制专有权产生实质性损害。

3. 公共传输权

公共传输权是《世界知识产权组织版权条约》针对网络传输等新的作品传播方式和手段而规定的一项权利。《条约》第8条规定:"在不损害《伯尔尼公约》第11条第(1)款第(ii)目、第11条之2第(1)款(i)和(ii)目、第11条之3第(1)款(ii)目、第14条第(1)款第(ii)目和第14条之2第(1)款的规定的情况下,文学和艺术作品的作者应享有专有权利,以授权将其作品以有线或无线方式向公众传播。包括将其作品向公众提供,使公众中的成员在个人选定的地点和时间可获得这些作品。"

虽然《伯尔尼公约》对作者控制作品公共传播的权利作出了规定,但《世界知识产权组织版权条约》所规定的公共传播权却被认为是一项新的权利。公共传播权之"新",主要表现在以下三个方面。

第一,公共传播权是一项独立的权利,是与复制权、发行权、表演权、改编权等处于同一水平的基本版权权利。

第二,公共传播权适用于所有类型的作品,而不限于某种类型的作品。

第三,公共传播权适用于任何传播手段和传播方式。传统的公共传播、网络传输以及将来可能出现的一切新的传播方式(如网络电视),都适用公共传播权。

(五)摄影作品的保护期

《条约》第9条规定:"对于摄影作品而言,缔约方不得适用《伯尔尼公约》第7条第4款的规定。"《世界知识产权组织版权条约》将摄影作品的保护期予以延长,与一般作品的保护期相同。

(六) 限制与例外

《条约》第10条分两种不同情况规定了版权保护的限制与例外：《条约》保护的限制与例外和《伯尔尼公约》保护的限制与例外。

1. 《条约》保护的限制与例外

《条约》第10条第1款规定，对于本《条约》授予文学艺术作品的作者的权利，缔约方得在其国内法中规定某些特殊情况下的限制或例外，但不得与作品的正常使用相冲突，也不得不合理地损害作者的合法利益。

2. 《伯尔尼公约》保护的限制与例外

依《条约》第10条第2款规定，在适用《伯尔尼公约》时，缔约方应将公约规定的限制与例外限定于某些特殊情况，不得与作品的正常利用相冲突，也不得不合理地损害作者的合法利益。

(七) 有关技术措施和权利管理信息的义务

为了保护自己的版权，权利人经常采取一些技术措施，防止他人未经其许可而复制其作品，如在计算机软件产业中经常被采用的加密等。同时，权利人为了使他人注意到其版权的存在，通常要在作品的复制件上声明自己的权利，提供有关其权利的信息等。

《条约》第11条规定，缔约方应提供充分的法律保护和有效的法律救济，以反对那些破坏作者为行使本《条约》或《伯尔尼公约》规定的权利或为限制那些未经有关作者同意或法律准许的与作品有关的行为而采取的技术措施的行为。

《条约》第12条规定，缔约方应提供充分的法律保护和有效的法律救济，以制止任何人明知或有合理理由知道其行为将导致、促使、便利或隐藏侵犯本《条约》或《伯尔尼公约》所规定的权利而故意实施下列行为：未经授权移走或改变任何电子权利管理信息；未经授权发行、为发行而进口、广播或向公众传播明知电子权利管理信息未经授权已被移走或改变的作品或作品的复制件。

(八) 权利实施的规定

关于权利实施的规定是《条约》的一项重要内容，关系到《条约》所规定的版权保护能否真正实现。根据《条约》第14条第1款，缔约方承诺，根据其法律制度，采取必要措施保证本《条约》的实施。实施《条约》所规定的版权保护的关键在于两个方面：一是有适当的、便捷的诉讼或相关程序，二是有充分的法律救济。《条约》第14条第2款从这两个方面规定了缔约方的义务。

依《条约》第14条第2款规定，缔约方应保证其实施程序能够对任何侵权行为提起有效的法律诉讼，包括为制止侵权行为而规定及时高效的救济和足以对进一步的侵权起威慑作用的救济。

三、《世界知识产权组织表演与录音制品条约》

《世界知识产权组织表演与录音制品条约》共5章33条，第一章为"总则"，第二章为

"表演者权利",第三章为"录音制品制作者权利",第四章为"一般性规定",第五章为"行政及最后条款"。

（一）与其他公约的关系

《条约》首先对《罗马公约》进行了保护。《条约》第1条第1款规定："本条约的任何内容均不得减损缔约方相互之间依照于1961年10月26日在罗马签订的《保护表演者、录音制品制作者和广播组织公约》（以下称为《罗马公约》）已承担的现有义务。"

由于表演者权与录音制品制作者权的保护通常涉及以录音制品体现出来的作品的版权，因此，《条约》第1条第2款规定，依本《条约》授予的保护不得触动或以任何方式影响对文学和艺术作品版权的保护。关于《条约》第1条第2款的议定声明指出："不言而喻，第1条第2款澄清本《条约》规定的对录音制品的权利与以录音制品体现的作品的版权之间的关系。在需要以录音制品体现的作品的作者与对录音制品持有权利的表演者或制作者许可的情况下，所获得的作者许可并非因同时还需获得表演者或制作者的许可而不复存在，反之亦然。"

《条约》既不是《罗马公约》框架内的协定或条约，也不是《伯尔尼公约》框架内的协定或条约，因此，《条约》第1条第3款明确规定，本《条约》不得与任何其他条约有任何关联，亦不得损害依任何其他条约的任何权利和义务。

（二）受保护的受益人及国民待遇

《条约》第3条第1款要求，缔约各方应将依本《条约》规定的保护给予系其他缔约方国民的表演者和录音制品制作者。

（三）表演者的权利

1. 表演者的精神权利

《条约》第5条第1款规定，不依赖于表演者的经济权利，甚至在这些权利转让之后，表演者仍应对于其现场有声表演或以录音制品录制的表演有权要求承认其系表演的表演者，除非使用表演的方式决定可省略不提其系表演者，并有权反对任何对其表演进行将有损其名声的歪曲、篡改或其他修改。

表演者的精神权利在表演者死亡之后应继续保留，至少到其经济权利期满为止，并应可由被要求提供保护的缔约方立法所授权的个人或机构行使。如果缔约方在批准或加入条约时其立法尚未规定在表演者死亡后保护上述全部精神权利，可规定其中部分权利在表演者死亡之后不再保留。

2. 表演者对其尚未录制的表演的经济权利

《条约》第6条规定，对于尚未录制的表演，表演者享有下列专有权利，以授权：

（1）广播和向公众传播其尚未录制的表演，除非该表演本身已广播表演；

（2）录制其尚未录制的表演。

3. 表演者的复制权

《条约》第7条规定，表演者应享有授权以任何方式或形式对其以录音制品录制的表演直接或间接地进行复制的专有权利。

这里所说的复制,根据议定声明,在电子媒体中以数字形式存储受保护的表演或录音制品,构成这些条款意义下的复制。

4. 表演者的发行权

《条约》第 8 条规定,表演者应享有授权通过销售或其他所有权转让形式向公众提供其以录音制品录制的表演的原件或复制品的专有权利。

对于在已录制的表演的原件或复制品经表演者授权被首次销售或其他所有权转让之后适用本条第 1 款中权利的用尽所依据的条件(如有此种条件),本《条约》的任何内容均不得影响缔约各方确定该条件的自由。

这里的"复制品"和"原件和复制品",专指可作为有形物品投入流通的固定的复制品。

5. 表演者的出租权

《条约》第 9 条规定,表演者应按缔约各方国内法中的规定享有授权将其以录音制品录制的表演的原件和复制品向公众进行商业性出租的专有权,即使该原件或复制品已由表演者发行或根据表演者的授权发行。

6. 表演者的提供已录制表演的权利

《条约》第 10 条规定,表演者应享有专有权利,以授权通过有线或无线的方式向公众提供其以录音制品录制的表演,使该表演可为公众中的成员在其个人选定的地点和时间获得。

(四) 录音制品制作者的权利

《世界知识产权组织表演与录音制品条约》专门授予了录音制品制作者的四项基本权利:复制权、发行权、出租权和提供录音制品的权利。

1. 复制权

《条约》第 11 条规定,录音制品制作者应享有授权以任何方式或形式对其录音制品直接或间接地进行复制的专有权利。

2. 发行权

《条约》第 12 条规定,录音制品制作者应享有授权通过销售或其他所有权转让形式向公众提供其录音制品的原件或复制品的专有权利。

该条同时规定,对于在录音制品的原件或复制品经录音制品的制作者授权被首次销售或其他所有权转让之后适用本条第 1 款中权利用尽所依据的条件(如有此种条件),本《条约》的任何内容均不得影响缔约各方确定该条件的自由。

3. 出租权

《条约》第 13 条规定,录音制品制作者应享有授权对其录音制品的原件和复制品向公众进行商业性出租的专有权利,即使该原件或复制品已由录音制品制作者发行或根据录音制品制作者的授权发行。

4. 提供录音制品的权利

《条约》第 14 条规定,录音制品制作者应享有专有权利,以授权通过有线或无线的方式向公众提供其录音制品,使该录音制品可为公众中的成员在其个人选定的地点和时间获得。

（五）共同条款

1. 因广播和向公众传播获得报酬的权利

《条约》第15条规定，对于将为商业目的发行的录音制品直接或间接地用于广播或用于对公众的任何传播，表演者和录音制品制作者应享有获得一次性合理报酬的权利。我国加入该《条约》时对这一条款作出了保留。

2. 限制与例外

《条约》第16条规定，缔约各方在其国内立法中，可在对表演者和录音制品制作者的保护方面规定与其国内立法中对文学和艺术作品的版权保护所规定的相同种类的限制或例外。

不过，条约同时要求，缔约各方应将对本条约所规定权利的任何限制或例外限于某些不与录音制品的正常利用相抵触、也不无理地损害表演者或录音制品制作者合法利益的特殊情况。

3. 保护期

《条约》对表演者的保护期规定为至少50年，应自表演以录音制品录制之年年末算起。

对录音制品制作者的保护期，应自该录音制品发行之年年末算起，至少持续到50年期满为止；或如果录音制品自录制完成起50年内未被发行，则保护期应自录制完成之年年末起至少持续50年。

4. 关于技术措施与权利管理信息的义务

《条约》第18条、第19条分别规定了关于技术措施与权利管理信息的义务，其内容与《世界知识产权组织版权条约》第11条、第12条只有个别文字上的差别。

5. 手续

《条约》第20条规定，享有和行使本《条约》所规定的权利无须履行任何手续。这意味着《条约》实行的是自动保护原则。

6. 关于权利行使的条款

《条约》第23条要求，缔约各方承诺根据其法律制度采取必要的措施，以确保本《条约》的适用。

缔约各方应确保依照其法律可以提供执法程序，以便能采取制止对本《条约》所涵盖权利的任何侵犯行为的有效行动，包括防止侵权的快速补救和为遏制进一步侵权的补救。

第二十九章　世界贸易组织框架下的《知识产权协定》

《知识产权协定》全称为《与贸易有关的知识产权协定》,是世界贸易组织制度框架下与货物贸易协定、服务贸易协定并列的三大制度之一。作为《关贸总协定》漫长谈判的成果之一,1994年签署、1995年生效的《知识产权协定》共73条,分为七部分。第一部分为总则和基本原则,第二部分为有关知识产权的有效性、范围和使用的标准,第三部分为知识产权的实施,第四部分为知识产权的取得与维持及有关程序,第五部分为争端的防止以及解决,第六部分为过渡安排,第七部分为机构安排以及最后条款。我国加入世界贸易组织,系《知识产权协定》的成员。

一、总则和基本原则

(一) 义务的性质与范围

《协定》第1条要求,各成员应使本协定的规定生效。《协定》规定,在实施协定的规定时,成员可以但无义务在其国内法中实行比本协定要求更为广泛的保护,但此种保护不得违反本协定的规定。

成员实施协定所保护的知识产权的范围是本协定第二部分第1至7节所包含的所有类型的知识产权,即版权及相关权、商标、地理标记、工业品外观设计、专利、集成电路布图设计、未披露信息。

根据《协定》第1条第3款的规定,各成员应将本协定规定的待遇给予其他成员的国民。为避免可能发生的歧义,协定在此特别加了一个注释:本协定中所指的"国民"一词,对于WTO的单独关税区成员,指在该关税区内定居或拥有真实有效的工业或商业机构的自然人或法人。

(二) 知识产权公约的适用与保护

《协定》第2条第1款规定,对于本协定第二、第三和第四部分而言,成员应遵守《巴黎公约》(1967年文本)第1条至第12条和第19条。

《协定》第2条第2款规定,本协议第一至第四部分的任何规定,均不减损成员根据《巴黎公约》《伯尔尼公约》《罗马公约》和《集成电路知识产权条约》应相互承担的现存义务。

(三) 国民待遇

根据《协定》第3条的规定,除了前述四条约所各自规定的例外之外,每一成员应给予其他成员国民以不低于其给予本国国民的待遇。对于表演者、录音制品制作者和广播组织而言,此项义务仅适用于本协定规定的权利。

(四) 最惠国待遇

最惠国待遇原则历来被称为关贸总协定的基石,在协定中也得到了明确。《协定》第4条规定:在知识产权保护方面,某一成员给予其他国家[①]国民的任何利益、优惠、特权或者豁免,应当立即无条件地给予所有其他成员的国民。

最惠国待遇原则,是前面提到的有关国际条约所不具备的。它进一步加强了知识产权的国际保护,对知识产权国际保护的发展,无疑具有极为重要的意义。

(五) 权利穷竭

《协定》第6条规定,受本《协定》第3条和第4条的约束,为根据本协议解决争端之目的,本协定中的任何条款均不得被用以提出知识产权权利穷竭问题。这表明,成员之间在解决有关知识产权问题而产生争端时,不得用本协定的规定去支持或否定权利穷竭问题。

(六) 知识产权保护的目标与原则

虽然《协定》序言第四段明确承认知识产权为"私权",但也"认识到知识产权保护国内体系的根本公共政策目标,包括发展和技术目标",因此,《协定》第7条规定,知识产权的保护与权利行使,应有助于促进技术创新、技术转让与传播,有助于使技术知识的创造者与使用者互利,以有益的方式有助于社会及经济福利方式,以及有助于权利义务的平衡。

在确定知识产权保护的公共利益目标之后,《协定》第8条规定了两项原则:第一,成员可制定或修订其法律和规章以采取必要措施保护公共健康与营养,并促进对其社会经济发展和技术进步至关重要的领域中的公共利益,但这些措施应符合本协定的规定。第二,在与本协定的规定相符合的条件下,成员可采取适当措施以防止知识产权权利持有人滥用其权利,以及防止采取不合理地限制贸易或对国际技术转让产生不利影响的习惯做法。

二、知识产权保护的标准

《协定》第二部分"关于知识产权的有效性、范围及行使的标准"是知识产权问题的核心。该部分共七节,分别涉及版权与相关权、商标、地理标志、工业品外观设计、专利、集成电路的布图设计、未披露信息的保护和许可协议中的反竞争控制。

(一) 版权与相关权

1. 与《伯尔尼公约》的关系

《协定》第9条第1款规定,全体成员应遵守《伯尔尼公约》(1971年文本)第1条至第21条和附件的规定。《协定》要求全体成员都应遵守这些规定,而不论成员是不是《伯尔尼公约》的成员。

不过,《协定》在该款中同时规定,涉及《伯尔尼公约》第6条之2规定的权利及由此而衍生的权利,成员既无权利又无义务。"《伯尔尼公约》第6条之2规定的权利及由此而衍生的权利"指的是作者的精神权利。

---

① 有学者建议将"国家"改为"成员"。依最惠国待遇原义,此处应为"国家"而非"成员"。

2. 版权保护的对象

《协定》第9条第2款规定,版权保护及于表达而不及于思想、过程、操作方法以及数学概念等等。

3. 计算机程序和数据汇编

《协定》第10条第1款规定:"计算机程序,不论以源代码形式还是目标代码形式,应作为《伯尔尼公约》规定的文字作品受保护。"

《协定》第10条第2款规定:"数据或其他材料的汇编,无论以机器可读形式还是其他形式,由于其内容的选择和编排而构成智力创作成果的,即应受到保护。"不过,这种保护不及于汇编所包含的数据或其他材料本身,而且也不得减损对这些数据或其他材料本身业已存在的任何版权。

4. 出租权

《协定》第11条规定,至少对于计算机程序和电影作品而言,成员应规定作者及其权利继受者有权授权或禁止对其享有版权的作品的原件或复制件向公众进行商业性出租。不过,《协定》对出租权还施加了限制:其一,对于电影作品,除非向公众的商业出租已导致该作品的大范围的复制,从而使成员授予作者或其权利继受者的复制专有权受到实质损害,该成员可免于承担有关出租权的义务。其二,对于计算机程序,如果程序本身不是出租的实质标的,则不适用上述义务。

5. 保护期

《协定》规定,除了摄影作品或实用艺术作品外,凡不以自然人的生命为基础来计算作品的保护期的,这一期限不得小于50年,自经授权出版的公历年结束时起算。如果在作品创作完成起50年未授权出版的,保护期亦应不少于50年,自创作完成的公历年结束时起算。

6. 限制与例外

在版权保护领域中,合理使用已经成为一种重要制度。《协定》所规定的"限制与例外"实际上是对成员有关合理使用的限制。

《协定》第13条规定,成员应将对专有权的限制或例外限制于某些特殊情况,这些特殊情况不得与作品的正常利用相冲突,并且不得不合理地损害权利持有人的合法利益。

7. 表演者、录音制品制作者和广播组织的权利

关于表演者权,《协定》第14条第1款规定:"考虑到将其表演固定于录音制品上,表演者应享有制止下列未经其许可而实施的行为的可能性:将未固定的表演进行固定,以及将此种已经固定的表演进行复制。表演者亦应享有制止下列未经其许可而实施的行为的可能性:以无线方式广播其现场表演,以及将其现场表演向公众进行传播。"

关于录音制品制作者权,《协定》第14条第2款规定,录音制品制作者应享有授权或禁止直接或间接复制其录音制品的权利。另外,根据《协定》第14条第4款的规定,录音制品制作者还享有出租权。

关于广播组织权,《协定》第14条第3款授予了广播组织四项权利:广播组织有权禁

止其他人未经其许可将其广播节目加以固定,有权禁止其他人未经其许可将其经固定的广播节目进行复制,有权禁止其他广播组织未经其许可而以无线方式转播其广播节目,有权禁止其他人未经其许可将其电视广播节目向公众进行传播。

《协定》规定,对表演者和录音制品制作者的保护期至少应为50年,自固定或表演举行的公历年结束时起算。对广播组织的保护期至少应为20年,自广播发生的公历年结束时起算。

对表演者、录音制品制作者和广播组织的保护,《协定》规定,任何成员均可以在《罗马公约》允许的范围内规定各种条件、限制、例外和保留。但是,《伯尔尼公约》第18条关于追溯力的规定应原则上适用于表演者权和录音制品制作者权。

(二) 商标

《协定》关于商标问题的规定主要包括以下几方面的内容:

1. 可保护的客体

《协定》规定,任何符号或符号的结合,只要能够将一人提供的货物或服务与其他人提供的货物或服务区别开来,均能构成商标。此种符号,尤其是文字(包括人名)、字母、数字、图形要素和色彩的结合,以及此种符号的结合,均可作为商标予以注册。如果符号本身不能区别相关货物或服务,成员亦可根据通过使用而获得的可识别性来确定其是否可予注册。不过,作为注册的条件,成员可要求该符号能由视觉感知到。

按《协定》的规定,成员可以基于使用予以注册。不过,《协定》要求,不得将实际使用作为申请注册的先决条件,不得仅仅以在申请之日起3年以内未发生实际使用为理由拒绝一项申请。另外,《协定》还禁止成员将商标所适用的货物或服务的性质作为申请注册的限制或障碍。

此外,《协定》还要求成员在商标获准注册之前或之后应将商标予以公告,并为其他人提供请求撤销的合理机会,或者为提出异议提供机会。

2. 所授予的权利

《协定》第16条第1款规定,注册商标所有人应享有专有权以制止所有第三方未经其同意而在贸易活动中在与其商标所注册适用的商品或服务相同或类似的商品或服务上使用相同或类似的符号,以避免由此种使用而可能导致的混淆。如果将相同的符号用于相同的商品或服务上,即可推定存在着混淆的可能性。

不过,《协定》规定,上述权利不得减损任何已存在的在先权利,也不影响成员依使用而确定权利的可能性。

3. 驰名商标

有关驰名商标的规定,集中在《协定》第16条第2款和第3款。其主要内容包括以下几个方面:

第一,服务商标应适用驰名商标的有关规定。《协定》规定,《巴黎公约》第6条之2关于驰名商标的规定原则上应适用于服务商标。

第二,确定驰名商标应考虑的因素。《协定》规定,在确定一个商标是否成为驰名商标时,成员应考虑到该商标在相关领域的公众中的知名度,包括在成员内由于商标宣传而获得的知名度。

第三,驰名商标的效力。《协定》规定,《巴黎公约》第6条之2原则上应适用于与商标注册使用的商品或服务不相类似的商品或服务,如果在有关商品或服务上使用该商标将使人认为有关商品或服务与注册商标所有人存在有关联,而且注册商标所有人的利益由于此种使用而可能受损害。

4. 保护期

《协定》规定商标的首次注册及各次续展的保护期不得少于7年,续展注册次数不应受限制。

5. 使用要求

《协定》第19条规定,如果成员以使用作为维持注册的条件,只有在一个至少3年的不间断期间届满之后未使用的,商标所有人又未证明此种使用存在着障碍的有效理由,才可以取消商标注册。凡非由于商标所有人的主观意图而产生的对商标使用构成障碍的情形,如进口限制或对商标所保护的商品或服务的其他政府要求,均应作为不使用的有效理由。

《协定》规定,在商标处于其所有人控制下时,其他人使用商标应视为为维持注册之目的而进行的商标使用。另外,《协定》还规定,贸易过程中的商标使用不应受特殊要求的不公平妨碍。

6. 许可与转让

《协定》在规定成员可以确定商标许可与转让的条件的同时,强调对商标的强制许可应不予准许,注册商标所有人有权将商标连同或者不连同其所属的营业一起进行转让。

(三) 地理标志

1. 地理标志的保护

所谓地理标志,是指这样一种标志,它能够确定一种商品来源于一成员领域或该领域内的一个地区或地方,而该商品的特定品质、声誉或其他特征实质上又有赖于其地理来源。

对于地理标志,《协定》要求成员为有关利益方提供法律手段以制止下列行为:第一,以任何方式在商品的名称或描述中使用地理标志,以至于明示或暗示出该商品来源于某个并非其真实来源地的地理区域,在该商品的地理来源方面对公众产生误导。第二,构成《巴黎公约》第10条之2所规定的不正当竞争行为的任何使用。

将地理标志作为商标或在商标中包含有地理标志,而该商品又不是来源于该地理标志所指示的地域,如果在该成员领域内将此种商标使用于商品上使公众对于真实产地产生误导,成员应于其法律允许的情况下以其职权或应有关利益方的请求,拒绝对该商标进行注册或使注册无效。

虽然商品确系来源于地理标志在文字上所指示的领域、地区或地方,但错误地使公众以为该商品来源于另一个领域的,亦在应禁止之列。

2. 对葡萄酒与白酒的地理标志的补充保护

对于葡萄酒和白酒的地理标志,除了上述规定之外,即使在使用某个地理标志时标示出了有关商品的真实产地标志,或者以翻译的方式或以附加"类""式""风格"等诸如此类的描述,均在应禁止之列。对于由地理标志构成或包含有地理标志的葡萄酒或白酒的商标,亦应按前述有关规定处理。

(四)工业品外观设计

1. 工业品外观设计保护的要求

《协定》对受保护的工业品外观设计提出了两个要求:一是工业品外观设计必须是作者"独立创作"的,二是工业品外观设计必须是"新颖的或独创的"。《协定》第25条第1款规定,对独立创作的新颖的或独创的工业品外观设计,成员应提供保护。

《协定》还规定,成员可以不保护那些实质上受技术或功能因素支配的外观设计。《协定》对成员对纺织品外观设计可能提出的要求作了限制。《协定》规定,成员应保证其对纺织品外观设计的保护要求,尤其是有关成本、检验和公布的要求,不至于对寻求和获得保护的机会造成不合理的损害。

2. 对工业品外观设计的保护

根据《协定》第26条第1款的规定,受保护的工业品外观设计的所有人应有权制止第三人未经其同意而出于商业目的实施下列行为:制造带有或含有作为受保护的外观设计的复制品或实质上构成复制品的设计的物品;销售上述物品;进口上述物品。

对于工业品外观设计的上述权利,成员可以选择工业品外观设计法或版权法进行保护。保护期不少于10年。成员可以规定有限的例外,但这种例外不得与受保护的工业品外观设计的正常利用相冲突,且不得不合理地损害受保护的外观设计所有人的合法利益。

(五)专利

1. 可获专利的主题

根据《协定》第27条第1款的规定,除了下述两种例外,所有技术领域内的一切发明,不论是产品还是方法,只要具有新颖性、创造性和工业实用性,即可申请获得专利。这两种例外是:第一,成员可将某些发明排除在可获得专利的范围之外,在其域内制止这种发明的商业性开发,以此保护公共秩序或道德(包括保护人类、动物和植物的生命和健康或避免严重的环境损害)。但不得仅仅以该国法律禁止利用某发明为理由将该发明排除在可获专利的范围之外。第二,成员还可将下列发明排除在可获专利的范围之外:人类或动物疾病的诊断、治疗和手术的方法;除了微生物之外的植物、动物,以及生产植物或动物的生物方法,但成员应以适当的方式对植物新品种提供法律保护。

在符合《协定》有关规定的条件下,专利及专利权不得因发明的地点、技术领域、产品系进口还是在本地制造等而受歧视。

2. 所授予的权利

《协定》规定了专利所有人的两种不同性质的权利:专利权和对专利处置权。

专利所有人享有的专利权因产品专利和方法专利的不同而有所不同。对产品专利,专利所有人享有制止第三人未经其许可而制造、使用、提供销售、销售专利产品,以及为上述目的而进口该产品的专有权利。对于方法专利,专利所有人享有制止第三人未经其许可使用该方法以及使用、提供销售、销售以及至少为上述目的而进口直接用该方法获得的产品的专有权利。

专利所有人的专利处置权主要包括两项:转让权和许可权。协定规定专利所有人专利处置权,与协定序言中提出的"知识产权是私权"的原则是一致的。

3. 对申请人的要求

《协定》第 29 条第 1 款规定,成员应要求专利申请人以足够清晰完整的方式披露发明,以使同一技术领域的技术人员能够实施该发明,并可要求申请说明在申请日或要求优先权时的优先权日已知的实施发明的最佳方式。

该条第 2 款规定,成员得要求专利申请人提供有关申请人的相关国外申请和授予的信息。

4. 专利权的例外

《协定》第 30 条规定,考虑到第三人的合法利益,成员可对所授予的专有权规定有限的例外,但此种例外不得不合理地与专利的正常利用相冲突,也不得不合理地损害专利所有人的合法利益。

5. 未经权利人许可的其他使用

《协定》第 31 条所称"其他使用"不包括上述第 30 条所规定的例外,实际上主要是指专利的强制许可。

《协定》对授权其他使用规定了 12 项条件,实际上是对各成员授予强制许可进行了严格限制。

6. 专利的撤销与无效

《协定》第 32 条并未规定专利撤销与宣布无效的具体规则,只是要求成员在作出撤销或宣布无效的决定时,应提供司法审查的机会。

7. 保护的期限

《协定》第 33 条规定,专利的保护期最少应为自申请日起的 20 年。

8. 专利方法的举证责任

《协定》规定,在下述两种情况下,如无相反证据,应推定被控侵权产品是使用该专利方法而获得:第一,如果使用该专利方法获得的产品是新产品;第二,如果相同产品极可能使用该方法制造,而专利所有人虽经合理努力也未能确定实际使用的方法。

任何成员得自由规定,只有在满足上述第一种情况所规定的条件或第二种情况所规定的条件的情况下才要求被控侵权者承担举证责任。

在引用相反证据时,应考虑被告在保护其制造和营业秘密方面的合法利益。

(六)集成电路布图设计

对于集成电路布图设计,各成员同意按照《集成电路知识产权条约》第 2 条至第 7 条(第 6 条第 3 款除外)、第 12 条和第 16 条第 3 款规定进行保护。《集成电路知识产权条约》第2条至第7条为实体条款,其中第6条第3款为有关强制许可的规定,第12条为对《伯尔尼公约》和《巴黎公约》的保护,第16条第3款涉及在条约生效前现存布图设计的保护问题。除了按照《集成电路知识产权条约》的有关规定保护集成电路布图设计之外,《协定》还要求成员必须遵守以下规定:

1. 保护的范围

《协定》第36条规定,除了第37条第1款另有规定外,成员应将未经权利人授权而实施的下列行为视为非法:进口、销售或以其他方式为商业目的而分发受保护的布图设计、含有受保护的布图设计的集成电路以及使用了持续含有非法复制的布图设计的此种集成电路的物品。

2. 无需获得权利人许可的行为

《协定》第37条第1款规定,尽管有第36条的规定,一个人在获得集成电路或含有此种集成电路的物品时并不知道,而且也没有合理理由知道其中含有非法复制的布图设计的,他对该含有非法复制的布图设计的集成电路或含有此种集成电路的物品所正在实施的或预定实施的第36条所规定的行为,任何成员不得视为非法。

关于强制许可,《协定》要求适用第31条第1项至第11项所规定的条件。需要注意的是,协定已明确将《集成电路知识产权条约》中关于强制许可的内容排除在外。

(七) 未披露信息的保护

1. 未披露信息受保护的条件

《协定》规定了未披露信息受保护的三个条件:第一,未披露信息是秘密的,即该信息作为一个整体或作为其各个构成部分的精确构造或集合未被通常从事该信息所属领域的工作的人普遍了解或轻易接触;第二,由于其属于保密状态而具有了商业价值;第三,合法控制信息的人根据有关情况采取了合理措施以保持其秘密状态。

2. 未披露信息持有人的权利

对于符合上述三个条件的未披露信息,《协定》规定,合法控制该信息的自然人与法人均应享有防止他人以违背诚实信用的商业习惯的方式在未经其同意的情况下披露、获得或使用有关信息的可能性。这里所谓的"以违背诚实信用的商业习惯的方式",至少应包括如违约、违反信任,以及诱导他人违约或违反信任等方式,也包括第三方在已经知道或应当知道但由于重大过失而未能知道其所取得的未披露信息是他人以上述方式获得的。

3. 对有关数据的保护

在许多国家,法律要求当事人向有关主管当局提交未披露过的实验数据或其他数据,作为批准采用新化学成分的医用或农用化工产品上市的条件。在此情况下,《协定》要求,如果该数据的最初取得付出了相当的努力,成员应保护此种数据以防止不公正的商业利用。另外,《协定》还要求,成员应采取措施保护这些数据以防止被披露,除非此种披露是为了保护社会公众所必需的,或已经采取了措施确保数据不被不公正地投入商业利用。

(八) 对许可协议中的反竞争惯例的控制

《协定》在第40条承认,成员在遵守协定有关规定的情况下,可以对在许可协议中滥用知识产权的行为采取适当措施进行控制。至于如何控制，《协定》则未作具体规定，由各成员自行处理。《协定》只要求成员在处理有关问题时进行协商与合作。

三、《TRIPS 协定和公共健康多哈宣言》

公共健康危机以及全球舆论对 TRIPS 协定与维护公共健康之间相互关系的关注，促使 WTO 第四届部长会议最终通过了《TRIPS 协定与公共健康多哈宣言》（以下简称《宣言》），明确了 WTO 成员政府采取措施维护公共健康的主权权利。

（一）《多哈宣言》的内容

2001 年 11 月，在卡塔尔多哈召开的 WTO 第四届部长会议上，与会代表就 TRIPS 协定与公共健康问题进行了激烈的谈判，由墨西哥经济部长德韦斯提出的一份《多哈会议关于知识产权与公共健康问题宣言草案》得到了各方的认可。WTO 第四届部长会议最终达成了《多哈宣言》，就 TRIPS 协定和公共健康领域的相关问题进行了澄清：

1. 承认了国家采取措施以维护公共健康是不可减损的权利。《多哈宣言》第 4 条规定："我们同意 TRIPS 协定不能够也不应该妨碍各成员采取措施以维护公共健康。因此，在重申对 TRIPS 协定承诺的同时，我们确认该协定能够也应该在解释和执行方面支持 WTO 成员维护公共健康的权利，特别是促进获得药品的权利。由此，我们再次确认 WTO 成员充分使用 TRIPS 协定中为此目的提供灵活性的条款的权利。"根据该条规定，如果知识产权规则对国家的上述权利造成阻碍，例如专利药品维持高价，国家可采取与 TRIPS 协定规定相一致的措施中止权利持有人对其独占权利的行使。

2. 明确了 TRIPS 协定中可以用于保护公共健康、对抗知识产权专有权利的弹性条款，包括：1) 对 TRIPS 协定应按在其目标和原则中所表述的宗旨和目的来解释；2) 每个成员有权颁布强制许可，也有权自由决定颁布强制许可的理由；每个成员有权不经权利持有人的同意颁布强制许可，并有权自由决定颁布强制许可的理由，这些理由包括引起公共健康危机的国家紧急情势或其他极端紧急情势——包括爱滋病、结核病、疟疾和其他传染病，从而可以尽早和尽快地实施强制许可措施；3) 明确了成员平行进口的权利，规定 TRIPS 协定中与"知识产权权利用尽"有关的条款的效力允许每一个成员自由地确立自己的权利用尽制度，只要不违背 TRIPS 协定所规定的最惠国待遇原则和国民待遇原则。

3. 认识到最不发达国家因医药产业生产能力不足或无生产能力的原因而无法有效使用强制许可措施的现状，并责成 TRIPS 理事会探求该问题的解决办法，在 2002 年年底之前向总理事会报告。

4. 将最不发达国家在医药产品方面履行 TRIPS 协定有关义务的过渡期延长至 2016 年。有关的义务是指根据 TRIPS 协定的第二部分第 5 节（专利）和第 7 节（未披露信息的保护）所规定的义务。这一规定为最不发达国家重新考虑其与药品相关的知识产权法律以及进口和生产通用药品提供了机会，但其限制性亦很明显，那就是最不发达国家仍有义务对医药方法专利提供保护，而且在除医药产品外的其他方面最不发达国家履行 TRIPS 协定义务的过渡期仍止于 2006 年 1 月 1 日。

5. 重申了根据 TRIPS 协定第 66 条第 2 款,发达国家成员应鼓励其企业和机构促进和鼓励向最不发达国家转让技术的承诺。

(二)《多哈宣言》的意义

《多哈宣言》确认了公共健康应优先于私人财产权,并且明确 WTO 成员充分利用 TRIPS 协定中的弹性条款的权利。它将给予发展中国家更强的信心使用 TRIPS 协定中的弹性条款,提高对公共健康的保护,而不用受到发达国家贸易制裁或法律诉讼的威胁。《多哈宣言》同时也为发展中国家在双边或区域贸易协定中协商知识产权条款提供了重要的标准。《多哈宣言》最终可以获得通过,原因是多方面的。首先,发展中国家和最不发达国家紧密团结,立场一致,抓住了美国在南非和巴西事件中妥协的契机,并且为《多哈宣言》的起草和谈判作了充分的准备;其次,非政府组织的积极行动使 TRIPS 协定和公共健康问题引起国际社会的高度关注,它们通过全球舆论对发达国家进行监督,迫使发达国家改变其在知识产权保护问题上的强硬政策;再次,美国和加拿大面对国内的炭疽病毒以及治疗药品短缺的问题使其难以再坚持原来的立场,西方发达国家之间的不一致也促成了《多哈宣言》的达成。

(三)《多哈宣言》的局限性

1. 《宣言》仅具有澄清的性质。除了对发展中国家受到公共健康紧急情势困扰予以政治承认以外,《宣言》并未改变 TRIPS 协定所确定的权利和义务,如何限制知识产权的权利扩张在《宣言》中根本未予提及。TRIPS 协定将专利保护的范围扩大至医药产品乃至一切技术领域,将专利的保护期限扩展为 20 年,以及对使用强制许可措施的限制、对平行进口的模糊规定,是导致发达国家的权利持有人滥用其专利权、规定垄断高价的根源,不解决这些问题,发展中国家和最不发达国家所面临的公共健康危机就无法从根本上得到解决。

2. 只有最不发达国家可从《宣言》第 7 条所延长的过渡期中受益。在 WTO 的 145 个成员中,只有 30 个是最不发达国家,仅代表了世界人口的 10%。而面临公共健康危机的绝不仅仅是最不发达国家。同时过渡期也只限于延期履行根据第 5 节(专利)和第 7 节(未披露信息的保护)所应承担的义务,并不适用于与医药专利相关的其他条款,例如,第 70 条所规定的"独占市场权"。而且第 7 条仅涉及对产品专利的义务,这意味着最不发达国家仍有义务对医药方法专利提供保护。

3. 通用药品的生产和出口问题仍未得到解决。由于 TRIPS 协定将专利保护扩大到医药产品,因而自 2005 年 1 月 1 日起有生产能力的发展中国家不能再生产受专利保护的药品。而低收入以及在医药产业生产能力不足或没有生产能力的发展中国家和最不发达国家解决公共健康危机的主要方法之一就是依赖进口廉价的通用药品。TRIPS 协定的规定实际上使跨国医药公司免于通用药品的竞争,这是受专利保护的药品价格居高不下的主要原因。《宣言》没有对与生产和出口通用药品有关的 TRIPS 协定第 27 条、第 31 条(f)项、第 30 条、第 6 条作出任何解释,仅要求 TRIPS 理事会探求该问题的解决办法。

四、知识产权的实施

（一）一般义务

（1）《协定》第41条对于实施知识产权的程序提出了总体要求，主要包括以下四个方面：第一，成员应保证本部分所规定的实施程序在其法律之下可被利用，以便于对知识产权侵权行为采取有效的行动，包括采取及时防止侵权的救济和制止进一步侵权的救济。《协定》要求，这些程序不应对合法贸易造成障碍，亦不得被滥用。第二，知识产权的实施程序应公平公正，不得过于复杂或花费过高，不得有不合理的时间限制或无保障的拖延。第三，就个案作出的裁决最好采取书面形式并说明理由。裁决应及时送达有关当事人。个案裁决仅应基于各方有机会对其陈述意见的证据作出。第四，程序的当事人应有机会要求对最终行政裁决进行司法审查，以及在符合成员法律对重要案件的司法管辖权的规定的条件下，至少可以要求对个案的初审司法裁决中的法律问题进行司法审查。但是，对刑事案件中的宣告无罪，成员没有义务提供审查的机会。

（2）在公共健康领域，经过发展中国家和发达国家的协商，世界贸易组织部长级第五次会议于2001年11月14日通过了多哈部长级会议宣言（即《与贸易有关的知识产权协议和公众健康宣言》）。成员方重申对《知识产权协定》的承诺，同时一致认为对协定的解释和执行能够也应当支持成员国对公众健康的保护，特别是促进所有成员获得药品准入的权利，这实际上扩大了专利强制许可的范围。世界贸易组织于2002年就药品专利保护的过渡期达成一致，允许最不发达成员在2016年前不对药品专利予以保护。

（3）又于2005年11月29日作出决定，将最不发达国家实施《知识产权协定》的过渡期延长至2013年，而根据1995年1月1日生效的《知识产权协定》，2006年1月1日为最不发达国家实施《知识产权协定》的过渡期的最后期限。

（二）行政和民事程序及救济

1. 民事程序

知识产权实施和保护中的民事程序由各国民事诉讼法来规定，《协定》只是就有关知识产权问题的民事程序提出了一些基本的要求。

（1）保障被告的诉讼权利。被告应及时得到书面的通知，该通知中应包含有足够的细节，包括原告提出的请求的依据。

（2）允许律师参与诉讼，不得强制当事人出庭。

（3）保证当事人的证明权。

（4）对秘密信息进行识别和保护。

2. 证据

《协定》第43条第1款规定，如果一方当事人已提交了有关证据支持其主张而且指出了处于对方控制之下的证明其主张的证据，司法当局应有权要求对方当事人提供该证据，但应对秘密信息提供保护。

《协定》第43条第2款规定，如果诉讼一方当事人在合理期间内无正当理由故意不允许他人获得必要的信息或者不提供必要的信息,或者严重阻碍了诉讼程序,成员得授权司法当局根据有关方面向其提供的信息,包括因该当事人不允许他人获得必要的信息而受不利影响的一方当事人所提交的诉状或指控书,作出肯定或否定的初步判决或最终判决。但是,应向各方当事人提供对指控或证据进行陈述的机会。

3. 救济

《协定》对民事程序中可以采用的救济作了原则性的规定。这些救济主要包括:

(1) 禁令。《协定》规定,成员司法当局应有权要求当事人停止侵权,但停止侵权的救济不适用于强制许可。

(2) 损害赔偿。对于明知或有合理理由知道其行为后果而实施侵权行为的侵权人,司法当局应有权要求侵权人赔偿受害人的损失,包括律师费。对不知或没有合理理由知道其行为后果而实施侵权行为的侵权人,在适当情况下亦可要求其返还所得利润或支付法定赔偿,或二者并处。

(3) 其他救济。除了上述救济外,《协定》还规定了诸如将侵权物品排除出商业渠道、销毁侵权物品、去掉侵权商标等各种其他救济。

(4) 获得信息。《协定》规定,在与侵权行为的严重程度相当的情况下,司法当局可有权要求侵权行为人向权利人提供有关生产和销售侵权产品或提供侵权服务的第三人的身份以及销售渠道的信息。

4. 对被告的赔偿

如果一方当事人在其所要求的措施得以实施的情况下滥用实施程序,使另一方当事人错误地遭到禁止或限制,则司法当局应有权命令该当事人向另一方当事人赔偿因其滥用实施程序而给另一方当事人造成的损失。司法当局亦应有权命令原告支付被告的费用,包括适当的律师费。

就执行有关知识产权权利保护和实施的任何法律而言,成员仅得在公共机构和官员在执行该法律的过程中出于善意而采取或意欲采取行动时方可免除公共机构和官员对适当的赔偿措施的责任。

5. 行政程序

在以行政程序来确定民事救济时,该行政程序应符合本节所规定的原则。

(三) 临时措施

《协定》第50条规定了有关知识产权保护方面的临时措施。这里所谓的临时措施,是指在民事诉讼程序或行政程序开始之前一方当事人请求司法机关或行政机关采取的保全措施。《协定》关于临时措施的规定主要包括以下几个方面:

1. 临时措施的目的

《协定》第50条第1款规定了采取临时措施的两项目的:以防止侵害任何知识产权的行为的发生,尤其防止货物包括海关结关之后立即进口的货物在其管辖范围内进入商业渠道;以保存与被指控的侵权活动有关的证据。

2. 临时措施的采取

根据《协定》第 50 条第 2 款的规定,在司法当局认为必要时,有权依照一方当事人的请求,在开庭前采取临时措施,尤其是在一旦有任何迟延则很可能给权利持有人造成不可弥补的损害的情况下,或在有关证据显然有被销毁的危险的情况下。

3. 证据与担保

按照《协定》第 50 条第 3 款的要求,决定采取临时措施时,司法当局应有权要求申请人向司法当局提供一些有价值的证据,证明申请人就是权利持有人,证明申请人的权利正在受侵害,或者这种侵害即将发生。为了保护被告和防止滥用权利,司法当局应有权命令申请人提供保证金或与之相当的担保。

4. 通知与复审

《协定》要求,如果开庭前就已经采取临时措施,至少应在实施临时措施之后毫不迟延地通知受影响的一方。应被告的请求,应在将此等措施通知被告之后的合理时间内进行复审,并听取被告的陈述,以决定此等措施是否应被修改、撤销或确定。

5. 其他必要信息

《协定》规定,为了确定有关商品,将要执行临时措施的当局可以要求申请人提供其他的必要信息。

6. 期间起诉

在采取临时措施之后,申请人应在一定期限内提起诉讼。如果在规定的期限内未提出诉讼,《协定》规定,可应被告的请求撤销或暂停执行临时措施。

7. 赔偿责任

《协定》规定,在临时措施被撤销或因申请人的任何行为与疏忽而导致无效的情况下,以及在事后发现根本不存在对知识产权的侵害或侵害的威胁的情况下,应被告的请求,司法当局应有权责令申请人赔偿被告因采取临时措施而遭受的损失。

(四)有关边境措施的特别要求

为了防止侵权物品和盗版物品的进口,《协定》第三部分第四节对成员应采取的边境措施提出了特别的要求。这些特别要求主要包括十个方面:海关当局中止放行、申请、保证金或与之相当的担保、中止放行、中止放行的期限、对进口人及商品所有人的赔偿、检查权及获得信息权、依职权的行为、救济、可忽略不计的进口。

从《协定》的具体规定看,边境措施实质上属于对尚在海关监管之下的货物所采取的临时措施。因此,对边境措施的特别要求实际上也是对临时措施的要求的具体化。有关内容在此不作详细介绍。

(五)刑事程序

《协定》第 61 条要求各成员应采取刑事程序及刑事处罚制止对知识产权的侵犯,起码应对商业规模的故意假冒商标和盗版活动规定刑事程序和刑事处罚。由于刑事程序及刑事处罚通常涉及国家的主权,《协定》只提出了很笼统的要求而没有作具体的规定。

五、知识产权的取得、维持以及有关当事人之间的程序

《协定》第四部分"知识产权的取得、维持以及有关当事人之间的程序"实际上是有关程序的综合性规定。该部分只有一条，即第62条，其内容包括以下五个方面：

第一，成员可要求把符合合理程序和形式作为取得或维持协定第二部分第二至第六节所规定的知识产权的一个条件。不过，此种程序和形式应符合本《协定》的规定。

第二，在依赖核准或注册而获得知识产权的情况下，在符合获得权利的实质条件的前提下，成员应确保核准或注册程序能在一个合理的期间内完成权利的核准或注册，以避免无保障地缩短保护的期限。

第三，《巴黎公约》第4条原则上应适用于服务商标。《巴黎公约》第4条是关于优先权的规定。

第四，有关获得和维持知识产权的程序，以及一成员法律规定的此等程序，行政撤销，以及当事人之间的程序如异议、撤销或取消，均应受第41条第2款和第3款所规定的一般原则的约束。

第五，经本条第4款所规定的任何程序作出的最终行政裁决，应受司法或准司法当局的审查。但是，成员对异议不成立或行政撤销不成立的裁决没有义务规定此种审查的机会，除非此种程序的依据能作为无效程序的主题。

六、争端的防止和解决

《协定》第五部分规定了争端的防止与解决方法，主要涉及两部分内容：透明度与争端解决。

（一）透明度

《协定》第63条规定，任一成员实施的有关本协定主题（知识产权的有效性、范围、取得、实施以及防止滥用）的法律法规、最终司法判决和普遍适用的行政规则，应当予以公布。

《协定》还要求，成员应将上述法律法规通知"与贸易有关的知识产权理事会"，以便协助该理事会核查本协定的执行情况。

（二）争端解决

关于争端的解决，依《关税及贸易总协定》第22条和第23条规定处理。但是，《关税及贸易总协定》第23条第1款(b)项和(c)项在《建立世界贸易组织协议》生效后的5年期间内不适用于解决就本《协定》而产生的争端。

七、过渡安排

《协定》第六部分"过渡安排"主要规定了对发展中国家和最不发达国家的特殊优惠。

《协定》规定，所有成员均应实施协定，但并非在《协定》生效以后马上实施，而是安排了一个过渡期，以便各方为实施协定做好准备。对一般国家而言，期限为1年；对发展中

国家、正从中央计划经济转为市场经济或自由企业经济的成员,再延长4年;对最不发达国家,宽限期为10年。

《协定》第67条还要求发达国家应向发展中国家和最不发达国家提供技术和金融合作,以实施本《协定》。

八、机构安排和最后条款

第七部分"机构安排和最后条款"主要涉及六个问题:建立与贸易有关的知识产权理事会,进行国际合作,关于协定的追溯力,协定的审查与修订,对《协定》的保留以及基于安全理由的例外。其中比较重要的是与贸易有关的知识产权理事会和《协定》的追溯力的规定。

根据《协定》,成立与贸易有关的知识产权理事会,负责监督《协定》的实施并为成员提供机会,协商与贸易有关的知识产权问题。理事会应完成成员指定的其他任务,尤其应提供成员在争端解决过程中要求的任何协助。《协定》还要求理事会应与世界知识产权组织进行合作,以加强对知识产权的国际保护。

关于《协定》的追溯力,《协定》第70条区别九种不同情况进行了规定。总的原则是,《协定》对成员适用本《协定》之日以前发生的行为不产生任何义务。

后 记

经全国高等教育自学考试指导委员会同意,由法学类专业委员会负责高等教育自学考试法律专业教材的审定工作。

《知识产权法》自学考试教材由中南财经政法大学吴汉东教授担任主编,参加编写的人员有中南财经政法大学胡开忠教授、中南财经政法大学曹新明教授、苏州大学董炳和教授、中南财经政法大学肖志远副教授。

参加本教材审稿讨论会并提出修改意见的有中国社会科学院法学研究所李明德教授、中国政法大学张今教授以及北京大学易继明教授。全书由主编吴汉东教授修改定稿。

编审人员付出了大量努力,在此表示一并感谢!

全国高等教育自学考试指导委员会
法学类专业委员会
2018 年 2 月